中国工程院院士

是国家设立的工程科学技术方面的最高学术称号，为终身荣誉。

中国工程院院士传记

沈渔邨传

戴志悦　著

中国协和医科大学出版社
北　京

图书在版编目（CIP）数据

沈渔邨传 / 中国工程院组织编写. —北京：中国协和医科大学出版社，2024.2
（中国工程院院士传记）
ISBN 978-7-5679-2319-5

Ⅰ. ①沈…　Ⅱ. ①中…　Ⅲ. ①传记文学－中国－当代　Ⅳ. ①I25

中国国家版本馆CIP数据核字（2023）第225811号

组织编写　中国工程院
责任编辑　沈冰冰
装帧设计　锋尚设计
责任校对　张　麓
责任印制　张　岱
出版发行　**中国协和医科大学出版社**
（北京市东城区东单三条9号　邮编100730　电话010-65260431）
网　　址　www.pumcp.com
印　　刷　北京联兴盛业印刷股份有限公司
开　　本　710mm×1000mm　1/16
印　　张　25.5
字　　数　400千字
版　　次　2024年2月第1版
印　　次　2024年2月第1次印刷
定　　价　135.00元

中国工程院院士传记丛书

沈渔邨院士

1997 年当选中国工程院院士

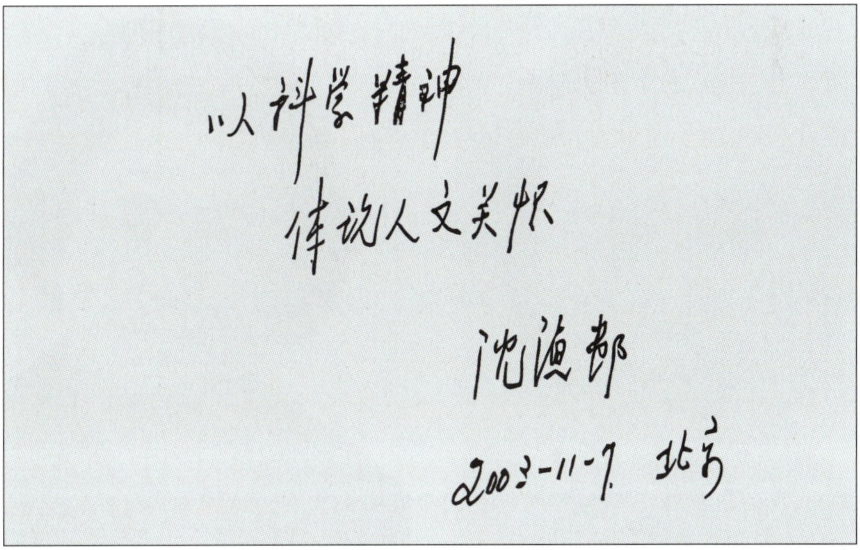

西南联大时期照片

1953 年，与钱信忠在莫斯科医学院门口合影

1956 年，到北京医学院工作

1982 年，任精研所所长

1981 年，开办北京精神病学教学讲习班

1979 年，中国精神病学家代表团应邀访美，受到美国卫生及公共服务部部长的接见，右三为沈渔邨

1984 年，国内首个精神疾病流行病学调查完成，第二排右三为沈渔邨

1987 年，沈渔邨在《中国心理卫生杂志》创刊座谈会上

1990 年 5 月，参加世界精神病学协会（WPA）香港地区会议

1999 年 4 月，国际老年精神学会北京地区会议召开

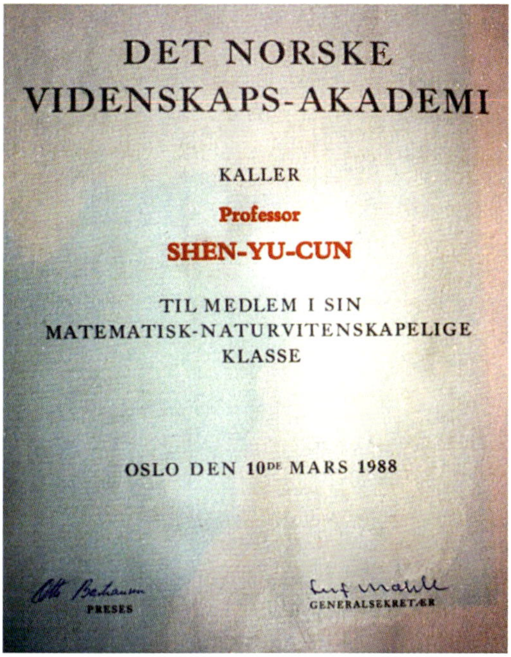

1988 年，获挪威科学和文学院国外院士学衔

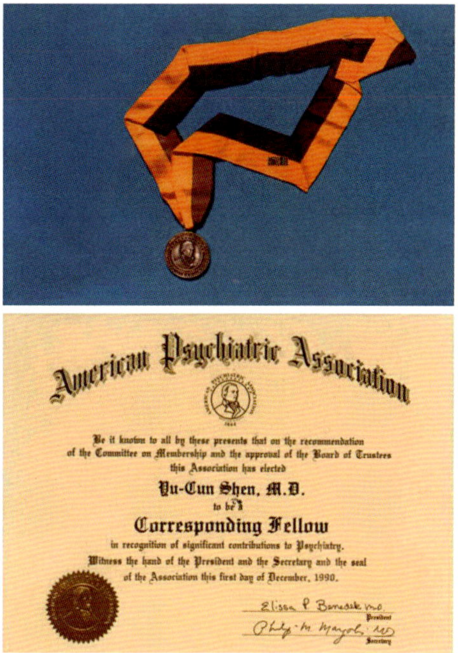

1990 年，获美国精神医学学会（APA）国外通讯院士学衔、证书及奖章

沈渔邨主编第 1 版至第 5 版《精神病学》

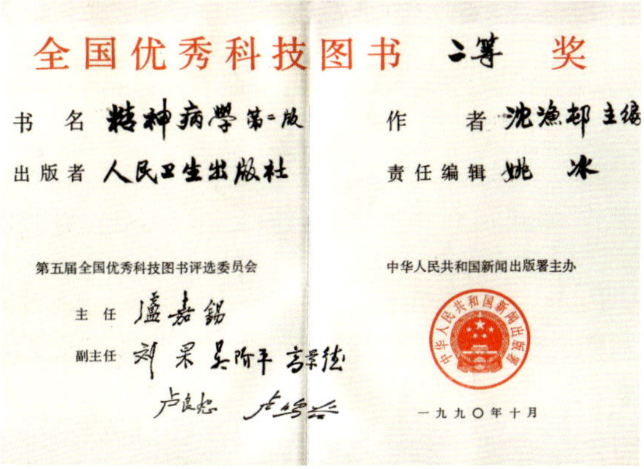

1990 年，《精神病学》第 2 版获全国优秀科技图书二等奖

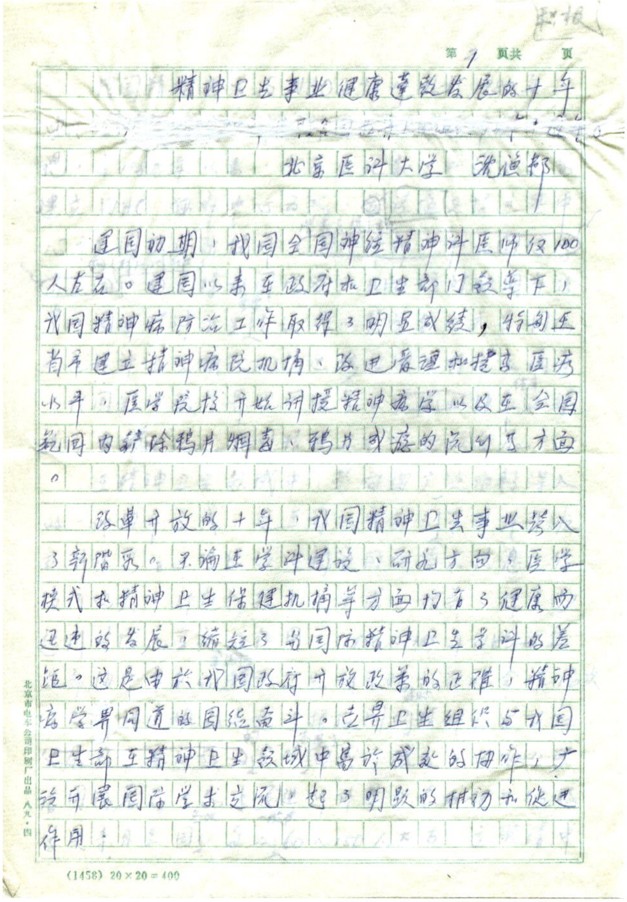
第 1 页共 页

精神卫生事业蓬勃发展的十年

北京医科大学 沈渔邨

建国初期，我国全国神经精神科医师仅100人左右。建国以来在政府和卫生部门领导下，我国精神病防治工作取得了明显成绩，特别是省市建立精神病院机构、改进管理加强了医疗水平，医学院校开始讲授精神病学以及在全国范围内铲除鸦片烟毒、鸦片成瘾的危害等方面。

改革开放的十年，我国精神卫生事业进入了新阶段。不论在学科建设、研究方向、医学模式和精神卫生保健机构等方面均有了健康而迅速的发展，缩短了与国际精神卫生学科的差距。这是由于我国改革开放政策的正确，精神病学界同道的团结奋斗。世界卫生组织与我国卫生部在精神卫生领域中富于成效的协作，广泛开展国际学术交流，起了明显的推动和促进作用。

(1458) 20×20=400

《中国精神卫生事业蓬勃发展的十年》手稿

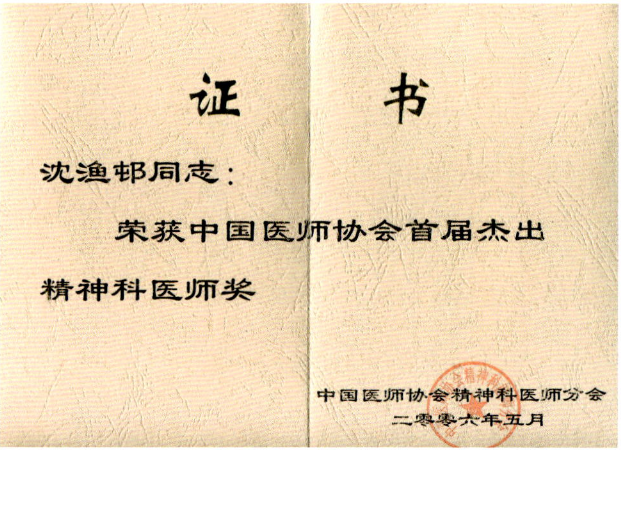
证 书

沈渔邨同志：

荣获中国医师协会首届杰出精神科医师奖

中国医师协会精神科医师分会

二零零六年五月

2006年荣获中国医师协会首届杰出精神科医师奖

全家照（右一为女儿钱家华，左一为女儿钱家鸣）

2005 年金婚留念

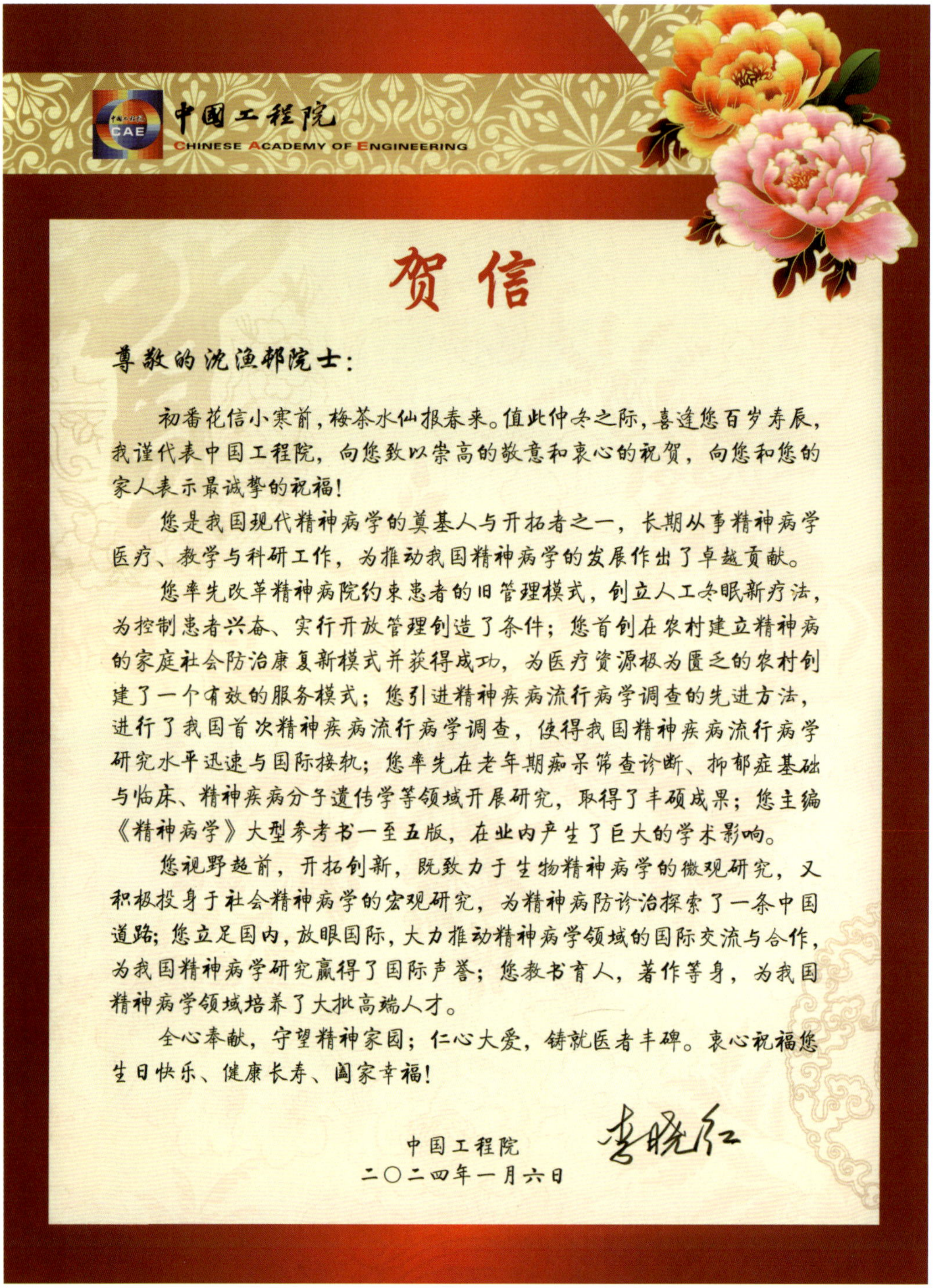

中国工程院
CHINESE ACADEMY OF ENGINEERING

贺信

尊敬的沈渔邨院士：

初番花信小寒前，梅茶水仙报春来。值此仲冬之际，喜逢您百岁寿辰，我谨代表中国工程院，向您致以崇高的敬意和衷心的祝贺，向您和您的家人表示最诚挚的祝福！

您是我国现代精神病学的奠基人与开拓者之一，长期从事精神病学医疗、教学与科研工作，为推动我国精神病学的发展作出了卓越贡献。

您率先改革精神病院约束患者的旧管理模式，创立人工冬眠新疗法，为控制患者兴奋、实行开放管理创造了条件；您首创在农村建立精神病的家庭社会防治康复新模式并获得成功，为医疗资源极为匮乏的农村创建了一个有效的服务模式；您引进精神疾病流行病学调查的先进方法，进行了我国首次精神疾病流行病学调查，使得我国精神疾病流行病学研究水平迅速与国际接轨；您率先在老年期痴呆筛查诊断、抑郁症基础与临床、精神疾病分子遗传学等领域开展研究，取得了丰硕成果；您主编《精神病学》大型参考书一至五版，在业内产生了巨大的学术影响。

您视野超前，开拓创新，既致力于生物精神病学的微观研究，又积极投身于社会精神病学的宏观研究，为精神病防诊治探索了一条中国道路；您立足国内，放眼国际，大力推动精神病学领域的国际交流与合作，为我国精神病学研究赢得了国际声誉；您教书育人，著作等身，为我国精神病学领域培养了大批高端人才。

全心奉献，守望精神家园；仁心大爱，铸就医者丰碑。衷心祝福您生日快乐、健康长寿、阖家幸福！

中国工程院 李晓红

二〇二四年一月六日

2024 年 1 月 6 日沈渔邨院士百岁寿辰，中国工程院发来贺信

总　　序

20世纪是中华民族千载难逢的伟大时代。千百万先烈前贤用鲜血和生命争得了百年巨变、民族复兴，推翻了帝制，肇始了共和，击败了外侮，建立了新中国，独立于世界，赢得了尊严，不再受辱。改革开放，经济腾飞，科教兴国，生产力大发展，告别了饥寒，实现了小康。工业化雷鸣电掣，现代化指日可待。巨潮洪流，不容阻抑。

忆百年前之清末，从慈禧太后到满朝文武开始感到科学技术的重要，办“洋务”，派留学，改教育。但时机瞬逝，清廷被辛亥革命推翻。五四运动，民情激昂，吁求“德、赛”升堂，民主治国，科教兴邦。接踵而来的，是18年内战、14年抗日和4年解放战争。恃科学救国的青年学子，负笈留学或寒窗苦读，多数未遇机会，辜负了碧血丹心。

1928年6月9日，蔡元培主持建立了中国近代第一个国立综合性科研机构——中央研究院，设理化实业研究所、地质研究所、社会科学研究所和观象台四个研究机构，标志着国家建制科研机构的诞生。20年后，1948年3月26日遴选出81位院士（理工53位，人文28位），几乎都是20世纪初留学海外、卓有成就的科学家。

中国科技事业的大发展是在新中国成立以后。1949年11月1日成立了中国科学院，郭沫若任院长。1950—1960年有2500多名留学海外的科学家、工程师回到祖国，成为大规模发展中国科技事业的第一批领导骨干。国家按计划向苏联、东欧各国派遣1.8万各类科技人员留学，全都按期回国，成为建立科研和现代工业的骨干力量。高等学校从新中国成立初期的200所增加到600多所，年招生增至28万人。到21世纪初，高等学校2263所，年招生600多万人，科技人力总资源量超过5000万人，具有大学本科以上学历科技人才达1600万人，已接近最发达国家水平。

新中国成立60多年来，从一穷二白成长为科技大国。年产钢铁从1949年的15万吨增加到2011年的粗钢6.8亿吨、钢材8.8亿吨，几乎是8个最发达国家（G8）总年产量的2倍。20世纪50年代钢铁超英赶美的梦想终于成真。水泥年产20亿吨，超过全世界其他国家总产量。中国已是粮、棉、肉、蛋、水产、化肥等第一生产大国，保障了13亿多人口的食品和穿衣安全。制造业、土木、水利、电力、交通、运输、电子通讯、超级计算机等领域正迅速逼近世界前沿。"两弹一星"、高峡平湖、南水北调、高公高铁、航空航天等伟大工程的成功实施，无可争议地表明了中国科技事业的进步。

党的十一届三中全会以后，实行改革开放，全国工作转向以经济建设为中心。加速实现工业化是当务之急。大规模社会性基础建设，大科学工程、国防工程等是工业化社会的命脉，是数十年、上百年才能完成的任务。中国科学院张光斗、王大珩、师昌绪、张维、侯祥麟、罗沛霖等学部委员（院士）认为，为了顺利完成中华民族这项历史性任务，必须提高工程科学的地位，加速培养更多的工程科技人才。中国科学院原设的技术科学部已不能满足工程科学发展的时代需要。他们于1992年致书党中央、国务院，建议建立"中国工程科学技术院"，选举那些在工程科学中做出重大的、创造性成就和贡献、热爱祖国、学风正派的科学家和工程师为院士，授予终身荣誉，赋予科研和建设任务，请他们指导学科发展，培养人才，对国家重大工程科学问题提出咨询建议。中央接受了他们的建议，于1993年决定建立中国工程院，聘请30名中国科学院院士和遴选66

名院士共96名为中国工程院首批院士。于1994年6月3日，召开了中国工程院成立大会，选举朱光亚院士为首任院长。中国工程院成立后，全体院士紧密团结全国工程科技界共同奋斗，在各条战线上都发挥了重要作用，做出了新的贡献。

中国的现代科技事业比欧美落后了200年。虽然在20世纪有了巨大进步，但与发达国家相比，还有较大差距。祖国的工业化、现代化建设，任重道远，还需要有数代人的持续奋斗才能完成。况且，世界在进步，科学无止境，社会无终态。欲把中国建设成科技强国，屹立于世界，必须持续培养造就数代以千万计的优秀科学家和工程师，服膺接力，担当使命，开拓创新，更立新功。

中国工程院决定组织出版“中国工程院院士传记”丛书，以记录他们对祖国和社会的丰功伟绩，传承他们治学为人的高尚品德、开拓创新的科学精神。他们是科技战线的功臣，民族振兴的脊梁。我们相信，这套传记的出版，能为史书增添新章，成为史乘中宝贵的科学财富，俾后人传承前贤筚路蓝缕的创业勇气、魄力和为国家、人民舍身奋斗的奉献精神。这就是中国前进的路。

宋健

2012年6月

序　一

当家鸣邀请我为她母亲的传记作序时，我才惊觉，沈大夫已是近百岁的老人，而钱信忠部长已经离开我们14年，我很怀念他。

我是晚辈，比钱部长小27岁，比沈大夫小14岁，如今我也步入耄耋之年，2018年正式退休，进入了“休养员阶段”。人生旅途短暂且漫长，对于这个世界，每个人都只是过客，一年匆匆，百年也匆匆。暮年回首，与他们夫妇几十年相识相交的缘分，在记忆中尘封多年，因这本传记而再度苏醒，历历在目。

我1964年考入北医生物化学专业研究生时，就听说了“钱信忠、沈渔邨”这两个名字，尤其“渔”和“邨”让人难忘。他们夫妻是当时卫生系统里的传奇人物，也是年轻人中的榜样：二位不仅是中国首批公派苏联留学生，是最优秀的国家人才之列，而且一位是授勋的开国少将，是新上任的卫生部部长，一位曾是地下党，是医生、教授。可谓郎才女貌、天造地设、相敬相爱、互相辅佐、彼此成就，着实让人敬佩和羡慕。

在随后的几十年，我在自己的人生轨道上努力工作着，经历了很大的专业跨度和转换半径，也与钱沈夫妻二人结下了深厚的情谊。自始至终，他们都如我最初所认识的“传奇”一样，纯粹而专注，一生都保持着对祖国的热忱。

黑格尔说，一个民族需要有一群仰望星空的人。从更广阔的视角、社会历史的发展进程来看，大千世界，跌宕起伏，气象万千，每一代人都身处不同的岁月和时代，都有不同的时代特征。

钱部长和沈大夫这一代人是天生带着使命的，他们在战火硝烟中成长，推翻旧社会、建立新中国，抛头颅、洒热血，“我属于国家”的观念早已化为血液、成为基因。这也使得他们对人对己的要求就是服从国家，听从党的安排，时时、处处、事事都从国家利益出发，摒弃本位主义，个人主义。

在国家存亡的危险时刻，花季年华的沈渔邨便投入轰轰烈烈的爱国学生运动，无畏生死；在留学苏联时，得知新中国的精神科专业医师不足百人，绝大多数精神疾病患者得不到治疗，沈大夫坚决服从组织安排，从最热门的抗生素药理专业改学最冷门的精神病学，义无返顾；作为卫生部部长的妻子，她的人生本有更加轻松的版本，但她选择了最艰难、最脚踏实地的学者之路，干干净净做学问。

我国精神病学的发展之快有目共睹，短短十几年，就从“文革”结束时没有系统，只有星星点点、片断化的精神病学，成为了一个系统、完整的学科，沈渔邨教授功不可没。她建立了北京大学精神卫生研究所，设置了精神病学细分领域的各个研究室，全方位培养人才。她领导开展了首次全国精神疾病流行病学调查，为政府制定卫生政策提供科学依据。她从一开始便以全球视野发展中国精神病学，立足北医，放眼世界。她务实而真诚地与世界卫生组织展开全面合作，与欧美发达国家展开丰富的学术交流和合作，站在巨人的肩膀上，充分利用国际资源，带领中国精神病学走向世界。于是这个起步最晚、发展最艰难的学科，在改革开放之初，竟然一度成为北医系统甚至整个医疗界最“国际化”的学科，并很快融入了国际舞台。

她不仅是北医的沈渔邨，把北医精研所建设成为一个大平台、大舞台，让无数年轻人成长、充分施展才华为国效力。她更是中国的沈渔邨，无论是30年前主编的陪伴了几代精神病科医生《精神病学》的出版，还是作为世界卫生组织（WHO）的中方协调员推动其在中国设立多个精神卫生培训中心，她都一心为国家培养人才，带动精神病学专业在全国的共同提高。她还是世界的沈渔邨，正如曾任世界卫生组织精神卫生司司长的赛多利斯（Sartorius）教授所说，全球的精神卫生发展，如果中国不在其中，是不可接受的。在这样的历史时刻，沈渔邨在世界精神卫生的舞台上发出了中国声音。

外人看来，那些岁月燃烧着激情，而其中艰辛，只有身处其中的人才能体会——沈渔邨的领导力、执行力和决断力都是中国医疗界的姣姣者，她是一位真正的女中豪杰。

沈大夫作为精神科医生，面对的是社会最弱势、最艰难的群体，她曾说“对待精神病人的态度是一个国家文明的标志”。医者仁心，她对精神疾病患者饱含同情和爱护，一生都在为让精神病人过上正常生活而努力。

更让人敬佩的是，沈渔邨教授的无私和对年轻人不遗余力的提携。我至今记得三十多年前的一件事。我是1987年第十三届党代会的党员代表，在1992年第十四届党代表的名单上看到了“王玉凤”的名字，当时我并不认识她，但看到来自“北医精研所”，我便产生了好奇。中国向来讲究论资排辈，刚四十岁出头的王玉凤，以她当时的年龄、资历能在北医乃至整个中国范围内当选为党员代表，除了她自己的努力外，我认为她上面的那个人的胸怀和品格也很重要。当了多年的大学校长，我深有体会，对于年轻人来说，如果被领导压制，虽未必无出头之日，但成长之路将极为艰难；而得到领导、老师提携和指导的年轻人，不仅给方向还给机会，他们就会获得巨大助力，快速成长。作为所长的沈渔邨教授，看淡自己的名利，给年轻人机会，把他们推向更高的平台，这种胸怀和甘为垫脚基石的精神，弥足珍贵。

我一直认为，院士，只说明他曾经为国家做过一定的事情，或者是说，有过某种程度的贡献，但决不能说明他今天还有多大的能力或以后还会做多大的贡献，院士也和所有人一样，到时候，出现动脉硬化甚至老年痴呆。在这个问题上，我主张：院士也好，老科学家也好，应该是尽其所力、尽其所为。最重要的不再是他还有什么发明，还有什么创造，而更重要的是看在他后面还能站起来多少人！看他还能为多少人铺路、架桥！

尽管近十几年来，沈院士因身体原因淡出我们的视野，但她培养的晚辈人才济济，继续带领着精神卫生事业持续蓬勃发展。这正是一位老院士对国家最大的贡献，医学也是这样在一代一代人的努力中前进。

于公，沈渔邨院士的成就和人格魅力让我深深敬佩和景仰，是我一生学习的榜样。

于私，钱部长和沈大夫的家风家学传承更让我尊敬。

我做了一辈子教育工作，深知孩子是家庭教育的缩影。沈大夫的两个女儿家华和家鸣我都很熟悉，大女儿家华因时代的原因成为中医药大学的工农兵学员，但凭着她对科学的执着和刻苦，获得了日本大阪大学免疫学博士学位，在美国从事科研工作直至退休；二女儿家鸣，北医毕业后，在协和获得博士学位，成为中国最优秀的消化内科专家之一。她们都像母亲一样，干干净净做学问，成为对国家对百姓有用的人。

在许多人眼里，好母亲是生活中无微不至的慈母，我认为这固然重要，但更重要的不是吃什么穿什么，而是人生应该干什么，以及如何在泥沙俱下的世俗洪流中保持清醒、把握住自己。钱部长和沈大夫在这方面对孩子起到了很好的带领作用，从两个女儿的身上可以看到钱部长和沈大夫的影子，洁身自好、自律、自省。人生是一场马拉松，以身作责、不放弃自我成长的父母，孩子的学习自驱力也会更强。

人的身体必然衰老，但精神可以永远年轻。

无论是已故的钱信忠部长，还是即将度过百岁大寿的沈渔邨大夫，他们创造历史，也被写入历史，这就是永恒的生命。

中国工程院院士
中国医学科学院原院长
浙江大学医学院名誉院长

2023 年 8 月

序　二

一本引人入胜的医学人传记

我从2001年到2016年在北医从事管理工作，沈渔邨老师虽然2008年才正式退休，但这之前的六七年她已不在一线工作。在与北医精神卫生所北京大学第六医院（简称北医六院）干部、员工的交往中，我很少能与她直接见面，然而对她的敬仰却由来已久，因为作为北医六院的创始人，她的影响已深深地刻印在六院的优秀传统上，体现在六院在全国名列前茅的专业排名上，以及六院人低调务实奉献病人的医德医风上。

好友钱家鸣委托我为沈老师这本传记写序，让我感到非常荣幸又难承其重。我想家鸣应该是将我作为当时的领导而发出的邀请。回忆着在北医工作的时光，通读全传，沈老师的形象变得那么立体，那么丰满，让人清晰地看到那一代中国优秀知识分子对人生、对事业的态度，对国家、民族的贡献，感人至深。我不必再对沈老师创建我国精神病学科、培养人才、服务百姓和国家的丰功伟绩多加赘述，这已是业内外有目共睹的，传记也做了翔实的呈现，同事、学生、家人、朋友的回忆也足够丰富和生动感人。我只能作为一个年纪也不小的晚辈、学生，作为一个普通的传记读者，抒发一点自己的读后感。

沈老师一生经历的时代，有战火纷飞也有太平盛世，有艰难困苦也有高歌猛进。站在世俗的角度，沈老师是个特别幸运的人：出生在富足的好人家，身体好、聪明、漂亮、勤奋、教育机会好、嫁得好……这样的人生本可以大享其福，坐拥舒适的生活。

我感慨于她选择的是奋斗，是迎接挑战，是努力。她就像带着特殊使命，几乎将全部的生命能量注入一项伟大的事业中，并取得了辉煌的成就。她的选择让她的生命之光格外耀眼，长久地被人们怀念，让人们敬佩。

我感慨于她本可以傲居高高在上的强者地位却最关爱弱者。她对精神病人的耐心和呵护，她对儿童和老年人精神问题开展的研究，她为培养的人才付出的心血，让人充分体会到她的善良和大爱，令人感动。

我还感慨于一个高级知识分子有着渊博的学时和出众的能力，却可以活得那么简单。也正因为她的简单、她的心底纯净，使得她将才能最大限度地投入在事业上，取得成功，也让周围的同事及家人得以舒适放松和发挥自我。我们这个社会不缺复杂，一个领导者、学科带头人、学术权威，在为人处事上简单、正直、无私、纯净，这是多么令人爱戴的品德。

每个人的遗传基因和人生境遇都不一样，无法重复和模仿，但了解别人的人生，尤其一个成功者的精彩人生，会给我们带来生命的启迪和更丰富的内心。我们应该珍视这个世界上优秀分子的贡献，庆幸和他们的相遇并追求自己能够企及的个人价值。这样的人生才是令人羡慕和值得过的。相信大家读完这本引人入胜的传记，会有同感。

美国国家医学院外籍院士
北京大学原常务副校长

2023 年 7 月

序　三

作为一名精神科医生，我有幸亲眼见证了沈渔邨院士在精神医学领域的卓越成就和无私奉献。我非常荣幸能有机会为沈渔邨院士的传记作序，以此向这位尊敬的老师和伟大的精神科医生致敬。

沈渔邨院士出生、成长在那个战火纷飞的年代。她凭借坚定的信念和不懈的努力，成为一名杰出的精神科医生，并在我国现代精神医学的创立和发展中发挥了关键作用。

沈渔邨院士是中国现代精神医学的奠基人之一，她长期致力于探索精神病防治方法，并在精神病学领域有着卓越的贡献和杰出的成就，为推动中国精神病学的发展和学科建设做出了重要的贡献。从20世纪50年代，她服从了组织安排，转到莫斯科第一医学院的精神病科改学精神病学，找到了为之奋斗终生的事业，到80年代末率先在国内开展精神障碍的分子遗传学研究，到90年代展开系列的有关酒依赖流行病学、分子遗传学、干预与康复的探索，沈院士始终以战略家的眼光抓住中国当前最突出的问题，以国际上最先进的手段进行深入的研究。

沈院士是我国医学领域的大家，不断传道授业。为了及时向国内同道介绍国际神经科学和精神病学学科进展，推动中国精神病学的发展，她主持编写精神病学大型专著《精神病学》。在全院和国内同道的支持下，自1980年第1版起，由人民卫生出版社陆续出版发行了5版，带领着一批又一批精神卫生工作者茁壮成长。为了感谢以沈渔邨院士为代表的我国老一辈精神病学家为我国精神医学学科发展做出的巨大贡献，在我作为主编的第6版《精神病学》出版时，特地申请将其更名为《沈渔邨精神病学》，被评为人民卫生出版社70年“精品力作”。我们坚信，推动中国乃至全球精神医学的发展，这一个使命，这一份情怀，将随着《精神病学》的再版，在一代又一代师生中薪火相传。

沈院士创建了全国一流的精神卫生研究所，创建了中国精神病学界第一个现代神经生化实验室，成为我国精神卫生领域第一个博士生导师和博士后导师，推动了中国精神病学的发展和学科建设，促进了中国国内国际间精神病学领域的学术交流。她为我国精神科的发展培养了一大批优秀的专业人才，这些人才如今已经遍布全国，他们在各自的岗位上发挥着重要的作用，进一步推动了中国精神医学的发展。

沈渔邨院士不仅在科研和教学方面取得了卓越的成就，她还非常注重临床工作。她深切地体会到对待精神病人的态度是一个国家文明的标志，因而十分重视病人的医疗环境，医生对病人的态度。她带头创立了人工冬眠疗法，为精神病人提供了更为有效的治疗方法。她积极开展农村家庭社区精神病防治的试点工作，为农村精神疾病的防治做出了重要的贡献。沈院士提出的“以科学精神体现人文关怀”，始终作为北大六院医务工作者谨记于心的院训，时刻提醒着所有北大六院人以患者为中心。

沈渔邨院士是我国精神医学领域出色的国际社会活动家，她非常重视国际交流与合作，牵头与世界卫生组织精神卫生司取得联系，争取他们来中国支持精神卫生事业的开展，并在北京、上海建立世界卫生组织精神卫生协作中心。先后争取世界卫生组织资助，在全国举办了四十多次精神病学讲习班，加强了与国际学术界的交往与协作。她从不自甘落后，始终以本国工作不断发展进步为基点，以本单位研究工作的速度和成果赢得对方尊重。

在几十年的从医生涯中，沈渔邨院士一直秉持着赤子情怀，她始终坚持为患者服务，为科研事业奉献，为国家的发展尽力。她的成就不仅体现在个人的荣誉上，更体现在她对整个社会和国家的贡献上。

在沈渔邨院士的传记中，全面回顾沈渔邨院士的生平历程、科研成果、临床实践和国际交流等方面的成就。通过这些翔实的资料和生动的叙述，我相信可以让更多的人了解沈渔邨院士对我国精神医学事业的杰出贡献，深刻感受到她对精神医学事业的热爱和执着追求，传承和发扬她的精神。

最后，我想说，《沈渔邨传》不仅仅是一部关于沈渔邨院士的传记，更是一部关于我国现代精神医学发展的历史见证。这部传记将激励我们一代又一代精神卫生工作者继续努力，为我国精神医学事业的发展贡献自己的力量。在此，我想再次感谢沈渔邨院士对中国精神医学事业的卓越贡献，我衷心祝愿沈渔邨院士的精神能够薪火相传，她将永远激励着我们不断前行，激励更多的人为我国精神医学事业的发展而努力奋斗！

中国科学院院士
北京大学第六医院院长
山东第一医科大学校长

2023 年冬于北京

目　　录

引子

站在办公室窗边，花园尽收眼底。

这是沈渔邨最喜欢的风景——小小庭院，松青柏绿，花红柳翠，满院的花草，芬芳吐艳；美丽的紫藤萝架下，病人、护士，三三两两，散步聊天，生机蓬勃，欢声笑语，这一平静、祥和的场景，让人忘记是哪里。

这里是北京著名的精神病医院——北京大学第六医院（简称北医六院），享誉全球的是她的另一个名字——北京大学精神卫生研究所（简称精研所）。

这个院区于 1992 年正式启用，精研所的老人称之为“新所”，之前的“老所”在隔壁北京大学第三医院（简称北医三院）内一个独立空间，前身是北医三院的精神科，1980 年独立成为精研所。

无论是老所，还是新所，从地皮到图纸再到筹资，都是沈渔邨亲力亲为。当年有人向上级告状“钱都浪费到绿化上”，但她坚定地要多栽一棵树、多种一盆花，因为“对待精神病人的态度是一个国家文明的标志”，她要用一个花园式的精神病医院去“治愈”病人。

20 世纪 80 年代曾就读于北京医科大学（简称北医，现为北京大学医学部）的学生，形容这个与北医一墙之隔的小院落，是“桃花源”式的恬谧别院。

而这又曾是北医最热闹的地方，在改革开放打开国门最初的 20 年里，这个小院是北医系统接待外国专家最多的地方——沈渔邨在这里为中国的精神病学打开了通向世界的大门。

人生的抛物线，从加法到减法，年轻时各种责任、头衔一层一层加添，年老后慢慢地移交工作，减少任职，卸下重担。当把手中最后一个病人托付给自己最信任的年轻医生后，2008 年 6 月 27 日，84 岁高龄的沈渔邨大夫彻底离开了自己心爱的诊室。

停了门诊，上班依然是沈渔邨最喜欢的事。生活秘书王婉新常常看到，沈渔邨站在办公室的窗边，看着花园，沉思。钱信忠曾经开玩笑地对沈渔邨培养的第一位博士生王玉凤说：“你老师嫁给了精研所。”言语间有疼爱，有敬佩，也许还有丝丝的醋意。

钱信忠是沈渔邨的丈夫，相濡以沫半个世纪，是宠了她一辈子的爱人。他的另一个身份，是新中国开国少将，曾任中国卫生部部长，是一位金戈铁马、南征北战的将军，也是一位心思细腻、疼爱并尊重妻女的丈夫和父亲。

2016年6月13日上午，92岁高龄的沈渔邨走进办公室，和往常一样，在办公桌前坐了一会儿，品尝了最爱的水果和茶点。然而当天下午，沈渔邨因健康问题住进了医院，从此便再没踏入她深爱的、亲手创建的精研所。

走到人生边缘，身体不再灵便，口齿不再伶俐，话语越来越少，对外界的感知越来越弱。别人以为她已经忘记了这个世界，其实，曾经在世界的海洋里乘风破浪的她，如今只是独自享受回忆里的波澜壮阔。

第一章

战火纷飞　艰辛求学路

第一节　西子湖畔小渔邨

1932年的暑假，离西湖一箭地的杭州将军路上一幢二层小楼的门口，8岁的沈渔邨，齐耳短发，碎花连衣裙，看着摇篮里正在熟睡的婴儿，这是她的小弟弟，刚出生1个多月。

沈渔邨的父亲沈锦椿

这里是杭州市官巷口邮务一支局局长沈锦椿的宅子，沈渔邨是他的三女儿，摇篮里是他的独子沈壮吾。

沈锦椿生于光绪十六年（1890年），字绮士，非杭州本地人氏，祖籍不详。他在家中排行第三，大哥在浙江保安司令部工作，二哥去了上海发展，他本人高中毕业后考入邮局当会计。

沈锦椿的家族已无从考证。但在清朝末年中国刚刚引进西学之时，他便进入新式学堂，并一直读至高中，可见其父辈的见识和眼光绝非普通之人。

在那个年代，邮局与银行、海关被分别称为三大“铁饭碗”“银饭碗”“金饭碗”。中国现代邮政体系自清朝末年开始，直到民国三十年（1942年），都一直由洋员主政，全国40多个邮区的邮务长聘请的几乎都是外国人。邮政员工进局，都要经过考试择优录用[①]，邮务员、邮务官这类管理岗位，其最终录取比例远低于现在的公务员招考。招考通过，入局工作后，只要尽忠职守，不触犯纪律，即可获得一项“终身职业”。员工积年资升职、加薪，还有假日、劳保、退休金等福利。所以，年轻人考入邮局，可以说是跃入“龙门”。

沈锦椿当年报考邮局，可谓“百里挑一”。他所在的官巷口一支局，曾是杭州邮政的起源地，也是我国最早的邮局之一。光绪二十一年（1895年），在此设立杭州府送信官局（寄信局），后改为大清杭州邮政局，民国后更名为浙江邮务管理局[②]。

① 周峰. 民国时期杭州（修订版）[M]. 杭州：浙江人民出版社，1997：349-350.
② 张学勤，王利民. 中山中路的历史建筑与商业文化[M]. 杭州：杭州出版社，2009：346-349.

当小会计的沈锦椿，有英语基础，天资聪颖，加上勤奋、脚踏实地，账做得认真仔细，从未出过错，深得上司的赏识，进而一步一步升职，当上了会计主任[①]。1927年3月6日，浙江邮务管理局从官巷口迁往杭州城站路新建局屋办公，原址新设为官巷口邮务一支局，沈锦椿被提升为支局局长，成为邮政系统里少数高级华员之一。

1929年5月5日上午11时30分左右，官巷口邮务一支局斜对面一家小店突然失火，因扑救不及时，大火蔓延到马路对面的官巷口邮务一支局。在官巷口邮务一支局局长沈锦椿的指挥下，员工们用自备水龙奋力灭火，并及时抢出局内有价值的物品和档案。赶到现场的万安义集救火队，也集中人员和各支水龙重点保护官巷口邮务一支局。火灾一直延烧到下午4时30分才被完全扑灭，整个官巷口成为一片废墟。然而，处于火灾中心的官巷口邮务一支局却奇迹般地被保存了下来。由于在此次大火中指挥有方，邮局仅遭受较小损失，作为支局长的沈锦椿得到浙江邮务管理局的奖励[②]。

优秀的年轻人总是自带光芒，沈锦椿得到了张家的青睐。张家在杭州经营着一家丝绸厂[③]，有4个女儿，没有子嗣，最小的女儿张春如比沈锦椿小4岁。虽是在“父母之命，媒妁之言”的传统模式下结合，但两个年轻人情投意合，沈锦椿自愿入赘，成为张家的“上门女婿”[④]。此时的杭州丝绸业处于“黄金时期”，张家的丝绸厂经营得红红火火。与张春如结婚后，沈锦椿努力工作，经营着自己的小家庭，邮局的工作虽不能大富大贵，也足以让妻子儿女过上殷实的生活。

沈渔邨的母亲张春如

邮局系统里，虽然洋员与华员在薪水、假期、

① 沈渔邨的父母及姐弟情况，2012年2月5日，北京市朝阳区双花园南里，资料存于采集工程数据库，编号：YX16-002-002.

② 张学勤，王利民. 中山中路的历史建筑与商业文化 [M]. 杭州：杭州出版社，2009：346-349.

③ 同①.

④ 钱家鸣采访实录，2022年5月31日.

津贴等方面的待遇差别很大，但相较于当时的物价水平，中、低级华员几十银元的薪水已是中高收入了，洋员和少数高级华员的月薪则可高达数百至上千银元。

这是个什么概念呢？孙传芳任五省总司令时，1926年委任大学者丁文江为淞沪督办（相当于上海市“华界”的市长），丁文江成立了淞沪卫生局，“全局人员只得8名，科长薪水为30元，一个小书记月薪只得8元”[①]。这一时期的杭州，据1924年《杭州指南》记载：“西湖多游船，大曰篷船，小曰划子，其舟资以日计，约需1元。”[②]

会计出身的沈锦椿懂得精打细算，除了稳定的高工资收入，他还在西湖箩岭和莫干山各置了一亩多地用于出租。但沈锦椿也并非只是积蓄资产，古道热肠的他还曾资助过一名家境贫寒的年轻邮差外出求学。

富家小姐出身的张春如，知书达礼，恬静安详，但内心也是好强之人，她曾想跟着丈夫学英文，盼有朝一日也能外出谋职成为一名职业女性。但沈锦椿认为“女子无才便是德”，于是张春如便专心在家相夫教子。

1915年，在沈锦椿25岁之时，他们迎来了第一个孩子——大女儿沈杏邨；四年后，二女儿沈雁邨出生。

1924年1月6日，三女儿呱呱坠地，许是因为“鱼雁”形容书信的典故正合着自个儿的职业，沈锦椿给这个小生命取名“沈渔邨”。

在西湖山水灵气的润泽下，杏邨、雁邨、渔邨三个女儿渐渐长大，各个冰雪聪明、亭亭玉立，都被送入了新式学校。辛亥革命以后，南京临时政府先后颁布《普通教育暂行课程标准》及《小学校令》，对学制进行改革，在小学阶段就开设了修身、国文、算术、历史、地理、手工、图画、唱歌、体操等课程，女子加设缝纫。

沈锦椿虽然不赞成妻子读书，但却十分重视女儿们的课业。这得益于他长年与洋人一起工作，不仅练就一口流利的英语，思想也愈加开明。张春如也许是遗憾自己此生无法成为职业女性，不希望这件事在女儿身上重演，因此对女儿的教育更为用心，尤其注意培养她们的自主能力与独立性格。

1930年9月，不满7岁的沈渔邨成为杭州盐务小学一年级的小学生。

① 十年砍柴．寻找徐传贤：从上海到北京 [M]．北京：现代出版社，2022：47.

②《论后疫情时代休闲空间与城市景观建设中的“失用地”问题——基于杭州市西湖区的调研》成果（编号20CSX03），周雨.

盐务小学为民族资本家周庆云（1866—1934）兴办的私立小学。1927 年杭州设为市，对全市公立和私立小学进行了调整、整顿，并按位置分成 13 个学区，位于杭州珠宝巷的盐务小学划入第三学区①。

三姐妹天生聪颖，在学校成绩十分优秀。与姐姐们相比，沈渔邨并不是最聪明的孩子，但数十年后，大姐沈杏邨曾发自内心地说："没想到开窍最晚的渔邨，成为沈家最了不起的人。"

沈锦椿生性沉稳、寡言，但他对孩子的爱从不缺乏。孩子们都喜欢甜点，沈锦椿利用下班时间专门跑去糕点店当学徒，几年下来，练得一身好手艺，什么绿豆糕、桂花糕、饼干、桃酥、蛋糕、月饼，都不在话下，不仅让孩子们的童年充满了甜蜜和趣味，多年后还成了养家糊口的技能。

此时的中国正经历着前所未有之历史变革，在江山鼎革、新旧交替的乱世中，沈锦椿一家在杭州这个被誉为"天堂"的千年古城里，暂得一份宁静的生活。然而，动荡的年代，战火纷飞，何处是净土？

1931 年，日本军国主义悍然在中国东北发动了"九一八事变"，由于蒋介石的"不抵抗"政策，三个月之内，日本关东军便侵占东北三省全境。1932 年初，日军又在上海挑衅，进而发展成"一・二八事变"，淞沪会战爆发。紧邻上海的杭州，成为国民政府重点建设的空军基地，也成为中日空军交锋的主要地域之一。

本应是天真烂漫的童年里，却充满了战机的轰鸣，沈渔邨就是在这样的时代大背景下一天天长大。残酷的战争面前，每个人都如此渺小，更何况是只有十几岁的孩子，沈渔邨所能做的只有埋头苦读。

第二节　避难上海法租界

1936 年 6 月，沈渔邨小学毕业，以优异的成绩考入杭州市立中学——当时全省 112 所中等学校中排名前九的优秀学校之一，其于 1950 年并入杭

① 周峰. 民国时期杭州（修订版）[M]. 杭州：浙江人民出版社，1997：512-514.

州第一中学。

杭州市立中学创办于民国十七年（1928年）8月，初称市立初级中学，由市政府教育科长陈成仁兼任校长，学校地处西湖风景区中，格外幽雅宁静。沈渔邨入学的1937年，杭州市立中学有男生4个班（177人），女生3个班（121人），共有学生298人，教职员27人。学校的设备也很完备，教学方面：物理、化学、生物3科有符合部颁标准的示范仪器及学生实验仪器，实验室、劳作室、家事实习室等应有尽有；还有专用美术教室、科学馆、工艺馆、图书馆，其中图书馆有自然、社会、艺术等各种参考书1万余册，足供师生之用。校内还有教职员及学生宿舍、学生自修室、疗养室、娱乐室、理发室、浴室及运动场、植物园、花房等①。

沈渔邨小学毕业后在家病休一年，1937年8月入学杭州市立中学读初一。这一年日军发动了全面侵华战争，杭州跌入深渊。

1937年7月7日晚，日军制造了“七七事变”，占领了北平、天津，随即又在南方集中兵力约28万人，陆海空三军联合猛烈进攻上海、南京地区，与上海相邻的浙江成为日军飞机狂轰滥炸的主要地区。浙江很快就成为沦陷时间最早、沦陷范围最广、战争创伤最深的省份之一。古老的浙江大地颤栗于隆隆的枪炮声中、燃烧于日本侵略军的“太阳”旗下。战机在杭州上空一圈圈打转，轰鸣声中掺杂着爆炸声和火光，一时间尸骸纵横，满眼皆是残垣断壁，数十万百姓无家可归，杭州沦为一座人间地狱——13岁的沈渔邨就这样在提心吊胆中度过了整个暑假。

8月13日开始的“淞沪会战”，成了沈渔邨一家生活的“分水岭”。为配合进攻上海，日军第十军与海军协同，于11月5日在杭州湾北岸沪派交界的全公亭、金山卫、曹泾镇一线登陆——日军的铁蹄踏上了浙江的土地。持续了3个月的“淞沪会战”，以国军战败告终，11月12日，日本军攻陷上海。12月24日，杭州沦陷，日军入城屠杀杭州市区平民4000多人，烧毁房屋3700多间，其中闸口地区有500多人遭日军枪杀或活埋②。教育更是遭到空前劫难，杭州市立中学被关停，日军实行奴化教育，开设日语学校，编印亲日材料，宣扬“中日亲善”。

① 周峰. 民国时期杭州（修订版）[M]. 杭州：浙江人民出版社，1997：563-564.

② 中共浙江省委党史研究室. 日军侵略浙江罪行专题集 [M]. 杭州：浙江人民出版社，2015.

在杭州市立中学仅读了三个月的沈渔邨停学了，与中国千千万万同胞一样，开始了颠沛流离的生活。1937 年 11 月 15 日，浙江邮政管理局随浙江省政府先后疏散到金华，之后迁到丽水，最后到达上海[①]，所属的各支局全部关门歇业。1938 年，日伪杭州市市长逼迫留在杭州的部分邮务人员组织复邮事宜，8 月 1 日，官巷口邮务一支局先行恢复营业，日本宪兵特务机关派邮件检查员进驻官巷口邮务一支局[②]。

浙江邮政管理局决定让已撤至上海的员工陆续返杭，但作为官巷口邮务一支局局长的沈锦椿不愿意为日本当局工作，便以身体不佳为由辞了职，全家人留在了上海。此时的沈家，杏邨、雁邨都已成年，只有渔邨和 5 岁的沈壮吾留在父母身边，一家四口暂在位于法租界内的沈锦椿的二哥家借住。

沈渔邨在“自述”中回忆这段往事时写道：“我的青年时代是在抗日战争烽火年代中度过的。‘七七事变’那年，日寇轰炸钱江大桥，老百姓纷纷逃离城市，父亲随机关迁往浙东，当时我正在老家杭州读初中一年级，就随母亲去上海，寄住上海租界亲戚家继续上学。当时的物质条件极差，晚上住在人家的灶房间搭起的行军床，放学后到公园找一个安静角落里读书。”[③]

法租界是已沦陷的上海市中心的两座和平的“孤岛”之一，另一个是公共租界。在日本占领区的包围之中，这两个与外界隔绝的“孤岛”一直幸存到 1941 年太平洋战争爆发，在这短暂的四年为数百万失去了祖国荫庇的中国人保留了最低限度的生存空间。这四年里，在日军虎视眈眈的包围之下，租界内还出现了“孤岛经济”繁荣，然而只是昙花一现。1938 年出版的一本记录上海淞沪会战始末的书《劫后的上海》这样形容道：“一线之隔，一边是天堂，一边是地狱。地狱里面的人饥寒交迫，天天幻想着天堂。”

在二哥家暂住一段日子后，沈锦椿在法租界的云霞坊租了个小房子，一家四口安顿下来。他也不知道会在这里住多久，想等时局稍稳定一些再回杭州。

---

① 周峰. 民国时期杭州（修订版）[M]. 杭州：浙江人民出版社，1997：353-354.
② 周峰. 民国时期杭州（修订版）[M]. 杭州：浙江人民出版社，1997：563-564.
③ 沈渔邨. 执着之路 赤子之情 [J]. 中国医院，2002，6（12）：25-27.

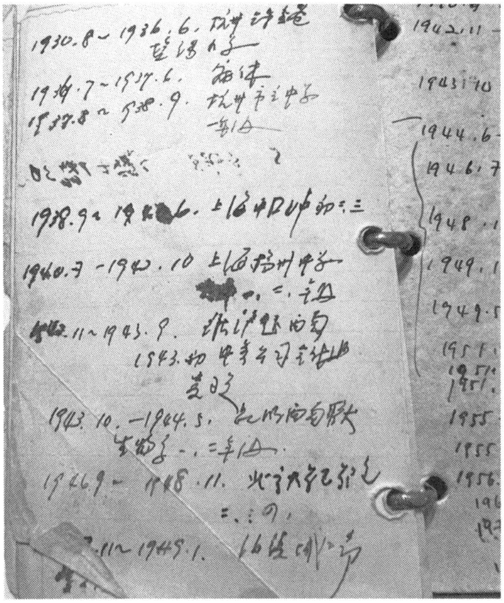

沈渔邨在笔记本上亲笔写的简历

教育讲求系统性、完整性，需要安全、和平的环境，但对那时的大多数中国学子而言，这只是一种奢望。兵荒马乱，衣食不周，哪里放得下一张平静的书桌？日寇侵华战争，给中华民族带来了无可比拟的深重苦难与灾祸，正处于学龄期的沈渔邨这一代人自然饱受其害。幸运的是，由于租界内有相对和平稳定的政治环境，这里聚集了大量学校，主要分为三类：一是原设于租界之上的各类学校，二是原设于上海华界的各类学校，三是原东南各省的各类学校[①]。

1938 年 9 月，沈渔邨进入上海中西女中读初二，并开始住校。

中西女中的前身是中西女塾，由美国基督教监理会创办于 1892 年。1917 年，中西女塾迁入沪西忆定盘路（上海公共租界越界筑路，今江苏路 155 号）；1931 年 12 月中西女塾正式向国民政府注册，改名为“中西女子中学”，由一所外国教会学校变成了中国的私立学校。可以说在早期中国知识女性的成长过程中，教会女子学校扮演了十分重要的母体角色，它使得一大批中国女性实现了自我意识的觉醒和自我主体的建构，她们走出家庭，进入公共领域，从而得以施展自己的才华。也是在这里，沈渔邨读到了居里夫人的故事，立即被她深深吸引，并把她奉为终生学习的偶像。

中西女中是以传授西方文化为宗旨，重视英语、数理化教育，课本一律是英文版，教师绝大多数是美国人。在中西女中就读的两年为沈渔邨的英语打下坚实的基础，哪怕后来她留学苏联改学俄语，以及国情原因，英语荒废了近 30 年，但年过半百重新捡起来之后，她很快便成为工作单位里“英语最好的人”。

① 张帆，魏惠卿．孤岛时期的上海租界教育 [J]．江苏大学学报（社会科学版），2005，7（2）：18-23.

中西女中还特别重视学生的音乐教育，全部学生必须学习声乐，成立专门的部门、安排专人负责音乐课程。十几年后，沈渔邨在一次学生运动的公演中，担任《黄河大合唱》的女高音主唱，一展歌喉震惊四座。

就读中西女校期间，沈渔邨只能周末回家一天，当天往返，与家人一起吃顿午饭。弟弟沈壮吾已经上小学，聪明可爱，但非常顽皮，常常被父亲管教。沈壮吾 90 多岁高龄时，脱口而出的仍是父亲的严厉，“我小时候上课淘气，父亲就让我跪着念书，曾反复念诵英文百余遍”。母亲很温和，总是用姐姐们用功读书的榜样来激励他。由于年龄差距大，大姐和二姐成年后离开家的时候，沈壮吾还是幼年，他最亲近的是三姐沈渔邨。

沈渔邨也很疼爱弟弟，沈壮吾回忆说：“三姐很会念书，功课很好，爸爸对我很严厉，但三姐很有耐心。我小学一二年级上台演讲，都是三姐给我写的演讲稿，其中有一篇叫《宰相文天祥》。”[①]

沈渔邨写作这份演讲稿时的心情已不得而知。随父母离开杭州颠沛流离的那一天开始，天上是战火炮弹，地上是同胞的奔走哀嚎，已经懂事的沈渔邨已尝到了当亡国奴的滋味。不屈服于外族选择了奋勇抗争的文天祥，留下“人生自古谁无死，留取丹心照汗青”的千古绝唱。沈渔邨每天看到听到的，是面对日本帝国主义入侵，中华儿女的誓死浴血抗争，她的内心早已埋下了一颗与国家命运共存亡的种子，当她上大学后，便毅然投入轰轰烈烈的爱国学生运动和解放全中国的革命事业当中。

中西女中是私立学校，学费不菲。好在沈锦椿多年来在邮局工作有一定的积蓄，在他们逃难到上海后还能勉强支撑，虽节俭度日，但在孩子教育花费方面，沈锦椿毫不含糊。

沈渔邨在学习上也从未让父母失望，1940 年 6 月，她以优异的成绩考上了“江南四大名中”之一的江苏省立扬州中学高中部。

考虑到全家人在租界里生活开销太大，再加上战争年代通货膨胀，坐吃山空不是长久之计，沈锦椿决定带着妻子和儿子先回杭州谋生，让沈渔邨独自留在上海念书。

① 沈壮吾、沈燕采访实录，2022 年 6 月 25 日.

第三节　就读扬州中学

高中是人思想、价值观念趋向成熟的重要阶段，尤其远离父母异地求学，既开始学习独立生活，也开始思考社会、思考人生。沈渔邨一个人留在上海，高中的学习和身边的老师同学，让她快速成长。

20 世纪 30 年代，社会上流传这样一种说法：北有南开，南有扬中。即北方最好的中学是张伯苓校长的南开中学，南方最好的中学是周星北（厚枢）校长的扬州中学。扬州中学名师聚集，民国时期，朱自清、李涵秋等在此执教。校友中有江泽民同志，还包括有“两弹一星”元勋黄纬禄、沈渔邨在内的 89 位院士。

扬州中学肇始于 1902 年创立的官办仪董学堂。1927 年，江苏省立第五师范学校与江苏省立第八中学合并，定名为江苏省立扬州中学，由时年 28 岁的周厚枢出任校长，从此被称为“扬州中学”。1937 年 12 月 14 日，就在日寇侵占南京、制造骇人听闻的“南京大屠杀”的第二天，扬州沦陷。

中华民族千百年来都特别重视对下一代的教育，除非遇到极特殊情况，一般不会中断教育活动，必定总在苦苦撑持和坚守。不愿当亡国奴、坐以待毙，周厚枢校长将全校师生化整为零分散到各地。1938 年，周厚枢校长带领一部分师生迁往武汉，后在四川复课；一部分师生搬迁到上海租界内租借校舍复课。前往上海的师生先后设立了两所扬州中学，分别是扬州中学沪校和扬州中学泰校，且两校一直并存，沈渔邨就读的便是后者。

扬州中学泰校在上海经历了几次搬迁，1940 年沈渔邨入学时，学校已搬至法租界高乃依路（今皋兰路）的一座三层小洋楼里，据说这里原是苏联驻沪领事馆的新闻处，北面对面是一座白俄侨民的宏伟的东正教大教堂。沈渔邨所住的女生宿舍在泰校本部，男生宿舍则在外面另外租用的地方。

好老师是学校的“灵魂”，扬州中学集中了一批具有敬业精神、学养深厚、有丰富教学经验、循循善诱、诲人不倦的教师。通过与沈渔邨同时期的扬州中学校友们回忆[①]，在泰校的老师有黄应韶、侯湘石、方剑岑等人，这些老师个个学识渊博、经验丰富，以精进的学识、高尚的品德，潜移默

① 卫刚，张发祥．扬中记忆 [M]．南京：东南大学出版社，2012.

化地影响着学生，陶冶着他们的情操。沈渔邨的一生可以说是受其所馈。

黄应韶是数学老师，为解放后扬州中学第一任校长，民进扬州市委创始人，曾任民进扬州市委主委。他与扬州中学的另外两位数学教师黄泰、黄久征齐名，并称“三黄”，享誉苏北数学界。他上几何课不带规尺，在黑板上画两圆外切，将两支粉笔头并在一起，信手在黑板上一转而就，动作娴熟快捷；他甚至能画“九点共圆”；三位乘三位的算式，能不假思索立即写出得数。这些“绝活”，他的学生们至今还记忆犹新，赞不绝口。不少校友回忆，听他上课，简直是一种艺术享受。

物理老师侯湘石，也曾是扬州中学毕业生，1926 年毕业于上海交通大学机械工程学系蒸汽机专业。其学生卜元礼在《侯湘石师》一文中追忆：“侯师常身穿一袭蓝色长袍，讲课时由浅入深，尤其定理或定律之关键处，讲解得十分透彻，交代得非常清楚，使同学们均能心领神会而毫不觉得艰难。”当时的一本物理教科书书名为 *Du55:General Physics*，是龙门书店的翻版书，现在称为盗版书，其远较进口原版书便宜，学生买得起。

化学老师方剑岑，毕业于中央大学化学系。1933 年，他编译了《化学计算法》，向全国发行。在泰校的艰苦条件下，他自编教材给学生们上课。五十年以后，他的学生、1941 届校友孙方钟还清楚地记得：“化学老师方剑岑上课时只带一个粉笔盒，全凭丰富记忆和深厚功底，一边讲一边板书，写出整黑板、整黑板的教材笔记……他说起话来，如珠妙语……讲课从不带讲稿，上课张口便讲，下课铃一响正好讲完。听方老师讲课，不啻为一种精神上的享受。”当时最流行的化学教科书是 *Deming:General Chemistry*，也是进口原版英文教材。

英文老师姚尔玉，又名姚玺，他发音清晰，咬字正确，抑扬顿挫，缓慢而有力，听起来很悦耳。他自己编一种小册子，放得进口袋，每册 20 篇英文文章，有故事、书信、小说摘录、名人演讲稿等素材，其中有一篇是美国解放黑奴的总统林肯 1776 年 7 月 4 日在匹兹堡发表的《独立宣言》。高中三年 6 个学期共 6 册 120 篇，每周教 1 篇，学生背 1 篇，有这 120 篇英文打底，写起英文作文来，左右逢源，得心应手。

因战火弥漫，交通阻断，教学经费来源断绝，全靠自筹维持，办学条件十分艰苦。泰校有十几间教室，但仍不能满足教学要求，每班只能上半天课，为了让同学们获取更多知识，教师们想了很多办法，如组织举行英语作文比赛，到附近一家专供中学生用的化验室去做实验。每学期的期中、期末两次考试，为了防止作弊，教务处还专门精心编排了十字形座位表，即前后左右坐的都是其他年级的同学，考试只能靠你自己。

扬州中学的周厚枢校长历来主张“教、训合一”，主张“科学陶冶”“人格感化”并重。“良以青年良好品行之养成，非全体教师俱为青年之楷模不可。故本校聘请教师，以人格高尚为要义，以专任久任为原则……学生与此种优良教师接触，遂默化潜移变更气质，其遵守纪律，出于良心之主张，其服从师长，生于内心之信仰。于是重品格、喜研究、尚服务之学风，亦于无形中养成……无论高初中一切科学教学，悉注重学生自行实验、实物观察及问题讨论，在学术上养成其实地试验，及客观研究之习惯及态度，在品格上养成不浮夸、不躁进、虚心实做之精神。”[①]

以居里夫人为人生榜样的沈渔邨，酷爱数理化，在尤以“理科”著称的扬州中学更是学得酣畅淋漓。这个特殊时期，租界区内不仅有扬州中学的老师，还会集了各省立中学的名师，尤其数学老师，相互兼课，学生们集百家之长，基础扎实，触类旁通，受益匪浅。多年后，沈渔邨给即将高考的弟弟辅导化学、给女儿钱家鸣辅导数学、物理，再难的题她都是信手拈来，这都得益于在扬州中学打下的坚实基础。

① 王舒成．从“人”开始的巡礼——扬州中学百年兴学历程侧记 [J]．基础教育参考，2012，22：89-91.

第二章
就读西南联大
拳拳报国志

第一节 昆明之路，道阻且长

“孤岛”也逃不掉淹没的命运。上海租界的“和平”在维持了短短四年之后，也陆续沦陷了。

1941 年 12 月 7 日，日军袭击珍珠港，太平洋战争爆发，美、英对日宣战。次日凌晨 4 时，上海日军采取攻击行动，开进公共租界，租界没有经过抵抗便宣布投降。由于当时法国维希政府已经是纳粹德国傀儡政权，因而日军并未占领上海法租界和意大利界区，直至 1943 年 7 月 30 日，汪精卫政权收回上海法租界，改称第八区，历时近百年的上海法租界宣告结束。

沦陷后的租界开始接受日本人的严苛统治。省立扬州中学泰校以“树人补习社”的名称维持了一个学期后，不得不于 1942 年 11 月宣布停办。

正读高三的沈渔邨随着树人补习社的停办，再一次失学，她开始思考未来：如果继续考大学，租界内的大学学费之高，已不是家庭能够承担；可就此告别校园，出去找份工作养活自己，她又心有不甘。何去何从，前途未卜。独自在兵荒马乱的上海求学，这个刚满 18 岁的少女陷入了沉思。

沈渔邨听说，到内地上国立大学不收学宿费（作者注：当时称抗战大后方为“内地”，1937 年 11 月，国民政府迁都重庆后，直接把西南大后方作为抗战的主要基地和根据地）。内地的大学中以昆明的西南联大水平最高，好几位毕业于扬州中学的大师在那里执教，如朱自清、余冠英等，更好的消息是沈渔邨的大姐沈杏邨一家也已迁至昆明。

沈渔邨决定，到昆明去，考西南联大。她马上收拾行囊，先回杭州老家见父母，再去昆明。

离开 5 年，杭州已物是人非——原在将军路上的沈家房子已被日军占据。两年前父母回来后，租住在官巷口一套街边的房子，前店后厂开起了糕饼店。平时，父亲在里间做糕点，母亲在前店售卖，弟弟在家附近上小学。官巷口是沈锦椿的“故地”，以前在这里的邮局当局长，如今开了个小店，生意也很好，忙不过来的时候，还雇了个伙计，日子还算过得安稳，只是天天看着日军在城里作威作福，中国老百姓生活苦不堪言，他心里很不是滋味。

得知女儿想报考西南联大，沈锦椿很高兴。日本帝国主义铁蹄踏上中华大地，他们全家被迫过上亡国奴生活之日起，他更加深刻地意识到，个人的尊严是建立在祖国的强大之上的，祖国被侵略者践踏，个人哪有尊严可言，孩子们好好学习，才能让祖国强大起来。

1942 年底，沈锦椿关掉糕饼店，带着沈渔邨出发了。从杭州到昆明两千多公里，途经浙江东部、江西、湖南、贵州四个省，此路迢迢，艰难险阻。沿途要穿过重重的日寇封锁线，还要躲避天上随时可能落下的炸弹——自从国民政府迁往西南根据地后，为了迫使其屈服投降，从 1938 年到 1943 年，日军出动大量飞机，对重庆持续数年“战略轰炸”，轰炸远及西北的兰州、西安和西南之昆明等。

在老家商人的帮助下，父女二人坐火车、搭汽车，搭“黄鱼车”（拉客的人力车，也叫“黄包车”）；什么车都没有的时候就靠双腿走，有顺路的车，便央求着捎带一段。有一次“黄鱼车”翻了车，人和行李都滚到地沟里，好在只是皮肤一点擦伤，两人爬起来继续往前走。

最让沈渔邨刻骨铭心的，是所到之处的满目疮痍：半壁河山已陷敌手，村庄没有了往日的安详和宁静，取而代之的是残破的房屋、满地的砖瓦碎片和毫无生气的哀号。昔日繁华的城市，被轰炸后遍地废墟。日本的侵华战争给中华民族带来了深重的灾难，数以千万计的民众被迫离开家园，流落四方。

战争带来的伤痛，是和平时期的人们难以体会的。作为在民族苦难中成长的一代人，沈渔邨性格中的硬朗、坚忍、刚毅，是在战火中成长留下的烙印，这让她在往后岁月中，无论在多大风浪里浮沉，都能保持一份荣辱不惊的从容。

沈渔邨在“自述”中回忆这段往事时写道：“‘八一三事件’日军进入租界，我就读的公立扬州中学被迫关闭，当时我正在高三读书。为了继续上学，经高班同学的介绍，在老家商人的帮助下，越过了日寇的封锁线，经浙东、江西，到湖南时，适逢长沙大火，我随着人流渡河冲出了火网，沿途搭乘黄鱼车，躲过日寇的轰炸，最终到达昆明。”①

经过一个多月的艰辛，父女二人终于在 1943 年 1 月抵达了昆明，住在杏邨家中。

① 沈渔邨．执着之路　赤子之情 [J]．中国医院，2002，6（12）：25-27.

此时的沈杏邨已辞去银行的工作，全职在家操持家务。她当年在学校读家政系，专门学习家庭管理、子女教养、宾客应酬、疾病看护以及衣食住日用的全面知识和技能。这是 19 世纪末美国的大学最早开设的一个专业，20 世纪 20 年代起，北京女子高等师范学校设家政系，1926 年，燕京大学增设家政系。沈杏邨毕业后进入中国银行工作，与同事徐徵明相识相知后结婚。徐徵明出生于江苏一书香门第，家中兄弟 10 人，前 5 个走仕途，后 5 个做学问，徐徵明属于后者。1937 年 11 月，中国银行总管理处（总行）迁入陪都重庆，沈杏邨和徐徵明随总行来到重庆，之后又被调到昆明。1937—1942 年，中国银行在西南、西北地区增设机构 106 处。同时，先后在越南、缅甸、印度、巴基斯坦等国设立分支机构①，徐徵明曾被派往越南开展业务，出任银行襄理（经理）②。

第二节　先入先修班再读医预科

由于到达昆明时错过了当年的考试时间，于是沈渔邨一边复习准备考试，一边找工作打工挣生活费。这年 4 月，经徐徵明介绍，沈锦椿出任云南中茶公司的会计室主任，沈渔邨也在这家公司找了份办事员的差事。

在学习和工作之余，沈渔邨最喜欢去西南联大的校园，这里可是抗战时期全中国年轻学子的“朝圣”之地。西南联大的校歌里有一句歌词“绝徼移栽桢干质”，它的意思是：把那些正在成长的国家栋梁之材，移栽到边远的地方去，使其免受摧残，以积蓄希望。这场史诗般波澜壮阔的大迁徙，使西南联大成为中国历史上的一个奇迹和永远的光荣与丰碑。

1937 年“七七事变”北平、天津沦陷后，为了把大学教育的长明灯持续下来，保持我国的学术文化不中断，北京大学、清华大学和南开大学，在蒋梦麟（北大校长）、梅贻琦（清华校长）、张伯苓（南开校长）的带领

① 贾瑛瑛．民族金融的旗帜——中国银行在 1912—1949[J]．中国金融，2012 年 2 月刊．
② 沈渔邨的父母及姐弟情况，2012 年 2 月 5 日，北京市朝阳区双花园南里，资料存于采集工程数据库，编号：YX16-002-002．

下，三校师生集体南迁，先在长沙三校合一为“国立长沙临时大学”，半年后被迫再次迁至昆明，改名“国立西南联合大学”，于 1938 年 5 月 4 日正式开课。

在西南联大读书时的沈渔邨（1946 年）

西南联大被称为“史上最穷”的大学。当年梁思成、林徽因为西南联大设计了校舍，但设计稿几次被校长无奈“退回”，因为实在没钱买材料。由于经费不足，西南联大的校舍条件很差，教室是土墙，课桌也是用土基搭上木板拼凑而成，屋顶是涂上绿漆的铁皮，每逢下雨就吵得没法上课。在生活方面，联大师生的状况十分困苦。昔日受人尊敬、生活富裕的教授，也成为饥饿线上的挣扎者。来自敌占区的学生，由于与家庭断了联系，没有经济来源，只有靠政府发放的“贷金”和在校外兼差维持生活。相比这些同学的窘困，沈渔邨在昆明算是过得衣食无忧。

但西南联大也是中国史上“最富有”的大学，梅贻琦校长说：“所谓大学者，非谓有大楼之谓也，乃有大师之谓也。”林语堂曾说：“联大师生物质上不得了，精神上了不得！”联大先后共有 300 多位教授，大多数曾在欧美留学研修，学成后获得博士学位，抗战前和抗战期间毅然回国。这是一批老、中、青相结合，人才济济、名扬中外的大师，每一位的名字都如雷贯耳。

沈渔邨离开省立扬州中学时，高三尚未毕业，西南联大针对这类的学生开设了先修班，考试合格被录取后，在先修班学习 1 年，主要补习和加深高中主要课程的理论知识和应用能力。

西南联大对先修班的重视程度并不亚于正式的大学教育，因为这是优质生源的重要来源。先修班的主任由生物系主任李继侗教授兼任，各门课程都由文、理学院相关系的教师担任，并且认真教学和严格要求，教学和学习氛围很好。先修班学生学习期满，结业考试成绩合格，达到本科新生录取标准的，根据学生本人志愿，直接保送至文、法、理、工 4 个学院中相关院系。

1943 年 11 月，沈渔邨考入西南联大的先修班理工组，修读数学、语文、英文、物理、化学等课程。

由于“珍珠港事件”之后美国的参战使第二次世界大战的局势发生逆转，此时的昆明几乎不再被日军空袭，恢复了平静。这一年，沈渔邨可以安静地读书，准备相当于“高考”的结业考试。

1944 年 6 月，沈渔邨以第一名的成绩考入西南联大物理系。这一年，杨振宁刚刚毕业离校，他在西南联大物理系完成 4 年本科和 2 年硕士，并获得庚子赔款奖学金赴美留学。

根据西南联大的“通才教育”，学生在第一年接受广泛的通识教育课程，升入二年级才开始选择专业，可以选择本系的，还可以跨学科。一年级新生在昆明大西门外新校舍（多为简易平房）上课，学的都是大学本科的基本课程，例如语文、英语、高等数学（微积分等）、物理、化学、体育等，由于战时缺乏教科书，学生要一边听课，一边记笔记，考试时借阅教科书对照笔记复习，如果一二门主修课程不及格，就不能升入二年级。①

这些课程几乎全部是校或院系共同必修的课程，而且越是普通的课，越是由大师来教。教授们把课程安排得满满当当，课程表把好几堵墙壁都贴满了。学生们在课程表前挤来挤去，记下自己想听的课，很多别院的学生还特地走好几里路来听课。对于年轻的学生们来说，西南联大确实一座大楼也没有，而大师之多，举国无匹。文、理、法、工学院处处星光灿烂，使人目不暇接。以大一新生必修的国文、英文两科的教师为例：教“大一国文”的有：杨振声、朱自清、闻一多、罗常培、罗庸、沈从文、浦江清、王力、陈梦家、李广田等享誉全国的名家硕儒。教“大一英文”的，先后有叶公超、柳无忌、钱锺书、陈福田、莫泮芹、潘家洵诸先生，皆一时俊彦。②

沈渔邨刚一入学，就能亲聆自己慕名已久的大师的教诲，这无疑是令人兴奋而快慰的事。另外，虽然是战争年代的困难时期，但西南联大学生的娱乐生活是丰富多彩的，其中一项就是看电影，且票价不贵。大家爱看的是外国来的文艺大片，如《一曲难忘》《居里夫人》《魂断蓝桥》《碧血黄沙》等，没有中文字幕，是请人临场口译。这些影片里为崇高理想献身的思

① 施熙灿. 怀念西南联大. 清华校友总会：https://www.tsinghua.org.cn/.

② 西南联大北京校友会. 我心中的西南联大——西南联大建校 70 周年纪念文集 [M]. 北京：清华大学出版社，2008.

想、爱国主义思想、人道主义思想，以及温馨的亲情、可贵的友情、真挚的爱情，深深感动着、影响着这些青年学子。[①]晚年时，沈渔邨回忆时写道：“联大的生活学习条件非常艰苦，学术、政治空气十分浓厚活跃。”[②]

在沈渔邨即将升入大学二年级时，生物系开设了一个新专业——医预科。沈渔邨对学医动了心，1945 年 9 月，沈渔邨向学校提交了转系申请，经物理系和生物系主任同意后，她如愿进入了生物系的医预科。

据当年与沈渔邨同为先修班的一位女同学经永春回忆：她父亲经利彬时任昆明医药研究所所长，与生物系主任李继侗教授是好朋友。有一天，经利彬与李继侗聊天时，提到了女儿经永春想学医，而西南联大又没有医学院，很遗憾。于是，李继侗就说：“我可以先办个预科，协和以前也有医预科。3 年医预科后，战争结束了，学生们就可以回去读医学院了。”就这样，李继侗便在生物系下成立了医预科。[③]

对于李继侗教授，沈渔邨是十分熟悉的。在先修班时，李继侗教授便是她的班主任。李继侗教授是第一个获得美国森林学博士学位的中国学者，在美国耶鲁大学取得博士学位后，于 1924 年回国，曾受聘于南开大学，后长期执教于清华大学。当年，三校被迫从长沙迁至昆明时，李继侗、闻一多等带领师生 250 多人，历时 68 天，行程近 3500 里，徒步抵达昆明，创造了中国教育史上一次伟大的“长征”。

在李继侗教授的主持下，医预科虽然成立了，但由于是临时组建，不在西南联大的正式建制之内，所以既没有正式的教师，也没有固定的课程。医预科同学所学的课程都是李继侗从生物系、化学系和物理系课程中选取的，像普通化学、普通物理、普通生物等基础课都要上，像解剖学、组织胚胎学等医学专业课并没有开设。

医预科并没有像李继侗教授当初设想的那样读 3 年。沈渔邨读了 1 年后，抗日战争结束，西南联大宣布解散，所有学生分归各校。

① 西南联大北京校友会．我心中的西南联大——西南联大建校 70 周年纪念文集 [M]．北京：清华大学出版社，2008：425．

② 沈渔邨．执着之路　赤子之情 [J]．中国医院，2002，6（12）：25-27．

③ 胡颖翀．沈渔邨：以科学精神体现人文关怀 [N]．中国科学报，2016-03-14（8）．

第三节　加入民主青年同盟

大学期间的知识积累终究是有限的，老师的作用主要在于启发、示范，开阔学生的眼界和思路，使学生知道怎样做人，怎样做学问。杨振宁教授曾说“西南联大是奠定我一切成就的基础”，沈渔邨也是如此，西南联大奠定的基础成为她日后取得巨大成就的基石。更重要的是，西南联大不但是坚强的民主堡垒，也是热血青年成长的一片热土。沈渔邨就是在这片热土上茁壮成长，在西南联大的三年，她的世界观、人生观、价值观被建造。

抗战时期，大学校园成为国共两党进行组织较量的一个重要舞台，国民党在大学普设国民党党部，将国民党的组织触角全面深入至高等教育界各处；与此同时，中国共产党也在高校里建立了自己的地下组织，八年中，在西南联大学习过的地下党员累计有150多人。[①]几个公开的学生进步社团，如“群社”“冬青社”、联大剧团等组织，都密切协助共产党的工作，开展了很多进步活动。

1941 年 1 月“皖南事变”后，由于暴露的共产党员和进步学生撤出西南联大，西南联大的民主活动转入低潮，校园内死气沉沉。1943 年初，沈渔邨到达昆明时，正值西南联大民主活动的低潮期，壁报停刊，社团解散。但是，表面平静的西南联大校园，正在孕育新的大规模民主运动的潜流，1944 年，进步力量在许多系级中逐步占据优势，西南联大的民主空气又重新活跃了起来。

从 1944 年 5 月 3 日晚的“五四”座谈会开始，一直持续到 8 日的晚会，参加师生人数达3000之众。[②]纪念周活动极大地唤醒了沈渔邨等广大青年学生的民主意识和革命精神，沈渔邨的内心深处悄然发生着变化。她晚年时在“自述”中写道：“目睹老师们在物质生活极其困难的条件下，严谨治学，以大无畏的革命精神支持民主运动，使自己深受教育，从一个埋头读书的青年，进入了青年民主运动的行列，懂得我们这一代青年人负有争取民主、

① 龚书铎．爱国教育丛书：西南联大 [M]．北京：北京师范大学出版社．

② 西南联大北京校友会．我心中的西南联大——西南联大建校 70 周年纪念文集 [M]．北京：清华大学出版社，2008：344．

民族解放的神圣使命。”[1]

这一年，世界反法西斯战争取得了重大胜利，共产党领导的解放区战场也开始对日寇进行全部反攻；国民党军队却在日寇的新攻势下节节败退。这个对比使人们深刻地认识到，没有政治上的民主，就没有抗战的胜利，进而激发了国民党统治区广大人民争取民主的斗争。沈渔邨积极投身到民主运动中，其中包括为推动西南联大学生自治会改选工作做了很多努力。

成立于1938年的西南联大学生自治会，在“皖南事变”后，一直由国民党三青团骨干把持控制，包而不办，名存实亡。随着昆明民主运动日益深入开展，人们深深感到，只有建立一个接受中国共产党领导的先进青年组织，才能在群众运动中发挥核心作用。1944年秋季开学后，经过激烈的选举斗争，学生自治会的领导权开始牢牢地掌握在进步势力一边，领导全体同学朝着争民主反内战的政治道路前进。[2]此后，联大的民主活动更显现出勃勃生机，校外的许多进步学生、工人和市民，也经常到联大来参加集会。

1945年8月15日，日本天皇发表投降诏书，宣布330万日军放下武器无条件投降。然而，国民党妄图通过内战来消灭共产党领导的人民革命力量，建立起他们的专制独裁政府，整个中国又笼罩在战争的阴云之中。

西南联大的共产党组织根据上级党委的指示，沈渔邨与其他活跃的进步学生一起，在学生中间展开了广泛的反内战宣传。1945年11月25日晚，时事演讲会在西南联大图书馆前的大草坪上举行，第二天，西南联大的民主墙上贴满了反内战的大字报，宣布自即日起罢课。西南联大校友吴方回忆道：“这天晚上的时事演讲会，我因有事，没有参加。到了晚上7点多钟，忽听新校舍方向传来密集的枪声，除了步枪、机枪、冲锋枪的声音，还夹杂有小钢炮的声音。第二天一早我照常拿着讲义夹、墨水瓶和蘸水钢笔准备到新校舍去上课。走到师范学院二门，只见两个女同学拦在那里，说：‘罢课了！请放下东西再到学校去。’这两个同学一个叫沈渔邨，后来成了卫生部长钱信忠的夫人；另一个叫耿仁荫，后改名耿晓，成了我的朋友、两

① 沈渔邨. 执着之路　赤子之情 [J]. 中国医院，2002，6（12）：25-27.
② 龚书铎. 爱国教育丛书：西南联大 [M]. 北京：北京师范大学出版社.

度在一个机关工作过的王文同志的夫人。我说：‘我带着东西去，不上课不行吗？’她们说：‘不行！必须放下东西才能去。’”[①]

12 月 1 日，反动军警和特务们向手无寸铁的学生们发动了进攻，在西南联大师范学院、西南联大新校舍门前投掷手榴弹。在这场战斗中，于再、潘琰、李鲁连、张华昌 4 人死亡，重伤 11 人，轻伤 14 人；教授袁复礼、马大猷等也遭到特务殴打。这就是震动全国的“一二·一”惨案。

亲眼目睹生命的流逝与鲜血的流淌，沈渔邨震惊了。她晚年时回忆道：“1945 年日寇投降后，反内战、要和平的民主运动在昆明轰轰烈烈地展开，联大师生在民主广场的演讲会遭到国民党反动派的开枪镇压，李公朴教授惨遭特务暗害，特务们围攻师范学院时，4 位国学（生）惨遭杀害，激起了西南联大师生的无比愤慨。在全市发动罢学、罢市并扩大到全国各地。即著名的‘一二·一’学生运动”。[②] 经过 1 个月的斗争，云南当局被迫公开接受学生们提出的复课条件，12 月 25 日，西南联大学生宣布复课。

1946 年 1 月，西南联大学生自治会由全体同学直接选举，被选出的 17 名理事，其中除两人是中共党员外，其余都是进步同学。[③] “当时我是联大学生自治会理事会的成员，负责发动联系昆明中学生等工作。”[④]沈渔邨回忆道。1946 年 2 月，经西南联大社会系、“文艺社”的彭珮云[⑤]同学介绍，沈渔邨加入民主青年同盟（简称民青）[⑥]。民主青年同盟是 1944 年冬、1945 年初成立的先进青年地下组织，接受中国共产党领导，以实现新民主主义为奋斗宗旨。[⑦]

学生自治会改选后的首要任务就是公葬四烈士和为四烈士举行出殡、游行，以扩大反内战、争民主的影响，进一步打击反动派。1946 年

① 浮生十记. 吴方. 清华校友总会官网（https://www.tsinghua.org.cn/info/1952/17838.htm）.
② 沈渔邨. 执着之路　赤子之情 [J]. 中国医院，2002，6（12）：25-27.
③ 李凌. 一二·一运动亲历记 [J]. 百年潮，2015 年第 10 期.
④ 同②.
⑤ 彭珮云，女，汉族，1929 年 12 月生，湖南浏阳人. 清华大学社会系毕业，1946 年 5 月加入中国共产党，曾任第九届全国人大常委会副委员长.
⑥ 胡颖翀. 沈渔邨：以科学精神体现人文关怀 [N]. 中国科学报，2016-03-14（8）.
⑦ 西南联大北京校友会. 我心中的西南联大——西南联大建校 70 周年纪念文集 [M]. 北京：清华大学出版社，2008：318.

3月17日清晨，在“自由钟”的引导下，3万余人加入了送殡的行列，昆明市人头攒动，10余万人齐集街头，向烈士告别。闻一多教授后来在《一二·一惨案实录》的烈士碑文中写道：“人人怀着一颗沉重的心，瞪视着这民族自杀的现象……每一个糊涂的人都清醒起来，每一个怯懦的人都勇敢起来，每一个疲乏的人都振作起来，而每一个反动者都战栗地倒下去。”①

毛泽东曾说：伟大的正义的学生运动是“解放战争的第二条战线”。昆明的“一二·一运动”打响了“第二条战线”的第一枪。西南联大解散后，同年北大、清华、南开三校复学，北归后的青年学生，继续积极参加反饥饿、反内战、反迫害等各种民主爱国运动。

西南联大这个民主堡垒，屹立在祖国的西南春城八年，给中华民族留下了不可磨灭的印迹。尽管物质生活艰困，朝不保夕，他们依旧激情不减，弦歌不辍。它仅仅存在了8年，却走出了两位诺贝尔奖获得者、八位“两弹一星“元勋、171位两院院士，让牛津大学的学者不远万里前来拜访求教，惊呼：它是中国教育史上的“珠穆朗玛峰”。

陈岱孙曾说：“有人说，联大的学生都是尖子，是进步的，是天才。这不见得，他们还是一般的学生。一般的人在某种条件下也可以做出一番事业来，不一定天才才有大的成就。”并不是独特的学生塑造了西南联大，而是西南联大独特的教育环境培养出了最好的人才。②

从战火中走过，才知和平的可贵；经历过流血，更知生命的珍贵。刚来到西南联大时，沈渔邨还只是一个19岁的花季少女，当她离开昆明北返时，已是22岁的进步青年。50多年后，沈渔邨曾回忆说：“本来我是一个埋头读书的学生，政治思想并不成熟，只是觉得正义的事情，我应该去做。”③

西南联大带给她的，有胸怀祖国、以天下为己任的爱国精神，科学与民主的精神，兼容并包与学术自由的精神，艰苦奋斗的精神，敬业与勤学

① 西南联大北京校友会．我心中的西南联大——西南联大建校70周年纪念文集[M]．北京：清华大学出版社，2008：305-306．

② 刘周岩．联大最重要的特质是自由——专访西南联大荣誉校友易社强[J]．三联生活周刊，2017年第48期．

③ 于欣．沈渔邨教授从医五十周年论文集[M]．北京：中国心理卫生杂志出版社，2004．

的精神，为共同事业团结合作的精神……三年的西南联大生涯，经过血雨腥风的锤炼，沈渔邨已褪去了小女孩的青涩与胆怯，真正成为“刚毅坚卓”的年轻人，这四个字是西南联大的校训，也是如沈渔邨一样的西南联大学子一生的写照。

第三章

两进两出　就读北医

第一节　北　归

1945 年 8 月 15 日，日本宣布无条件投降，国土重光，举国欢腾。随之而来的就是抗战初期内迁到大后方的政府、工厂、学校等机构的复员任务。

西南联大的师生们兴致高昂，做着到北平、天津各自复校的打算，很多人在大街上摆地摊拍卖衣物，准备轻装北返。沈锦椿辞去了中茶公司的会计工作，回了杭州；大姐沈杏邨随丈夫回到上海；抗战时期在重庆工作的二姐沈雁邨也回到杭州，只有沈渔邨一个人在昆明等学校放假。

沈锦椿与妻子、儿子和二女儿团聚时，沈壮吾已经是 13 岁念初中的少年了，几年来他与母亲在日本人统治下的杭州相依为命，终于盼到了胜利后家人相聚。沈锦椿回到杭州后，很快在浙赣铁路局谋得一份会计工作，[①]给他介绍这份工作的人，正是他当年资助求学的那名小邮差。这个年轻人学有所成后，在杭州有了一定的职位，他主动给沈锦椿介绍工作，是深知他为人正直、工作认真负责，也为回报他当年对自己的帮助。

在西南联大解散之前，学校让每个学生都填报志愿，选择复员后自己希望就读的学校和院系。按李继侗教授的设想是在西南联大读完 3 年医预科后，进入协和医学院继续学习。但是，因太平洋战争爆发而于 1942 年停办的北京协和医学院（以下简称“协和”），要到 1947 年也就是北大复员后第二年才复校。在得知北大复员后“拟增设医农工三院”，因此，沈渔邨填报志愿时选择了北京大学医学院（以下简称“北医”）。

1946 年 5 月 4 日，著名的“五四运动”27 周年纪念日，众人翘首以待的三校复员之日终于到来了。西南联大师生与特邀来宾在校图书馆前广场上，举办了校史上最后一次结业典礼，2000 多名师生陆续离昆北上，分赴北大、清华、南开继续学业。

当年师生们南渡之路艰难险阻，如今大部分人北返的路也十分曲折。先乘坐救济总署免费难民车，下面放行李，上面坐人，每车 20 多人，从昆明经霑益、黄果树、贵阳、贵定、玉屏、芷江到湘潭；然后乘船去长沙，

① 沈渔邨的父母及姐弟情况，2012 年 2 月 5 日，北京市朝阳区双花园南里，资料存于采集工程数据库，编号：YX16-002-002.

再坐火车到武汉，又顺长江乘船到上海，再乘船到秦皇岛，最后沿北宁线乘火车到达北平。①

沈渔邨参加完西南联大的结业典礼，于6月乘飞机抵达上海，从上海乘船到天津，再乘火车到达北平，同行的有她的高中校友及西南联大同学张碧华。她们住进了北平国会街北大四院（现新华通讯社社址），其他由西南联大复员到北大、清华上学的同学暂时都住在这里，等待开学。②

1946年10月10日，国会街北大四院，沈渔邨等2000多名学生聚集在大礼堂里，在北京大学“最简单”的开学典礼上，新任校长胡适穿着蓝长衫和黑马褂，连扩音机都不用，对学生说“家常话”。他讲述了北大48年的历史，并特意为医学院“登起了广告”。他表示，医学院挑选了全国最好的人才担任教师，设备方面在国内恐怕只有上海医学院和中山大学医学院差堪比拟。

增设的医学院院长先后为解剖学教授马文昭、生理学教授沈钧淇和皮肤科学教授胡传揆。胡传揆教授同时任医学院附属医院（亦称北大医院）院长。医学院下设医学、药学和牙医学3个系，医学系再分18科。

正如胡适所说医学院教师“由全国最好的人才担任”，此言不虚。太平洋战争爆发后，协和停办，大批协和教授进入北医；协和复校后，少数教授回协和任教，大部分留在了北医。当时北医的师资阵容可以说是代表了我国医药卫生各科的最高水平，如解剖学的马文昭，神经解剖学的臧玉诠，微生物学的颜春晖、陶善敏，生物化学的刘思职、张昌颖，医史学的李涛，生理学的沈俊琪，病理学的胡正祥、秦光煜，药理学的李钜，公共卫生学的林宗扬、严镜清，内科的钟惠澜、王叔咸、吴朝仁、马万森，外科的关颂韬、孟继懋、谢元甫、陈景云、王大同，儿科的诸福棠，妇产科的林巧稚，耳鼻喉科的张庆松，眼科的毕华德、刘家琦，神经精神科的许英魁，皮肤科的胡传揆，放射科的谢志光，牙科的毛燮均，药学的薛愚、赵橘黄、陈同度等。

不仅教授阵容强大，医学院还聘请了一大批优秀的中青年教师，如外

① “一二·一”惨案和从昆明到北平（北京）复校，龙期威（清华大学物理系1949年毕业），1986年清华75周年校庆，沈阳分会发言，清华大学校史馆.

② 北京大学校友会. 北大岁月：1946—1949的记忆[M]. 北京：北京大学出版社，2013：613.

科讲师吴阶平，后来成为中国泌尿外科奠基人；外科助教张金哲，后来成为中国小儿外科创始人；讲师翁心植后来被誉为“中国控烟之父”；讲师严仁英是未来的“围产医学之母”，严仁英丈夫王光超也在皮肤科担任讲师；药学系助教蒋丽金未来是中国光化学研究的主要奠基人；从北大化学系毕业后到医学院当助教的李载平，后来是中国基因工程研究领域的开拓者……不仅有大师名师，医学院还通过延长学制、开展预科教育、招收研究生、实行住院医师制度等一系列改革，使其办学水平显著提高。[①] 这一时期的北医学生们既受到了沙滩红楼民主自由的洗礼，又受到了医学名师的严谨教导，经过严格的住院医师训练，因而精英辈出。

在这样“群星璀璨”的强大师资阵容的教导下，在位于西什库后库的北医，沈渔邨以 1945 级（注：从就读西南联大医预科起算）学生的身份，进入北医二年级学习。在《沈渔邨教授从医五十周年论文集》最后的“感谢词”中，沈渔邨写道：“北医老一代科学家科学风范：刘思职教授、王叔咸教授、许英魁教授等的博学、严谨的学风，对一个刚跨入医学院大门学生的影响是深远的，至今记忆犹新。”[②]

第二节　进入北医学生自治会

北医七年制医学系的设置为：医预科 2 年、基础医学 2 年、临床医学 2 年、实习医师 1 年。沈渔邨在西南联大完成第一年医预科后，复员回到北大进入七年制的第二年，开始学习解剖学、胚胎学、遗传学等专业课程。

“读书不忘救国，救国不忘读书”，繁重的学习任务并没有成为沈渔邨继续投身爱国运动的阻碍，她继续接受组织领导，很快成为北医学生运动的核心成员之一，在西南联大经历过的民主自由洗礼，让她更加成熟稳重。

北大复员后，根据地下党组织“平行存在、单线联系、转地不转关系”

① 徐璐．合为发展，融则共赢——北大医学的故事 [J]．北医人，2018，1：5.
② 于欣．沈渔邨教授从医五十周年论文集 [M]．北京：中国心理卫生杂志出版社，2004.

的原则，从西南联大复员北上的各大学党员由中共南京局（后由上海分局）领导，当时习惯称为“南系”；原敌战区地下党由华北局城工部领导，称为“北系”，南北两系没有横向的关系。据北大校友李振平①回忆：沈渔邨的组织关系归入北医南系学生党组织，先后由耿仁荫（后改名为耿晓）、叶向忠、马句领导。②沈渔邨作为民主青年同盟的联络人，发展了许多进步学生加入组织。

与当初在西南联大一样，学生自治会的掌控权成为国民党和共产党的“必争之地”。1946 年 9 月开学不久，在组织的安排下，沈渔邨与进步同学积极筹办北医学生自治会的选举工作。

这一届自治会的成立会议是在中南海宿舍会议室举行的，里屋是院训导处训导员的宿舍，训导员均为国民党党员，也就是说这次会议实际是在院方的国民党代表“旁听”下举行的，训导员时不时在会议室内出出入入，给进步同学施压。在如此不利的条件下，进步学生们沉着冷静，根据提前所做的周密筹划，进退有度，策略性地取得胜利，最终主席仍由（亲）国民党的同学担任，进步学生担任副主席，但在五人常务理事会中，进步学生取得了 4 个席位。此外，理事会中也有多名进步学生入选，其中就包括沈渔邨，学生自治会的领导权掌握在进步力量手中。③

沈渔邨等自治会成员在努力为同学们谋取福利方面进行了卓有成效的工作，包括从在华的联合国善后救济总署有关机构、基督教会的有关项目及学校的训导处等方面争取到面粉、奶粉、鸡蛋等食品和服装，以及千方百计办好伙食等。在当时物资十分匮乏、同学们生活十分困难的战争年代，让同学们能实现温饱十分不易，因此学生自治会也受到同学们的拥护。

医学是学习年限最长、学习强度最大的学科之一，难度大，考试多，那如山高、如砖厚的“大部头”专业书籍，要求医学生们必须投入大量的精

① 李振平，1926 年出生，1943—1950 年在北医学习．在校时曾任南北系合并后的北医学生支部书记和北大成立统一党总支后的北医分支书记．1950 年后，任中央卫生部部长室秘书，中国留苏学生总会主席等．

② 解放战争时期北京大学医学院学生运动纪实编写组．解放战争时期北京大学医学院学生运动纪实 [M]．北京：北京医科大学出版社，1999：3-8.

③ 解放战争时期北京大学医学院学生运动纪实编写组．解放战争时期北京大学医学院学生运动纪实 [M]．北京：北京医科大学出版社，1999：24-25.

力和时间，以至于无暇顾及其他。因此，复学后的第一学期，与北大其他院系各种学生社团的热火朝天相比，北医显得有些沉寂。

然而，树欲静而风不止，象牙塔里的医学生们毕竟无法脱离于现实而存在。日本投降后，国民党政府的接收官员到达北平不久，就开始抢房产、抢物资，敲诈勒索、中饱私囊。他们置人民生活于不顾，造成物价飞涨、工人失业、学生失学。随之而来的，还有战时盟邦美国的军队开进北平，他们的军用吉普车在北平的街道上横冲直撞，美国士兵公然开枪射击中国学生，污辱、强奸中国妇女。著名学者储安平在 1947 年写就的《中国的政局》一文中，就直率地指出了当时的形势："青年本来纯洁，对于政治初无成见，只要政治清明，社会安定，一切上轨道，国家有前途，他们自然拥戴政府。但是政府种种表现，无不使人失望；这已是了不得的大危机。而还要花样百出，'帽子'乱飞，无异火上加油，以致造成今日青年清一色地厌恶南京政权的局面。"①

"沈崇事件"成为一根导火索，将人们心中忍无可忍的愤怒引爆，一直沉寂于读书的医学院学生们也愤怒地加入了队伍。

1946 年，12 月 24 日晚 8 时许，北京大学先修班女生沈崇在赴平安电影院途中，被两个游荡的美国兵拖至东单广场一个黑暗角落施暴。北京大学的进步同学和一些有正义感的记者冲破国民党当局设置的障碍，将事实真相在报纸上发表。

经过仔细的讨论和商议，北京大学院系联合会决定在 12 月 30 日举行"抗议美军暴行"示威游行。当天下午 1 点半，游行队伍从民主广场浩浩荡荡地出发了，队伍中便有沈渔邨等学生自治会骨干带领的 300 余名医学院学生，他们不仅参加游行，还肩负急救任务。此次的抗暴运动，证明了医学院学生不是只会读书的书呆子，也能坚持正义，勇敢斗争。沈渔邨等进步学生更加得到同学们的认可，此后医学院左右两派学生的力量对比发生了很大的变化，进步力量日益成长壮大。

从寒假春节过后的第二学期开始，医学院一扫之前的沉寂，学生运动的热情与春天同步到来，各种学生社团蓬勃而出，不但丰富了同学们的文化生活，还通过各种文娱活动，宣传反美反蒋、争取民主自由的革命思想。

① 储安平，张新颖. 储安平文集（下）[M]. 上海：东方出版中心，1998：96.

爱好写作的进步学生成立了各种壁报社，如“时与潮”“点滴”“冬青”“种子”等。

沈渔邨天生有一副好嗓音，她的大女儿钱家华说：“我母亲曾告诉我，去苏联留学的时候苏联音乐学院因为她的声质寻音而来，但她最后还是选择继续学医。”在北医，沈渔邨团结了八九十个同样爱好唱歌的同学，成立了“北医歌唱团”。在一次公演大会上，沈渔邨担任了女高音，一曲“黄河大合唱”，震撼心灵。当时在现场聆听的北医同学李从培——同是地下党、比沈渔邨高一个年级、解放后在精神科共事了半个世纪的同事，几十年后还对这次演出记忆犹新。他说：“那嘹亮的歌声，那震撼人心的旋律，激起了人们的革命豪情，现在想来，强烈的激情仍犹如激浪汹涌于胸。”[①]这是真正发自内心的激情，所以更具有感染力，沈渔邨们用气势恢宏、高昂激越的歌曲鼓舞着所有参加学生运动同学们的斗志。

1947 年 9 月开学后，北京大学各院系又迎来新一届自治会成员的选举。为了取得自治会的领导权，医学院的地下党组织和各进步社团进行了周密的动员和组织工作，国民党、三青团方面也在摩拳擦掌，妄图努力一搏。

1992 年春节，沈渔邨参加北医精研所春节联欢合唱团，68 岁时优美的嗓音不减当年

① 胡颖翀．沈渔邨：以科学精神体现人文关怀 [N]．中国科学报，2016-03-14（8）．

为了争取选举胜利，地下党和进步社团都努力推出能为群众办事、功课好、在同学中有威信的人作为竞争当选代表和理事的候选人，最终进步同学李天霖当选为代表会常驻会主席。普选的9名理事中，沈渔邨等地下党员和进步同学占了7名。①

医学院的学生自治会从1945年9月的“临时大学补习班第六分班”的学生自治会起，至1949年1月31日北平和平解放止，共有四届，除1945年9月至1946年9月的第一届为国民党、三青团分子掌握领导权之外，以后三届均由地下党及外围组织成员和进步同学所掌握，②在“反饥饿、反内战、反迫害”等学生运动中发挥了重要的领导作用。

第三节　参加什邡院医疗队

学医的重要特点之一是无论在什么年代、什么环境，都能成为别人的援助者。在解放战争年代，医学院的进步师生们也以医疗活动作掩护，在学生运动、群众运动中发挥了独特的作用。

1946年暑假之前，医学院的方亮教授（地下党）带领同学调查井水污染情况，接触到什邡院群众，后来他提议在什邡院建一个保健站。什邡院地处北京西郊城乡结合部，距复兴门约3公里，且紧邻傅作义的华北“剿总”司令部所在地，有二三十家穷苦人居住。把据点建在国民党的眼皮底下，既大胆又智慧，医学院的师生们既可以为农民看病，又可安全地开展革命活动。于是彭瑞骢、方亮、王光超和王锦江4位北医老师从各自的工资中拿出5%作为活动启动经费。1946年9月开学以后，方亮出面组织一些医师、教员去给农民看病。

开学后不久，沈渔邨等几十名同学报名参加了什邡院的活动，每个周

① 解放战争时期北京大学医学院学生运动纪实编写组. 解放战争时期北京大学医学院学生运动纪实 [M]. 北京：北京医科大学出版社，1999：28.

② 解放战争时期北京大学医学院学生运动纪实编写组. 解放战争时期北京大学医学院学生运动纪实 [M]. 北京：北京医科大学出版社，1999：22-23.

日师生们轮流出诊，骑车带饭，天亮出城，天黑回城，每次诊治100多位病人。后来，前来看病的老百姓越来越多，师生们又在星期四下午增加了一次门诊。由于沈渔邨还只是二年级的医学生，尚在学习基础知识阶段，因此负责看病的是老师和高年级的学生，她在一边打打下手，一边学习一边做些力所能及的事。

1947年的春节特别早，1月初学校就开始放寒假了。这是沈渔邨到北京之后的第一个春节，她没有回杭州老家，而是和20多名同学一起住在了什邡院保健院。

什邡院保健院曾是一个夏季别墅，虽然破旧，但建筑格局合理。中间有一个小院堆放着草垛、杂物，两侧是有宽大的卧室。同学们分男女各睡一房，在地上铺一层厚厚的稻草作睡床，睡通铺。北京的冬天很冷，百余平方米的住所，就靠一个大炮筒式的铁炉子取暖，女同学们骑着自行车一趟趟从城内用书包把宿舍的煤带来。同学们一起围炉啃窝头，炉边夜话，倒也温馨。

这个寒假里，沈渔邨每天跟着高年级同学给老乡看病。那里当时正流行麻疹、痢疾、百日咳、沙眼等传染病，地方性甲状腺肿的患病率也很高。20多名同学除了看门诊，还在周围32个村子走村串户，了解农民的生活、卫生、疾病情况，调查农村群众的患病率、死亡率、妇婴死亡率和地方性甲状腺肿病的流行情况。另外，他们还帮助发放联合国救济总署的救济物资，如面粉、奶粉、毛毯、衣物等，给贫苦农民。

同学们伙食很简单，窝头和熬白菜。虽然他们有很多准备发放的救济物资，但他们从来不吃。外出发救济品、巡回医疗访视病人回来，过了饭点，就围炉烤给他们留下的窝头（男生2个，女生1个），外加一杯白开水。[①]

让同学们每天最期待的是晚上的学习时光，大家一起聚在油灯下讨论、辩论。为了防止国民党宪兵来搜查，他们把学习资料印成小册子，把书皮伪装成“秉烛夜谈”。在什邡院的时光，沈渔邨和同学们一起读了大量进步书籍，有《大众哲学》、《社会发展史》、《共产党宣言》、毛泽东的《目前形势和我们的任务》、《中国革命和中国共产党》等。讨论最热烈的是人生观

① 解放战争时期北京大学医学院学生运动纪实编写组．解放战争时期北京大学医学院学生运动纪实 [M]．北京：北京医科大学出版社，1999：167.

问题，话题十分广泛：人为什么活着，为什么人民解放军的纪律是铁的纪律，共产党是一个什么性质的党，这个党是由什么样的人组成的，什么是正确的恋爱观、婚姻观等。这些问题的学习和讨论，对这些二十几岁、渴望进步的青年学生来说，有着非常强烈的吸引力。一起在什邡院度过这个寒假的顾方舟在回忆中说："通过这段和进步同学一起生活、学习，我感到我的人生观从一个云雾迷漫的峡谷中走了出来，看到了灿烂的天空。"①

医学是一门实践性很强的学科，这种义诊活动不仅帮助贫穷农民解决了看不起病的问题，对医学生们的学以致用也有着很大的帮助。曾被邀请到什坊院参观的严镜清教授，特意留意过这些参与什邡院服务的医学生。"在上课的过程中，我注意到这批高年级学生大多数是坐在中前排的座位上，这是学业较好学生的座位。偶然向他们提问时，他们大多能正确地回答问题，或在回答中提出反问，表示他们对这方面是有着深入考虑的。"②

越是危险的地方越安全，在敌人的眼皮底下建据点，的确是一个天才做法，当然也会遇到惊险的时候。比如有一次国民党宪兵来搜查，说是查户口，同学们把学习的文件藏在院子的草垛里，化险为夷；还有一次来不及藏到屋外，就藏到被褥底下，大家端坐在上面，也躲过一劫。

随着学业的精进，1947 年暑假过后，升入三年级的沈渔邨开始了临床课，她不仅继续每周骑车去什坊院，还组织班里的同学一起参加，渐渐地，他们这一级的学生成为什邡院活动的主力，直到 1948 年夏。

什邡院保健院建立后仅一年多时间，参加活动的北医师生便累计达到四五百人，从 1947 年寒假开始的三个寒暑假，每次都有二三十名同学住在这里，成为特殊的"冬令营""夏令营"。1948 年 8 月 19 日，国民党当局发布了在校学生的黑名单，大肆搜捕进步青年，什坊院保健院的工作就逐渐减少了。

什邡院活动使得大批非劳动人民家庭出身的学生，包括一些只埋头读书的中间学生走出校园，深入到农民中。所见所闻使学生们认识了社会，转变了感情，最后走上了革命道路。一位参与这项活动的北医校友回忆说："通过什坊院保健院的工作，使我深深感到将来新中国的卫生工作一定要为

① 解放战争时期北京大学医学院学生运动纪实编写组．解放战争时期北京大学医学院学生运动纪实 [M]．北京：北京医科大学出版社，1999：185.

② 解放战争时期北京大学医学院学生运动纪实编写组．解放战争时期北京大学医学院学生运动纪实 [M]．北京：北京医科大学出版社，1999：114.

占中国人口最多的广大农民服务。这种思想甚至可以说是信仰，一直坚持到晚年。为农民服务，开始于什坊院保健院。[①]

第四节 加入共产党 解救被捕同学

1947年3月开始，国民党宣布国共谈判破裂，决心作战到底，内战战火燃遍广大国土。

自1945年抗战胜利以来，国共两党虽签署“双十协定”，后又通过《和平建国纲领》等5个决议案，一致同意在和平建国纲领下，共同实现民主宪政，但实际上从1946年3月至1947年3月，国共双方一直是边打边谈。

为了筹措浩大的内战经费和兵源，国民党政府实行了“征兵、征粮、征实”的“三征”政策，并大量印发钞票，造成物价飞涨。1947年4月1日起到5月初，北平的物价大幅上涨，一般物价上涨了100%~400%。国民南京政府把财政预算的80%用于打内战，教育经费不足5%。教职工基本生活难以为继，学生的伙食水平直线下降。从5月开始，北大的学生伙食为“玉米丝糕一块，白开水一碗，青菜一碟”。学生根本吃不饱饭，常常忍受饥饿上课。北大学生在民主墙上贴出“向饥饿宣战，向制造饥饿的人宣战”的标语，抗议南京政府的内战政策。北大学生决议自5月19日起罢课3天，“反饥饿、反内战”的学生运动在北平轰轰烈烈开展起来。

国民党政府则对此起彼伏的学生运动加紧了镇压，频繁迫害进步同学，并在1947年12月至1948年3月，出台了一系列针对爱国民主学生运动的“条例”，同学们以罢课、集会示威游行来反击反动派的迫害，在1948年4月掀起了被称为“四月风暴”的“反饥饿、反内战”运动。

1948年2月，经耿晓、陈果敢同志介绍，沈渔邨加入中国共产党。从在西南联大加入外围组织“民主青年同盟”开始，沈渔邨早已是爱国学生运

① 解放战争时期北京大学医学院学生运动纪实编写组．解放战争时期北京大学医学院学生运动纪实[M]．北京：北京医科大学出版社，1999：159.

动中经受千锤百炼的核心战士，但在入党的这一刻，她仍心潮澎湃。尽管入党宣誓是秘密进行，当她举起右手，低声宣告“严守党的机密，永不叛党”时，她不由得泪流满面。

秘密入党后不久，她便与其他地下党员对15名同学展开了一次大营救。1948年4月11日上午，医学院1944级四年级同学李振平（医学院地下党学生支部宣委）和1943级五年级同学周尚钰（地下党员）到西交民巷一名姓耿的慕贞女中高三同学家中为该校14名高二、高三进步学生讲解内战形势。突然，几名警察闯入室内，以“共产党秘密集会”罪名拘捕了全部16名同学。在押上门口警车时，周秀芬同学趁其不备逃脱，并跑到国会街医学院女生宿舍报信。地下党员和学生自治会马上商量营救对策，他们找到训导长贺麟出面保释，在艰难说服其同意后。第二天，即12日早晨，沈渔邨等几名自治会理事赶到内一分局，成功解救了15名同学。[①]

黎明前的黑暗，比漫漫长夜更加凶险，对沈渔邨来说，1948年又是一个奔波之年。

1948年春，随着人民解放军在东北战场上的不断胜利，东北大片土地成为解放区。这时，国民党政府以在平津办临时大学、临时中学和迁校为诱饵，欺骗大批东北大中学生涌入北平，人数达2万余人，其中在北平的即达12 000人。这些东北学生到达北平后发现所迁校区仅有极为简陋的校舍，绝大部分非属迁校的学生则食宿均无着落，住在破庙、城门楼、车站乃至“凶宅”之中，饥寒交迫，疾病丛生。

医学院学生自治会于1948年初夏成立了专门为东北同学巡回医疗的北大医学院医疗队，队员有四五十人，为什坊院保健院的骨干同学和青年医师、护士，药品则来自进步教授。队部设在中南海宿舍，由四年级同学李天霖任队长，三年级同学沈渔邨任秘书，下设几个分队，覆盖大部分东北同学最艰苦的住地，为他们进行免费医疗。[②]医疗队队员们多利用课后和假日，步行或骑车到很远的东北同学住处，往返十分劳累，但无人叫苦。队员们一边看病，一边向东北同学介绍华北学运情况。

① 解放战争时期北京大学医学院学生运动纪实编写组. 解放战争时期北京大学医学院学生运动纪实 [M]. 北京：北京医科大学出版社，1999：72-75.

② 解放战争时期北京大学医学院学生运动纪实编写组. 解放战争时期北京大学医学院学生运动纪实 [M]. 北京：北京医科大学出版社，1999：88.

1948 年 7 月 3 日，北平参议会提出一个方案，主旨之一是要东北学生通过军训拨入国民党军队，这个方案大大激怒了这些学生。7 月 5 日东北来北平 15 个院校的大、中学生 6000 余人游行到北平市参议会门前，北平警备司令部包围封锁请愿学生并开枪，造成 9 人死亡，130 余人受伤，制造了“七五”惨案。随后，北平戒严，东北各校学生住地遭军警包围，反动学生和训导人员设岗守门，不许北平同学进入。

眼睁睁看着东北同学陷入疾病和伤痛，生命受到威胁，医疗队队员们十分着急。他们想了很多办法，最终通过与北平红十字会合作，将北大医学院医疗队改名为北医红十字医疗队，并由市红十字会发放若干带红十字会会标的小旗和少许药品。在一个炎热的晚上，作为医疗队秘书的沈渔邨召集了八九个医疗队的同学，都是四年级或五年级的高年级医学生，每人发一个红十字袖标、一面红十字旗，装备好简单药品、小器械等。第二天，他们便开始以红十字会医疗队的身份，进入东北同学的住地。医疗队队员刘凤贞回忆当时的场景：“城墙根下、城门洞里和附近小胡同里、破庙里的院子、台阶上、大殿里外都是青年学生，有的席地坐卧，有的坐在地上铺的木板上，其中有不少患病（发烧、肠炎）的同学。我们看到东北同学无精打采、疲惫不堪、全身上下沾满汗渍泥污的样子，对这些被迫离乡背井的同学十分同情。”①

几天来，持有带红十字会会标小旗、红十字袖标的医疗队，在突破封锁进行医疗活动的同时，积极联络、鼓励和安慰东北同学，为几天后华北、东北同学联合示威请愿的“七九大游行”起到了重要作用。

1948 年 7 月 9 日，华北 13 所院校、东北在北平各院校学生万余人在北京大学民主广场举行“七五”惨案哀悼、控诉大会。会前，万余名学生举着“东北华北各院校反剿民反屠杀要读书大请愿”的旗帜，先赴李宗仁官邸请愿。最后，李宗仁同意请愿代表提出的“严惩凶手，撤销对集会、言论、请愿的禁令，厚恤死难者家属，建立临大临中”等 10 项要求。

“七九大游行”以胜利结束，但接踵而来的是国民党政府的“秋后算账”，沈渔邨等学生运动的核心骨干成为“大追捕”的目标。

① 解放战争时期北京大学医学院学生运动纪实编写组. 解放战争时期北京大学医学院学生运动纪实 [M]. 北京：北京医科大学出版社，1999：161.

第五节　以退为进，撤到解放区

1948年上半年，解放军在战场上取得节节胜利，蒋介石气急败坏，妄图“铲除共匪”，消灭第二战线，首先便是从北平开刀。国民党开始追查“操纵”北平“七九大游行”的“学匪”，严厉镇压学生运动，国民党中央青年部还成立了“清匪除奸委员会”。

黑云压城，北平一片杀机。

北平的地下党组织对此早有预案，早在7月放暑假之前便开始筹划撤退转移。“七九大游行”结束后，学校开始放暑假，沈渔邨等地下党员从国会街女生宿舍搬到了中南海宿舍，并停止了什邡院活动，密切关注事态发展，随时准备撤离北平。

国民党宪兵特务正紧锣密鼓地拟定抓捕学生名单，他们万万没想到的是，在他们的北平最高长官——傅作义的身边便有一名地下党员，“黑名单”刚上报到傅作义的办公室，这名高级参谋便及时把情报传递给了华北学联。

8月19日一早，国民党军警拉起了铁丝网、架起轻机枪，严密包围北大。而这天一早，北平各报刊登了国民党要拘捕审讯北平各校的学生名单250人（其中北大71人），北平特刑庭同时发出传票，限令按时投案，否则将派军警入校拘捕。接着，国民党又公布第二批拘捕名单71人（其中北大22人）。两批“黑名单”共321人，其中北大学生93人。

由于提前得到了情报，“黑名单”上的北大学生大部分已转移到解放区，留校的只有26人。8月19日晚，这26名同学在地下党组织的秘密布置和掩护下，或乘隙越墙，或机智地摆脱军警的监视，分批转移到解放区。

沈渔邨并未出现在已公布的两批“黑名单”上，在协助其他同学秘密转移之后，她暂时回到国会街女生宿舍，开学后进入大学四年级学习。

这段时间，在宿舍与她同住的有一名叫富宝仪的女生，刚刚考入北京医学院高级护校。一年多前，富宝仪在辅仁女中读高二时加入了民主青年同盟，与沈渔邨结识，并参加了当时“反饥饿、反内战”的学生游行。多年后，富宝仪回忆道：“这段时间，沈渔邨、李振肃同志对我思想影响很深，学习不少进步书籍，他们给我讲了很多进步思想，使我对共产党有了较多的认识。我是出身于国民党军长家庭，在这样的家庭生活了 19 年，可我对这样的家庭很反感，因此我产生了要求加入共产党走革命之路的决心。就向沈渔邨同志提出了我的想法和要求。不久，在做了一次掩护沈渔邨同志去解放区的行动后，对我的思想震动更大。”①

当年的 11 月，国民党反动政权摇摇欲坠，加剧镇压国民党统治区爱国学生运动；而此时，共产党在解放战争连续取得胜利，解放区需要大量干部。在这个形势下，北大地下党组织根据上级的“（把）公开工作中暴露较多、可能被敌人注意的党员、盟员和进步群众，主动输送到解放区”的指示精神，向解放区输送了大批学生和社会进步人士。

黄慧英是当时北医三年级的一名进步学生，她回忆了当时的情景：“我哥哥是上海交通大学学生会常委，1948 年夏他上了国民党的黑名单，我通过风雨社社长佘世光等人的帮助介绍他去了北方的解放区。1948 年秋，佘世光等风雨社活跃分子都来向我道别要走了；我在清华的男朋友也向我辞行，并首次透露他已是共产党员；我的民青联系人沈渔邨也来告诉我她要走了，今后，由陈宁庆来联系我。”②

根据组织安排，富宝仪掩护沈渔邨安全撤往冀中解放区、华北局城工部所在的“泊镇”。转移的过程中，穿过国民党军队的封锁线也是惊心动魄、险象环生。一位北大地下党回忆 11 月 19 日转移的全过程：“我们三人随身带着贴有个人照片的国统区“国民身份证”，一张写明从北平某区某保某甲，前往冀中某地，盖有区公所、区长签名条戳、保长图章和甲长图章的国民党官方“路条”。我们身着长袍、化装成做生意的商人，乘火车到天津……再换乘去河北沧县的火车，中途在杨柳青站下车，这里有一条小河，是国民党派军警特务把守的封锁线，严密盘查过往行人。在长蛇般的队伍里，当国民党军警查到我时，周身被搜了个遍，却搜不出什么名堂来。接着，他们对照照片，盘查我的“国民身份证”，检验我的官方“路条”，找不出半点破绽，只好放行。过了杨柳青河，是“两不管”地区，我们顺利坐上了组织派来接应的马车。在马车上，大多是陌生的年轻人。行驶了一段

① 解放战争时期北京大学医学院学生运动纪实编写组．解放战争时期北京大学医学院学生运动纪实 [M]．北京：北京医科大学出版社，1999：136．

② 解放战争时期北京大学医学院学生运动纪实编写组．解放战争时期北京大学医学院学生运动纪实 [M]．北京：北京医科大学出版社，1999：207．

路后，突然间“啪啪”枪声四起，大家急忙低下身子横斜卧在马车上……马车继续行驶了一段路后，就再听不到枪声了。马车夫松了口气，对我们说：“大家平安到达泊镇解放区了。”①

在组织周全而严密的安排下，8月至11月，沈渔邨等30余名北医同学被安全撤往解放区。②

第六节　会师北平　重回北医

一批批大学生和社会进步人士从北平、天津等地络绎不绝地来到解放区，在泊镇的日子热闹非凡，他们就像真正回到了自己的“家”。

沈渔邨换上新发的浅黄色军装，穿上白土布袜子，在华北局城工部举办的学习班里，如饥似渴地学习解放区新政策，所有人都热情奔放，斗志高昂，为平津解放后接管古城做准备。

那些日子，在辽沈、淮海、平津三大战役中，正是解放军与国民党反动军队酣战之时，解放军捷报频传，沈渔邨几乎每天都可以从广播里听到新解放城市的名字。大家欢呼雀跃，情不自禁地唱起“解放区的天，是明朗的天”的歌曲。

在中共强大的军事、政治攻势下，傅作义于1949年1月22日宣布接受和平改编，古老的北平得以完整保存。1949年1月31日，中国人民解放军先头部队，从西直门开入北平城内，古都北平正式宣告和平解放，从此揭开了北平历史上崭新的一页。③ 2月1日，人民解放军从广安门继续开入北平城内，负责接管工作的几千名干部也随部队进入北平市区，沈渔邨也是其中一员，这些潜伏了多少个日日夜夜的地下党员终于可以走出黑暗，亮出身份。

① 北京大学校友会. 北大岁月：1946—1949的记忆[M]. 北京：北京大学出版社，2013：368-376.

② 北京大学校友会. 北大岁月：1946—1949的记忆[M]. 北京：北京大学出版社，2013：95.

③ 何东，陈明显. 北平和平解放始末[M]. 北京：解放军出版社，1985：134.

1949年2月4日，中共北平地下党员在位于国会街的北京大学四院礼堂举行会师大会。这是北平和平解放后的地下党第一次会师大会，也是北平地下党员从隐姓埋名到第一次公开露面，更是这些同志第一次公开自己的身份。

沈渔邨也接到了参会通知，于当天下午来到会场。这是她再熟悉不过的礼堂，3年前北大复员开学典礼上，胡适校长站在台上说“小小的梦想”的时候，她还是一个刚过桃李年华的青春少女，满心对和平的憧憬。如今，在经历无数物是人非、天翻地覆后，和平的阳光洒满大地。这样的改变，是无数中华儿女用鲜血换来的，也是沈渔邨等无数地下党用勇敢与智慧战斗的结果。

北平城地下党员3000余人中的2000多人出席了这次大会，大家先按各自的单位在会场外整队集合。在这天以前，很多地下党员虽然同在一个单位彼此认识，却并不“相知”，前往会场的路上，很多人还保持着秘密工作时的习惯，或多或少、有意无意地遮掩着自己的相貌，有的戴着帽子，有的甚至还戴着口罩。当来到会场，大家把帽子都扔上了天，摘掉大口罩，彼此相认，互相指着对方喊着“原来是你呀”！那个激动、那个兴奋，真是！多少年了，到现在都忘不了。①

当天出席会师大会的有林彪、聂荣臻、薄一波、叶剑英、彭真等。薄一波在会上幽默地说：“在秘密工作时期，找一个十人的会场，开半天会都是很困难的，现在我们要开到天亮都可以。如果天气不十分冷，那到天安门开也成！”② 会议不知不觉已到了晚间，主席台上有人高声问：“大家是不是饿了？”很快，热乎乎的大饼、烧饼等送进了会场。大家简单用餐后，会议继续进行，会上宣布：党的工厂、学校、机关支部要全部向群众公开。

会议从2月4日下午一直开到5日凌晨，连续开了13个小时，但所有人都不觉得累。散会后，沈渔邨走在回住地的路上，凌晨的北平从未有过如此宁静，威武的解放军战士全副武装地巡逻站岗，保卫着这座刚刚摆脱“白色恐怖”的古都。沈渔邨甚至感觉不到2月的严寒，从到达解放区开始，

① 王小伟．国会街礼堂的胜利大会场——彭真在中共北平地下党第一次会师大会上的报告[N]．中国档案报，2021-01-22（1）．

② 3376位地下党员暗战北平[N]．北京日报，2011-06-29（15）．

几个月来心中燃起的大火，一直让她热血沸腾，而这火的光亮和热度持续了她的一生。

从此，从地下到地上、从秘密到公开，长期潜伏从事秘密工作的中共地下党员，以城市管理者的身份开始了新的工作、生活。在接管城区各机关和企业中，贯彻了按原系统完整接管的原则，从2月初开始到4月初，只用了2个月的时间就完成了接管工作。①

沈渔邨被分配到军事革命委员会卫生部，主要参与接管北平卫生系统的工作。接管人员除了她的北医同学外，还有部队的同志，以及华北医科大学23期的几十名学员。后来，这些革命战友，有些又成了与她一起去苏联留学的同学，以及未来一起在精神科工作的同事，比如许迪、鄂征、李慎、李河民等。在当时，鲍敬桓作为卫生部副部长，是统揽全局的领导。在接管工作中，由于较强的工作能力，沈渔邨很快脱颖而出，深受鲍敬桓的器重。②

战争已经结束，满目疮痍的祖国百废待兴，未来的建设更需要高级科学人员。因此，接管工作结束后，组织要求医学院高年级学生，继续留校学习到毕业，以便将来更好地完成救死扶伤的神圣任务。1949年5月，沈渔邨回到北医继续未完成的学业。她晚年在“自述”中回忆这段经历时写道：1946年夏天联大北返后，我志愿学医，就进入北京大学医学院。这期

沈渔邨参加军事革命委员会卫生部工作时期和部分同志合影（左图右一、右图右二站立者为沈渔邨）

① 何东，陈明显．北平和平解放始末 [M]．北京：解放军出版社，1985：146．

② 胡颖翀．沈渔邨：以科学精神体现人文关怀 [N]．中国科学报，2016-03-14（8）．

间我积极参加党所领导的反美、抗暴、反饥饿、反迫害的学生运动。1948年秋经地下党组织的决定，撤离至华北解放区，解放大军进京时我又参加了接管工作，因为我已经是大学四年级的学生了，组织决定让我又回到学校继续读完医学院的学业。[①]

半个世纪之后，北京大学百年校庆之时，这批解放战争时期在北医成长起来的同学会聚一堂，彭瑞骢说："青年阶段成长起来的政治热情、社会责任感、团结友爱、坚持又红又专的方向绝不只是解放战争时期'一阵子'的表现，而确实管了'一辈子'。"他们这一代人，注定要在战斗中谱写青春之歌，这是属于他们的时代烙印与使命。

第七节　走过天安门，接受毛主席检阅

要去天安门参加开国大典了，能见到毛主席了！

当接到要去天安门游行的通知，沈渔邨兴奋极了。10月1日，由于公共交通都暂停了，大家需要走路去天安门，沈渔邨和同学们早上5点就起床，在北大红楼前集合。（每人发）一块咸菜、一个鸡蛋、两个馒头，同学们就地吃完出发，到达天安门附近时，已是人山人海。

典礼将在下午3点开始，早上六七点钟，参加庆典的队伍就陆续进入天安门广场了。北大队伍在天安门西侧北端，中山公园对面。那时的天安门广场不像现在这样广阔，还是一个保留着明清两代建制的广场，东西两侧的红墙尚未拆除，其北端紧靠长安大街，街上铺着有轨电车钢轨，在天安门东西两侧的长安大街上有两座跨街"三座门"。北大队伍的位置可说是很"优越"的了，可以比较清楚地看到天安门城楼上和天安门前的情景。

庆典当天，天安门广场呈"丁"字形，主席台设在天安门城楼上。广场上汇集了群众队伍，每个人都挥动着手中的小旗，像海上的波浪。群众中有首都工厂职工、学校师生、机关人员、市民、近郊农民、城防部队及参

① 沈渔邨．执着之路　赤子之情 [J]．中国医院，2002，6（12）：25-27.

加中国人民政治协商会议的代表们共约30万人，人们翘首期待着伟大历史时刻的到来。

下午3时整，会场上爆发出一阵排山倒海的掌声，中华人民共和国中央人民政府主席毛泽东出现在主席台上。毛泽东主席宣布："中华人民共和国中央人民政府，今天，成立啦！"按动按钮，国旗升起，礼炮齐鸣，中国历史从此进入了新的篇章。

站在人群中的沈渔邨，亲耳听到这震撼世界的洪亮声音，激动得泪流满面。十年来的流离失所，无数个担惊受怕的白天黑夜，从此真正结束了。五星红旗第一次升上天空，"中国人民站起来了"！

随后是声势浩大的阅兵式，傍晚时候群众游行开始了，游行队伍分东、西两个方向出发。天安门广场上的灯笼火把全都点燃，1万支礼花陆续射入天空。每支游行队伍的前面都用五颜六色的布幔写上了各自单位的名字。走在游行队伍最前面的是工人，京郊农民紧随其后，接着是机关干部、商业职工、街道市民，最后是青年学生的游行队伍。

此情此景，《诞生：共和国孕育的十个月》一书中有这样的描述：

青年学生游行方队由首都的4万多名学生汇成，他们高举着鲜花、红旗、灯笼，浩浩荡荡、朝气蓬勃地涌向天安门城楼……这是一支有着光荣革命传统的青年学生队伍。

'把水银灯打亮！'毛泽东在扩音器里吩咐工作人员，他要好好看一看新中国年青的一代。刹那间，城楼上下雪亮的水银灯一起打开，把天安门照得如同白昼一般。青年学生们听到了领袖的声音，顿时高兴得跳跃起来。

面对这青年人狂欢的场面，毛泽东的脸上焕发着庄严慈祥的光辉，他把身子探出栏杆外，一只手始终伸向空中，向青年学生们不停地致意，终于遏制不住自己的激情：'青年同志们万岁！'

这激昂洪亮的声音通过广播喇叭传了出来，同学们听得清清楚楚，广场上再一次沸腾起来。"[①]

对于每一个亲身经历过的人来说，这是一辈子都无法忘记的激情，无论何时想起来都会热血沸腾。也许这也是沈渔邨一生中唯一一次任由内心的兴奋和激情倾泻而出，毫无保留，毫不掩饰，尽情地欢笑、唱歌、跳舞。

① 董伟. 诞生：共和国孕育的十个月 [M]. 北京：东方出版社，2019.

1999 年 10 月 1 日，新中国成立 50 周年举行大型阅兵式，沈渔邨（中）受邀登上天安门观礼台

在日后成为医生，成为母亲，走上领导岗位，甚至得到中国学术最高荣誉的院士之位时，她都没有如此激动过。

几十年后回忆这一刻时，她写道：“1949 年 10 月 1 日，我在北京地下党的行列中，经过天安门，以无比兴奋和喜悦的心情，接受了毛主席的检阅。‘中国人民站起来了’，没有任何的一件事，比做一个独立中华人民共和国的公民，更光荣和自豪。”[①]这不仅是她一个人的感受，这是一代人的共同心声。

第八节　参加“暑期抗梅队”，北医毕业

1949 年 9 月开学后，沈渔邨进入了北医五年级——寒窗十余载，她终于有了一张安静的书桌。

解放后，北平变成北京，北大还是北大，但已焕然一新。1949 年 2 月 28 日，北京市军事管制委员会文化接管委员会正式接管北京大学。5 月 4

① 于欣．沈渔邨教授从医五十周年论文集 [M]．北京：中国心理卫生杂志社，2004．

日，北京大学校务委员会成立，由军管会任命胡传揆、严镜清两位教授为北京大学校务委员会委员，胡传揆为北医院长，沈渔邨也参与了北医的接管工作。

同时搬至北京的还有沈渔邨的大姐一家。1949 年 12 月，中国银行总管理处由上海迁至北京，徐徵明升职为中国银行总管理处人事司主任，作为总行的第一批随迁职员，举家搬迁至北京。为响应政府解放妇女的号召，沈杏邨也重新回到了银行的工作岗位。[①] 不久后，杏邨和渔邨把父母和弟弟接到北京，战争期间聚少离多的一家人，终于在北京相聚。遗憾的是，二姐沈雁邨在 1948 年因肺炎医治无效在上海去世。

年近六旬的沈锦椿到北京后，在朋友的介绍下，在中科院考古研究所担任出纳及总务。17 岁的沈壮吾复习功课准备高考，为了方便辅导功课，沈渔邨让弟弟住进了自己的宿舍。

沈壮吾是个异常聪明的男孩，看到国家战火连连，小小年纪就想做大事，初中毕业后瞒着家人自己偷偷跑到南京，报名了伞兵学校。可他毕竟还是孩子，学了 3 个月，觉得没意思，就去了上海的大姐家。大姐把他送到了省吾中学念高中，这是一个上海地下党组织创办并领导的革命据点学校。全国解放后，沈壮吾跟着家人一起来到了北京。

一边给弟弟辅导数学、物理、化学；一边补自己的功课，又是基础课，又是临床课，沈渔邨忙得不可开交。沈壮吾年逾九十时回忆说："三姐功课很好，很有耐心，我不会做的题，她辅导我时从来不发火。"另外，沈渔邨的记忆力也是惊人的，她曾有一个统计学方向的博士研究生，学生本科是数学专业，博士答辩时，有人让学生背圆周率小数点后的数字，结果学生只背了几位就背不下去，沈渔邨随口就接上了，那时候她已经 60 多岁了。

1950年9月，沈壮吾考上清华大学外语系，1年后转入清华大学航空系，因为他认为"举国都在大搞现代化建设，外语系在同学眼中不如工程专业对国家贡献大"。1952 年 6 月，全国院系调整，清华大学等 8 所院校的航空院系合并成为北京航空学院（1988 年 4 月改名为北京航空航天大学），成为新

① 沈渔邨的父母及姐弟情况，2012 年 2 月 5 日，北京市朝阳区双花园南里，资料存于采集工程数据库，编号：YX16-002-002.

中国第一所航空航天科技大学。沈壮吾 1956 年毕业后留校工作，负责给航空工厂的技术工人培训发动机知识，后因需要发展航空测量，1960 年左右调往北京科学仪器厂，负责开发精密航空测量仪器，一直到退休。

1950 年的那个暑假，沈渔邨等北医 1945、1946 和 1947 级共 60 多名高年级医学生，[①] 在皮肤科王光超等三名教员的带领下，成立了一支“暑期抗梅队”，奔赴内蒙古草原，深入内蒙古乌兰察布盟和伊克昭盟进行性病调查和防治工作。

据统计，1949 年前后，中国性病病人高达 1000 万。梅毒是性病中的一种，也是最复杂、危害最大、影响组织器官最广的一种。为了消灭性病，1949 年新中国刚一成立便展开封闭妓院、禁娼的“雷霆行动”，并高价从香港购买青霉素针剂，全部用于被解放妓女的梅毒治疗，这一举措使建国早期传染性梅毒及其他性病大为减少。[②] 1950 年，卫生部开始把注意力转向少数民族地区的性病防治，少数民族地区性病患病率在全国范围内最高，而内蒙古尤甚。当时的初步调查显示，牧区的梅毒患病率竟高达 48%。梅毒也是导致流产及婴儿死亡的主要因素，是人口下降的原因之一。

正是带着这样一份责任，以及搞好汉蒙民族团结的目标，沈渔邨在五年级结束后的这个暑假，与 60 多名北医同学一起，在内蒙古乌兰察布盟和伊克昭盟工作了 26 天。内蒙古地广人稀，骑马走一天，才见到两三个村子、二三十人。当地百姓又听信谣言，拒绝抽血检测，师生们面临重重困难。北医师生利用联欢会、家庭拜访等多种形式进行宣讲，实施诊疗 1 万余次，并对 1480 名蒙古族人和 793 名汉族人分别做了测试梅毒的康氏反应，结果发现蒙古族人有阳性反应的高达 56%，而汉族人也达到了 33%。抗梅队临别时，从旗长到贫下中牧民，都依依不舍，彼此不少人都是洒泪惜别。不久后，北医又向内蒙古派出了第二支医疗队。[③]

暑假过后，沈渔邨进入了六年级，在北京大学第一医院进行临床实习。这是成为一名真正的医生之前的重要时期，学生们在各个科室轮转，有了感性认识之后选择自己将来要从事的临床方向。

---

① 北京大学医学院 1946 级往事，根据江伟珣、应读鳌、许鹿希文章整理，北医人，2018 年第 1 期，第 21-24 页.

② 消灭梅毒——胡传揆、徐璐，北医人，2020 年第 1 期，第 17-20 页.

③ 同②.

当时，为了迅速发展医疗卫生事业，尽快改变广大地区缺医少药的状况，我国急需成立一支能够应急速成、以应用型人才为主的医疗卫生保健队伍。为此，20 世纪 50 年代初，中央政府采取了一系列的措施，包括：调整学制，大量发展三年制的医学专科学制；高校院系调整，改变各高校专业小、散、多的状况，合并集中做大做强；向在国家建设方面有成功经验的社会主义国家派遣留学生。

1950 年 2 月 8 日，中央教育部发布指令，将政务院的决定正式通知北京大学："自二月一日起，你校医学院改由中央卫生部领导。"同年，医学系学制由 7 年改为 5 年，即预科 1 年，基础课与临床课各 1 年半，再加上生产实习 1 年。[①]

在这次调整中，原本应在 1952 年毕业的沈渔邨，提前一年于 1951 年 6 月结束了学业，这固然使一向勤奋好学的沈渔邨感到些许惋惜。然而，在不久的将来，一片更广阔的天地将等待她去奋斗。

被时代选择的人，就是一朵朵与波澜壮阔相遇、与激荡涌动共跃的浪花，每一步的成长都见证了时代。

1982 年，北京医学院建院 70 周年合影，第一排右四为沈渔邨

① 胡颖翀．沈渔邨：以科学精神体现人文关怀 [N]．中国科学报，2016-03-14（8）．

第四章

苏联留学　风华正茂

第一节　新中国首批留苏医学生

1951年7月的一天，北医毕业仅一个月的沈渔邨突然接到通知，北医校党委组织部找她谈话。

领导一见面便开门见山地说："如果派你到远方去较长时间，你有什么困难?""没困难。"沈渔邨想都没想就脱口而出——这么多年的革命工作，这已经是她的习惯，无论组织交代什么工作，她都坚决完成。原来北医7月6日接到教育部《急速选拔留学生的指示》，要求各单位在六天之内选定"政治上可靠"的学生，并"由保送部门首长亲自签字负责"。

苏联是世界第一个社会主义国家，"以俄为师"对尚未摸索出自己道路的中国来说，从来就不只是一个口号。新中国成立之初，面对复杂的国际形势，毛泽东提出了向苏联及社会主义阵营"一边倒"的基本外交战略。1950年2月，两国签订了有效期30年的《中苏友好同盟互助条约》与《中苏关于贷款给中华人民共和国的协定》。同年的5月13日，政务院文化教育委员会提出了派遣留学生的计划，在国务院的领导下，周恩来总理亲自主抓，大规模派遣留学生的筹备工作紧锣密鼓地开展起来。

刚刚北医本科毕业的沈渔邨被选中，一点都不意外，因为留学人员的选拔要求是"学习和工作中一贯表现忠诚积极、思想进步、品质优良、纪律性强、有钻研精神及培养前途者"。这是一件事关国家未来的严肃政治任务，遴选出来的人员既要政治上绝对可靠，又要有出众的天资，以优中选优、万里挑一来形容也不显过分。经过国家层层筛查、选拔考试，1951年7月，新中国成立后第一批派遣苏联的留学生云集北京，共375名优秀青年，来自祖国四面八方。其中，读本科的有239人，读副博士研究生的有136人；年龄最大的已经40多岁了，而年龄最小的，还不到20岁。《人民日报》曾刊登文章不无骄傲地描述道："此次留学生中大部分是具有长期革命斗争历史的革命知识分子。"

首批队伍中，有一位特别的留学生——钱信忠，他坚毅果敢又高大英武，吸引了所有人的目光。沈渔邨与钱信忠相遇了。

钱信忠时任西南军区卫生部部长，正满怀激情、踌躇满志地运筹大西南卫生工作的他，突然接到通知，让他到北京参加留学考试。已是不惑之年的钱信忠顺利地通过了由张孝骞等著名医学专家主持的业务考试，光荣入围首批留苏医学研究生的行列。

在136位攻读副博士学位的研究生人员中，有30人是医学专业，除了钱信忠、沈渔邨，还有涂通今、潘世徵、赵浩波、辛育龄、顾方舟、郭子桓、许迪等。根据卫生部安排，医学生队伍由3个红军卫生干部领导：钱信忠任赴苏留学生总支书记，涂通今任赴苏留学生总支委员，潘世徵任医学生党支部书记兼队长，团队秘书则由沈渔邨和顾方舟二人担任。

所有与留学生管理工作的决策，周总理都亲自审批，从选派的人数、专业比例，到留学生们的衣食住行，周总理都事无巨细地关心。他指示：要把留学生的伙食搞好，让学生们个个营养充足、身体健康，才能经受艰巨学习任务的考验。关于出国的着装，周总理特地叮嘱：留学生代表新中国的风貌，国家再穷，也一定要穿戴体面。

在集结的这1个月中，除了每天学习苏联的相关资料，每个学生还领回两只崭新的衣箱。统一置装，先是服装店的师傅来量男生西服、女生裙子的尺寸，又在此基础上量了冬大衣、秋大衣的尺寸；接着，帽子店的师傅也来了，给每个人量了单帽和冬天的皮帽子的尺寸；后来，皮鞋厂也来人给每个人量了单鞋和翻毛皮鞋的尺寸。过了大约一个月，服装陆陆续续地送来了。衣服和鞋子上有每个人的姓名，衣服、鞋帽都是由高级裁缝量身定制，穿在身上合体熨帖。服装面料的质地，都是当时的上品，丝绸更是绝对的珍贵稀罕之物，攻读研究生的人还特别发了一件让一些苏联人都羡慕的狐狸皮大衣。

此外还发放了生活用品、书包、羊毛毯甚至雨衣，从春夏秋冬的服装，到鸡毛蒜皮的小物什，考虑得一应俱全。每个留学生每月发600~800卢布不等的生活费。有了这些服装和用品，五六年中就几乎不用再添置任何东西了。所有这些，都是国家从远不充裕的国库中出钱，免费为大家置办的。提起这沉甸甸的皮箱，沈渔邨深深地感受到祖国对他们所寄托的沉甸甸的希望。

临行前，8月11日，高等教育部在北京饭店举行了饯行冷餐会，日理万机的周总理专程赶来为大家送行。他语重心长地说："你们每一个人出去学习，国内要花培养30个农民的钱，所以你们一定要好好学习。"见大家一脸严肃，他又笑了笑："争取考5分，如果考4分在党支部要受批评，考3分的话自己背着铺盖卷回来。"

钱信忠带领全体医学研究生向周恩来敬酒，表达了"刻苦学习，报效祖国”的决心。周恩来对钱信忠说：“我原来感觉你年岁有些大，但看来你的身体不错，你是总支书记，要把这支队伍带好！”

带着总理的嘱托和全中国人民的希望，两天后的8月13日，钱信忠带领沈渔邨等第一批同学启程，第二批则于19日出发。临行前，周总理又亲自前往火车站送行。1951年，北京至莫斯科还没有直达的列车，留学生们从北京站出发，先到满洲里，再换乘国际列车前往莫斯科。

七天七夜，呼啸的列车满载着黑头发、黄皮肤的年轻面孔，满载着求索的渴望与奋斗的激情，满载着对即将到来的异国生活的好奇与期待，驶向当年进步青年们心中的圣地，苏联的心脏——莫斯科。

列车飞驰在广袤的西伯利亚原野上，沈渔邨陶醉于沿途美丽的风光。这群奔赴异国他乡的青年，如同即将上战场的士兵，气宇轩昂，排列得整整齐齐。他们内心涌动的不是离别之愁，而是报效祖国的决心，是对未来的期待，正如舒婷的诗《祖国啊，我亲爱的祖国》所写：

……

你以伤痕累累的乳房
喂养了
迷惘的我、深思的我、沸腾的我；
那就从我的血肉之躯上
去取得
你的富饶、你的荣光、你的自由；
……

第二节 “赤手空拳”生闯语言关

1951年8月20日，在钱信忠的带领下，沈渔邨等第一批留苏学子抵达苏联首都莫斯科，全体学员临时被安排在起义广场的莫斯科动力学院宿舍。

初秋的莫斯科正是游览的好时节，温度舒适，不冷不热。沈渔邨站在莫斯科的街头，出国前看过的《美丽的莫斯科》画册里的异国风情真真实实地呈现在她眼前——高大成荫的树木，方正威严的建筑，错落有致的街头雕像。

早先在燕京大学集结的时候，卫生部依据国家需要和个人志愿相结合的原则，为每一个人确定了学习方向，并给每个留学生颁发了一份学习任务书，指明了学习纲要和学习任务。舟车劳顿的留学生们倒时差、短暂休整的时候，苏联高等教育部的工作人员加班加点，根据每个留学生的学习任务书，为他们分配了不同的学校。30 名医学研究生中，钱信忠、涂通今、沈渔邨、顾方舟等 16 人留在莫斯科，其余 14 人被分配到列宁格勒；非医学生被分配到莫斯科机床工具学院、莫斯科铁路运输工程学院、莫斯科运输经济学院、列宁格勒铁道运输工程学院、萨拉托夫汽车公路学院等高等院校学习。

沈渔邨在列宁塑像前留影

与同学游莫斯科中央公园，左一顾方舟，左三沈渔邨，左五戚天庆，其余为朝鲜同学

8月26日开始，留学生们陆续被各单位接走。苏联方面为中国留学生提供了良好的生活条件，宿舍面积很大，走廊两端有公共厨房、洗漱间和卫生间，厨房有煤气，可以自己做饭，有24小时供应的热水洗澡。底楼有洗衣房，脏衣服按斤收费，而且费用很低，洗完之后烘干、熨烫不另收费。有的学校宿舍每隔10天免费洗一次被单，20天给地板打一次蜡，平时有专人打扫卫生。

根据学习任务书，钱信忠学外科，沈渔邨攻读药理学，抗生素方向。在20世纪四五十年代，抗生素被称为“万药之王”，是救命“神药”，青霉素甚至比黄金还要贵。解放初期，因受国民党残敌的破坏和美国等国的经济封锁，关系到国计民生的物资十分短缺，特别是如青霉素等战备物资相当匮乏。“一五”期间，国家就把发展抗生素生产列为医药的战略重点，走独立自主、自力更生的抗生素研制道路。就在沈渔邨来苏联的前几个月，1951年4月，上海青霉素实验所成功试制了第一支国产青霉素针剂。

钱信忠和沈渔邨都被分配到莫斯科第一医学院。他们还没来得及感受异国风情和走进新校园的兴奋，语言障碍便像一块巨石砸了下来，让他们寸步难行。

由于中苏双方对第一批留学生派遣的经验不足，似乎都没有考虑到语言不通的问题，在来苏之前，完全没有对留学生们进行语言培训，只是简单介绍了一下苏联国情，就匆匆把他们送上了火车。沈渔邨的第一个俄文字母还是在列车上跟苏联列车员学的。一下火车，他们才发现寸步难行，原本生活中最简单的事都难于上青天。沈渔邨每次都要约着几个同学结伴出行，坐公交车要记好上车下车的周围环境，一站一站数着去再数着回。

生活上的不便总还能简单应付，课堂才是最让沈渔邨痛苦的“战场”，这种有眼不识字、有耳听不懂、有口张不开的苦涩，比之战争年代的艰难困苦、饥寒交迫还要难耐得多。钱信忠曾不止一次说：“留苏是我人生道路上的一次新的长征。”对于这群从枪林弹雨中冲杀过来的人来说，这是另一个战场，这次面对的不是敌人的枪口，而是坚固的知识堡垒，并且赤手空拳就冲到了前线。

在苏联，大学里授课没有现成的教科书。老师也只有在必要的时候，比如描述公式，才会在黑板上板书，其他时间都是口述讲义。整节课，老师就站在讲台上滔滔不绝，语速快得像飞驰的火车，中间都不带停顿的。

身边的苏联同学飞快地记着笔记，还不时和老师讨论交流，沈渔邨却什么也听不懂，偶尔听到一个“似曾相识”的词，脑子一琢磨这是啥意思时，老师已经哇啦哇啦地说了一大串，而后面的话就像一阵风从沈渔邨耳边掠过，没留下一点痕迹。下课了，同学们像一群兴奋的小鸟，叽叽喳喳地散去，只留下沈渔邨一个人茫然地瞪着眼睛望着桌子发呆。笔记本上，只有零星的几个单词。曾在莫斯科第一医师进修学院学习的张璇在回忆文章中写道：“第一天在教室里上课，老师在黑板上连写带说。我不知其他同学能听懂多少，反正我是一个字都没听懂。一堂课快结束时，老师在黑板上写了两个俄文字后就走了。我们几个听课的还呆坐着没有反应。左等不来右等不来，回宿舍赶紧查字典，原来黑板上写的是‘下课’。”

留学生活，如此狼狈地开始了。

要攻克语言关，没有捷径，沈渔邨开始疯狂学习俄语。她买了一本俄汉词典和一套可以随身携带的单词小卡片，每天眼睛一睁开，就开始背单词，走路、乘车、购物、进餐、上厕所，甚至连做梦都在背单词，无时无刻，不论何地。被分配到苏联医学科学院病毒研究所学习的顾方舟，曾回忆中国同学背单词闹的笑话：“这个老乡跟我们住在一屋……一天到晚地憋在屋子里背单词。俄文单词，土豆（картофель），他就哇啦哇啦地念这一个词，门外的一些苏联学生都莫名其妙，这屋怎么老在念土豆……俄文数字很难记，更不用说是几块几毛了，这可苦了我这同学了。他到付钱那个地方，一边排队一边念，念念念到跟前了忘了，他又回来重新排队。”①

沈渔邨每天都怀着紧张的心情走进教室，盼望能比昨天多听懂几个单词，可是一个月下来，每天都是坐一节课的飞机，走出教室时，都是一样的两眼发直、天昏地暗、头晕脑涨。

钱信忠很有语言天赋，他在同济大学学医时，学习了德语和英语，后又自学了日语，还翻译了日文的医学著作。然而面对俄语，已 40 岁的钱信忠学习起来十分费劲。他曾代表留学生们就语言学习困难专门向中国驻苏使馆汇报，张闻天大使风趣地答复说：“孩子在娘肚子里是学不到话的，学语言就得到人群中去。开始会有些困难，但进步快。”于是大使馆与苏联方

① 范瑞婷访问整理．一生一事：顾方舟口述史 [M]．北京：商务印书馆，2018：156.

沈渔邨（左二）与俄语学习小组的同学合影。左一顾方舟，中间俄语老师

面沟通，想办法帮助留学生们尽快渡过语言难关。有的学校在常规课程结束后，安排有经验的俄文老师为中国学生补课；很多学校特地安排品学兼优的苏联同学与中国学生同住一个宿舍，或者与中国学生结成“一帮一”的关系，上课坐在一起听课，下课一起到图书馆自习，以便在语言和学习上进行辅导。

沈渔邨和同在莫斯科的顾方舟等 4 人组成了一个小组，有一位苏联女老师给他们辅导俄语，他们一起读书、一起背单词，互相鼓励。大家还想了各种办法帮助记忆，其中谐音记忆法最好使，比如，俄语的“回家”是“打毛衣”，“星期天”是“袜子搁在鞋里”，“毛巾被”是“拨拉芹菜”。每次小组学习间隙，玩玩这个游戏，大家就笑闹成一团，又记住了单词，又让原本枯燥的语言学习变得丰富有趣。

1951 年，国家副主席林伯渠在苏联进行了几个月的疗养和考察。其间，他与新中国第一批留学生进行了密切接触，详细了解了他们的学习和生活情况。林伯渠归国后，立即给刘少奇、周恩来写信，介绍了自己的所见所闻：“我们中央教育部此次送苏联学习工业技术的一批学生三百余人，据大使馆反映，该次学生不懂俄文的占百分之九十五。教育部计划，是把他们分别送到各种专科学校去学习的，自然分得很零散，以致学生听讲困难，学校为之补授俄文，也不方便。该学生等先无精神准备，一到莫斯科，既听不懂话，又吃不惯饮食，加以气候亦殊，有的就闹起情绪来。并有个别（大约不止一两个）学生成绩不够格，也为收纳该次学生的学校所不满。”

对此，周恩来极为重视，立即指示教育部、中组部和外交部筹建留苏预备学校。这个学校于 1952 年 2 月建成，此后，凡是留苏生都要在这里进行俄语培训，直到 1960 年，中苏关系恶化，这所学校才撤销。

第三节　换专业　攻读精神病学

语言关就像前进道路上的一片浓雾，面对时像一堵坚不可摧的厚墙，进入时感到无边无际，穿越时不知不觉，仿佛就在不经意之间走了出来，云开雾散。

最初上课时，沈渔邨听不明白老师讲的内容，只能记几个零星的单词，下课后赶紧找来苏联同学的笔记抄，回到宿舍再抱着字典查明白，每天上课之前要先把老师要讲的内容提前预习。渐渐地，她在课堂上能听懂的内容越来越多，听不懂的记在本子上，一堂课下来也得记满满几页，下课后对照着字典、课本把不懂的弄懂，一小时的课，课后往往要花几个小时才能搞明白。大约到第二年的时候，沈渔邨听课已经几乎没有障碍了。

就在大家都按部就班开始学习各自的专业时，中国驻苏使馆的人员找到钱信忠，传达周总理对他的新指示——改学卫生管理，未来成为能领导国家卫生事业的领军人物。钱信忠放弃了钟爱的外科，改为卫生保健。沈渔邨在药理专业学习了一年时，也突然收到国内发来的电报，国内奇缺精神病科医生，上级让她改学精神病学。

中国的现代精神病学起步较晚。1898 年，在广州由美国传教士约翰·克尔（John G. Kerr）建立了我国的第一个精神疾病专科医院，此后在北平（1906 年）、哈尔滨（1910 年）、苏州（1929 年）、上海（1935 年）、大连（1935 年）和南京（1947 年）相继建立了专科医院。1922 年，北平的协和医学院成立了中国第一个精神科专业教学机构，并编写了中国第一本精神科教材。在旧中国连年战争的年代，精神科的前辈们虽然做了极大的努力，但学科发展步伐十分缓慢，直到 1949 年，全国精神卫生机构尚不到 10 所，精神科床位仅 1100 张，精神科专业医师仅五六十人，绝大多数精神疾病病人得不到治疗。①

当精神科医生？这是在沈渔邨28年来的人生规划里从来没想过的。

就在几十年前的20世纪之初，著名的精神科医师、分析心理学创始人荣格②曾在苏黎世告诉他的学生："精神病学不是医学的亲生子，因为它没有被归类在自然科学中，不能称量或是测量任何事物。"直到20世纪30年代，人们都认为精神病学根本不能算是医学，因为什么都治不了，甚至有人说，精神科医生是一些和疯子打交道的"疯子"或是"半疯人"。在一些人眼里，精神病人等而下之，精神科医生也等而下之，只有"那些身体不合格的人，无法胜任城市、农村行医的人，以及那些智力不合格的人"③才会去当精神病医师。可见世俗对精神病的歧视和对待精神疾病学科的态度，这种状况在21世纪的今天稍有改善，但也并未消除。

一边是自己热爱的药理学和风头正劲的抗生素研究，一边是还看不到未来的精神病学，对许多人来说这是个艰难的决定，但对于沈渔邨来说，不难，因为祖国的需要永远摆在她人生的第一位。她毫不犹豫地走进了苏

1952年，在莫斯科第一医学院内，与同学合影，后排左二为沈渔邨

① 国家卫生健康委员会疾病预防控制局．致为精神卫生共同奋斗的70年[M]．北京：人民卫生出版社，2020．

② 卡尔·古斯塔夫·荣格（Carl Gustav Jung，1875年7月26日至1961年6月6日），瑞士心理学家、精神科医师，分析心理学的创始者．

③ 爱德华·肖．精神病学史——从收容院到百忧解[M]．韩健平，胡颖翀，李亚平，译．上海：上海科技教育出版社，2008：123．

联医学科学院精神病学研究所，义无反顾地改学精神病学，并为此奋斗终生。

现在人们总说“爱一行干一行”，但在沈渔邨所处的时代，大部分人都是“干一行爱一行”，兢兢业业忠于自己的职业。40年后，当被问及被要求换专业时的想法，沈渔邨说：“我没有更多的想法，我觉得人民的需要、祖国的需要就是我的志愿。人民用小米养育了我，我要为人民的利益去工作。走了搞精神病学这一步，我一直没有动摇过。”①

做出决定是短暂的，要走好这条路则需要一生去努力。这不亚于一个真枪实弹的战场，只能抱定“不怕困难、不怕牺牲、排除万难、争取胜利”的精神，投入人生这场没有硝烟的战斗。

一方面，在此之前沈渔邨从来没有系统学习过精神病学知识，因为在北医本科阶段的课程里，仅有少量精神病学内容，而且不成体系，这主要与学科本身所处的阶段有关。20世纪50年代，精神病学不仅处于边缘状态，而且处于模糊状态，人类对精神疾病的研究和认识都还是雾里看花，不像其他器质性的疾病专业，大多数病痛的原因是知道的，学生们在病理学课堂可以学习到“创伤性、传染性、肿瘤性、中毒性、自身免疫性……”，而且病因在数目上相对有限，也没有太多争议，但在精神病学中情况不是这样的，很少有疾病的病因是已知的。

另一方面，不同于躯体医学专业，精神病学专业在语言基础和文化理解上，存在很大国际差异，这又让沈渔邨的学习增加了难度。在《精神病学史》中有过对初级阶段的这样一段描述：在一项研究中，46位美国精神病医生和205位英国精神病医生观看了一部“F病人”的录像，F病人是一位来自布鲁克林的年轻男子，他的一只手臂患有“歇斯底里性麻痹”，并有一个被与酗酒联系起来的情绪波动病。随后，69%的美国医生将之诊断为“精神分裂症”，而仅有2%的英国医生做出同样的诊断。这样的差异，暗示精神病学中没有科学，只有本国传统的影响，这使这门学科成为一个民俗学而非医学的分支。②

沈渔邨把除了睡觉之外的几乎所有时间都用在了学习上。几十年

① 华夏妇女文化发展中心. 中华妇女风采录[M]. 成都：四川人民出版社，1994：760-779.

② 爱德华·肖. 精神病学史——从收容院到百忧解[M]. 韩健平，胡颖翀，李亚平，译. 上海：上海科技教育出版社，2008：419.

在苏联留学时，沈渔邨（左二）在圣彼得堡与中国留学生合影

后，王玉凤说，沈老师有一次聊起在苏联学习时的艰难，说那时甚至累到晕倒。

20世纪五六十年代的留苏学生们在最初的几年里，都过着一种近乎“苦行僧”般的生活。对于沈渔邨这样从战争岁月中成长的年轻人来说，学习的苦和累从来都不是问题，把失去的时间夺回来，不负国家的托付才是他们最重要的使命。尤其是当她和同学们走在莫斯科的街头，看到商店里出售的印有“一等品”3个中文字、产自中国的鸡蛋和苹果，都会给内心带来强烈的震动：我们的国家需要用多少鸡蛋、水果供养我们到苏联学习啊！我们的父老乡亲节衣缩食，自己吃不上鸡蛋和苹果，却把最好的东西都拿到苏联来，就是为了让我们能够有一个优越的学习条件，尽快学到有用的东西报效祖国。想到这些，自己吃点苦，受点累，又有什么可抱怨的呢！

由于对当地生活不适应，以及对学习压力思想准备不足，个别学员在心理、身体上出现了一些问题，除个别因罹患关节炎、肺结核等疾病的同学不得不回国医治外，其他患上了神经衰弱、精神抑郁、头晕、头痛等的同学，受到了留学生们互相照顾和互相鼓励，最终首批留苏生没有一个人因语言不通而掉队。

第四节 获副博士学位 得“突击手奖”

熬过了第一年语言不通的艰辛，第二年开始，虽然沈渔邨的俄语还不能像母语一样毫无障碍地运用，但已经不再耽误她的专业学习了。

她攻读研究生的地方，是苏联医学科学院精神病学研究所。苏联医学科学院成立于 1944 年，是苏联最高科学和医学组织，同期在这里攻读研究生的，还有在病毒研究所的顾方舟。

在去苏联以前，沈渔邨对于研究生完全没有什么概念，只知道是来学习的，后来慢慢才知道，研究生与本科生教育是非常不同的教育阶段，研究生教育是训练如何做科学研究。首先要选择一个题目，然后要去查找、收集相关的文献，形成一定的认知：别人已解决了什么问题，还有什么尚未解决的，以及你想解决什么问题，然后设计实验来证明自己的想法，得出结论，并写成论文发表。

沈渔邨不仅要从零开始学习精神病学的基础知识，还要阅读大量的精神病学文献，因此，她几乎是“长”在苏联医学科学院的图书馆里。这里犹如一座金矿，她每天都在这里深挖医学知识。那时候没有计算机，也没有复印机，看到需要的资料，只能靠手抄写。图书馆里永远是人满为患，去晚了就只能站着或坐在书架边的地上看书了。为了能在图书馆有一席之地，每天天还没亮，她就起床，抓一块面包，边走边吃，匆匆赶去图书馆。

在这里，沈渔邨查阅了苏联及世界各国发表的有关精神疾病的研究论文。这个时期，苏联的科学界、精神病学最负盛名的便是巴甫洛夫的学说。巴甫洛夫是 19 世纪末俄国伟大的医学家、生理学家，1904 年曾因消化腺生理学的研究，成为俄国第一个荣获诺贝尔奖的科学家，也是世界上第一个获得此奖的生理学家，1917 年十月革命后，巴甫洛夫成为苏联科学界在国际上的代言人，列宁政府视巴甫洛夫为“精神心理学界的马克思”。

精神病学（Psychiatric）一词源出希腊语。精神疾病与人类的其他疾病同样古老，从古希腊时代开始就有个别医生看护过疯子，撰写过相关的小册子。中世纪神学宗教对精神病学的发展造成极大阻碍，精神病人被视为魔鬼附体，被送进寺院用祷告、符咒、驱鬼甚至各种无所不用其极的酷刑进行“治疗”。现代精神病学萌芽于 18 世纪的西欧，法国的菲利普·比奈尔（Philippe Pinel，1754—1826）作为第一个被任命当“疯人院”院长的医生，首次把“疯人院”变成了医院，他去掉了病人身上的枷锁，用医生的眼光观察研究精神疾病的症状。

现代精神病学成形于19世纪末至20世纪初期，此期间涌现出许多精神病学史上的杰出人物及其经典理论和著作。当我们在谈论某种医疗技术、理念和学说时，不能脱离它所处的时代，今天，巴甫洛夫学说在精神心理学领域已经鲜有提及，但在20世纪50年代，最重要的就是苏联的巴甫洛夫理论，即神经系统理论。

1957年，为纪念“十月革命”胜利40周年，沈渔邨写作了《沿着社会主义道路胜利前进的苏联精神病学》一文，发表在《中华神经精神科杂志》上，文章中写道：“精神病学在百余年的过程中，虽然在精神病理学的范畴内也积累了大量丰富的临床资料，但基本上是描述性的，精神病医生只能确定某些精神症状的综合是某些精神病的特点，但对它们产生的机制和生理实质仍然停留在假设性的猜想上，精神病学家最多只能将一定类型的精神症状与脑的一定部位联系起来而已……巴甫洛夫对一系列重要的精神病及其症状，如精神分裂症的若干症状、歇斯底里、精神衰弱和神经衰弱的特征，强迫性状态，妄想和催眠的发生机制作了高级神经活动病理生理学的分析，为临床精神病学奠定了自然科学的基础……这些在学术思想和研究工作中带有方向性意义的巨大成就，使苏联精神病学远远超越了西欧各国，大大地向前迈进了一大步。”正是巴甫洛夫的学说使精神病学建立在生理学的基础之上，也为我国临床精神病学奠定了自然科学的基础。

在通读了大量文献后，沈渔邨选择了强迫症作为自己的副博士研究课题。一边是研究生基础课程的学习，一边做科学研究，她每天都是分秒必争。此外，苏联老师在日常教学的过程中，十分重视实践，关注细节，会针对学生的情况安排大量的实习。从《沿着社会主义道路胜利前进的苏联精神病学》一文可以看出，沈渔邨在留学期间，对苏联的精神病医疗机构做了大量而细致的研究：

“十月社会主义革命前的俄国，对精神病人的医疗援助只限于医院和疗养院的组织，只有一少部分病人能受到医疗照顾。苏维埃政权成立不久就确定了保健事业预防为主的方向，当苏联国家还处于外国侵略、包围和内战时期的困难条件下，苏联保健机构就开始有计划地成立为广大人民服务的各种防治所，其中包括精神病防治所，并实行了全民普及的免费医疗制。四十年的社会主义和平建设，使苏联各地形成了广泛的精神病防治网，它与精神病的其他组织机构，如精神病院、慢性精神病人疗养院、急性精神病人收容治疗所等构成了完整的医疗预防系统，其中精神病防治所起着非常重大的作用。”①

文章中，对防治所的职能，医生护士的工作内容、方式，防治所里的化验室、X 线透室、理疗室、工娱室、心理治疗室和各种药物治疗等，以及精神病人在住院、治疗、院外照护、福利等各方面都有详细的描述，这些都是长期深入地沉浸在防治所里工作的结果。

课题研究难，毕业答辩更是一次大考。苏联的学位制度非常严格，副博士论文答辩，要在答辩日期 3 个月前在苏联的大报上登出答辩通告，只要公众感兴趣，任何人都可以参加。同时，还要向苏联各学术机构的有关学者发出 100 份论文摘要。答辩由各方面专家教授组成的学术委员会主持，作为答辩的前提条件，还必须在杂志上公开发表两篇以上的论文。毕业答辩不仅对所做研究的科学性是极大挑战，还要有足够的语言表达能力、理解能力、临场应变能力，以及强大的心理素质。因为在学者的研究成果报告会上，经常都会有同行、同事为某个学术观点，在众目睽睽之下争得面红耳赤，丝毫不留情面，针锋相对、火药味十足的场景，在苏联的大学里是家常便饭。

如此严格的学位制度下，1955 年 8 月，沈渔邨以优良的成绩从苏联医学科学院毕业，获副博士学位。她的毕业论文题目为“有关强迫状态的治疗及病理生理机制”，部分内容发表在 1959 年的苏联精神病学杂志上。

沈渔邨的努力、刻苦给苏联的导师、同学留下了深刻的印象，1955 年 9 月，她被授予斯坦汉诺夫突击手奖，以褒奖她的勤奋和优秀，她的照片还登在了苏联《火箭》杂志的封面上。

与沈渔邨一样，新中国成立最初几年公派出国的留学生，都是新中国派出的民间使者，他们严格的组织纪律、顽强的作风、严谨的治学态度，深深打动和感染了身边的异国人民。

吃苦耐劳的精神是中国人骨子里的传统，直到现在，全世界的学校里，最刻苦、成绩最优秀的学生中，中国孩子能占据半壁江山。

① 沈渔邨．沿着社会主义道路胜利前进的苏联精神病学——为纪念伟大十月社会主义革命胜利四十周年而写 [J]．中华神经精神科杂志，1957，4：271-273.

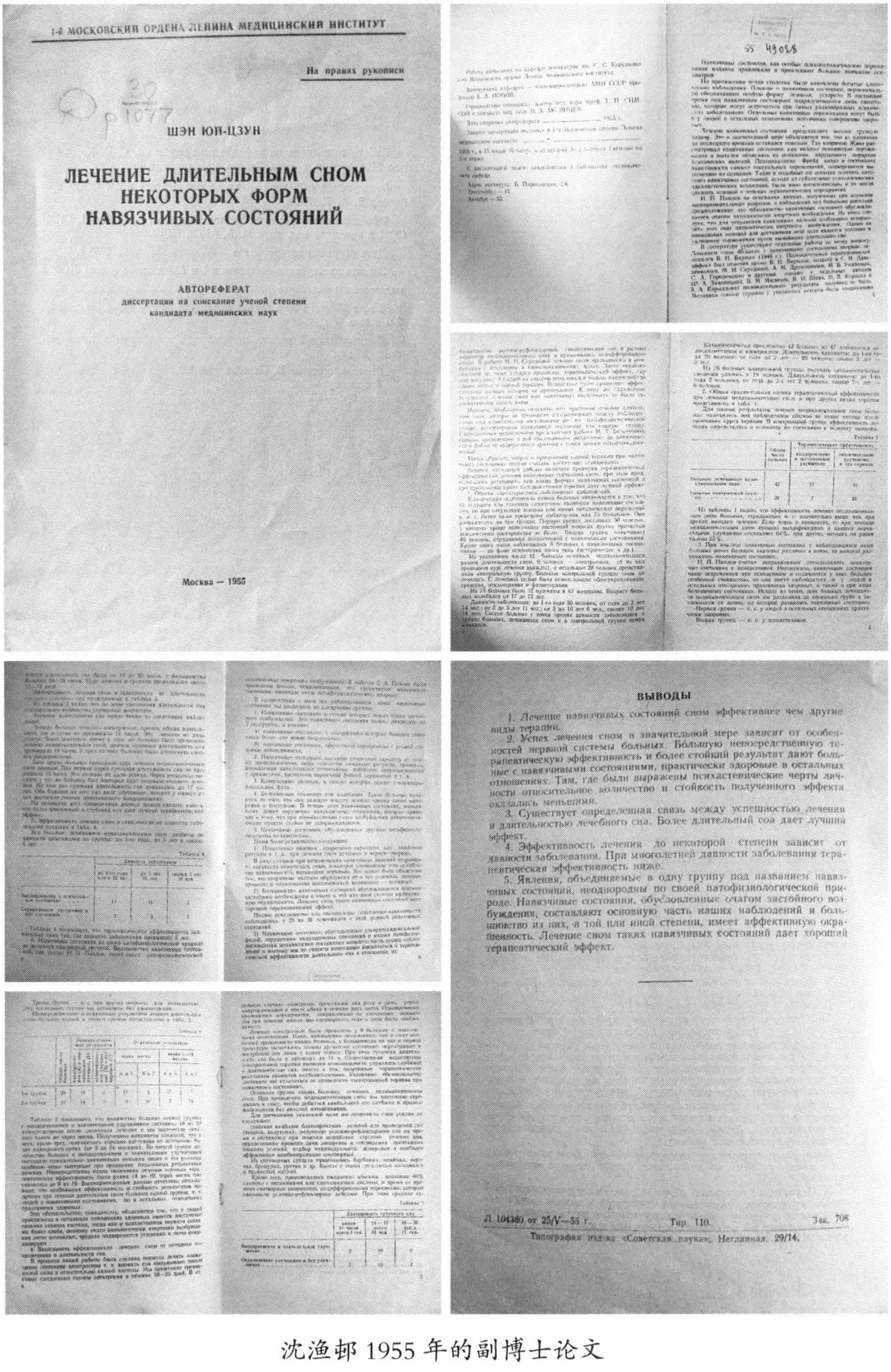
1-й МОСКОВСКИЙ ОРДЕНА ЛЕНИНА МЕДИЦИНСКИЙ ИНСТИТУТ

На правах рукописи

ШЭН ЮЙ-ЦЗУН

ЛЕЧЕНИЕ ДЛИТЕЛЬНЫМ СНОМ НЕКОТОРЫХ ФОРМ НАВЯЗЧИВЫХ СОСТОЯНИЙ

АВТОРЕФЕРАТ
диссертации на соискание ученой степени
кандидата медицинских наук

Москва — 1955

ВЫВОДЫ

1. Лечение навязчивых состояний сном эффективнее чем другие виды терапии.

2. Успех лечения сном в значительной мере зависит от особенностей нервной системы больных. Бо́льшую непосредственную терапевтическую эффективность и более стойкий результат дают больные с навязчивыми состояниями, практически здоровые в остальных отношениях. Там, где были выражены психастенические черты личности относительное количество и стойкость полученного эффекта оказались меньшими.

3. Существует определенная связь между успешностью лечения и длительностью лечебного сна. Более длительный сон дает лучший эффект.

4. Эффективность лечения до некоторой степени зависит от давности заболевания. При многолетней давности заболевания терапевтическая эффективность ниже.

5. Явления, объединяемые в одну группу под названием навязчивых состояний, неоднородны по своей патофизиологической природе. Навязчивые состояния, обусловленные очагом застойного возбуждения, составляют основную часть наших наблюдений и большинство из них, в той или иной степени, имеет аффективную окрашенность. Лечение сном таких навязчивых состояний дает хороший терапевтический эффект.

Л 104380 от 25/V—55 г. Тир. 110. Зак. 708

Типография изд-ва «Советская наука», Неглинная, 29/14.

沈渔邨 1955 年的副博士论文

沈渔邨的副博士论文部分内容发表在1959年的《苏联精神病学杂志》上

第五节　留苏同学结佳缘　相濡以沫半世纪

为了让大家专心学习，来苏联留学之前，组织上有明确表示，不赞成学生们在留学期间谈恋爱。27 岁的沈渔邨从来也没想过，会在异国他乡遇到爱情并完成终身大事。

缘分是奇妙的，正如张爱玲说的，于千万人之中遇到你所要遇到的人，于千万年之中，时间无涯的荒野中，没有早一步，也没有晚一步，刚巧赶上了，那也没有别的话好说，唯有轻轻地问一声："哦，你也在这里吗？"

在首批留苏队伍中，钱信忠是赴苏留学生总支书记，沈渔邨是医学生团队秘书，他们一起登上列车奔赴莫斯科。那年，沈渔邨 27 岁，钱信忠比沈渔邨年长 13 岁。

钱信忠 1911 年出生于上海宝山县一个贫农家庭，贫穷没有难住一个渴求知识、奋发向上的少年，他勤奋努力，终于进入同济大学勤工俭学，又在宝隆医院攻读了四年。在上海第三次暴动斗争中，他受到进步思想的熏陶，为了追求革命的真理，毅然投奔苏区参加红军，参加了举世闻名的长征。

在留学之前，钱信忠已经是西南军区卫生部部长，有警卫员、有秘书，生活上完全不用自己操心，但到了苏联，钱信忠过着普通留学生的生活，苦学俄语，自己料理生活。在纪念留苏 50 周年同学再聚首联欢会上，钱信忠回忆说："当时语言关难过，生活关也不好过。到苏联后，我可成了光杆司令了，40 岁的人了，要跟小年轻一样，天天吃黄油不习惯，语言不通，道路不熟，大米蔬菜也买不到。"

钱信忠和沈渔邨都被分配到莫斯科第一医院学习，在第一年最艰难的语言学习中，两人常常一起补习，一起学俄语，一起参加党组织活动。钱信忠没有一点"部长"架子，作为留学生队伍里最年长的大哥、总支书记以及"中国留苏学生总会"的首任会长，他细心照顾着每一名留学生。平时谁有感冒发烧缺了课，党支部会安排专人去补课；谁学习吃力，党支部会安排学习好的同学"一帮一"；每到考试期，党支部会了解每个人的备考情况，帮助解决困难，做好服务，让大家能专注地考出好成绩；甚至个别同学国内家里有困难，党支部也要设法给予帮助，使他能够安心学习。

这一切，沈渔邨都看在眼里，满心敬佩，尤其佩服的是，钱信忠虽然已是人到中年，但他学习拼命的样子，一点也不亚于20多岁的小年轻，甚至比他们更努力。

与钱信忠同宿舍的徐科，在莫斯科第一医学院学习生理，是一个20多岁的小伙子。有一次，钱信忠病了，想吃荷包蛋，徐科怎么也煮不好，蛋清蛋黄总是分家，只好请沈渔邨来帮忙。

五一国际劳动节时，同学们一起去红场，到处是欢庆的人群，在欢声笑语中，伴着悠扬的手风琴，沈渔邨情不自禁与苏联人手挽手翩翩起舞。沈渔邨不施粉黛的年轻脸庞充满阳光，高挑身材在舞蹈中散发着健康的活力，站在边上观看的钱信忠满眼都是喜爱。更让钱信忠欣赏的是，沈渔邨的聪慧、坚韧，以及学习和工作时的专注。

紧张的学习之余，他们会一起四处走走，仔细领略莫斯科的美丽。他们一起去过托尔斯泰故居、高尔基纪念馆，一起观赏过特列季亚科夫画廊，还在莫斯科大剧院观看过经典的芭蕾舞《天鹅湖》，听一些著名的歌剧。在美丽的莫斯科，沈渔邨和钱信忠留下了许多美好的回忆。让他们感受最深的是，每次走过大街小巷，目光会被两侧建筑外墙上频频出现的浮雕铭牌所吸引。这些铭牌通常用金属或者大理石制成，上面以浅浮雕的方式塑造着某一人物的头像或半身像。铭牌下方，是职业和生卒年月，在浮雕下，经常有不知何人献上的鲜花——一支玫瑰，或是一束朴素的小野花。这些纪念人物中，除极少数政治家和军事英雄外，绝大多数是科学家、诗人、作家、音乐家。这代表着苏联人崇尚知识、尊重科学的传统。

在苏联留学时，沈渔邨（左）和钱信忠（右）在莫斯科第一医学院门口留影（1953年）

异国他乡的孤独与艰难，在艰苦的条件下对感情支持的渴求，这时候，一双温情的手臂、一段真挚的感情，就可以使两个人相互扶持、相互鼓励，共同走过人生中艰难而重要的岁月。两颗心终于越走越近，此时的沈渔邨才知道，在留苏之前，钱信忠的妻子刚刚去世，他从未对别人说起，自己默默地扛着内心所有的悲伤。

革命年代的爱情，从来都是彼此成就。

已过不惑之年的钱信忠，以坚忍不拔的毅力和顽强刻苦的精神，顺利完成了卫生保健专业研究生的全部课程。钱信忠的毕业论文是关于新中国的卫生体系，由于当时资讯不发达，他于1954年专程回国进行调查研究和查找资料。返回苏联后，钱信忠利用这些资料和研究成果，发表了多篇论文，并以《中华人民共和国卫生事业成就》的毕业论文，于1955年6月顺利获得副博士学位。钱信忠在学习卫生保健组织专业必修课外，他还选修了劳动卫生和流行病学等课程。

完成学业后，钱信忠和沈渔邨向组织提交了结婚申请，经大使馆党委讨论同意后，张闻天大使在他们的结婚申请书上签字批准。

1955年6月，在回国之前，大使馆负责留学生工作的教育参赞李滔，为钱信忠和沈渔邨在学生宿舍里主持了朴素的婚礼。这一天，中国同学、苏联同学都来了，宿舍房间被挤得满满的。大家唱歌、跳舞，举杯庆祝，祝愿两位新人生活美满、白头偕老。这对革命伉俪，正式开始了长达半个世纪相濡以沫的生活。

就在他们计划着归国的生活时，钱信忠接到新任务，到列宁格勒军事医学科院进修，要比沈渔邨晚半年回国。

1955年8月，回家的日子到了，在莫斯科机场，与新婚的丈夫依依惜别，沈渔邨想起熟悉的曲子——

"……

我的心上人，坐在我身旁，

偷偷儿看着我，不声响。

我想开口讲，不知怎样讲，

多少话儿留在心上。

……"

沈渔邨登上了飞往北京的航班，带着留恋与不舍，更带着"海阔天空任鸟飞"的憧憬。四年来，她第一次回到故土，学业家庭满载而归。

每一个风华正茂的留苏学子，心中都深深明白，在这种同龄人难以企及的关怀和荣誉背后，隐藏着祖国人民殷切的期待；在他们身上，承载着建设一个繁荣、富强的新社会的热切希望。于是，沈渔邨等学子们回国后，不计个人得失，把全部的学识和热情，毫无保留地投入祖国的建设中。

据有关材料保守统计，1951—1965 年，中国向苏联派遣留学人员逾 16 000 人。数量巨大的留学生回到国内后，带来了先进的知识和技术，他们迅速加入到生产建设的第一线，极大地充实了技术骨干力量。以这批留苏学生为骨干，新中国自然科学和社会科学诸学科得到飞跃式的发展，也让国内整体生产、科研、教学水平得到大幅度提高。

1981 年，沈渔邨（前排左五）、钱信忠（前排右五）与部分留苏同学聚会

2001 年，留苏同学看望钱信忠部长（左一为顾方舟，左二为钱信忠，左三为沈渔邨，右一为鄂征，右二为辛育龄）

他们对祖国爱得如此深沉，哪怕在后来的十几年中，历经岁月的磨砺，身心俱疲，白发悄然爬上双鬓，他们没有颓废，没有抱怨，一如二三十年前在苏联学习时那样，以饱满的斗志、必胜的信念，与时间展开了竞赛。

正如20世纪50年代风靡中国的一部苏联小说《钢铁是怎样炼成的》中，男主人公保尔·柯察金说过的话："人最宝贵的东西是生命。生命对于我们只有一次。一个人的一生应该这样度过：当他回首往事的时候，他不因虚度年华而悔恨，也不因碌碌无为而羞愧。"这曾是那个年代中国青年的座右铭，更是留苏学子奉献祖国的真实写照。

第五章
建设新国家　风雨兼程

第一节 北医精神科当住院医师，翻译苏联《精神病学》

出国、出差回来，我们总会给家人、朋友带礼物，而沈渔邨最先想到的是给母校带点什么。回国前，她和几个北医的同学商量，用节省下来的津贴，买了一整套俄语的《医学百科全书》送给北医。

沈渔邨被分配到了北京医学院附属医院（现名“北京大学第一医院”）精神科（以下简称“北医精神科”），做住院医师。同时被分配来的，还有北医毕业并首批留苏的同学许迪，许迪在前往苏联列宁格勒第一医学院学习之前，已经在精神科做住院医师。

北医精神科是由许英魁教授于 1942 年创立的。许英魁教授，既是神经精神病学家，又是我国神经病理学的奠基人之一。他毕业于北京协和医学院，并获美国纽约州立大学博士学位，1941 年任北平协和医院脑系科主任不久，太平洋战争爆发，日本人查封了医院，赶走院中所有工作人员。第二年 8 月，许英魁教授应聘到北医，创建神经精神科并担任主任，并从协和医院带来一位护士长、四位护士、一位病理技术员、一位社会工作者兼作智力测验。门诊部设立在西单背阴胡同北大医院西侧，原是万福麟（国民党军阀）的花厅。经过许教授设计，原建筑被隔成几间，有诊查室、候诊室、实验室、护理兼治疗室与医生办公室，所有桌、椅、床、凳等都是由许教授设计的。正式开门诊时，没有任何仪式，也未登过任何广告，谁也不知道这里是干什么的，几天过去了，一个病人都没来。于是，许教授用毛笔正楷写了一张公告，以最通俗的语言介绍了神经精神科门诊都能治什么样的病人，如“嘴歪眼斜，抽疯，半身不遂，中风不语，头脑不清，遗精，早泄等”贴在挂号室内，以后病人才逐渐增多起来。1943 年秋，精神科医生护士队伍壮大，开设神经精神科病房，床位各十张，地点依然在万福麟旧宅内，是将一座大楼改成了病房。1944 年，由于抗战生活非常艰苦，一些医生护士相继离开，许教授也被请去整顿北京市精神病院（在地坛），科里只剩下王芷沅和陈文俊两位医生，人力有限，只好暂时关闭精神科病房，直到新中国成立之前，冷冷清清的精神科没有太大变化。1950 年北京协和医学院复院，马上请回许英魁教授主持协和医院脑系科工作。此后，许教授每周来北医查房，主讲神经病理，科内工作由王芷沅负责。

1951年北京医学院第一附属医院建立精神病院

1951年，在北医胡传揆教授的支持下，在西安门大街28号成立了北医的第一所精神病院，开院时，住院病床16张，后增加至60张。这里原来是一个私人的结核病院（崔谷忱医院），位于西安门大街路北的一条不起眼的死胡同内。正所谓“麻雀虽小，五脏俱全”，这个仅有几千平米的小院改建后，从急诊室、住院处、病房楼、工娱疗室、化验室、脑电图室，医护办公室、图书室、医护值夜班室到职工宿舍、总务科、职工食堂、病人营养部等一应俱全。为了方便病人就诊，精神科门诊部设在府右街北口，北大一院门诊部内，与精神病房分开，病人及家属愿意到综合医院看门诊。此后，北医神经精神科快速发展，增加了不少年轻医生，病人也逐渐增多。1953年神经精神科分为两个独立的科室，留美归国的著名精神病学家伍正谊教授到职，成为第二任精神科主任，许英魁教授依然每周来科里查房。1954年建立精神病学教研室，同年建立脑电生理研究室。

1955年，沈渔邨等留苏学子回国进入科室，不仅大大提升了北医神经精神科的临床和科研水平，在新国家之初的建设高潮也大有作为。“一五”计划中，中国大规模引进苏联、东欧的设备和技术，仅工业领域，苏联援助的项目就达到了156个，大批苏联专家被派来中国，急需大量的俄语翻译。沈渔邨的俄语水平在首批留苏学生中十分突出，回国后，在本职工作之余，还承担了许多俄语翻译工作。她晚年在回忆中写道：毕业后，我主要从事精神病学的学科建设工作，与同道们一起忘我地工作，翻译大量国外书籍。①

① 沈渔邨．执着之路　赤子之情[J]．中国医院，2002，6（12）：25-27.

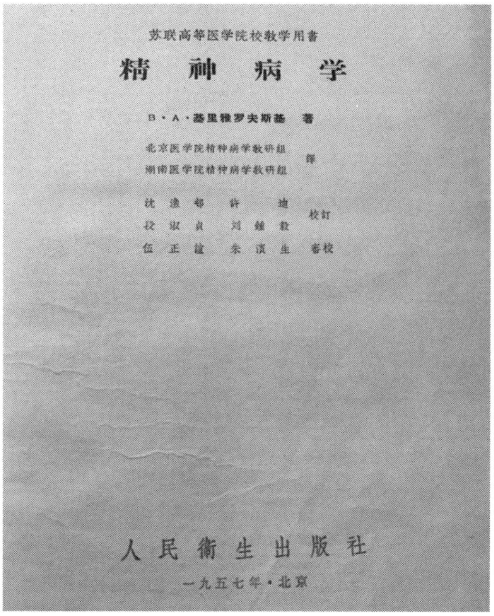

沈渔邨等人翻译的苏联高等医学院校教学用书《精神病学》，1957 年由人民卫生出版社出版

新中国成立后，包括北医神经精神科在内的全国各地精神病医疗机构得到很大的发展，到 1957 年底，全国的精神卫生机构就发展到了 70 所，床位 11 000 张，精神科医生达到 400 多名。[①] 然而，精神科从业人员所接触到的专业理论是零碎的、片段的、前后不一致的，因为只有各地方医生自己印刷的讲义，没有一本权威的、影响力大的精神病学专业书籍。

沈渔邨与同道们决定，将苏联高等医学院校教科书《精神病学》翻译出版，填补这块空白。仅用了一年多时间，1957 年，苏联基里雅罗夫斯基专著《精神病学》便编译成中文出版。作为“老大哥”苏联的权威著作，这本译书一出版相当受欢迎，精神科工作人员几乎人手一册，大家努力阅读、反复学习，其中的所有观点和理论，都是身为精神科医生必须掌握的基本内容。这本书的理论比较系统、内容规范而又循序渐进，当时的年轻精神科医生就是以其作为工作的指南和依据，再逐步发展和提高自己的临床经验。正是由于这本书，我国的精神科医疗工作才有较好的、完整的理论指导。可以说，这本书深深地扎根于临床并指导临床工作，对我国的精神科发展影响之深、涉及面之广是前所未有的，也是功不可没的。[②]

这一时期的沈渔邨忘我地工作和学习。白天，她是忙碌在病房里的住院医师；晚上回到家，她挑灯夜战翻译、编写教材；同时，她还自学英语和德语。累了的时候，沈渔邨轻轻地抚摸着腹部感受那个小小的新生命带来的幸福——从苏联回来不久，她发现自己怀孕了，这是她的第一个孩子。

① 国家卫生健康委员会疾病预防控制局．致为精神卫生共同奋斗的 70 年 [M]．北京：人民卫生出版社，2020.

② 王祖承．打开一扇清新的窗口——记 1963 年翻译出版的精神科专著《临床精神病学》[J]．上海精神医学，2006，18（1）：61-62.

沈渔邨从来就不是一个娇生惯养、养尊处优的人，怀有身孕丝毫未影响她高强度的学习和工作，甚至常常忘了自己是个孕妇。此时的钱信忠还远在万里之外的苏联学习，他们在北京还没有一个正式的住处，沈渔邨暂时住在父母家。考古研究所分给沈锦椿两间小平房，在王府井附近，三口人住得很局促，沈渔邨每天骑自行车上下班，十分不便，于是北大医院给沈渔邨在医院附近安排了一间宿舍。

钱信忠已归心似箭。他实在太喜欢孩子了，去世的前妻不能生育，他们曾收养了一儿一女，悉心养育。如今他终于有了自己的孩子，这是他多年的夙愿。未来几十年的事实表明，这位父亲对女儿们的爱如高山大海，爱得细腻深沉。

金榜题名、洞房花烛，历来是中国最喜庆吉祥的人生大事。上天如此眷顾这对革命伉俪，就在他们满心期待即将出生的第一个孩子之时，又有喜讯传到这个家庭。

1956 年 2 月 13 日，钱信忠同时接到了两份请柬：一份来自中华人民共和国驻苏联大使馆武官处，上面写着："奉中华人民共和国主席、国务院总理及国防部长命令，订于一九五六年二月十三日十七时在列宁格勒军官之家举行授勋授衔典礼，由聂荣臻元帅代表中华人民共和国主席、国务院总理及国防部长，分别授予中国人民解放军在中国人民革命战争时期有功人员以勋章，并授予中国人民解放军军官以将官、校官、尉官军衔。请届时参加接受军衔。"另一份是聂荣臻元帅署名的请柬，上面写着："订于一九五六年二月十三日十九时在列宁格勒军官之家举行庆祝授勋、授衔酒会。请届时光临。"当天上午，钱信忠上完最后一节课，开始整装，擦亮皮鞋，换上中国式的军衔服，乘车前往列宁格勒军官之家，参加中国军官授衔仪式。聂荣臻元帅奉命主持了授衔仪式，中国驻苏武官韩振纪中将宣读授衔和授勋命令。在这次仪式上，钱信忠被授予少将军衔，以及二级八一勋章、一级独立勋章、一级解放勋章的命令状。中国人民解放军首次授衔中，共有 798 人被授予少将军衔[①]，分正军级、副军级、准军级及师级，钱信忠为正军级，在 798 人中排在第 15 位。

沈渔邨分娩的日子越来越近，钱信忠一完成学习任务立刻启程回国，

① 欧阳青．1955 共和国将帅大授衔 [M]．济南：黄河出版社，2008．

沈渔邨夫妇和两个女儿

1956年3月回到北京后没几天，3月18日，大女儿出生了，取名钱家华。

钱信忠回国后，任总后勤部卫生部副部长兼军事医学科学院院长，组织上安排他们住进了外交部街59号院5号楼。一家三口，连同沈渔邨的父母，以及养子养女，终于结束多年离别的日子，全家人生活在了一起。一年后，1957年，钱信忠担任卫生部副部长，同年9月19日，他们迎来了第二个女儿，取名钱家鸣。

钱信忠沈渔邨夫妻，在生活和工作中都是最完美的搭档：一位卫生部副部长，位高权重统领全局；一位基层医生，最了解医患需要。夫妻同心，取长补短，携手为祖国的医疗卫生事业奋斗一生。

第二节　创立人工冬眠疗法

沈渔邨每天骑着她的26寸自行车，早上6点出门，晚上九十点以后才回家。在钱家鸣幼年的记忆里，一星期都很难见到妈妈，她和姐姐早上起床，妈妈已经上班了；晚上睡觉时，妈妈还没回家。偶尔能一起吃顿晚饭，也和妈妈说不上几句话。但她清楚地记得，那时候的妈妈漂亮极了，长长的辫子，在脑后盘一个发髻，高挑的身材，穿着一件布拉吉（Braji，连衣裙，源自俄语 платье 的音译），有时候会陪爸爸参加活动。

布拉吉是苏联女子日常穿的连衣裙，随着苏联画报、期刊和电影传入中国，在20世纪50年代中期，色彩鲜艳的布拉吉成为中国各大中城市最时尚的服装。

年幼的女儿们并不知道，漂亮的妈妈每天都在与时间赛跑，要把被战争耽误的时间抢回来——20世纪50年代是我国精神病学这一新专业建设的起步阶段，让学科快速追赶世界先进国家，是全国精神科从业人员共同的历史使命。西方某些发达国家已经废除了对精神病人的约束，而中国的精神病人的境遇仍让人心痛，沈渔邨期待早一天“让精神病人过上正常人的生活”。

自从18世纪法国大革命时代，法国精神病学家比奈尔（Pinel）从精神病人身上取下铐链，将“疯人院”变成为医院以后，精神病人的待遇虽然大大地提高了，但反对约束病人、改善精神病人的医疗组织机构，一直是进步精神病学家的奋斗目标。

在“一切为了病人”的思想指导下，1958年，沈渔邨等精神科主要骨干向党支部提出精神病院管理改革。当时党员干部个个充满朝气，在业务工作上提出了不少大胆的创见，如“废除精神病院不合理约束病人的管理制度”“让精神病人大解放”“让精神病人过正常人生活”的响亮口号。① 北医精神科领导和骨干们认真讨论后，把取消对病人的约束，废除锁门制度，解决病人兴奋躁动的控制方法列为技术革新和技术革命的首要任务。

然而打开病房门，让精神病人过正常人的生活，谈何容易。20世纪50年代临床上最常见的是精神分裂症及情感性精神障碍，医务工作者被踢、被打、被当众唾骂的场景在当时并不稀罕，还曾经有工作人员被病人咬掉耳边、打折鼻梁骨。所以在打开病房门之前，必须找到快速而有效的手段来控制病人冲动，以避免伤人或自伤。

为了能让兴奋躁动的精神病人快速安静下来，沈渔邨和北医精神病学教研组的同事们寻求新治疗方法。

20世纪50年代初，苏联医务工作者根据巴甫洛夫学派的保护性抑制学说和大脑皮质及内脏相关学说的理论，在临床上广泛开展了睡眠疗法。1955年中国《护理杂志》上刊登的一篇文章写道：睡眠疗法是用人工的方法（利用催眠药或条件反射性刺激）引起睡眠，可以发生保护和恢复脑皮质正常机能之功效，医治疾病。巴甫洛夫的独创学说，论睡眠阻抑的保护治疗意义，是用睡眠疗法治疗各种精神病，特别是早发的痴呆病（注：是目前所说的精神分裂症，不是早期的阿尔茨海默病）等。这种疗法除了曾广泛地应用于治

① 于欣. 北京大学精神卫生研究所所史（1942—2001）[M]. 北京：北京大学医学出版社，2007：1-8.

疗各种精神病外，对其他如内科方面的胃及十二指肠溃疡、外科手术的前后、产科方面的精神预防性无痛分娩、眼科方面的青光眼，以及耳鼻喉科方面的言语性痉挛（口吃）和耳石症等疾病均有一定疗效。[①]

这一时期，睡眠疗法在我国临床医疗上大行其道。《人民日报》上曾多次发表介绍睡眠疗法的文章，如“许多疾病因应用睡眠疗法而缓解或治愈，在苏联医学上已得到证明”[②]；“不少学者对睡眠进行了研究，苏联成功地建立了睡眠疗法，通过人工的睡眠可以恢复皮质细胞的工作能力，并且动员大脑皮质机构消除疾病”[③]。

在睡眠疗法的基础上，一则来自法国的资料给了沈渔邨极大的启发，上面说外科医生在为心脏病病人施行手术前，采用了一种先进的低温麻醉方法，降低体温可以在手术过程中使神经系统深度抑制，防止因过强手术刺激而引起的严重反应（如休克）。“我把这种方法应用到控制精神病人的过激行为上，于是开创了‘人工冬眠疗法’，能在短时间内控制住病人的兴奋。[④]”沈渔邨说。

在理论与实践均有明确证据的前提下，沈渔邨大胆地进行技术创新，将睡眠疗法和“低温抑制”进行结合。1958 年 7 月，在她的组织和领导下，北医精神病学教研组成立了人工冬眠治疗精神病研究小组，开始研究人工冬眠在精神病临床上的治疗价值。她与同事对整个研究做了很精密的设计，并设置了非常细致的临床观察、治疗过程中的精神状态变化、脑电波及联想试验、内分泌变化、神经系统变化、生化实验室检查、随访等。

通过对两个多月实践过程的观察、分析和总结，共对 26 名病人进行了治疗，男 11 人，女 15 人；年龄 16 ~ 39 岁，其中精神分裂症 20 人，躁郁性精神病 4 人，强迫性神经官能症 1 人，神经性呕吐 1 人。他们的第一篇研究结果发表在《中华神经精神科杂志》1958 年第 6 期，题为《人工冬眠疗法在精神病临床应用的初步总结》。

文章指出：

在治疗精神病的过程中，我们的基本原则是：要求病人的体温降低至一定程

① 王明辉．睡眠疗法及护理 [J]．护理杂志，1955，4：172-174．
② 傅连暲．肺结核疗养的经验 [N]．人民日报，1952-02-15（3）．
③ 傅连暲．谈“健康”[N]．人民日报，1958-05-13（7）．
④ 薛京．沈院士：一生只为疗“心病”[N]．健康时报，2006-07-10（3）．

度，但能保持正常生活，无体温过低时的危险性，故降温一般不低于34℃直肠温。疗程的长短，主要依精神状态的好转情况和躯体情况是否允许继续治疗来决定。通过实践的过程，我们初步拟定了适用于精神病的治疗方法，一个疗程一般为两周，个别病人如有必要，于第一疗程结束后间隔数日再做第二个疗程的治疗。

降温方法：为了使病人的体温降低至一定水平（34℃直肠温），我们用注射药物混合液及体外降温二者结合进行。药物选用了氯普马嗪（盐酸氯丙嗪，冬眠灵）；盐酸异丙嗪（非那根），Hibern；盐酸哌替啶（度冷丁），即唛啶；Hydergine，前三种或后三者混合后，有良好的协同作用。

体外降温法：在治疗过程中，我们护理人员创造了用背部降温的方法：即将冰袋置于床褥上，其上盖以床单，病人平卧在上面，使背部接触冷降温，胸部盖以被单，其优点是降温快，病人身体可以自由，无局部血液循环不良而引起的反应。

治疗在专门的治疗室内进行，室内安静，空气流通，阳光不宜太强，昼夜有专门的值班医生及护士负责，密切观察病人的降温情况、躯体变化、饮食、睡眠及精神状况，以便随时调整药物剂量。一般在治疗开始第一天的最初3～4小时每十分钟测体温、脉搏、血压、呼吸各一次，开始后12小时内每半小时测一次，以便掌握病人体温下降的规律，调整冰袋的数目。12小时后改为每小时一次，个别情况例外。①

在人工冬眠疗法的研究过程中，沈渔邨和整个研究小组的医护人员投入了大量的时间和精力，病人一天24小时都需要有人看护。降温、人工冬眠是具有相当危险性的，要把病人的体温降到34℃，再低就会有生命危险，高了又得不到好的治疗效果，维持体温既麻烦、风险又大。

只要对病人有利，沈渔邨就敢于承担风险，不怕麻烦。做这项研究，需要有强大的责任心，以及对临床实施细节的把控能力。为掌握规律，研究最初，她亲自守在病人身边，慢慢地探索出一个治疗的常规流程，还设计了专门的记录单，每一位值班人员都要进行极其细致的临床观察和填写。

功夫不负有心人，通过第一阶段的研究，人工冬眠疗法对控制急性病人的兴奋状态有突出效果。尤其对精神分裂症、抑郁症及其他精神活动失调有

① 北京医学院精神病院人工冬眠治疗精神病研究小组. 人工冬眠疗法在精神病临床应用的初步总结 [J]. 中华神经精神科杂志，1958，6：436-454.

明显的疗效。初步总结疗效高（有效率为 88.4%，明显好转及基本痊愈者占 61.5%），疗程短，精神活动恢复正常较其他疗法显著加快（两周左右）。①

紧接着，沈渔邨带领研究小组总结并确立了整套治疗方法，继续进行临床研究，1959 年初发表了《人工冬眠治疗精神疾病的初步总结》，对 5 个月内进行人工冬眠疗法治疗的 5 ~ 6 种不同的精神疾病、共 51 人的效果进行了总结。随后，研究小组设置了试验组和对照组，其中实验组是完全按照人工冬眠疗法，即药物 + 体外降温治疗的原则，病人共计 79 人；对照组除不用体外降温外，其他治疗方法均与上组相同，共完成 17 人。研究文章发表在 1959 年第 5 号《中华神经精神科杂志》上，题为《人工冬眠疗法在精神病临床上的应用》，对研究方法、临床疗效、病例摘要、生化检查、主要反应及合并症、精神状态变化及实验室检查，以及人工冬眠的治疗机制等进行了全面探讨。②

“降温人工冬眠疗法”的研究成功，成为精神药物治疗中一件具有开创意义的大事。这种疗法在较短时间内有效地控制了精神病性兴奋，为病房开放管理，减少对病人的约束创造了条件。

目前这一人工冬眠疗法（不合并体外降温）在临床上仍然使用。③

第三节 改革病房，让病人过正常人生活

沈渔邨带领研究小组对“降温人工冬眠疗法”研究取得成功，接下来便是更大胆的举措——打开病房，解放精神病人。

在临床工作上，沈渔邨深切地体会到，对待精神病人的态度是一个国

① 北京医学院精神病院人工冬眠治疗精神病研究小组. 人工冬眠疗法在精神病临床应用的初步总结 [J]. 中华神经精神科杂志，1958，6：436-454.

② 沈渔邨. 人工冬眠疗法在精神病临床上的应用 [J]. 中华神经精神科杂志，1959，5：297-303.

③ 于欣. 北京大学精神卫生研究所所史（1942—2001）[M]. 北京：北京大学医学出版社，2007.

家文明的标志。

在苏联留学期间，沈渔邨充分了解了苏联经过40年的社会主义和平建设，建立起来的由最基层的精神病防治所与精神病院、慢性精神病人疗养院、急性精神病人收容治疗所等构成的完整的医疗预防系统。在苏联的精神病防治所内，她看到在医生的努力下，病人如何过上尽可能正常的生活。她在1957年结合苏联经验发表的文章中写道：

在苏联精神病防治所内，工娱疗占有特别重要的地位。苏联的精神病学家认为劳动和集体生活对人的精神有重大的影响，在劳动过程中不但感受器官，同时与社会往来的第二信号系统亦得到了锻炼，刺激了健康的神经机能，使病人的精神活动和社会活动能力得到代偿。病人在劳动过程中看到自己的成就，感到自己不是社会的累赘而是有用的人，这种愉快的情感反应，对正常精神活动的恢复有莫大的益处，经验证明，劳动治疗对精神病人是非常有益的。

苏联的每个防治所有工、娱疗室及工场。病人在医生的观察下进行劳动，并按劳动取酬。工场是多种多样的，从简单到复杂，目的在于锻炼病人。病人从简单短暂的劳动逐步复杂化，最后转入近于日常的劳动。最普通的工场为缝纫室、纸张装订室、编织室、工艺品室，有的防治所附设有完整生产过程的工厂，如从进入棉纱到包装完整的各种成品为止。

病人在接受工疗时，常常与其他各种治疗及文娱工作相结合。防治所为病人安排内容丰富的日程，在工作的休息时间，组织病人进行文娱活动，如帮他们排练节目，准备演出，编写壁报，协助竞赛，以及各种体育活动。使病人在愉快的气氛中过集体劳动的生活。

苏联保健机构在发展全国精神病防治网的同时，并迅速地改善旧精神病院的设备，建立合乎要求的新型病院，如疗养所类型的病房，贯彻保护性医疗原则，努力设法以药物治疗、理疗、改善病房设备、增加病人的活动、休息、散步空间和频率等，来解决兴奋病人的护理问题，在苏联，约束病人用的衣服、用具等早已成为博物馆的展览品了。同时增加专业医生和各项辅助设备，使精神病院成为名副其实之解决病人诊断治疗问题的医疗机构。并大力整顿慢性精神病人的疗养院，改善病人的营养生活条件，加强工疗、娱疗设备，使病人在医护的监督下进行劳动生活制度的治疗等。

在苏维埃这种医疗组织系统下，每个精神病人的防治、生活和劳动问题获得了合乎科学、人道主义的解决。在社会主义保健机构的努力下，苏联精神病的发病率有着明显的下降。[①]

沈渔邨晚年在接受记者采访时说："正常人整天单独关起来都受不了，关呆了，关傻了，何况病人呢?"精神病人也是人，人是需要互相交往、互相理解的，她努力将在苏联学习到的内容，融会贯通地应用到实际的医疗工作中。

北医精神病院当时设置有3个病区、1个活动室，包括男病房、女病房、睡眠病房及工娱治疗室。两位老护士长——1953年毕业于北京大学护士学校的冯莉莉主任和1954年毕业于北京医学院护士学校的邓芝兰护士长——回忆过当年"精神病人大解放，过正常人生活"的情景：

在这次病房改革中，突出改变的有六个方面：第一，改变传统的关锁方法，打开大门，所有患者自由到工娱治疗室参加活动，特别是伴有兴奋攻击行为的患者，在护士监护下也获得同等参与各种活动的权利。废除固有的歧视、随意约束患者的做法，用整体人的概念看待患者，用辩证的思维分析精神症状给患者带来的困扰。发挥患者现存的优势，激发患者过正常人生活的勇气，帮助有需要的患者洗澡、洗衣、喂饭、排泄等，践行了"视患者为亲人，胜似亲人"的服务宗旨。第二，创新活动得到社会的支持，某厂赠送一台织布机，手把手教患者织围巾、袜子等工作技能。第三，工娱治疗室拓展康复项目，鼓励患者参加，希望患者在训练和活动中，减少精神症状带来的影响，保持稳定的情绪。参与活动的患者在医生评估基础上，根据其兴趣爱好，学习缝纫、编织、手工制作、书法、绘画、雕刻；舞蹈、唱歌、话剧、朗诵、文艺表演；篮球、跳绳、健身操等。第四，开展社会实践活动，提供患者参与社会服务、适应正常生活的机会，护士带患者到电影院观看电影，到中山公园游园，设立小卖部，患者承担售货员的角色等。第五，废除患者深暗色不合体的病号服，精心设计，选择色彩适中的布料，制作服装，修饰患者的仪表。第六，关注环境的清洁和美化，各病房采用不同颜色的窗帘，给患者温馨和大爱的感受，使患者安心住院，配合治疗。[②]

"精神病患者大解放，过正常人生活"的创新工作，形成了人文关怀的模式，不仅融洽了医患关系，提高了患者治疗依从性，且在提高疗效、减

① 沈渔邨．沿着社会主义道路胜利前进的苏联精神病学——为纪念伟大十月社会主义革命胜利四十周年而写 [J]．中华神经精神科杂志，1957，4：271-273．

② 国家卫生健康委员会疾病预防控制局．致为精神卫生共同奋斗的70年 [M]．北京：人民卫生出版社，2020：54-56．

少复发方面起到了积极的促进作用，使患者终身获益。

沈渔邨、许迪、李从培、侯沂、付燕生等人与病房、门诊医生、护士，都积极主动地参与到开放病房的各种实践活动中。老年精神病学家赵友文教授回忆起当年陪同一位处于“木僵状态”的病人逛街，笑称“回头率是百分之百”，但自己并不觉得尴尬，一心想的是如何能快一点帮助病人回到“人”的社会中。著名精神药理学家舒良教授至今还保存着半个世纪前与病人一起逛北海公园后的合影。在这张珍贵的黑白照片上，年轻的女医生和年轻的女病人在老北京春日的阳光下绽放着同样明媚的、青春的、无拘无束的笑靥，展示着人与人之间极强的融合性。①

今天，我们或许可以看出当年的做法有这样或那样的不足，但无法不被那火一样的激情和人们的真诚所感动，这样的照片、这样的行动所传达的信息，也许比一整版政治标语还要强烈，还要动人心魄。

沈渔邨最得意的弟子曾担任北医精神卫生研究所所长、北大六院院长的于欣教授在 2004 年主编出版的“所史”后记中写道：

“1958 年前后全国开始了‘超英赶美’，空气中都弥漫着令人激动的气息，同样呼吸空气的精神科大夫自然也参加跃进的行列。但北大医院精神科采取的举措即使在今天看来，也依然不失其先进性：解开精神病人的束缚、开展家庭化的治疗、让精神病人走进社会。其中包括为新入院的病人开欢迎会、举办医患舞会、带领病人上街、看电影。半个世纪后的今天，全国能为精神病人提供这样服务的机构又有多少呢?”②

以工娱疗法治疗室组织开展的“精神病人大解放”的成果成为向北京市“大跃进”献礼项目之一。沈渔邨作为集体代表，参加了在人民大会堂举办的“全国群英会”。

此次“群英会”，正值中国成立 10 周年之际，于 1959 年 10 月 26 日举行，6500 多名来自全国各行各业的先进集体和先进生产者代表会聚一堂。他们都是普通的劳动者、建设者，但他们在平凡的工作岗位上，创造出了不平凡的业绩。在这次“群英会”上，沈渔邨与“铁人”王进喜、“宁可一人脏，

① 于欣．北京大学精神卫生研究所所史（1942—2001）[M]．北京：北京大学医学出版社，2007：233-250.

② 于欣．北京大学精神卫生研究所所史（1942—2001）[M]．北京：北京大学医学出版社，2007：285-289.

换得万家净”的掏粪工人时传祥等同台[①]，接受了刘少奇、周恩来、朱德等党和国家领导人的接见。

第四节 对出院病人开展家庭访视

在临床工作几年后，沈渔邨发现，一些治疗效果不错，甚至“痊愈”的病人出院了，回家了，可是没过多久可能又复发住进医院。她十分苦恼：老病人像出入旋转门似的，频频出现在医生面前，“二进宫”“三进宫”，我们的工作效果又体现在哪里呢？病人急诊入院，一般按常规最少要住上 3 个月，治疗效果不理想，要住上 4 个半月、半年，甚至 1 年，再加上这些“治疗效果好”的病人再频频复发，原本就严重不足的病床资源愈发紧张。

实际上，精神类疾病复发率高，可能伴随终生。精神病人出院后复发、反复多次住院的情况，是所有精神科医生面临的一个难题，直到 21 世纪依然是精神科的重要课题之一。有文献报道称，上海精神卫生中心精神分裂症再入院病人数占总数的 50.4%[②]。

针对防止精神病人复发问题，沈渔邨留学时，便注意到了苏联相关的应对措施，并在她 1957 年发表的文章中对此做了详细的介绍：

苏联的防治所是为广大劳动人民服务，有高度科学性的组织，它对病人进行医疗和预防工作，同时也是为病人进行社会性服务的机构。它的服务对象，是居住于一定区域内所有的成人和儿童精神病人，不仅是重性精神病人，同时也包括各种神经官能症及临界状态的病人。

防治所为了保证所有的病人都受到医疗照护，医生能对病人进行系统的观察，将自己所管辖的区域分成为若干地段，每个地段有自己固定的精神病医生和护士，同时对所有的病人，不论是新得病或需要继续进行观察的，都进行严格的登记，医生从病人登记的那一天起，就对他们负责整个防治工作，并帮助

① 姚荣启．新中国建国十周年召开的全国群英会 [J]．工会信息，2019（22）：38-41．
② 万爱华，孙秀丽，任翠玉，等．提高精神疾病患者出院 1 个月复诊率 [J]．中国卫生质量管理，2015，22（1）：18-21．

他们解决因精神病而产生的各种困难。

防治所医生、护士最重要的工作，是早期发现病人，为病人进行及时的治疗，预防疾病的发生、恶化和再犯。因此，医生和护士的活动范围是异常广阔和多方面的。他们通过与地段内科医生、其他专业防治所，如性病防治所、结核病防治所、儿童保健机构、各躯体病医院的密切联系等，来及早地发现病人，并按疾病的性质，每隔3～5天至3～6个月作定期的出诊，或约病人来防治所门诊，以保证系统的观察。

为了使病人能过正常的精神生活，防治所医生尽可能让对自己和周围人没有危险的病人在防治所内诊治。在这同时，他们还进行访问工作，调查病人的生活工作环境，改善病人的周围条件，避免有害因素、精神刺激对病人起不良的影响。①

此外，苏联的精神病医生还要对病人进行社会法律的援助，帮助病人解决各种大小纠纷，是病人利益的维护者。从小的家庭、房屋，到大的财产、工作纠纷，精神病人都能得到精神病医生的照顾。

沈渔邨明白，对于精神病病人，仅仅在病房里积极治疗是远远不够的，必须关注到病人的院外生活，关注精神病人出院后的维持治疗。

精神病人出院后面临的状况，甚至比在病房里要复杂和困难得多，这也是精神病高复发的主要原因。精神病人出院后，回归家庭难，家人缺乏科学的精神卫生知识，或者对病人不闻不问疏于照护；回归社会难，工作单位的歧视，让病人无法回到工作岗位；世俗的偏见，周围人的歧视，亲属朋友的避而远之……诸多的因素，都是对出院后的精神病病人的不良刺激，使病人产生悲观厌世的情绪，对前途失去信心，失去回归社会的能力和信心，进而导致病情加重再次反复住院。为此，北医精神科开创了“门诊－病房－地段（即现称的社区）一条龙”，长期为病人服务的模式。同时，门诊开设精神分裂症的随访组，每位出院病人建立随访卡片，根据不同程度的病症进行分类管理，由门诊固定医生和高年资护士钱冬梅、邓芝兰长期定期随访出院病人，并向病人家属了解病人的治疗情况，保证病人能够按照医嘱定时服药。

沈渔邨还走出医院，亲自对出院病人开展家庭访视，并与各地段居委

① 沈渔邨．沿着社会主义道路胜利前进的苏联精神病学——为纪念伟大十月社会主义革命胜利四十周年而写[J]．中华神经精神科杂志，1957（4）：271-273.

会的治保委员联系，办学习班，讲精神病的知识和防治措施，分享对待精神病人的正确态度，以及如何督促病人定期复查。在精神科内，她也定期举办病人家属学习班，派专门的医生给病人家属讲解最基本的精神病防治知识和方法。

病历的完整性是做科研的基础，北医精神科对病历书写的严格是远近闻名的，从许英魁教授建科开始，就非常重视病历记录。无论是门诊还是病房病历，许英魁教授亲自进行了设计，完全与国际标准相一致，逐项填写，项项俱全；病人的登记本也是项目齐全，除病人的姓名、性别、年龄、职业、诊断外，有临时住址、永久通讯处，还有临床特点和实验室的阳性结果。每天的门诊病人必须按项登记，以后作科研工作或教学用病历，打开登记本，一目了然。

从 20 世纪 50 年代就建立的严格随访制度，使得北医精神科病历的完整性更加走在了国内前列，特别让综合医院的同行们羡慕。精神科所流传的“精神科病历写得像小说一样”也源自这一时期。当时医务人员有限，而工作任务又繁重，加班加点或昼夜工作的情况已经司空见惯，譬如专门负责看护进行胰岛素治疗病人的工作人员，可能会在一整夜未合眼的晚班结束后又继续第二天病房内的日常医疗工作。

这些老专家、老教授们回忆起当年的景况，却总是微笑而淡然地总结说：“临床工作必须认真地去做。”没有丝毫的伪饰和夸大，从他们敬业的神态能感觉出 20 世纪 50 年代可贵的真诚奉献的气息。[①]

第五节　全国首个“精神（神经）生化研究室”

沈渔邨一直对药理研究有着浓厚的兴趣，虽然后来改换了精神病学，但心里的生化药理的火苗从来没有熄灭过。

① 于欣．北京大学精神卫生研究所所史（1942—2001）[M]．北京：北京大学医学出版社，2007：233-250．

她深受唯物主义影响，在临床上对精神药物治疗非常重视，但她所看重的不仅仅是药物治疗的临床意义，更是精神药理学对现代精神医学的贡献。她曾说："药物治疗之所以重要，在于人们由此而得到的启示。"就像20世纪之初，疟疾（发热）疗法对神经梅毒的有效治疗，不仅打破了前几代人对精神病治疗的虚无主义，更大的启示是：如果这种神经梅毒性精神病可以被阻止，那么其他原因引起的精神病或许也能得到治疗。

1954年2月，北医精神科住进来一位特殊的病人——20世纪30年代红极一时的上海演员周璇（1920—1957），在科室里引起了一阵轰动。

14岁就扬名上海滩的周璇以其"如金笛鸣，沁入人心"的嗓音，被冠以"金嗓子"的美誉。作为中国最早的歌影双栖明星，周璇"轻吟浅唱"成为那个时代的标志。在解放前，有华人的地方就有周璇的歌声。而熠熠星光的背后，却是短暂凄苦的人生，尤其生命最后6年，周璇几乎在进出精神病院中度过。

1951年春拍摄《和平鸽》时，周璇在拍摄现场崩溃，医院确诊为精神分裂症，先在上海就近治疗，病情起起伏伏。1954年2月，她被送到了北医精神科。住院之初，她先是天天哭泣，不吃不喝，之后开始尖声冷笑，并攻击女性，越是美丽的护士，遭到攻击的危险性越高。不幸的是，无论是电休克治疗，还是胰岛素休克治疗，对周璇都收效甚微，于1955年初转回上海虹桥精神病院疗养。

周璇回上海之后，沈渔邨才从苏联留学回来，因此没有亲自治疗过她。但当时包括沈渔邨在内的科里每一位医生都翻阅过周璇在北医精神科留下的一沓厚厚的病历。每一个照护过她的医护人员，都极尽所能地捕捉任何一件与她相关的小事，字里行间透着满满的心疼。比如1954年在精神病房的一位实习护士就曾写下："我努力调整好情绪，拭去泪水，走进周璇的病房，她正从病床上起来……又返身非常认真、非常仔细地把被子捋成一长条如人形……我多么希望此时的周璇是在拍戏啊！她神情抑郁，旁若无人地走过我身边，那一瞬间我最大的感受依然是周璇与生俱来、超凡脱俗的可爱与美丽！"

1957年5月，上海《解放日报》突然刊登了周璇病情好转即将复出的消息。报道中提到，周璇接受了一种叫作"氯丙嗪"（chlorpromazine）的新药，这种药国外才刚研发出来，是为周璇特别进口的。

这一消息让沈渔邨的北医同事感到兴奋——所有医治照护过她的人都多么期盼能再听到她清丽嘹亮的歌声啊。沈渔邨立刻意识到：氯丙嗪改变了大脑的生化反应！她内心的生化药理小火苗又开始燃烧起来。

实际上，20世纪上半个世纪以来，精神病学界一直有一个观点，即重症精神病有赖于一种隐藏着的紊乱的大脑化学过程和发育的物质。因此一直希望寻找到有效的方法来纠正紊乱的化学物质，从而治愈精神疾病。在长时间的探索中，对精神病病人的治疗方法经历了以下几个阶段：中世纪的驱魔治疗、1918年发热疗法、1920年精神外科治疗、1933年的电休克治疗、1937年胰岛素治疗，但都效果甚微。另一方面，药物也一直被用于精神病的治疗，医生们曾使用过轻泻药、鸦片和它的生物碱等。直到1950年，一个偶然的机会发现氯丙嗪居然能够使精神分裂症的症状有所缓解，由此诞生了“抗精神病药”这个崭新的药物品种，无数的精神病病人得到解放。

氯丙嗪的发现和使用，是精神病治疗史上的里程碑，“像一阵旋风狂吹过这文明的世界，吞没了治疗精神疾病的所有疗法”。氯丙嗪举起了“二次生物精神医学”之大旗。①相较于19世纪以德国为首兴起的生物精神医学重病理轻治疗的取向，20世纪下半叶以精神药物为中心的研究，不仅造福病人，更引领神经精神医学进入一个全新的境界。因此，有人把氯丙嗪称为精神科的“青霉素”，开启了“精神药理学时代”。之后，抗精神失常、抗躁狂和抗抑郁药物开始大量涌现。

在氯丙嗪应用于临床之初，1955年曾在巴黎召开过一个“国际氯丙嗪研讨会”，与会的所有学者专家，虽然对氯丙嗪如痴如醉，但都还是在“知其然，不知其所以然”的境界——当年的生物化学还没有“神经传导物质”（神经递质）的概念——自然无从探究氯丙嗪的疗效乃是药物影响神经元间信息传递，进而矫正异常的神经功能。

1956年底，北医精神科开始临床应用新药氯丙嗪，并在中国首先开展了氯硫二苯胺（即氯丙嗪）治疗精神分裂症临床观察和实验室研究②。科里1955年招收的第一批硕士研究生侯沂和陈昌惠二人便是做氯丙嗪的

① Shorter E. A history of psychiatry-from the era of the asylum to the age or Prozac[M]. USA: John Wiley & Sons Inc, 1997.

② 陈昌惠．氯硫二苯胺治疗精神分裂症妄想型的临床观察及实验室研究 [J]．中华神经精神科杂志，1959（3）：153-160.

临床研究，其中，侯沂是电生理方向，由伍正谊教授指导；陈昌惠是脑生化方向，由沈渔邨协助伍正谊教授指导。2022 年 10 月，91 岁高龄的陈昌惠教授在回忆中写道："做研究生初入学时是伍教授为导师，自沈教授从苏联回国后，就两位导师，但实际工作指导是以沈教授为主。两位导师都是我的专业启蒙老师，不仅教我专业知识，还开拓我的思想，我十分感激。在这方面（作者注：氯硫二苯胺）的研究课题中除了临床治疗外，还有实验室的部分。为了学习实验室操作，沈大夫帮我先联系北医有关教研室找实验导师，然后才由我去基础部生化室落实学习和实验的课程。记得当时的实验导师好像是陈明教授。有了沈大夫的前期铺垫，后面在生化组老师的指导下我顺利完成了实验、测定、收集资料。感谢生化教研组的老师们。"①

当年北医精神科多元化的学术气氛，令亲身经历过的人永生难忘：医生们学历、经历、背景都截然不同，留美的、留苏的、留日的，等等；每一位都个性鲜明，但都有一个共同点就是治学十分严谨，因此日常讨论时"百花齐放、百家争鸣"。尤其每周固定的临床讨论会上，遇到疑难杂症，每位主治医师个陈己见，当出现僵持不下的场面时，立刻跑回研究室搬出自己的参考书，引经据典，证明自己所言不虚。年轻的医生在一边看到的就是，时而英文，时而俄文，还有日文、德文交杂的讨论大战，十分过瘾。

那个时期在科室病例讨论上，以及在其他一些公开场合，沈渔邨不止一次发表过对新药氯丙嗪上市的评论。她说："药物乃是化学物质，氯丙嗪对精神病人能产生显著的疗效，说明大脑功能是一连串生化反应的总和；病人使用氯丙嗪后，能使幻觉与妄想等精神病症状消失，代表人工合成的化学物质进入体内后，能改变异常的大脑功能。换言之，要了解大脑如何运作，应该依循着生物化学的理论机制去探究。"

除了氯丙嗪，沈渔邨极力推动新药的临床应用，她的文献阅读十分广泛，一旦从英文期刊上看到国外有某种新的抗精神病药物，便马上积极申请引进中国。当年从国外引进新药，需要填写"特药申请单"，主治医师审核盖章后，送到位于王府井大街的医药公司的"特药门市部"去，过一段时

①《我与沈大夫的工作经历》，陈昌惠写于加拿大温哥华，2022 年 10 月 1 日.

间就能收到国外寄来的新药。沈渔邨用这个方式引进了多种抗精神病及抗抑郁药物，使科内的精神药理学研究得以逐步推展，除了临床研究外，更有探讨精神药物（如单胺氧化酶抑制剂）治疗机制的研究。

那时候查阅医学文献十分不便，尤其是国外最新的医学期刊，北医精神科只有中文和俄文期刊，为了了解国外医学新进展，尤其是精神疾病发病机制生化代谢研究，沈渔邨常去协和查询英国、德国等各国文献，这是她了解世界精神病学发展的重要窗口。1962 年，她在《中华内科杂志》上发表了一篇文章，题为《国外精神分裂症发病机制生化代谢研究的动向》：

精神药理学的发展促进了精神分裂症的生化代谢研究。上述研究虽然在不少环节上还有争论，但它促进了新事物的发掘，新药的合成，更重要的是证实了精神症状与生化因素有着愈来愈多的关联。虽然这些线索的内在联系有待于大量的研究工作方能澄清，但毫无疑问，它是近代精神病学研究工作中一个新的值得我们重视的方面。[①]

国际上精神生化药理学正在飞速发展，中国如果再不开始着手进行，将更被世界远远甩下，沈渔邨想成立生化实验室的想法越来越强烈。

然而，20 世纪 50 年代末 60 年代初，中苏关系开始恶化。1960 年，苏联政府召回全部在华工作的苏联专家，撕毁了与中国合作的几乎所有经济合同。刚刚成立仅十余年的新中国，无论是物质层面还是精神层面都面临严峻考验。

不想做一件事能找出一千个理由，但想做一件事只有一个理由。沈渔邨以极大的勇气和毅力排除万难，于 1961 年率先在北医精神科成立了我国首个“精神（神经）生化研究室”。同年，沈渔邨也取得了硕士研究生导师的资格，开始招收研究生。

“生化研究室”设在当时北大精神病院一排老旧平房中的三间半，夹在工娱室与恢复期病房之间。虽然它一点儿也不起眼，却有着远大的愿景——以“神经传导物质（另译神经介质或神经递质）、精神疾病以及精神药物”间之关连作研究课题，不仅开中国之先，甚至居全球领先地位。

① 沈渔邨. 国外精神分裂症发病机制生化代谢研究的动向 [J]. 中华内科杂志，1962（5）：321-325.

20 世纪 60 年代初，在国内最早建立精神（神经）生化研究室，在抑郁症生化基础、精神药理学研究方面取得了可喜的成果

第六节　洞察 5- 羟色胺之先机

1961 年，“精神（神经）生化研究室”成立后，沈渔邨招收了自己的第一个硕士研究生张文和，并给他指定了研究课题：5- 羟色胺代谢与精神分裂症间的关系。这在当时是非常新颖且充满前瞻性的一个研究课题。

彼时由于“动力精神医学”当道，精神分裂症的病因研究多着墨在分析、归纳病人过去经历，对日后可能产生的不良心理影响。在相对沉寂的生物性病因中，提出了自体中毒的假说，认为本病发生是由于内生性毒物，即体内代谢过程异常产生了有毒的中间产物所引起。[①] 因此，当生化药理研究陆续发现各种中枢神经传导物质，如 5- 羟色胺（血清素）、儿茶酚胺（肾上腺素及多巴胺）等，精于此道的专家，便想借此破解精神分裂症病因。“目前业已证实 5- 羟色胺、去甲肾上腺素等生物活性胺对保持正常心理活动

① 沈渔邨．国外精神分裂症发病机制生化代谢研究的动向 [J]．中华内科杂志，1962（5）：321-325.

具有重要意义。”①

神经递质，是在神经突触信号传递中担当“信使”的一组特定化学物质。神经递质在神经、肌肉和感觉系统的各个角落都有分布，是动物的正常生理功能的重要一环。神经递质是大脑使用的语言，让神经元与其他大脑细胞沟通，将指示从一个大脑细胞传送至下一个细胞，由此将信息传遍大脑和全身。到 1998 年，在大脑内大约有 45 种不同的神经递质已被确认。

在 20 世纪上半叶，神经递质刚刚被发现时，最受关注的是多巴胺。1957 年，多巴胺被发现天然地存在于脑内，随后 1 年就被学者们搞清楚了它的作用机制，并最终被认定是人体内重要的神经递质之一。这一“神经系统内多巴胺的信号传送机制”促成阿尔维德·卡尔森（Arvid Carlsson）获得了诺贝尔生理学或医学奖。

也许是多巴胺已“大白于天下”，对于商业来说是最热门的领域，但对探索型的科学家来说，已经没什么吸引力了。沈渔邨没有去挤多巴胺赛道，凭着天生的敏锐，她洞察到了 5- 羟色胺即将显露的广阔空间——5- 羟色胺与人类的精神活动可能有密切的关系，但它在中枢神经系统中的作用机制尚未完全阐明，沈渔邨果断选择了这个研究方向。

年仅 37 岁的沈渔邨的惊人的科学敏感度，在 5- 羟色胺上显露无疑。此时的 5- 羟色胺还仅仅只是由伍利（Woolley）等提出的一个“假说”，即脑内 5- 羟色胺含量过多或过少时，可以导致内因性精神病的发生。过去对 5- 羟色胺的研究多侧重在使平滑肌收缩方面，因此这一假说引起了多方面的争论，有人认为 5- 羟色胺在平滑肌上所产生的作用，对中枢神经系统未必一定存在。②

而且，权威医学文献检索系统 medline 在 20 世纪 60 年代初期所收录的论文，全无 5- 羟色胺临床相关研究的资料；而著名的精神医学教科书 *Comprehensive Textbook of Psychiatry* 于 1967 年发行首版时，其中有关 5- 羟色胺的叙述仅止于“5- 羟色胺好像是一种中枢神经传导物质”，引用的参考文献只有一则。然而 1995 年该书第六版问世时，有关 5- 羟色胺的叙述引用了 145 篇顶尖文献，相关叙述多达 167 页——30 年的进展真是何止于千里

① 沈渔邨．国外精神分裂症发病机制生化代谢研究的动向 [J]．中华内科杂志，1962（5）：321-325．

② 于欣．沈渔邨从医五十周年论文集 [M]．北京：中国心理卫生杂志出版社，2004．

计[1]。沈渔邨在20世纪60年代初期就选定此研究主题，其概念之前卫、新颖，以及研究构想之前瞻性，令人敬佩。

方向确定后，如何着手开始研究呢？沈渔邨查阅文献时注意到，人体脑内5-羟色胺代谢的研究，在研究方法上存在着一定困难，某些正常值尚未测出，目前主要靠测定尿内5-羟色胺的最终代谢产物——5-羟吲哚乙酸的排出情况来反映体内的5-羟色胺代谢过程。所得结果尚不一致[2]。

她决定让张文和从测定血液中5-羟色胺含量开始，而且使用当时最前沿的“生物测定法”。由于北医的基础医学部门在这方面尚未起步，为了建立5-羟色胺的测定方法，沈渔邨安排张文和到中国医学科学院病理生理学研究所华光教授的相关研究室进修，并旁听该院药理学研究所的精神药理学课程。

所谓“生物测定法”，是利用某种机体对受测物质产生不同强度的生理反应，以测定其活性。例如，5-羟色胺“生物测定法”，就是将不同浓度的5-羟色胺（受测物质）作用于从活体取下、仍能正常收缩的平滑肌器官（如大鼠的胃），从肌肉收缩的强度（生理反应）检定5-羟色胺的活性。而肌肉收缩强度要透过“记纹鼓”上高高低低的刻痕，与标准物质对比后，换算定量。萃取物中引起平滑肌收缩的化学物质是否就是5-羟色胺，必须利用5-羟色胺的阻断剂二乙基麦角酰胺（LSD）进行确认。也就是说，先加入LSD的平滑肌，再加入5-羟色胺时是不收缩的，若还会收缩，表示受测的物质不是5-羟色胺。

在此又得略费笔墨解释一下什么是LSD。它是一种强烈的半人工致幻剂，在20世纪五六十年代称为“加州阳光”“白色闪光”，为了减少吸食后衍生诸多心理、生理与社会问题，各国政府将其列为禁药加以管制。但是，LSD在精神药理学发展史上有特殊地位，它能引发幻觉——精神病核心症状之一，又和5-羟色胺互相拮抗的特性，使得“精神病的5-羟色胺假说”成为新的研究焦点。

没有LSD，整个研究就无法启动，那么问题又来了，沈渔邨要从哪儿去找这个致幻剂给学生做试验呢？沈渔邨思来想去，决定直接向5-羟色

① 于欣. 沈渔邨从医五十周年论文集 [M]. 北京：中国心理卫生杂志出版社，2004.
② 沈渔邨. 国外精神分裂症发病机制生化代谢研究的动向 [J]. 中华内科杂志，1962（5）：321-325.

胺的发现者写信求助。意大利著名药理学家维托里奥·埃斯帕默（Vittorio Erspamer）于1949年首先在肠黏膜嗜铬细胞中发现一种影响肠蠕动的物质，并命名为肠胺（enteramine）。1951年美国拉波特（Rapport）在血清中发现一种可引起血管平滑肌收缩的物质，命名为血清素（serotonin）。后来证实二者为同一物质，化学名为“5-羟色胺”。埃斯帕默教授收到这封漂洋过海、来自东方社会主义中国的求助信后，立即慷慨又大胆地把他实验室合成的LSD，直接夹在亲笔信函里免费奉上。当沈渔邨将来信与LSD送到实验室时，张文和惊得目瞪口呆。5-羟色胺的生物检定大功告成，然而这些忘情的科学家，竟然谁也没想过“走私禁药”的后果……

生化实验室里同时在研究的课题，还有舒良大夫的5-羟吲哚乙酸化学法测定及王祖新大夫的儿茶酚胺生物法测定等。沈渔邨给学生们“修路搭桥”，为他们的学习和研究扫清障碍。

在沈渔邨严谨周密的研究思维指导下，张文和将1963年3~8月期间住院的全部精神分裂症病人作为研究对象，并以同期住院的其他精神病病人及健康人作对照，分别抽取静脉血进行5-羟色胺测定。他们将研究人群分成3组：第一组（精神分裂症组），共收集了精神分裂症病人50例；第二组（其他精神病组），包括器质性精神病、反应性精神病、神经官能症、精神病态、躁郁性精神病及更年期精神病，共收集了30例；第三组（健康人组），包括医生、护士、医学生等共58例。

研究进行得很顺利，1963年11月初开始陆续输出研究成果。11月25日至12月2日，中华医学会第一届全国神经精神科学术会议在广州举行，沈渔邨带着两篇论文参会，并做了大会宣读，题为《抑郁症患者在单胺氧化酶抑制剂治疗过程中5-羟色胺含量的变化》[①]和《精神分裂症病人血中5-羟色胺的含量及其在疾病好转过程中的变化》[②]。此后，两篇文章先后在1964年的《中华神经精神科杂志》上发表。

尽管这两篇论文在当时的国内学术界并未引起重视，但20多年后的20世纪80年代末，针对5-羟色胺作用的新一代抗精神病药物问世，带来了抗

① 张文和，沈渔邨．抑郁症患者在单胺氧化酶抑制剂治疗过程中血内5-羟色胺含量的变化[J]．中华神经精神科杂志，1964，8（3）：273-276．

② 张文和，沈渔邨．精神分裂症病人血中5-羟色胺的含量及其在疾病好转过程中的变化[J]．中华神经精神科杂志，1964，8（1）：73-79．

抑郁治疗的一次革命。再回头来看这个研究时，不得不敬佩沈渔邨的远见卓识。从“医学索引”所收录的文献来看，在沈渔邨带领学生做这项临床研究时，西方先进国家还大多停留在单胺氧化酶与 5- 羟色胺的基础研究方面。直到 1967 年后，才陆续有相关临床研究见诸文献。因此，当 1979 年约翰·戴维斯（John Davis）随美国精神病学家第一次访问团到访北京时，也实在不敢相信，早在 15 年前就有非西方文字记录了这样的研究，而且是在当时的中国大陆。[①]

再回到 20 世纪 60 年代初的“生化研究室”，沈渔邨为张文和指定的研究生课题，耗时三年，最终收集到 100 例精神分裂病人，60 例其他病人对照组，以及 68 例正常人组，完成了血中 5- 羟色胺含量测定与 5- 羟色胺负荷试验。得出的结论是：精神分裂症病人代谢 5- 羟色胺的能力降低，也就是单胺氧化酶的活性降低——比 1972 年墨菲（Murphy）与怀亚特（Wyatty）在世界顶尖生物期刊《自然》（*Nature*）发表的相关研究报道早了 8 年。

遗憾的是，这项研究结果还未来得及发表，即遭遇了将到来的“文化大革命”，全国上下已是“山雨欲来风满楼”。文章最终发表时，已是十余年以后的 1978 年。

① 于欣．沈渔邨从医五十周年论文集 [M]．北京：中国心理卫生杂志出版社，2004.

第六章

十年浩劫　艰难坚守

第一节 从一院到三院 暴风雨前的平静

在百废待兴的历史时期，蓬勃的创业激情十多年后，胡同里这个“五脏俱全的麻雀”小院，已盛不下这群创业者的梦想和豪情。

要盖一幢精神科自己的大楼！从苏联归来，这个念头便一直在沈渔邨脑海里回旋。

新中国成立以来，北医精神病院飞速发展，各国留学人员回国、大学毕业生分配、各种专业人才的调入，从1951年到1961年建院十周年，全家福上已达83人，其中医生20人、护士35人（包括护理员）①。60张病床已远远无法满足日益增长的病人及病种数，扩大医院、增加床位、满足相应的医疗教学科研需求已成为刻不容缓的任务。

一方面精神卫生事业快速发展，医、教、研需要更多的空间，而城里寸土寸金难以扩充；另一方面，精神病院建在人口密集的市中心地区的确有些不便，病人伤及周边居民的事偶有发生，这也是精神病院一般都建在远离人群的地方的原因。北医决定，从正在建设的北京医学院第三医院（以下简称北医三院）里，划出一块独立区域，将精神病院搬过去，作为北医三院的精神科，既解决了精神病院的发展空间，又是对北医三院作为综合医院的学科补充。

北京的三甲医院中，不少已有上百年历史，它们多建于清末至1949年新中国成立之前，如北京大学第一医院（北医精神病院是其精神科）。新中国成立后，面对医疗基础设施薄弱的状况，全国范围内开始了一场公立医院“建设潮”。北京的阜外医院、朝阳医院、积水潭医院、宣武医院、友谊医院、北医三院等，都集中兴建于这一时期。这一时期，北京居民对“北京”的定义，仍限于二环内的老城区，这段时期兴建的三甲医院，主要定位于服务北京居民，因此几乎都位于二环内。为大学聚集区服务、建于海淀区花园北路的北医三院，是当时罕有的近郊大型医院。

沈渔邨人脉广，资源丰富，修建新院区大楼的事自然就落到了她头上。

① 于欣．北京大学精神卫生研究所所史（1942—2001）[M]．北京：北京大学医学出版社，2007：16-34．

都说“在其位谋其政”，沈渔邨既不是科主任，也不是副主任，只是一名高年资主治医师，但她从来不在意，“天下兴亡，匹夫有责”的主人翁精神，早已从革命时期开始就根植于心，只要国家、组织需要，她责无旁贷。

沈渔邨不辞劳苦，东奔西跑，亲自参与新院区大楼的规划和设计。1959—1961 年，中国农田连续几年遭受大面积自然灾害，新中国面临成立以来最严重的经济困难。沈渔邨院士晚年（2005 年）回忆这段经历时说：“北医三院的老所，是 60 年代困难时期建造的，别的工程都下马了，唯独这个基建没有下马，大楼修建一直没有停工。”①

新的精神科建在北医三院的西北区，包括 4 层楼的精神科病房（已于 2003 年初拆除，改建北医三院外科楼）和二层楼的门诊与教研室。同时在北医三院宿舍区配套为精神科建起一幢职工宿舍楼，5 层楼，共 56 套单元房。

医院大楼的规划最体现决策者的理念，沈渔邨强调要以利于病人的治疗和康复为中心的思想去设计，病人第一。她认为，医生的办公室和领导的办公室都可以小一点儿，简单点儿，但凡是涉及病人的区域都不能简单，病房要合理、明亮、设施完善，要有病人娱乐和活动的大厅、花圃、运动场等。

最终这个新院区几乎完全按照沈渔邨的设想建造起来，比起城里的老精神病院真是天壤之别：院子独立而宽敞，“工”字形的建筑物里，除了候诊室、门诊室、治疗室和各种检查室等诊疗所需要的标准配置外，还有相当大的生化实验室、仪器室等。尤其值得一提的是，在病房楼的一层最左边有为精神病人专设的营养食堂操作间，病人的饭菜可以不经过室外，在楼道内通过电梯送到每一层病房。病房楼一共 4 层，每层病房最少可摆 40 张病床。每层病房的布局是相同的，除了有病房、医护办公室、示教室、兴奋室与配膳室外，还有供病人用餐及活动的大厅，并设有专为病人保存零食的长柜，储存室内有为病人用的存衣柜。供病人活动的院子里，设有篮球场、跑道和草坪，还有藤萝架和靠墙边耸立着的高大的白杨树（后来在树荫下又补建了一套石桌、石凳），漫步院中令人感到幽静辽阔、

①《回忆在沈渔邨教授身边工作的经历》，受访人王婉新，2022 年 6 月 22 日.

心旷神怡。[①]

这是沈渔邨的职业生涯中为精神科的医生和病人建造的第一个“家园”，病人能享受到如此优美舒适的治疗环境，对于精神科的医务人员来说，是一种莫大的欣慰。

1966年6月6日，在中国习俗“六六大顺”的吉利日子，“北医三院精神科”这一名称代替了“北大一院精神病院”，出现于中国的精神病学界。原属精神病院的这个小院，之后改为北大一院幼儿园。今天，斑驳剥落的大门，已不复昔日的辉煌，当年一群教授学者在这里创业时的万丈豪情，已沉入历史。

乔迁新居，又添新丁，这一年，对于北医精神科来说可谓“双喜临门”。1966年下半年，一批优秀的医学院毕业生结束了一年的农村社会主义教育（即“四清”，清政治、清经济、清组织、清思想，下乡接受为期一年的贫下中农“再教育”）后，开始进入科室工作，包括崔玉华等六位医生。

北医精神科的欣欣向荣，是整个新中国精神病学在20世纪五六十年代早期发展的缩影：一大批高等院校毕业的医学生加入精神科医生的队伍；世界上一些先进的精神医学理论、精神卫生管理与精神疾病防治方法在我国得到应用和发展；以氯丙嗪为代表的第一代抗精神病药物一经问世就被介绍到了我国并得到广泛的临床应用，创立了符合当时国情的“药物、劳动、文娱体育和教育”四结合的综合治疗模式。城市精神疾病防治网络开始在一些地区建立起来，以家庭病床为主的农村防治工作也逐步试点开展。工业、林业、矿业等系统所属精神卫生机构相继开始建立。以收治无法定抚养人和赡养人、无劳动能力、无经济来源的“三无”精神疾病病人及复退军人精神疾病病人和特困精神疾病病人的精神卫生医疗救助机构也在民政部门的主导下得到了大力发展。[②]

作为参与和见证新中国精神病学飞速发展的一员，沈渔邨此时的心情就像毛泽东主席1957年11月17日在莫斯科大学礼堂对中国留学生说的话——“世界是你们的，也是我们的，但是归根结底是你们的。你们青年人朝气蓬

① 于欣．北京大学精神卫生研究所所史（1942—2001）[M]．北京：北京大学医学出版社，2007：16-34．

② 国家卫生健康委员会疾病预防控制局．致为精神卫生共同奋斗的70年[M]．北京：人民卫生出版社，2020．

1966 年 4 月，北京市西城区精神病专业普及班第二班结业留念，三排左 7 为沈渔邨

勃，正在兴旺时期，好像早晨八九点钟的太阳，希望寄托在你们身上。”

这段时间里，沈渔邨内心满是事业激情的澎湃，家中也是喜事连连。1965 年 1 月，钱信忠出任卫生部部长，年底，全家从外交部街 59 号院搬到了北太平庄 4 号院，住房条件大大改善。以前的房子只有 3 间卧室，一家老老小小 8 口人加保姆住在一起，拥挤不堪；新家楼上楼下各四间，还有地下室，宽敞多了。遗憾的是，沈渔邨的母亲在搬家之前刚刚因病不治去世。

沈渔邨回国后在北京医科大学工作（1965 年）

医院离家近了，沈渔邨每天和女儿们一起吃完早餐再去上班。每天早饭后，钱家华、钱家鸣姐妹俩自己坐 22 路倒 111 路去景山小学上学，她们分别上三年级和二年级；沈渔邨挎着布书包，穿着灰布衣裤，骑单车上班。

她已剪去了长长的麻花辫子，一头短发显得利落干练，漂亮的布拉吉也压在箱底很久不穿了。这一时期是新中国历史上最艰苦的时期。在三年困难时期，1959 年到 1960 年棉花大幅减产，人们买服装、棉布和日用纺织品都要凭布票。为了尽可能地节约，购买服装的标准是耐磨和耐脏，灰、黑、蓝色成为街头流行色，千篇一律、四季不分、男女不分的服装样式也更通行了。

上班近的最大好处是和家人在一起的时间增多了。钱家鸣回忆说：“以前住在外交部街时，妈妈回来太晚了，我们都基本见不到她。搬到北太平庄后，我们见到妈妈的次数就多一些了。我们家有了新规定：等妈妈到晚上7:30，如果没回来，我们就开饭。（和妈妈一起）吃饭时，我爸给我们夹菜，也给妈妈夹菜，一边夹一边说：‘渔邨啊，快吃饭。’妈妈人在饭桌边，但脑子不在这里，经常吃着吃着会停下来，放下碗筷摸着头发在想事，我爸就敲敲她，说：‘渔邨渔邨快吃饭。’然后再给她夹菜，我妈就又接着吃。”

然而，1966 年已是风雨欲来的一年，温馨舒适的新家，世外桃源般的精神科新院区，生活和事业一切向好，却只是暴风雨前短暂的平静，沈渔邨还没来得及感受，便被“文化大革命”的潮水裹挟拖入深渊。

第二节　十年浩劫精神科险被肢解

经过 20 世纪 50 年代频繁的政治运动，进入 60 年代，尽管社会生活高度紧张，高度政治化，但几乎所有人对“文化大革命”的爆发都没有预感。

1966 年 6 月 1 日，新华社播发了“全国第一张马列主义大字报”，《人民日报》发表社论“横扫一切牛鬼蛇神”，“文化大革命”在全国全面爆发，拉开了共和国历史上特殊十年的序幕。

在精神病学是“伪科学”的思潮冲击下，刚搬到北医三院仅 1 个多月的精神科，在这场“革命”的冲击下几乎被肢解：精神科的建制被取消了，改称为“五连”，精神科党政领导“靠边站”，年轻医生被调离换科室。

沈渔邨精心规划的新大楼被另做他用：病房楼四楼成了全院关“黑帮”“走资派”的集体宿舍；三楼成为全院收治“全国红卫兵大串连”病人

的病房；一楼被改为运动医学科的病房；门诊楼被改为护士学校的教室和宿舍；为精神病人新建的营养食堂停止使用，改为中草药制剂车间，做饭的大锅成了煎中药的大药锅。她精挑细选的新家具都被搬走归入“统一调拨”；病人专用的存衣柜也被搬到职工的浴室；为病人新置的被服也被调划到三院各科。①

最令沈渔邨难过的是，她费尽心血建立的生化研究室，还没启用就被“革命战斗队”占为活动场地，本已日益蓬勃的研究工作几乎被连根拔除。因以前做临床研究需要抽取病人的血，沈渔邨还被安上了“拿病人做实验”的罪名，并被停止了临床工作，发配到锅炉房烧锅炉。

沈渔邨工作遭遇劫难，作为卫生部部长的钱信忠更是身处风口浪尖，随时可能被掀翻落水。1966 年冬的一天晚上 8 点多，红卫兵闯进了钱信忠沈渔邨的家。9 岁的钱家鸣已经记事了，她回忆说：“当天晚上，爸爸被红卫兵带走了，第三天回来了，有被打过的痕迹，但我爸身体很好，伤得也不太重。爸爸对我们挥挥胳膊说‘爸爸没事’，又对我外公说‘您别担心’。”

外部环境就像暴风雨来临之前的气压，越来越令人窒息，但钱信忠和沈渔邨努力给女儿们营造一个正常的生活氛围。钱信忠每次从外面回家，依然表现出很开心的样子，把跑出来迎接他的两个女儿一边一个挂在胳膊上“拎”回屋子里，一有空就指导女儿们练练毛笔字。只有在女儿们熟睡之后，夫妻二人才在书房里低声地说说各自一天的经历。

学校停课了，家里的书也被抄走了，钱家华和钱家鸣天天在家里无事可干，偶尔去住在同一个院里的荣毅仁②家借一些小说来看。沈渔邨知道后，让她们赶紧把书还回去，说：“不要把这些‘封资修’的东西带回来，别再给你爸爸添麻烦。”

我们已难以感受沈渔邨那些年承受的压力，但短短几年，她平添了许多白发，而此时她刚四十岁出头。

---

① 于欣. 北京大学精神卫生研究所所史（1942—2001）[M]. 北京：北京大学医学出版社，2007：16-34.

② 荣毅仁（1916 年 5 月 1 日至 2005 年 10 月 26 日），男，江苏无锡人. 1937 年毕业于上海圣约翰大学历史系，民建成员. 曾担任中华人民共和国副主席，第六届、第七届全国人民代表大会常务委员会副委员长，中国人民政治协商会议第五届全国委员会副主席，中华全国工商业联合会主席，中国国际信托投资公司董事长.

第三节　艰难年代里的人性光辉

1967年春节刚过，钱信忠彻底被停止工作，和其他干部一起被集中关押起来，沈渔邨在单位面临的境况愈发艰难。

科里的“造反派”和“保皇派”斗得你死我活，老教授们都受到大小不等的冲击。但即使在“文化大革命”的影响下，精神科的医生们依然坚持收治病人，这是他们践行医生一生的誓言，“我们是大夫，不能不管病人”。

“文革”期间，精神科的氯丙嗪、胰岛素、电休克三种主要的治疗方法遭受“三大洋斧头”的批判，大搞中草药和针灸治疗精神病。精神科医护人员利用周末假期到郊区、山区采集中草药——黄芫花，自制成粉末，加工成水丸、蜜丸，煎煮成汤药给病人服用；院内还成立了针灸小组，探讨针刺大椎、陶道、哑门治疗精神分裂症等。但精神科的医生、护士们仍然坚持使用氯丙嗪和人工冬眠治疗，胰岛素治疗也没有停止，因为大家认为这些疗法是有效的，对病人是有益的。此外，科室对病人的随访工作，也一直没有中断。

沈渔邨一边在锅炉房干着粗重的体力劳动，一边尽可能寻找参与临床工作的机会。她利用精神科医生的身份，悄悄保护了一些被审查的干部，把他们收住在精神科病房而逃过政治上的劫难和人生的侮辱。几十年后，这些干部的子女来看沈渔邨时，充满感激地说：“沈大夫，我爸一直念念不忘是您救了他一命，他总说多亏了沈大夫我才活了下来呀！”可以想象，当年这样做要有怎样的智慧和勇气。

正因为有一群与沈渔邨一样默默坚守的人，精神科虽几乎被“肢解”，却没有放弃捍卫生存和尊严的斗争。在《北京大学精神卫生研究所所史（1942—2001）》中，有这一时期的详细记载：

造反的红卫兵小将来到精神科，要揪斗出身不好的或担任领导职务（即所谓“走资派”），受到医护人员的抵制。医护人员也努力保护着住院病人，阻止红卫兵进病房揪斗病人。当时门诊组负责司法鉴定的李从培、赵传绎、张维熙等医生也同样承受着很大压力，实事求是地写出司法鉴定的结论，绝不屈从当时某些送检单位横眉冷对的主观见解。比如某病人患恐怖症，惧怕刮风或听到雷声，她的单位对她进行批判，说她反对学习雷锋（打雷和刮风），就是反对毛主席，就是现行的反革命分子。某病人患有强迫性对立思想，为此在室内不敢挂毛主席像，也遭到单位红卫兵的批斗，甚至拳打脚踢，造成肾脏损伤血尿。类似这样的病例还有不少，我们医生们都做出实事求是的疾病诊断。

"文革"期间全国在湖南省某精神病院召开了现场会议，以治疗妄想性精神病人为例，举办"学习班"，推广用毛泽东思想治疗精神病的经验，"五连"派侯沂大夫去参加了。当时，号召大学解放军，解放军某部队（江苏泰州）应用"五针齐刺"方法，即五个人同时用长粗针，针刺精神病人的人中穴、两个合谷穴和足心的两个涌泉穴，并用力捻转。把病人用皮带捆绑在半米宽的手术台上，每次捻转治疗 30 分钟，病人当时疼痛难忍，发出惨叫，一次治疗下来汗流浃背，全身衣服湿透。有的病人全身颤抖，跪地求饶。"五连"派张维熙大夫和护士蔡振京（此人后来调到三院针灸科）去取经学习。以上三位外出取经的医护同志，回来以后只是向当时的领导作了汇报，并没有在科里推广使用办学习班和五针齐刺治疗精神病人的"先进"经验。大家认识到妄想是精神病的一种症状是不能被说服的；五针齐刺实际上是带有对病人（尤其是兴奋性的病人）惩罚的性质，那种对病人造成极大的皮肉痛苦和心理恐惧的治疗方法，医护人员是难以接受的。

我们坚决反对对病人使用任何惩罚性的手段，比如有的进修医生应用电针强刺激病人，同时命令兴奋病人回答"我再也不闹了，我听话，等等"。凡是遇到的我们都加以制止，并给以严肃批评。教育医护人员要尊重病人，绝不可以使用任何惩罚的手段。①

"十年"动荡既袒露了人性的不足，却也深刻展现人在危难之际最宝贵的一面。沈渔邨等精神科医生们坚守着职业和人性，在动荡年代里发出微弱光明，那又是巨大的人性光辉，是全社会、全人类的希望。

丈夫被关押后，面对年幼懵懂无知的两个女儿，沈渔邨什么也不能说，只能把所有的苦难都埋在心里，原本就话不多的她更沉默了。

每个优秀的人，都会有沉默的扎根时光。

沈渔邨知道，没有不可治愈的伤痛，没有不能结束的沉沦，所有失去的，会以另一种方式归来。在动荡的十年里，有的人随波逐流虚度光阴，

① 于欣. 北京大学精神卫生研究所所史（1942—2001）[M]. 北京：北京大学医学出版社，2007：16-34.

有的人则努力扎根，静待枝繁叶茂。沈渔邨白天在医院锅炉房劳动改造，晚上回到家埋头苦学英语。时光也没有辜负她，在“文革”后打开国门，英语能力成为她破茧成蝶最强大的助力。

20世纪80年后期才大学毕业来到精神科的于欣教授，没有亲身经历过“文革”时期的精神科，他们在“所史”的编撰中，曾想尽可能去还原这段历史，但最终并未如愿。他在“所史”的后记写道：

“文革”中的怪诞、诡异和荒谬，比起精神病人虚拟的世界来，毫不逊色。精神科大夫在这场闹剧中，似乎也因职业生涯中耳濡目染的关系，在“其乐无穷”的斗人大战发挥了异乎寻常的想象力。如今，许多健在的当事人仍在刻意回避这段历史。揭历史的疮疤会令所有人不愉快，国家除了“决议”之外，也没人写一部“文革史”，我们也不必秉笔直书。但不直写并不意味着不写。当时的精神科成了设备供应科和人力后勤处：缺编的科室从精神科调人、下放西北精神科出人最多。甚至外宾来访，病人崭新的大衣、办公室簇新的桌椅也被一股脑“借走”，以增添外国友人的视觉愉快。可是疯狂的年代里依然会有人得精神病。坚守岗位的大夫曾经创下一个上午看80个病人的纪录。被剃了“阴阳头”的“黑帮”会被好心的医生收入院，以躲避更进一步的羞辱。这些小小的善举虽然并不能使荒谬凶残变得妩媚，但是在数十年后回顾这段历史的时候，你依然无法不去注意到这几抹人性的亮色。①

第四节　“茶淀农场”劳动改造

“文革”继续水深火热中，1969年，对许多家庭来说，是分奔流息的一年。

这一年，为了落实毛泽东的“六二六指示”——“把医疗卫生工作的重点放到农村去”“培养一大批‘农村也养得起’的医生，由他们来为农民看

① 于欣．北京大学精神卫生研究所所史（1942—2001）[M]．北京：北京大学医学出版社，2007：285-289．

病服务”[①]，北京市政府决定派遣3000名医疗人员到甘肃。11月1日，北医精神科下放队伍浩浩荡荡地登上了开往兰州的“专列”，人员之多，范围之广，可谓前所未有：由科室副主任李从培带队、主治医师、护士长、护士、技师、脑电技术员，上至领导下到工人，组建一个科室所需的全套人马约计70人之多。这样一个庞大队伍下放，为甘肃省天水地区的精神病院装备一个精神科，而北医三院精神科几乎被挖空。[②]

被关押了近两年之后，1969年，钱信忠被送到江西永修的“五七干校”。所谓“五七干校”，是“文革”时期根据毛泽东“五七指示”兴办的农场，是集中容纳各级党政机关干部以及科研文教部门、大专院校的知识分子，对其进行劳动改造、思想教育的地方。“干校”是“干部学校”的简称。

在去“干校”之前，钱信忠获准回家对家人做些安排，他已经近两年未见到家人。两个女儿已经小学四五年级，爸爸不在家的日子，她们长高了也长大了，家华从小身体较弱，经常生病，所以妹妹家鸣早早就成了家里的小劳动力。钱信忠和沈渔邨的工资大部分都被扣发，每月只发很少的一点，要养一家三代好几口人，全家生活陷入了困境。第二天一早，钱信忠带着万般不舍离开了家，一别又是三年。

但苦难似乎还未见底。钱信忠离开不久，1970年，被打成“走资派”的沈渔邨也离开了家，她与北医其他教授们一起被“下放”到天津，在茶淀农场劳动改造。

茶淀农场，也叫清河农场，隶属北京市劳改局，是新中国建设的第一个大型劳改基地。取名“清河”，寓意为“以河水洗净污浊”，鼓励服刑改造人员重新做人。清河农场位于河北省宁河县，处于三条大河围成的三角地带，由东而西连绵数十里，南北宽十余公里，是天津以东一片30多万亩、从未有人开垦过的荒滩。这块盐碱荒地就像一座孤岛，远远漂浮在与首都有相当距离的地方。新中国成立初期，这里关押过许多国民党的高级将领、军统特务，甚至还有川岛芳子的亲妹妹等等一大批“名人”。

在茶淀农场，沈渔邨等接受劳动改造的知识分子们，住的是犯人的监

① 陈立旭．毛泽东的一次发怒改变中国农村缺医少药的状况 [J]．湘潮，2018（1）：41-45．

② 于欣．北京大学精神卫生研究所所史（1942—2001）[M]．北京：北京大学医学出版社，2007：233-250．

舍，与当地农民一起劳动，插秧、耪地、收麦子，什么活都干。她做什么事都十分投入，下田种稻也很卖力气，但总也不像别人那样出活，只能被评了个“劳动态度好”。劳动之余，别人休息时，她在看专业书，还给周围的老乡们看病。在这里，她目睹了农村病人的境况，心里留下了很深的印象。秘书孙然洎记得，沈渔邨晚年时提到这段经历时说，她去给老乡们看病时，当地人都高兴地说“沈爷爷来了”，非常亲切，但她一直不知道为什么称呼叫她“沈爷爷”。

沈渔邨每两个月能回家休息三天，此时的家中，除了父亲沈锦椿和家华家鸣两姐妹，还有大姐沈杏邨和她的孩子。沈杏邨的家庭在解放后遭遇了很大变故，她的丈夫徐徵明被打成“右派”，不久后去世了。之后，沈杏邨也从中国银行总行调到了大连，“文革”开始之后，她的工作也被停了，于是她只身回北京投奔妹妹家。

家鸣清楚地记得父母不在身边那几年的生活，她回忆说：“老阿姨临走之前教会我们做饭、封炉子、做家务。我妈妈从来没做过家务，每次从农场带回来的脏衣服都是我来洗。我当时才上初中，冬天的厚衣服洗不动，就学着以前老阿姨的样子，泡在大盆里用脚踩。外公是家里的‘会计’，每次妈妈回来，他就仔细向她汇报账目。妈妈基本不和我们闲话聊天，以前爸爸在家时，她什么都不操心，这段时期她会简单问几句我们的学习。”

第五节　平反回家　恢复工作

人生如茶，苦极回甘。

1971 年秋，周恩来要求有关部门恢复一些老干部的名誉，并把一大批下放劳动的各级负责干部重新安置到领导岗位上。

1972 年初，家华和家鸣得到消息，妈妈很快就要回家了，但不知道具体是哪一天，她们就天天在等着。

2 月底的一天下午，天已经全黑了，沈渔邨突然推开家门，风尘仆仆：她穿着打着补丁的灰布棉袄和肥大的裤子，脚上一双满是泥土的解放鞋，手里两个大布袋往地上一放，把背上的铺盖卷取下来扔在地上，拍拍身上的土，跺跺脚上泥——虽然衣衫褴褛，但看得出来心情是从未有过的轻松。沈杏郁迎上去："这次回来就不去了吧？"沈渔邨笑着回答："对，这次就结束了。"一家人高兴极了，沈杏郁赶紧去厨房多做了一个菜——这是两年来沈渔邨吃得最舒心的一顿饭，饭桌上还很难得地讲了一个笑话，是关于回来这么晚的原因。家华回忆说："那天正是美国总统尼克松访华[①]期间，干校的翻斗车拉了一车北医的大教授回北京，被交警拦下，说他们太土了影响市容，不让进市区。他们只好等着，直到外宾车队通过，卡车才得以通行，所以我妈妈很晚才到家。"

沈渔邨当时说完，大家都哈哈大笑——这群原本温文尔雅的高级知识分子，"劳动改造"得多么彻底啊。

有妈妈的家才更像是家，尤其对于正在复习准备中考的家鸣，算是遇到"救星"了。无论什么数学题、物理题、化学题，什么因式分解、杠杆原理等，沈渔邨连书都不用看，拿起笔在草稿纸上三下五下就写了出来。然后把纸推到家鸣面前，用笔轻轻敲一下女儿的脑袋："小笨蛋，就不把精力放在学习上，这么简单的题都不会。"从那时候开始，家鸣特佩服妈妈。

恢复工作的第一个月，沈渔邨领到了全额工资，又过了两个月，补发了这两年被扣发的工资。一次性领回来一大笔钱，沈渔邨高兴极了，一回家就把布票和一些钱交给大姐沈杏郁，请她帮忙买布给家华和家鸣做新衣服，孩子们这几年长得快，家里没钱，只好把旧衣服裤子一截一截地拼接起来应付；她又给丈夫在农村生活困难的两个姐姐寄了一笔钱；剩下的交给父亲作为生活费——他总是尽职尽责地管着账。沈渔邨还给女儿们买了个小小的手风琴，并请了老师。

生活眼见着一天天好起来，更大的好消息传来——钱信忠很快要回家了。

春去夏来，北京 7 月的几场暴雨，干净利落地冲刷着这座城市的每个角落，路上国槐花铺了一地，凉凉的风吹过，带着淡淡的花香。就在这个季节，钱信忠回到了阔别 3 年的家。钱家鸣清楚地记得父亲回来时的情景：

① 1972 年 2 月 21 ~ 28 日，时任美国总统的尼克松应周恩来总理的邀请，对北京、杭州和上海进行访问，这是美国总统历史上第一次访问中华人民共和国.

我爸爸回来之前，我们都得到消息了，知道哪一天回来，都很期盼。我们住在13号楼，在阳台上就能看到北太平庄4号院的大门，我和姐姐早早就等在阳台上看。里面一共只住了15户人家，各家的车我们都能认出来，如果是陌生的车，很可能是送我爸爸的。所以一有不认识的车开进小区，我们就从阳台上冲下去。刚过了中午，终于一辆车停在我家院子门口，我们的心都快跳出来了。爸爸从车上下来，高兴地看着我们，我们已经长成大姑娘了，不能再像以前那样挂在爸爸的胳膊上。我们有点害羞地走近他，他摸摸我们的头，然后和妈妈并肩往家里走，我们跟着后面。

不久，家鸣的大哥从部队复员回到北京，东北插队的大姐也回京探亲。对这一家人来之不易的团聚，住在同一个院里、同样刚刚被"解放"的荣毅仁拿着相机来到钱家，给他们拍了一张全家福。

沈渔邨（前排右一）任北京医科大学三院精神科主任时全家合影（1976年）

当年8月，钱信忠的"平反"文件正式下发，11月恢复工作，回到卫生部，担任副部长。

人生很多的苦难，常常只能熬过去，计较太多就成了一种羁绊。但是，熬，有时也是积攒能量整装待发。无论是新中国，还是如钱信忠沈渔邨一样深受其苦的每一个人，"文革"没能磨灭他们的意志，反而验证了他们旺盛的生命力。虽然白发已悄然爬上他们的双鬓，但重生后能量的爆发，帮助他们成为国家大厦最坚实的栋梁，用杰出的业绩写就了载入史册的辉煌。他们诠释了高度浓缩的生命，如同置于纯氧中的灯丝，在极短的时间里炽烈燃烧，却释放出无比夺目的光亮。

第七章

追赶追赶　勇挑重担

第一节 重建精神科

回到精神科，凋零的情形令沈渔邨心痛不已。

虽然各项科研工作在“文革”中均遭受严重打击，但精神病学是其中的“重灾区”。在唯物史观的大旗下，精神医学与其渊源深厚的心理学，一起被打成“伪科学”。初建的北医三院对各科室资源重新调配，精神科完全丧失了科室的独立性和完整性，成为其他科医务人员的中转站和设备仓库，并把精神科和神经内科合在一起。精神科病房被占作他用，人才设备大量流失。当年刚刚搬到北医三院的精神科，那全新的大楼、诊室和病房，绿树成荫、欣欣向荣的景象，仅几年光景，已不复如初。

原本就底子薄的精神病学，在“文革”中更是严重倒退，令沈渔邨心急如焚。

1973 年，北医三院恢复了精神科的建制，年近半百的沈渔邨被推选为精神科主任，此时“军宣队”已经撤掉了她“走资派”帽子，她义不容辞挑起了重担，在没有实验室骨干、没有经费、人才匮乏的情况下，全力以赴地重整精神科。

整顿医疗和科研工作

恢复了独立的精神科门诊，神经科门诊搬回北医三院门诊大楼。由于医护人员所限，病房只开了 3 层楼，定编病床 100 张。

在“文革”之初，精神科全新的大桌、长椅、病人存衣柜等都被调配给其他科室，病房里新的被褥、病号服也被其他科室拿走了不少。沈渔邨带着刚任命的副主任张维熙，到北医三院一个科室一个科室去找散落各处的“家当”，“到这个科一看，桌子是我们的；那个科一看，椅子是我们的，我们也不能直接抬走，怎么办?”张维熙年近九旬时回忆说。[①] 在家里什么都不操心、油瓶倒了都不扶的沈渔邨，为了科里的一桌一椅较上了劲，她直接去找北医的领导，想把精神科的家当要回来。无奈，北医作为各大附属医院

①《回忆与沈渔邨教授一起工作的经历》，受访人张维熙，2022 年 6 月 27 日.

的“家长”，也不能拆东家补西家，便承诺来年多给精神科拨点款重新置办家具。

桌椅板凳终究还是好解决的，只是再花点钱而已，人才大量流失才是重建精神科最大的难题。

曾经人丁兴旺的精神科，被“文革”折腾得元气大伤，下放的下放，调走的调走，整个科只剩下 7 名全日工作的医生和一些护士，看护着为数不多的病人。精神科本来就很难招到人，当年组织上支持，分来了一些医学院毕业生，都是当年很得力的骨干，也都被“调配”走了，其中潘天明调到北医三院 626 综合病房、娄思权调到骨科、卢国勋调到中医科、康希圣调到针灸科、崔玉华调到中医科、赵友文调到外科。

沈渔邨像“牧羊人”一样开始寻找失散的“羊群”，她强大的气场在这个方面开始展露。她把年轻医生崔玉华、赵友文从别的科要回来，又花了几年时间，锲而不舍地去寻找当年下放大西北的医生们。在那个年代，要想把人从外地调进北京是十分困难的，但倔强的沈渔邨硬是把人一个个地“要”了回来。

一边想办法把“老人”找回来，一边抓紧培养新人，北医三院也十分重视精神科医护人员的不足，每年都有工农兵学员毕业生分到精神科，1974—1979 年先后有 12 人分配到精神科。与此同时，护士队伍也逐渐扩大，北医三院护士历届毕业生约有 25 位护士分到精神科来工作。

恢复科研能力，恢复学科发展的动力，是沈渔邨考虑的头等大事。为了重建生化实验室，1976 年，沈渔邨以一己之力，把周东丰从天津的解放军第 254 医院调了过来，随后又把下放大西北的大弟子张文和调了回来。关闭长达 11 年的生化实验室，设备早已简陋不堪，1977 年重新开放时，仅有的设备不过是一台记纹鼓、一台离心机、一台 72 型分光光度计而已，许多实验都做不了，只能借助北医生理教研室和北医三院运动医学研究所的设备完成。

恢复教学

“文革”伊始，正常的教学工作便完全打乱了，保送推荐优秀学生的工作被迫中断。1966 年大学开始停止招生，是对人才最大的损失和浪费，直至“文革”后期，教学工作才开始整顿恢复。1970 年，我国高等院校开始从工农兵中选拔学生，实行群众推荐、领导批准和学校复审相结合，称为“工农兵大学生”。1973 年，沈渔邨整顿精神科时，恢复了专业课的教学与临床实习指导，承担全校临床医疗系、公共卫生系（包括留学生）的教学工作和护士学校的教学工作。由于工农兵学员的招生对象是相当于初中以上文化程度，而且学制短，只有 3 ~ 4 年；课时压缩，讲课与实习仅 1 周时间，为此精神科得重新编写教材。

同年，精神科恢复了在国内招收进修医生，但由于住宿条件所限，每年一期只招收十人左右，但仍为全国各兄弟院校及基层单位培养了大量的业务骨干；同年亦开始接收神经科的转科医生，不同学科的学术交流逐渐恢复正常。

1978 年卫生部确定精神科为全国精神病学师资培训基地，1978 年恢复招收硕士研究生，沈渔邨招收了“文革”后第一个硕士研究生陈彦方。精神科还承担《内科学》有关精神疾病一章部分专题的编写任务，以及《中国医学百科全书——精神病学分册》有关章节的编写工作，由沈渔邨、王祖新、舒良、张维熙撰稿。

恢复国内的学术交流活动

“文革”期间杂志停刊，学会活动也暂时停止。由于专业工作需要，全国各大区民间自发组织了学术交流活动，经过酝酿，1976 年在天津召开了第一次华北地区精神病防治工作学术交流会议，包括华北地区的三省两市（即河北、山西、内蒙古自治区、天津和北京）的精神病学教学和医疗单位参加，沈渔邨、舒良、韩永华前往参加。会议现场气氛十分热烈，经过近 10 年学术隔阂，人们渴望能听到新的声音，得到新的信息。

精神科重建的工作千头万绪，“文革”后期政治局势仍不稳定。1975 年底开始的“批邓、反击右倾翻案风”中，钱信忠也被迫接受审查。在此期间，沈渔邨的家庭也遭遇了重大变故，她的父亲去世了。在巨大的悲伤和家庭、心理压力下，沈渔邨依然没有停下手中的工作，也许对她来说，努力工作就是治愈伤痛的良药。

1976 年，我国发生了一连串震撼世界的大事，周恩来、朱德、毛泽东在这一年相继去世，7 月 28 日凌晨 3 时 45 分，唐山发生了 7.5 级大地震。政治上的“大地震”和真实的大地震同时发生，给全中国人民带来巨大的冲击。

救死扶伤是医生的天职，每遇灾难，医护人员都是天生的“逆行者”。时任北大医院党委书记的彭瑞骢在回忆中写道：“记得地震发生当天，北大医院内科金敏琦大夫背着背包到党委办公室报到，要求到一线去，北大医院派出医疗队参加抗震救灾，持续了 3 个月。”①

沈渔邨带领精神科医务人员坚持工作，一楼门诊照常开诊，门诊楼前的院子里紧急搭起了地震棚，把病人全部从大楼转移到地震棚里，医院职工和家属也在地震棚与病人同住。由于 11 月、12 月又发生两次余震，因此从 1976 年 7 月 31 日到 1977 年 3 月 14 日，整整 8 个月的时间，病人与医护人员及家属共同住在地震棚，成为患难之交，建立了深厚的感情。今天我们已经难以想象，面对曾经的人生沧桑，面对满目疮痍的家园，人们是怀着怎样的信心和热切坚守下来的。②

1978 年，进一步落实党对知识分子政策，伍正谊教授也被任命为精神科主任，精神科呈现“双主任”的局面，并增加许迪、侯沂为副主任。这一班领导直到 1980 年 3 月精神卫生研究所建所为止。

20 世纪 70 年代，老所门前合影，前排左起侯沂、伍正谊、沈渔邨、许迪

① 彭瑞骢. 彭瑞骢回忆录 [M]. 北京：北京大学医学出版社，2012：104.

② 于欣. 北京大学精神卫生研究所所史（1942—2001）[M]. 北京：北京大学医学出版社，2007：233-250.

从国内政治大环境，到科室的人事小环境；从全国学术观点的混乱局面，到科室专家成长背景的差异，以及“双主任”并行的局面，这一时期沈渔邨面临的困难可想而知。李从培教授曾在回忆中写道：

临床医学中精神病学发展相对滞后，学术观点纷纭、混乱，互不沟通，缺少交流，与国际上的水平差距突出。在沈渔邨教授所在的北医精神病学教研组（精神病院）内也存在类似情况。组内共有高级职称的教授、讲师共计10人，由于分别留学于美国、日本和苏联等不同国家，在专业基本理论、经验、方法上争论很大，难以取得共识。面临众多艰难“险阻”，只是有胆识、有业务能力显然是不够的，还要有领导、有组织能力。特别重要的是尊重科学，从中国实际出发，尤其善于做团结工作，能够团结党内外、组内外，以及全国不同专业观点、意见的同道为共同目标一道工作，这是难能可贵的，也不是任何专家所能做到的。沈渔邨教授经过多年持续努力做到了此点。①

第二节　首创“郊区模式”

在整顿过程中，精神科的医疗工作勉强维持，由于医护人员严重不足，门诊和病床都十分有限。

一次，一名来自农村的病人家属跪在诊室里，哀求沈渔邨收留他的家人：“我一家六口人三班倒看着他（指病人），谁都不能干活……”这样的场面不少见，沈渔邨于心不忍。然而科里实在已经没有空床位，加之住院费对农村病人来说又是如此昂贵，实在无法满足他的要求。

一位老实厚道的农民，孩子在精神病早期发呆发愣，学习吃力，生活懒散，父母对精神病一无所知，以为孩子不听话就连打带骂。随着病情发展，病人出现幻听、幻视、躁动不安，父母就认为孩子中了“妖魔”，用各种手段折磨他，求巫医，吃偏方，欠了不少外债。当他们把孩子捆绑到北京求医时，早已错过了治疗时机，病人表现出思维贫乏，呈退缩状态。每

① 钱家鸣，于欣．沈渔邨院士集［M］．北京：人民军医出版社，2014：537-538．

次谈起这样的病人，沈渔邨都心情激动，忍不住湿了眼眶。

对于我国农村缺医少药、农村精神病病人家庭艰难，在“下放”劳动期间，沈渔邨早有目睹，深有感触。实际上，为贫苦农民服务的情结，早在她还是北医学生参加什邡院保健院的地下党活动时便已种下，甚至成为一种信仰，指导着她一生的工作。早在20世纪50年代，沈渔邨就针对我国农村精神病防治工作一片空白的实际情况，在北京市10个郊县建立精神卫生防治网，培训了基层医生，建立了防治点，并定期派医护人员送医送药上门服务，受到广大病员和家属的欢迎，可惜因为“文革”被迫中断。[①]沈渔邨从“五七干校”回科工作，除了负责医疗工作以外，想得最多的是如何把医疗送到农村去。

沈渔邨带着科室的医生到北京市海淀区的四季青公社（现为四季青乡）送医送药。韩永华医生在回忆当年的经历中写道：

来到农村，医护人员真正开了“眼界”，精神病患者生活贫穷与缺医少药的现状触痛内心。农村的精神病患者基本得不到真正的治疗，有些患者穿得极为破烂，衣不遮体、蓬头垢面，少有照顾；有些患者被锁在家中、关在小黑屋里或被绳子拴在桩上，还有患者被其他方式残忍地束缚，他们受到了极其不公平的对待。尽管如此，患者冲动毁物、自伤与伤人、打人骂人、伤及人命等案

20世纪70年代，科主任沈渔邨（第二排右四）带着科室医生到北京市海淀区的四季青公社送医送药

① 钱家鸣，于欣．沈渔邨院士集[M]．北京：人民军医出版社，2014：546-547.

件时有发生。[①]

精神病病人的这种遭遇，其实在全世界都存在，《精神病学史》曾有这样的记载：

1817 年，一位来自爱尔兰地区的下议院议员说："当一个强壮的男人或女人得了这种病时，农夫们不得不采用的唯一方法，就是在小破屋内的地上挖一人洞穴。洞不够高，人在里面直不起腰。洞上面装有隔栏，以防里边的人起身。这个洞穴约 1.5 米深，人们在那儿给这个可怜的活物食物，直到他死在里面。"

有一位 16 岁的少年在猪圈里躺了许多年，他已经丧失了四肢和大脑的功能，以致像动物一样用嘴来舔食碗里的饭菜。出院的患者们，当被村里人发现时，孩子们会追着他们大喊："瞧，怪人来了。"

在 19 世纪 70 年代，瑞士法语区弗里堡州的官员们在引进收容院前曾实施了一次精神病病人人口普查。调查人员简直无法相信他们的眼睛。在他们认定的 164 名精神病患者中，有 1/5 曾被拘禁在家中，通常关进不能取暖的房间和牲口棚子里，"狭窄、黑暗、潮湿，散发着臭味"。

"在我们乡下，人们仍有荒唐的偏见。舆论认为有疯子的家是不体面的，不愿意把他们送进收容院。这是促成我们乡下人仍把如此可怜、受尽折磨的人留在家里的最主要理由。假如这个精神失常的人是安静的，人们通常会放他四处去跑。但是，如果他变得暴躁或烦人，人们会把他囚禁在畜栏的一角或一个隔离的屋子里，每天送食物给他……这种事在乡下司空见惯。"[②]

然而，这些在欧美发达国家，主要出现在 19 世纪以前——那时还没有精神病学，也没有收容院或精神病院。一百多年过去了，北医三院精神科的医生们在中国的农村依然看到类似的情景。他们看在眼里疼在心里，然而，接下来如何开展工作，如何帮助这些精神病人和他们的家庭，却是千头万绪。

国家对农村医疗的重视，沈渔邨比很多医生都有更深刻的理解。早在"文革"前，作为卫生部部长的钱信忠便已采取了很多办法，如派城市的医生组成医疗队下乡为农民治病，得到很多医疗专家响应，像著名的胸外科专

① 国家卫生健康委员会疾病预防控制局. 致为精神卫生共同奋斗的 70 年 [M]. 北京：人民卫生出版社：85-89.

② 爱德华·肖特. 精神病学史——从收容院到百忧解 [M]. 韩建平，胡颖翀，李亚明，译. 上海：上海科技教育出版社，2007：4.

家黄家驷、儿科专家周华康、妇科专家林巧稚都曾加入其中，深入农村巡诊。到1965年上半年，全国城市共组织了2800人下农村巡诊。然而，医疗队大密度的穿梭巡医与居住分散的农民求医渴望相比，仍无异于杯水车薪。

毛泽东“六二六指示”之后，钱信忠做出了一系列的贯彻部署[①]：

其一，由他本人和时任卫生部副部长的贺彪、崔义田各带一支农村卫生工作队，分赴北京通县、湖北麻城、江苏句容县蹲点，主要任务就是通过调查研究和农村防病治病的实践，把一个县的卫生工作整顿建设好，从而总结经验，更好地指导全国农村的卫生工作。另外，钱信忠还要求，“在一个县蹲点的时间，原计划要两年，不达目的，决不收兵。”

其二，各业务司2/3人员也要参加下乡蹲点，由卫生部副部长和司局长带队分赴六大行政区进行面上的更为广泛的调查研究，以此来摸清全国各地农村卫生工作的实际情况。

虽然这两大部署后来都因“文化大革命”而中途搁浅，但既有的基层实践，已经让这位开国少将思路大开，一个事涉数百万人的“半农半医”工程也在他脑海中酝酿成形。几个月后，普及农村医疗卫生的工作在全国迅速展开。按照要求，各县要成立人民医院，在公社一级成立卫生院，村里设卫生室，形成农村三级医疗体系，建立农村合作医疗试点。同时卫生部着手用“半农半读，农忙不学，农闲多学，边学边带，分段培训，两三年毕业”的方法培训农村“半农半医”和不脱产卫生员，以充实乡村卫生室。

对钱信忠在农村卫生工作上的部署与规划，沈渔邨很清楚，她由此联系到自己的专业，也许可以基于这些在农村已大量普及的“赤脚医生”来开展工作，既让农村精神病病人获得有效的诊治，又不受困于医院内资源的匮乏，为农村的精神病病人的诊疗开辟一条路。

1974年初，在科里组织学习周总理关于“城市大医院要以医院为中心扩大预防”的指示后，沈渔邨与张维熙一起骑自行车来到海淀区卫生局，向医政科的同志提出要以海淀区为试点，建立农村家庭精神病防治网的想法。

对精神病人管理的必要性，卫生局领导是有认识的，两年前上海曾发生过一次外事事件：1972—1973年，美方领导人计划访华，先期派了一个代表团来上海，在中苏友好大厦（现在的上海展览馆，地处静安区）前拍团

① 张智慧. 钱信忠：缔造一个时代的传奇 [J]. 中国卫生产业，2009，6（11）：36-37.

20世纪70年代，海淀区精神病三级防治网建设过程中，沈渔邨（左二）带领精神科年轻医生和当地公社医院医生一起访视社区接受治疗的精神病人

体照后，发现照片上多了一名陌生女子，大家当时都不知道怎么回事，后来经过确认，那是一名精神病病人。[①]

医政科的同志对沈渔邨的想法十分支持，并且提出来先从温泉公社开始，因为温泉公社地处从颐和园通往香山的交通要道，精神病人没人管理，有个叫刘桂英的女病人，天天背着一只死猪沿街游荡，实在有碍市容。温泉公社搞完以后，可以先总结经验，然后把海淀区的十个公社和一个国营农村依次搞完。[②]

海淀区当时有十个公社和一个国营西山农场，有大约二十万农业人口。沈渔邨和科室骨干人员经过认真周密的研究，从我国社会文化、卫生系统实际情况出发，设计了“北医三院精神科（区）—公社卫生院（社）—大队赤脚医生（队）”的精神病三级防治网络，同时对海淀区人口进行精神疾病普查。沈渔邨说：“普查一定要和治疗结合起来，才能具体体现出我们普查的目的，绝不是为了单纯地掌握一些资料，而是要解除农民的疾苦。”[③]

① 国家卫生健康委员会疾病预防控制局. 致为精神卫生共同奋斗的70年[M]. 北京：人民卫生出版社，2020：121-123.

② 于欣. 北京大学精神卫生研究所所史（1942—2001）[M]. 北京：北京大学医学出版社，2007：257-260.

③ 北京医学院第三附属医院精神科，北京市海淀区精神病防治科. 在农村建立和巩固精神病三级防治网的经验介绍[J]. 中华神经精神科杂志，1979，12（1）：14-16.

1974 年 6 月 19 日，温泉公社精神病防治点的培训工作正式开始，由沈渔邨大夫、舒良、张维熙、崔玉华和陈贺平进行培训。参加培训班的学员是由卫生院选派 1 ~ 2 名医生，以后要兼职负责本公社精神病人的防治工作；再就是该公社的每一个大队（现在把原来的公社称为“乡”，把大队称为“村”）也必须至少有 1 ~ 2 名赤脚医生参加。培训班要办 1 周，主要讲什么是精神病，对精神病要有科学的认识，纠正对精神病和精神病人的不正确看法，树立热爱精神病人、体贴精神病人的疾苦、全心全意为病人服务的思想；其次要讲防治精神病的重要意义，联系当地具体事例说明做好防治精神病的工作是体现毛主席的革命卫生路线对广大贫下中农精神病人的关怀；接下来要讲各种常见精神病的病种，包括精神分裂症、躁郁症、反应性精神病、癫痫及癫痫性精神障碍、精神发育不全以及更年期精神病、癔症、神经衰弱等，及其临床表现和治疗方法，如何用药，药物副作用及如何处理。讲课时结合播放录音（讲症状学），有时也把村里病人请来做课堂示教。每期讲课后，还要安排 1 天到北医三院精神科病房见习。“中午请他们自带午饭，我科免费招待绿豆汤或鸡蛋汤。”张维熙教授回忆说。

为了使公社卫生院这一级的医生能够更多地掌握专业知识，除了参加以上所说的短期培训学习外，沈渔邨还安排他们到精神病院见习 3 ~ 6 个月。“在我们这里接受完培训，然后培训公社下面大队的卫生员，给他们灌输科学观念，消除当时普遍存在于老百姓中间的对精神病人的错误认识，告诉他们精神病是一种病，不是‘狐狸精’附体，不是上辈子缺德，把病人锁在地窖里的行为是落后的，告诉他们应该怎样用药等。”①沈渔邨多年后在接受记者采访时如是回忆。

通过学习，基层医务人员明白了“得精神病不是因为风水不好或祖上缺德”，也不是“思想病”“想媳妇儿病”，不是找不到老婆想出来的。这是一种疾病，是病人大脑受到内外多种有害因素影响，导致他们在认知周围事物时发生歪曲与错误的判断、情感忽高忽低或缺乏相应的协调性反应，以及行为的紊乱异常、冲动毁物、怪异或不理解等，也明白了精神病是可以治疗的。

张维熙教授在回忆中写道：每个公社培训班结束以后，即组织该公社

① 薛京．沈院士：一生只为疗“心病”[N]．健康时报，2006-07-10（3）．

的赤脚医生和妇女主任、治保干部或管片民警做一次线索调查。按照讲课所讲的几种精神病，请他们提名可疑有病的人，我们一一记录下来，安排一个星期天组织科内医生集中到这一公社把可疑的病人检查一遍，明确诊断，写出病历，提出治疗医嘱。病人无力治疗，我们把当时沈阳红旗制药厂生产的氟庚酯（FE）和氟癸酯（FD）免费给病人用。[①]

精神科医生们完全像对待医院的病人一样，认真对待农村社区的精神病人，给每位病人按规范建病历和登记卡，一式两份，北医三院精神科和公社卫生院各一份。在治疗过程中，由赤脚医生负责家访护理，北医三院精神科和卫生院医生一起定期访视，并同样做随诊记录。

对这项工作，北医三院精神科的医护人员都踊跃参加。参与防治工作的医生，每人负责 1 ~ 2 个公社，与公社和大队的医生一起定时巡回家访；治疗早期，每周看望病人一次，待摸索到适当的治疗剂量，病情趋于稳定时，则 2 ~ 4 周巡视一次；待疗效巩固，家属及病人已掌握了防止复发的知识后，则可 2 ~ 3 个月访视一次。[②]

这项工作说起来仅仅几句话，但当年沈渔邨和全科医护人员面临的困难，是我们现在无法想象的，工作环境、生活条件、交通工具都极端艰苦，不是单凭信心和勇气就行的。院里院外两套工作，但只有一套人马，如何内外兼顾？路程，近的来回几十公里，远则要上百里，交通问题如何解决？

20 世纪 70 年代初期，少有私家车，也没有地铁，只有公交车和自行车，去北京郊区十分不方便。医生们总结出的交通方式是，10 里以内的，主要靠步行和骑自行车；50 多里或者更长的路程，就是“公共汽车 + 自行车 + 步行”。

在最初建网点的时候，医生们每天都要去公社，甚至直接住在老乡家里。崔玉华是第一个被派出、负责第一个网点的医生，她说：“那时我才 20 多岁，和一名护士两人在农村住了 1 周，培训赤脚医生。”每次去公社，还必须要赶个大早，否则家属下地干活了或病人自行“出走”了，这一天就白跑。他们每天早晨 5 点多起床，先从医院乘公共汽车到颐和园，再换乘郊区

① 于欣. 北京大学精神卫生研究所所史（1942—2001）[M]. 北京：北京大学医学出版社，2007：257-260.

② 北京医学院第三附属医院精神科，北京市海淀区精神病防治科. 在农村建立和巩固精神病三级防治网的经验介绍 [J]. 中华神经精神科杂志，1979，12（1）：14-16.

车赶到公社卫生院，借一辆自行车经田间小路到大队卫生站，然后和赤脚医生一起骑车或走路去病人家做检查、治疗，督促病人吃药。全程顺利的话一般也要3个小时，遇到天气不好或意外情况，时间就更长了，傍晚还要如此这般再来一遍。医生们每天搭乘末班车回城后，如果时间允许，会再回到医院去看看病房里的病人。

年过半百的沈渔邨也完全和年轻人一样下乡工作，搭公交车、骑自行车、走路。作为科主任，沈渔邨既有日常临床工作，又要管理整个科室，还要管理农村的每一个网点。为了获得可靠的科学资料，她亲自访问、检查了前5个公社的每个精神病人。如此巨大的工作量，在我们是不可想象的。

崔玉华教授晚年时回忆这段时光时说："沈大夫以身作则的表率作用，对我们所的年轻人影响很大，老人家都这么努力，我们还能偷懒吗？"在榜样力量，以及在对病人强大的责任感面前，这群优秀的精神科医生，毫无怨言，从不计较个人得失，日复一日地奔波于乡村为病人服务。

交通造成的是体力和时间上的障碍，而农民们对精神疾病根深蒂固的观点，才是这群医生最大的"障碍"。对于这一群"殷勤"的城里医生主动跑来治疗这些连家人都放弃了的"疯子"，农民们一开始还有些不理解，抱着观望甚至"看热闹"的心态。

由于是完全创新的一项工作，没有现成的经验可以借鉴，只能是摸索着来。崔玉华还记得跟着沈渔邨建第一个网点时的情景：一位长期患精神分裂症的女病人，由于长期患病家境贫困，加之病人生活不能自理，其生活环境不堪入目，病人的睡炕中间有一个塌陷的大洞，上有破烂不成形的破席子，病人与鸡"共床"，鸡可在床上飞舞，病人更是衣着褴褛，身体上常发出臭味。这样的一位病人，沈渔邨毫无嫌弃地协助护士给其注射长效针（因病人不合作）。打针之后，因不能配合服用苯海索（又名安坦，一种解反应的药），故出现全身僵直的药物反应，病人变得像个木棍一样躺在炕上完全不能动，也不能吞咽，身体出现脱水。等沈渔邨和崔玉华再来时，家属破口大骂："我们原来虽然疯但还能动，现在被你们一治，人都动不了了，成木棍了。"他这一嚷嚷，全村的人都围上来了，对医生们指指点点，说"北京城里的人拿病人做试验""把人治坏了"，等等。医生们知道这是药物副作用，但对家属解释不清，年轻的崔玉华大夫心里很着急——好事不出门，坏事传千里，这件事一旦以讹传讹，建网的工作可能就进行不下去了。面对这种情况，沈渔邨沉着冷静地告诉崔玉华：“不怕，我们没有做错，必须继续走下去。”顶着巨大的压力，沈渔邨让医院工作人员把病人抬出来，用救护车送到科里免费住院治疗，她坚信，积极科学的治疗最终能够赢得群众的信任。苍天不负有心人，这个病人治疗效果很好，从完全不能自理，到能够劳动和做家务。当沈渔邨再去家里探访时，病人家属激动得热泪盈眶，拉住她的手半天不放。而令沈渔邨欣慰的是，病人又回到家庭生活当中，又成为一个“人”了。

从此以后，老百姓的观念有了很大的转变，明白了精神病是可以治疗的，病人也是可以过上正常生活的。由于农村的病人一般都没有用过药，打第一次针，甚至一开始只是打半支或2/3支的剂量，就有明显的效果。一位教师很久缄默不语，自闭一室内，打一次针即开始说话、活动，更是让周围的老百姓大呼神奇。

那时的药物种类虽简单，如氯丙嗪、奋乃静、氯普噻吨等，但经过一段时间的治疗，不少病人的症状都有了明显缓解，不仅生活能够自理，还可以帮助家里做饭等做简单的家务，有的还可以下地劳动，跟家人亲友的沟通和相处也好了很多。后来有了治疗精神分裂症的长效针剂“氟奋乃静癸酸酯”和“庚酸酯”，更给病人带来了极大方便，可以每周或每两周注射一次，病人对治疗的依从性以及与医生的合作程度大大提高了。

每一个治疗有效的病人，都为医生们赢得一份来自农民的信任，这也成为医生们坚持的动力。

然而，医生们毕竟面对的是行为难以自控的精神病人，家访时常常是险象环生。韩永华大夫在回忆中写道：“虽然取得了很大的成果，但来自病人的打骂也遇到不少，我们都是本着‘打不还手，骂不还口’的原则在应对。我们家访时，有时碰到的是病人拿着棍棒、铁器等‘欢迎’我们，医生躲闪不及就要‘中枪’。例如，有一位病人兴奋冲动、拒绝服药，家里护理实在困难，急需住院，家属找到医生给提前安排住院。但病人住进病房后，知道是某某大夫提前联系安排她住院的，记恨在心，在一次上午病房查房时，病人趁该医生没注意，在背后狠狠扇了两个耳光，导致该医生长达数年的耳鸣。此外，被病人辱骂、追赶的情况就更多了。[①]”

① 国家卫生健康委员会疾病预防控制局．致为精神卫生共同奋斗的70年[M]．北京：人民卫生出版社，2020：85-89.

20世纪70年代，北京市海淀区精神病三级防治网建设过程中，沈渔邨（左二）亲自到农村进行调研

这些从城里来的医生对待精神病人的态度，连病人家属都佩服，老话说“久病床前无孝子”，更何况长年累月忍受家中精神病人的折磨，家人都难以做到不嫌弃。另外，由于社会上的歧视，精神病人家庭的病耻感也很强，周围人都避之不及，而且大部分病人家里都很穷，家里常常脏得连坐的地方都没有。有一次，医生们来家访时，正赶上病人一家在吃午饭，灶台就在昏暗潮湿的屋子里，卫生状况一塌糊涂，医生们后来回忆时形容说“不要说饭菜的味道好不好了，光看着就看饱了”。主人家有些不好意思，勉强让了一下：“您也一起吃点吧？”目光快速扫过，几位医务人员就低下头去，极为窘迫，推脱的客套话还没出口，沈渔邨却端起碗真的吃了起来。那家人先是一怔，然后欣喜地把大家让到里面，等医生再问什么问题时，回答起来就显得痛快得多，有什么困难就说什么，没那么多避讳了。

建网工作在沈渔邨的带领下有序地进行着，一个公社的病人疗程结束后，再继续开发第二个公社。就这样稳扎稳打，从1974年6月开始到1977年2月结束，北医三院精神科相继对东北旺、东升、清河、四季青、玉渊潭、海淀、永丰、苏家坨、北安河、上庄和西山农场等共计11个公社和一个国营农场，涉及近20万农业人口的海淀区农村基层医疗机构进行了培训、调查确诊、建病历、建卡片、设立家庭病床。建网结束后，长期随访的任务接踵而来，精神科的医生每人分工负责1～2个公社病人的定期随访，每个月要去看两次病人。这一工作已成为当时科室除病房、门诊以外的第三项工作，参与其中的医护人员至少有二三十人，甚至“唐山大地震”期间也没有中断。

沈渔邨也和大家一样定期下去看病人，崔玉华回忆说：“我们年轻人是轮流下乡随访，但沈教授始终是一个人连续随访所有的点。”

有一个夏天，下着大雨，沈渔邨仍坚持和崔玉华一起下乡，雨水把她的塑料凉鞋冲到了沟里，捡都捡不回来。崔玉华建议回去，她不同意：“跟人家说好了，人家等着呢。”结果，沈渔邨光着一只脚走到了卫生站，又光着脚去病人家里——成了一名真正的“赤脚医生”。

沈渔邨下乡，常常是年轻医生骑车，她坐在自行车的后座。农村的土路，尤其是雨后，沟壑纵横，可想坐在“二等车”上是如何颠簸。1975 年 8 月的一个正午，烈日高照，身形较瘦小的韩永华骑着“二八式”自行车，载着身材高大的沈渔邨，骑行在乡间的小路，两人还一路聊着对病人的治疗话题。快到目的地时，沈渔邨准备纵身一跳下车，行动很利索，但韩大夫预料不及，没有刹车，而是继续往前蹬，就听见啪的一声，沈渔邨狠狠地摔在地上，左腿膝盖顿时红肿。沈渔邨疼得满头大汗，但挤出微笑反过来安慰韩永华：“没事没事，我还能走。”她强忍疼痛，由韩大夫搀扶着一瘸一拐地走到病人家进行访视。第二天一上班，全科都知道沈渔邨摔伤的事，以为她会在家休息，没想到她一大早就坐在了办公室里。崔玉华回忆说：“平时沈大夫都是自己骑自行车上下班，她摔伤后，钱部长的车送来科里。我在她身边工作了几十年，钱部长的车送她上班，这是第一次也是唯一一次。”沈渔邨从来不是一个娇气的人，一开始没太把受伤当回事，“轻伤不下火线”，天天上班，坚持 1 周后，终于因为膝部血肿过大而不得不住院治疗。

这件事，没有人责怪韩永华，但可以想象他内心的懊悔，他在回忆中写道：“在以后几十年的工作中一直铭记在心，对这位那么热爱她的工作以及她的病人的老大夫、长者始终心怀敬佩和爱戴，那就是她对精神卫生工作的大爱精神。”

令沈渔邨等医生们十分欣慰的是，在这几年的建网试点中，256 名农村慢性精神分裂症病人得到了系统的药物治疗，治疗效果与精神科住院病人相接近。医生们鼓励病人及早参加劳动，实现了远期疗效较稳定、复发率较低和较好的社会功能康复。他们将三级防治网的详细建网过程和经验总结，发表在 1979 年《中华神经精神科杂志》上，文章指出：

到目前为止，全区防治精神病的区、社、队三级防治网已经建立，并且在不断巩固中。全区农村的精神病人基本上能够做到早期发现、就地治疗。建立三级防治网的具体步骤，包括：1. 坚持群防群治，把防治精神病的知识交给基层医务人员和病人家属；2. 发动群众以大队为单位进行普查，并坚持普查与普治相结合；3. 巡回医疗、随访病人和建网、建点相结合；4. 定期组织全区基层医务人员业务学习，进一步提高防治工作水平；5. 逐步建立和健全病历的管理制度；6. 每年组织一次全区防治工作的经验交流。

自 1974 年开始建立防治网以来，四年来，由于基层医生的努力，病人能够坚持治疗，疗效巩固。对于新发病的病人也能及时给予诊断及处理。以 1977 年为例，一年当中由于坚持防治工作，所治的病人在一年之内病情巩固者 52.2%，疗效继续提高者 34.7%。精神分裂症病人经过一年的治疗，疗效达到明显好转以上者占 74%。

通过 4 年的实践，使我们进一步体会到：面向农村、发动群众、预防为主是我们卫生工作的方向。城市大医院、教学医院不仅要搞好院内医疗、教学和科研工作，同时要走出医院大门，在把本专科的防治知识交给基层医务人员，帮助基层建立起一支固定的防治队伍。要在各级党政统一领导下，开展防治工作。只有这样做，依靠领导、发动群众，才能建立和巩固精神病的防治网。这样精神病人可以早期发现，就地治疗，就地管理，既方便群众又有利生产，使医疗工作更好地为社会主义建设服务，为广大工农群众服务。①

经过几年下沉式无死角的普查，北医精神科对海淀区农村约 19 万人口的精神疾病发病率、疾病类型、发病形式病程特点、劳动能力情况、对社会治安的影响以及五年系统治疗的疗效等，得到全方位的掌握，调查结果发表在 1980 年的《中华神经精神科杂志》，并着重分析精神分裂症及精神发育不全的患病情况、临床资料及 5 年来对精神分裂症的防治效果。文章指出：

1977 年 2 月统计，全区农业人口 187 126 人中，各种精神病 1333 例。其中精神分裂症 341 例（25.6%），患病率 1.82‰；精神发育不全 481 例（36.1%），患病率 2.57‰。对精神分裂症五年系统访视治疗近期疗效统计，显效及近愈者达 2/3，80% 以上疗效稳定；经过治疗，目前不参加劳动者只有 5.3%（原来近 40%），说明在农村建立精神病防治网，使病人分散在家庭不脱离正常生活环境

① 北京医学院第三附属医院精神科，北京市海淀区精神病防治科．在农村建立和巩固精神病三级防治网的经验介绍 [J]．中华神经精神科杂志，1979，12（1）：14-16.

进行治疗，坚持随访制度，对于精神病的恢复、农业生产、家庭劳动及社会治安都起到积极作用。①

更重要的是，通过几年的下乡工作，精神科的医生护士都得到了锻炼，思想成熟了，与农民建立了深厚的感情，为病人服务的意识也更自觉了，尤其是对精神病病人的关心更强化了。正是在这样的精神与感情影响下，病人一出现问题，医生护士就随时到场，例如有病人在家里或公共场所出现兴奋激越或有伤人行为，医生护士都会及时赶去处置，直至病人稳定下来才放心离开。正因为如此，那时科里的医生护士在乡医院吃住是常事，基层医生也受到了感动。他们逐渐掌握了精神疾病的基本知识，懂得辨认不同的精神症状，使用不同的药物，以及简单处理药物不良反应。

付出与收获总是双向的，沈渔邨和医生们也被基层医务人员和农民的淳朴感动。他们说："在长期与基层医务人员共同随访的年月里，我们也学到了基层医生热爱贫下中农、体贴病人疾苦、多方面做工作以使病人治愈及巩固疗效、恢复劳动的好作用。有的赤脚医生为了给兴奋的病人治疗，不顾严冬寒冷，半夜起床去病人家中打针，有的医生奋不顾身去保护病人，有的赤脚医生耐心细致地向家属解释病人的病情，动员家属不要放弃治疗的机会。这些都大大激励我们坚持做到风雨无阻，不管夏天的烈日还是寒冬刺骨的北风，都能起早贪黑定时到基层巡回医疗。"②

1977 年建网工作结束后，科里仍坚持安排医生定期下乡会诊和办讲座。直到精研所成立后，由于每人都有各自的科研、医疗任务，1981 年 4 月 26 日席廷铭调入精研所，全权负责社区防治网的随访工作。当时已 46 岁的席大夫每天骑着自行车在海淀区的农村东奔西走，整整 6 年，给各公社卫生院及病人亲属留下了深刻的印象。十多年的长期观察随访，每年均有约 2/3 的病人疗效达到明显好转或临床治愈的水平；十多年的纵向研究，海淀区农村精神分裂症的年发病率为 0.11‰，这是一个非常宝贵的数字，也是极为珍贵的科研资料。席大夫调走以后，这项工作由社会精神病学研究室张维熙负责。

---

① 北京医学院精神病学教研组，北京市海淀区精神病防治科．北京市海淀区精神疾病的调查报告 [J]．中华神经精神科杂志，1980，13（1）：10-12．

② 北京医学院第三附属医院精神科，北京市海淀区精神病防治科．在农村建立和巩固精神病三级防治网的经验介绍 [J]．中华神经精神科杂志，1979，12（1）：14-16．

1979年，沈渔邨（左一）在北京市海淀区四季青公社进行农村基层精神卫生工作调研

这个在上级医院指导下，由乡医院和大队合作医疗站共建的精神卫生社区医疗模式，对精研所以后几十年的工作产生了巨大影响。社会精神病学研究室借鉴、使用大量当年建立起来的框架资料，为现在的研究服务，并在既往的基础上继续深入做了大量服务和研究工作，为精神卫生专业发展提供了有力的支持，对新时期精神疾病类型的分布、患病率、发病率以及复发与预防等均有极大的帮助和借鉴。此外，1993—1995年陈昌惠教授的博士生梁建辉，还在海淀区四季青公社做了有关精神分裂症病人病程与预后研究的课题。

海淀区农村建立三级防治网（区、乡、村）成为我国农村精神病防治的一个典型模式，在改革开放后的20世纪70年代末及80年代，很多来精研所参观的外宾，沈渔邨都安排他们去海淀区参访精神病防治网。她还提倡，在精神病学教学课程中，安排医学生到海淀农村社区进行见习。但是，由于一般人不愿公开自家的精神病人，尤其农村更是如此，致使教学安排非常困难，难以坚持下去。

精神病是一种慢性、持久、反复发作的疾病，重者会减弱或丧失家庭、社会功能，失去生活能力和人际交往；少数病人会情绪失控，行为激越冲动，给社会造成严重危害，并且给他人带来不同程度的威胁等。因此，做好基层精神病防治工作，对社会稳定和谐具有重大意义，是精神卫生领域不可缺失的一项工作。

精神病社区康复是国际精神病防治工作所推崇的先进模式，沈渔邨带领开创的“郊区模式”，不仅在国内是一个创举，在世界也是先例。沈渔邨写作了题为《Community Mental Health Care Within Primary Care in The People's Republic of China: The Home Care Program in The Beijing Countryside》① 的文章，1984 年被《科学引文索引》(Science Citation Index，简称 SCI）收录。并且，沈渔邨受邀在国际学术会议上做报告，向全世界介绍中国北京的“郊区模式”。

这项工作，为中国精神卫生事业带来巨大的国际影响力，而最令沈渔邨欣慰的是，这项工作最大的受益者是祖国的人民。

在沈渔邨等人撰写的题为《京郊海淀区精神疾病家庭社会防治试点研究》中提到：

> 研究的目的是设想从我国的社会文化背景出发，寻找适合于农村精神疾病的防治途径，探索家庭治疗精神疾病在农村是否可行。近 8 年的研究说明，家庭社会防治是可行和有效的。其优点是经济，方便群众就近就医。
>
> 精神分裂症的近期疗效，显效率 64.9%，与同期北京医学院附属精神病院住院治疗者相比，后者显效以上者为 65%～80%，略低一些。但农村精神分裂症病人的病期，2/3 在 5 年以上，较住院治疗者长（多数在 5 年以内）。
>
> 从长期追踪观察中可见，远期疗效稳定，复发率低，精神活动的社会康复令人满意。232 例接受家庭社会防治的精神分裂症患者，6～7 年来有 65% 以上的病人保持明显好转以上的疗效。参加全日劳动和家务者，从治疗前的 4.8% 上升至 55%。与慢性精神分裂症病人长期住院，脱离社会生活，精神活动容易衰退相比，显示出社区精神卫生服务的优越性。②

1984 年，“郊区模式”获卫生部科技成果二等奖，并在山东、辽宁、四川等地推广。

沈渔邨曾受卫生部医政司委托去山东烟台地区指导工作，由于莱阳精神病院的积极配合、认真深入工作，加之烟台地区卫生局的大力支持，在 2～3 年完成了 16 个县、600 万农业人口的精神病家庭社会防治的建网工

① Shen Yu-cun.Community Mental Health Care within Primary Care in The People's Republic of China:the Home Care Program in the Beijing Countryside[J]. Int J Ment Health，1984，12（3）：123-131.

② 沈渔邨，张维熙，席廷铭，等．京郊海淀区精神疾病家庭社会防治试点研究 [J]．中华神经精神科杂志，1985，18（2）：65-68.

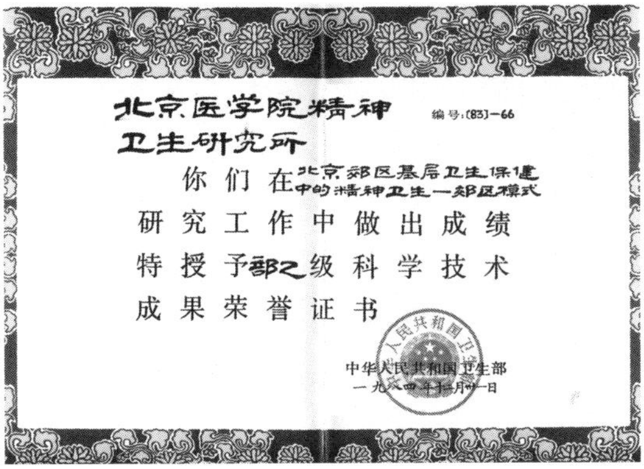

北京医学院精神
卫生研究所 编号:(83)-66
你们在北京郊区基层卫生保健中的精神卫生一郊区模式
研究工作中做出成绩
特授予部乙级科学技术
成果荣誉证书
中华人民共和国卫生部
一九八四年十二月廿一日

1984年，北京郊区基层卫生保健中的精神卫生郊区模式——卫生部乙等科技成果奖（精研所）

作，使2500多名农村精神分裂症病人获得了治疗的机会。沈渔邨在回忆这段经历是写道：我和我所的同志只是在开始起了一个带头示范作用。在山东掖县世界卫生组织的农村试点地区开展了这项工作，后来又协助姚院长写好论文总结，在1986年全国第二次精神卫生工作会议上宣读。①“当时山东基层单位设有三病医生：即专治结核、麻风、精神病的医生。后来结核、麻风病消失了，我们就对这些医生进行精神科培训。使2500名精神病人经过治疗后，病情明显好转。”沈渔邨为此笑着说，“我觉得我做了一件善事。”②

1981年，沈渔邨（左三）在山东莱阳进行农村基层精神卫生工作调研

① 沈渔邨．执着之路　赤子之情[J]．中国医院，2002，6（12）：25-27.
② 薛京．沈院士：一生只为疗“心病”[N]．健康时报，2006-07-10（3）.

20年后，沈渔邨在自述中欣慰地写道："1996年我应中残联康复部的邀请去广东汕头市参加精神残疾的康复总结工作，我被愉快地告知：汕头的精神分裂症病人90%以上在'八五'期间获得了治疗。这真是了不起的成就！除市残联的社会发动工作做得深入细致外，大量医疗工作是由汕头大学精神科医生负责的。我向他们了解是如何开展医疗工作的，医生告诉我是按照我们在海淀区试点的工作方法一点一点做的。当我在一个海岛上看到一名病程十年的慢性分裂症患者经治疗后明显好转，已在做我们的向导，能为家人做饭，他的哥哥都激动得流下了热泪，我从内心也分享到了他们的快乐。"①

沈渔邨曾写道：精神病社区康复是当前国际精神病防治工作所推崇的先进模式，这项工作先后在国内外杂志上发表，并在国际学术会议做报告，均深得人心。但最令人鼓舞的是自己的人民受益了。②

第三节　编写教材和《精神病学》

青年身处战争年代，中年又遭遇十年"文革"，对时间的紧迫感，没有任何一代人有沈渔邨这一代人那么深刻的理解。

回到工作岗位后，沈渔邨就像上紧的发条，铆足了劲地工作，要把被"文革"耽误的10年抢回来。张维熙教授回忆说："回想在70年代末期、在海淀区农村精神病三级防治网模式基本完成后，当时的科主任沈大夫提出来要联合国内同道编写一本专业参考书。"沈渔邨在回忆中写道：（"文革"后）在没有实验室骨干、没有经费、人才匮乏的情况下，我千方百计地将流失的骨干调回，并恢复实验室的研究工作。同时做两件事：第一，带领科室医生在海淀区开展农村家庭社区精神病防治的试点工作，旨在为精神病专业设施和医务人员极为匮乏的农村，寻求一条解决广大农村精神病人的医

① 沈渔邨．执着之路　赤子之情[J]．中国医院，2002，6（12）：25-27.
② 同①.

疗问题。第二，积极筹备编纂《精神病学》大型参考书，介绍国际神经科学和精神病学的进展，为尽快缩短我国精神病学与国外差距。①

1966 年之后的十余年正是国外精神卫生学科发展最快的时期，而在此期间，我国与国外交流几乎断绝，在与外界隔绝的情况下，中国的医生能看到的国外资料非常少，精神病学在中国停顿了将近 10 年。

一方面，随着精神病学在全世界的发展，苏联理论的“一家之说”和“片面性”凸显，而且它的发展趋于停顿，没有新的内容充入，已不能适应当前迅猛发展的精神医学潮流了；另一方面，“文革”时期，精神科从原来与内科并列的临床二级学科，改为从属于内科学的，丧失了学科独立性后，精神病学也被作为一个章节并入了《内科学》教材中。因此，中国亟须一部反映当代国际精神病学进展的参考书，以正学术思想混乱之弊，尽快缩短和弥补我国精神病学由于“文革”造成的差距。

1978 年 3 月，在沈渔邨的倡议和组织下，《精神病学》大型参考书第 1 版由北医三院精神科全体医生与国内有关兄弟院校共同编写，包括南京神经精神病防治院、北京安定医院、天水市精神病院、解放军第四军医大学、中国科学院心理研究所、上海第一医学院和北京医科大学生物学教研室的有关专家参加。

图书编写工作是极其辛苦的。20 世纪 70 年代末没有打字机，更没有电脑，完全靠手写，每位作者写完初稿后，交给北医三院精神科统一刻蜡版油印若干份，再分发给有关人员审稿。

这项工作的牵头人沈渔邨，更是在缺乏资料、人手不齐的情况下开始的。据张维熙教授回忆，当时连像样的办公室都没有，所有书稿只能堆在示教室的长桌上。下放大西北的许多高年资医生尚未调回，直到 1979 年，精神科医生仅有 13 人，约为搬到北医三院时的一半。个别留在科里的高年资大夫，如许又新，仍戴着“反革命分子”的帽子，被发配当清扫工。沈渔邨顶着政治压力，大胆启用许又新，“破格提升”为抄写员，负责刻蜡版的工作，兼做中英文词汇表的整理和校对。这位许又新大夫，1952 年毕业于湘雅医学院，参加全国高级师资班进修后，1953 年分配到北医三院精神科工作。他英文极佳，博览群书，除了临床工作钻研极深，而且浸淫医学史

① 沈渔邨．执着之路　赤子之情 [J]．中国医院，2002，6（12）：25-27.

多年，后来成为我国神经症和心理治疗领域的著名专家。

初稿要先刻蜡版再油印，待审稿完成后，正式的定稿也是靠手工抄写，一式三份，且不能使用圆珠笔（作者注：因为圆珠笔的油墨是用染料和蓖麻油制成的，油很不容易干，日子久了，油就会慢慢地在纸上洇开去，字迹就会变得模糊。），张维熙教授记得，当时协助编务工作的同志，特意买来一种能使用墨水的钢笔发给每一位作者抄稿用。

《精神病学》第 1 版从写稿到出版花了两年多的时间，于 1980 年 10 月由人民卫生出版社出版，填补了国内空白。第 1 版分为精装本和平装本两种方式装订，共计印刷 45 000 册，这本书在当时是国内精神病学唯一的大型专业参考书，并获得当年卫生部全国优秀教材奖。

改革开放后，我国精神病学与国际交流密切，与世界精神病学科的发展逐渐同步，《精神病学》也需要同步更新知识。1985 年，沈渔邨开始牵头《精神病学》第 2 版的编写，着重增加了有关社会心理、文化与精神卫生、应激与健康、精神疾病的流行病学等新内容。还增加了通过 20 世纪 80 年代初国际交流了解到的临床研究工作方法学如标准化精神状况检查和评定量表等。第 2 版于 1988 年 7 月正式出版。

在多年不辍的努力下，《精神病学》第 3 版（1994 年）、第 4 版（2002 年），以及第 5 版（2009 年），都是沈渔邨担任主编组织全国精神科同道共同编写，其中第 1、2、3、4 版先后获得了卫生部优秀教材奖、国家新闻出版总署优秀科技图书二等奖、卫生部科技成果二等奖等许多大奖。几乎每版一出版

自 1980 年以来，沈渔邨主编出版的《精神病学》第 1 版至第 5 版，先后获得了众多国家级大奖，是精神病学领域最经典、最权威的专著，得到了各层次医生和社会各界人士的认可及广泛赞誉

就销售一空，总要经历数次重印，其发行量是全国同类书籍中最高的。

主编大型医学参考书，需要对全国精神病学的学术水平有全局掌握，挑选每个领域最优秀的专家；还要有极强的领导力，才能统领全国各地的作者；此外，在经费严重不足的情况下，要保证图书顺利出版，这也是对主编能力的极大考验。沈渔邨凡事出于公心的坦荡和宽广的胸怀，在30年来组织《精神病学》的编写中令全国同行都敬佩。崔玉华教授在第2、3、4版都担任《精神病学》编写组的秘书，她回忆说：

我一直跟在沈大夫身边参与这本教材的编写工作，亲历和见证了她的不易——全国各地的同行，无论是谁，哪怕是有一些在学术观点上不一致、不太配合的专家，只要对方在学术上有成就，沈大夫都会邀请成为作者，她的大度是很多人都望尘莫及的。当然，也是由于沈大夫为人坦荡真诚，只要她邀请的作者，基本没有拒绝的。从第2版开始，我们和台湾地区有了学术交流，台湾同行购买了很多，评价很高，之后的几版，都得到了台湾、香港同道们的高度评价。

《精神病学》每一版的编写过程都有大量的工作，尤其在互联网还没出现，或者早期不发达的时候，每个环节至少要开两次全国的编委会，平时是文稿传阅，反复修改，等等。沈渔邨不仅是作为主编，书中的重要章节，比如精神分裂症和生化部分，她都是亲自撰写。

此外，由于经费短缺，以至于各地副主编来北京开审稿会，差旅费都是各自单位报销，稿费更是少到几乎可以忽略不计。几十年来，沈渔邨非常感激全国所有专家的支持，她常常对身边工作人员说："大家千里迢迢从四川、重庆、上海、西安等各地和北京之间奔波，查阅大量资料、辛苦写作，完全是因为内心对学科的热爱和理想。"《精神病学》每一版都获得国家图书出版大奖，是对每一位写作者最大的认可和荣誉。

组织编写《精神病学》第5版时，沈渔邨教授已经80多岁高龄，她依然全身心地投入新书的编写中。该版图书出版后，由于一些同志的工作疏忽错过了申报时间而失去了获奖机会，沈渔邨院士感到十分遗憾。但她没有批评任何人，回到办公室后，对身边人语重心长地说："我已经年纪大了，这些荣誉对我都没有什么意义，我就觉得对不起这些作者。"

自1980年问世以来，《精神病学》是精神病学领域最经典、最权威的专著，得到了各层次医生和社会各界人士的认可，是精神科医师、全科医

2023年10月，《沈渔邨精神病学》被评为人民卫生出版社70年“精品力作”

师以及相关专业人员的大型工具书，也是医学生和其他需要接受精神科培训人员的专业用书，极大地推动了我国精神卫生事业的发展。目前国内精神医学界的中青年专家，几乎都是学习沈渔邨院士主编的《精神病学》成长起来的，这本书的系列版本陪伴并指导了我国一代又一代精神科医生。沈渔邨晚年时回忆说：“一次一位基层精神科医生拿着第3版来找我这个‘沈爷爷’时，我受了很大的鼓舞，他激励我再编好书，为祖国精神病学学科发展多做有益的事。”

精神病学专业发展的日新月异，《精神病学》又到了更新再版的时候。为了表达对老一辈编写专家的敬意，由现任北京大学第六医院院长、中国科学院院士陆林主编的《精神病学》第6版，更名为《沈渔邨精神病学》，于2017年由人民卫生出版社正式出版。2023年10月，《沈渔邨精神病学》被评为人民卫生出版社70年“精品力作”，同时，由陆林教授组织的《沈渔邨精神病学》（第7版）正在编写中。

第四节　走出国门看世界

历史的车轮滚滚向前，中国的春天以不可阻挡之势来临了。

1976年10月18日，中共中央正式向全党公布了粉碎“四人帮”的消息，结束了持续了十年之久的“文化大革命”，共和国的历史翻开了新的一页。

1977年7月召开的党的十届三中全会决定，恢复邓小平在1976年被撤销的全部职务。1978年3月18日，中共中央在北京人民大会堂召开全国科学大会，有6000人参加了开幕式，大会一共开了13天，31日闭幕。

邓小平在会上提出“现代化的关键是科学技术”“知识分子是工人阶级的一部分”，明确指出“科学技术是生产力”的著名论断，从而澄清了长期束缚科学技术发展的重大理论是非问题，打开了“文化大革命”以来长期禁锢知识分子的桎梏，迎来了科学的春天。

1978年12月16日，中美发表关于建立外交关系的联合公报。

1978年12月18日至22日，中共中央召开十一届三中全会，中国历史终于迎来“拨乱反正”的伟大转折，开启了中国改革开放的新纪元，科技界和教育界，成为新时期对外开放的“双料先锋”。

一连串的历史事件之后，新中国这艘巨轮调整方向驶上复兴与富强的航道。这一切，对于我们来说，是历史书上的一段描述，而对于沈渔邨却是真真实实的经历。

在1976年“批邓、反击右倾翻案风”中，钱信忠被波及而再次接受审查。1978年春，钱信忠再次被“平反”，1979年重新担任卫生部部长。

任何时候，个人的命运都跟社会与时代紧密相连，人无法选择时代，但时代会选择她需要的人。这对革命伉俪从战火硝烟中走来，一起留学，一起经历“文革”风雨，当年气宇轩昂的开国少将钱信忠已年近古稀，曾经眉目如画的杭州姑娘沈渔邨也已年过半百，他们终于迎来了家庭和事业最平静、幸福的时光。

国门打开已如箭在弦，沈渔邨知道接下来出国留学、看文献、学术交流都是水到渠成的事，英语将非常重要。几十年来，她不仅自己花大量时间学习外语，也要求学生学好外语。陈昌惠回忆说：“沈大夫对学生的学习抓得很紧，要求很严，尤其对学生的外文学习要求很高，也很用心培养。记得沈大夫总给我一些外文科研资料研读和翻译，几年下来，我的外文确实提高了不少。”①

为了督促大家学英语，1978年，沈渔邨在北医三院精神科开展了大规模锻炼英语口语的活动，整个科室掀起了学英语的热潮，沈渔邨也拿起了《英语九百句》天天练习。于欣教授回忆说：“沈大夫刚出国的时候可辛苦了，她随身带着英语900句，翻一页说几句；给人打电话时，讲两句，再翻书找下一句怎么说。但沈大夫很短时间就跨越了语言障碍，很快就能和

①《我与沈大夫的工作经历》，陈昌惠写于加拿大温哥华，2022年10月1日.

外国同行无障碍交流了。在精研所里，她肯定是英语口语最好的，甚至在整个北医系统也是能排在前几位，当时能和外国人流利对话的人真的不多。”沈渔邨曾在2002年接受《健康报》记者采访时说，不久前，一位外国朋友对她说：“沈教授，你现在英语讲得非常流利，一点不像20多年前那样了。”沈渔邨说，当年去国外开国际会议和学习时，她的英语讲得磕磕巴巴的。①

1978年10月，中国卫生部与世界卫生组织（WHO）在北京签署了“中国与世卫组织关于卫生技术合作的备忘录”，其中包括：WHO将向卫生部推荐的中国各级科学研究工作者颁发研究奖学金和进修奖学金，以便他们在中国国内或国外的研究机构从事研究活动或进修。此后，WHO开始对中国很多学科给予一定的资助，其中也包括精神病学。

1979年3月，沈渔邨获得WHO半年奖学金，作为访问学者远赴WHO总部以及日内瓦大学、克罗地亚、英国、奥地利和丹麦的精神卫生机构参观，了解发达国家精神卫生的发展状况。这是近30年后，中国精神病学专家第一次走出国门，全方位考察精神科的发展。

沈渔邨拿着《英语九百句》上了飞机，在飞往欧洲的10多个小时里，仍在背诵着常用句子。这是她第二次走出国门，上一次是去苏联留学。今非昔比，去苏联时她是刚刚毕业的医学生，如今她已经是有着20多年临床工作和科学实践经验的资深专家。

根据邓小平1977年对学习外国的两条要求，一是学习科学技术；二是学习科学管理。半年多的时间，沈渔邨无暇观赏绮丽的欧洲风光，争分夺秒走遍了欧洲著名的精神卫生机构和科研机构，了解各国在精神病学领域的政策法规、医疗管理体系、科研成果、先进技术和设备、精神病人的管理，甚至精神病院设计的各种细节。

我国“文革”的十余年里，正是国外精神卫生学科发展最快的时期。突出的进步主要在两方面：一是由于神经科学的进步，主要精神障碍（如精神分裂症、抑郁症）的单胺类假说得以发展，相关药物相继问世，主要的第一代抗精神病药物吩噻嗪类、丁酰苯类、硫杂蒽类均在这期间进入市场，精神疾病的药物治疗有了更多的选择。同时，抗抑郁药物如阿米替林、丙米

① 金永红. 沈渔邨守望精神家园 [N]. 健康报，2002-11-12.

1979年，沈渔邨（右四）访问丹麦（左四为钱信忠）

1979年，沈渔邨（右一）访问丹麦，右三为钱信忠

1979年3月波罗的海美人鱼铜像留念

嗪等也给抑郁症的治疗带来很大改观。二是随着精神药物的发展，对精神疾病病人人权日渐重视，西方发达国家精神卫生机构的“去机构化”运动越来越普遍，大型精神病院纷纷关门或转型，而社区精神卫生体系逐渐成熟，综合医院的精神卫生服务逐渐完善。精神科医生的培养也从大纲培训、考核、认证形成了完整的体系。①

走出中国，打开眼界，中国与国外发达国家在学科和服务的巨大差距，让沈渔邨十分震惊。她切实感到了关起门来做研究是行不通的，不走出去，不向国外先进经验学习，难以弥补“十年浩劫”造成的损失，难以完成尽快完善学科建设的目标。

沈渔邨在欧洲访学期间，她还接到了参加美国精神医学学会（American Psychiatric Association，APA）年会的邀请，便转道飞往美国，与中国来的同道们会合。

1979年5月，首批中国精神病学专家访美代表团参加在芝加哥举行的APA年会，开启了中美两国精神科医生交往的历程。中国派出了当时国内顶级的8位精神科专家学者，由夏镇夷教授担任团长，团员包括沈渔邨、伍正谊、杨德森、严和骎、陈学诗、陶国泰和何鼎雄。在会议之前，代表团

① 国家卫生健康委员会疾病预防控制局. 致为精神卫生共同奋斗的70年[M]. 北京：人民卫生出版社，2020：1-5.

1979年5月，中国精神病学家代表团赴美参会时，沈渔邨（左一）与时任美国第一夫人罗莎琳·卡特等人合影

1979年5月，中国精神病学家代表团一行在美国芝加哥大学门前留影，左二为沈渔邨

1979 年 5 月，在 APA 年会上，沈渔邨（右一）与美国专家合影

1979 年 5 月，中国精神病学家代表团专家与美国同行合影，右二为沈渔邨

1979 年 5 月，中国精神病学家代表团专家与美国同行合影，后排右三为沈渔邨

1979年，中国精神病学家代表团应邀访美，受到美国卫生及公共服务部部长的接见，右三为沈渔邨

分为两组，访问了不同城市。中国精神科医生的造访不仅给各地接待者留下了深刻的印象，也结下了终生的友谊。

8人都是第一次参加如此大规模的学术活动，APA年会现场有来自世界各国精神病专家共两万多名与会者，浓厚的学术气氛给沈渔邨等人带来了巨大的冲击。

时任APA国际事务部主任的埃伦·默瑟（Ellen Mercer）回忆说：

最引人注目的是代表团里的每个人都能讲英语，这让我们这些不能讲中文的人羞愧！至少两名团员曾经在美国学习过，其他是在中国学习的英语。

在会议期间，我每个早餐时段与代表团碰头，这样我们就可以协商当天的活动安排。我觉得自己在充当一个“保护人”的角色，因为中国医生与外界隔绝太久了，对他们将要拜访的美国医生几乎一无所知。每个人都想见他们，每个人都想得到访问中国的邀请！

当时APA的主席刚刚随团访问了中国，他邀请中国医生到他所在的套间的另一个房间，看他在中国拍摄的幻灯片。当APA其他官员一一到场时，只看见我一个人在房间里，有一位先生有点气急败坏，他抱怨主席把这些中国人独自“扣留”了，我只能一再解释中国医生马上会过来。中国代表团表现得彬彬有礼。

繁忙的一天结束后，我们会一起用晚餐。通常我们会去芝加哥的中餐馆，而每每都以冰激凌来收场。我想冰激凌一定是中国医生的最爱，因为在我后来

1979年，美国卫生及公共服务部部长与沈渔邨在交流

每次访问中国时，他们也招待我吃冰激凌！①

1978年收到中国政府的邀请，成为第一个在中国做研究的西方国家精神科医生，美国哈佛大学医学院人类学家亚瑟·凯博文（Arthur Kleinman）教授回忆说："中国高年资精神科医生非常渴望西方的知识，他们与世界精神病学的交流被阻隔太久了。值得欣喜的是，中国的精神科重新打开了大门，和世界进行交流。"②

其实，在改革开放前夕，全国各地各行各业向发达国家派出了对外开放的"侦察兵"。据当时的国务院港澳办公室统计，从1978年1月至11月底，经香港出国和去港考察的人员达529批3213人，其中共有12位副总理及副委员长以上的中央领导人，先后20次访问了50多个国家。③这批"侦察兵"，在各自领域成了改革开放的"急先锋"。

从1978年到1988年分管对外开放工作的副总理谷牧，1978年5月带队考察欧洲五国，一个月后回国汇报时说：我国要老老实实承认落后了，与世界先进水平拉开了很大的差距。我们现在达到的经济技术水平，同发

① 国家卫生健康委员会疾病预防控制局. 致为精神卫生共同奋斗的70年[M]. 北京：人民卫生出版社，2020：98-101.

② 国家卫生健康委员会疾病预防控制局. 致为精神卫生共同奋斗的70年[M]. 北京：人民卫生出版社，2020：101-107.

③ 谷牧. 1978伟大的"睁眼看世界". 记者观察，2020（8）：78.

达的资本主义国家比较，大体上落后二十年，从按人口平均的生产水平讲，差距就更大。我们一定要迎头赶上，改变这种落后状况。[①]

首批访美的八位精神病学家的所见所闻震撼着每一个人的心灵，他们看到了中国精神卫生事业与世界的差距，他们就像那衔着橄榄枝回到诺亚方舟的鸽子，给中国带回来了世界的友谊和召唤。随后的几十年里，中美精神病学界学术往来十分频繁，大批中国精神科医生，也包括美国医生，受邀或接受资助在中美各地进行学术交流。

沈渔邨结束欧洲访问，一回到国内，便向 WHO 提出申请，希望能够尽快帮助中国的精神科医生提高业务水平，她被聘为 WHO 在中国的精神卫生协调员，从此打通了国际学术交流渠道，带领中国精神卫生事业开始了轰轰烈烈的追赶之旅。

自我封闭了 20 多年的中国，大门一旦打开，就再也不会关上了。

① 谷牧回忆改革开放年代，http://www.reformdata.org/2009/1106/7408.shtml，中国改革开放数据库（http://www.reformdata.org/）.

第八章

学科建设布局未来

第一节　建立北京医学院精神卫生研究所

1979 年底，从国外访学归来后，沈渔邨下定决心要做的第一件事情就是成立“精神卫生研究所”。

把一个几年前还挣扎在“死亡线”上的、综合医院的边缘科室变成一个研究所，而且从一开始就要对外开放站在国际舞台上，对于普通人来说，这个想法实在有点“天真”，但沈渔邨从来就是一个天真的人，心无旁骛地向着目标奔跑。

沈渔邨的重要帮助者诺曼・赛多利斯（Norman Sartorius）教授，正是在此时走进了中国精神病学发展的历史，他在 WHO 的平台上提供帮助，为中国精神病学的发展做出了巨大贡献，也成为许多中国精神科医生的老朋友。

WHO 与中国的友好关系源远流长。中国是 WHO 的两个发起国之一，1945 年，在旧金山召开的联合国关于国际组织问题的大会上，中国和巴西代表提交了“建立一个国际性卫生组织的宣言”，为创建 WHO 奠定了基础。1972 年 5 月，在第 25 届世界卫生大会上，中国恢复了在 WHO 中的合法席位。此后，中国派代表团参加了历届 WHO 大会和西太平洋区域委员会会议，并多次当选执委会委员。

赛多利斯教授 1967 年加入 WHO，1977 年开始担任 WHO 精神卫生司司长，直至 1993 年。中国恢复在 WHO 中的合法席位后，赛多利斯教授就一直尝试接触中国的精神卫生工作者。他认为，全球的精神卫生发展，如果中国不在其中，是不可接受的，因此他在任期间，大力推进与中国的合作。20 世纪 70 年代末，他通过卫生部联系到了沈渔邨教授，并设法资助沈渔邨的欧洲访学，帮助她全方位考察精神科的发展。

沈渔邨访学回来后，1980 年初邀请 WHO 副总干事兰波博士和赛多利斯教授来到中国，表达了想建立研究所，搭建一个国际性的平台来开展工作，推动中国精神病学的发展。据时任北京医学院党委书记彭瑞骢的回忆，他跟钱信忠部长、卫生部医政司司长，还有沈渔邨教授，与赛多利斯教授详细讨论了相关事宜。

1980 年 3 月，经卫生部和北京医学院批准，北医三院精神科独立建成北京医学院精神卫生研究所，一个集医教研于一体的独立机构，沈渔邨任

1995年7月，沈渔邨（前排右四）参加世界卫生组织合作中心主任会议，
前排左六为严仁英

所长兼党委书记。

沈渔邨的坚持，卫生部和北医的支持，以及赛多利斯教授的帮助，让成立研究所这个“天真”的想法成了现实，而且一“出生”就“风华正茂”站在了与WHO合作的起点上。十几年后，精研所的所有人深刻地体会到：“只要沈大夫想到的，她就一定要办到。”

有一位1989年毕业于北京医科大学临床医学系，后成为作家的北医毕业生，曾如此描述20世纪80年代初时的精研所：学院路上还没几盏路灯，骑车上学一路可超好几辆马车和拖拉机，校园周围是粪臭弥漫的菜园子，没几户人家。走进不张扬的校门，左边是一道无人修剪的灌木丛，右边是一堵开有绿漆铁门的灰砖矮墙，院门白天开着，朝里张望，绿树葱茂，闲适寂静，极少有人进出；麻雀唱，知了鸣，春天可见大朵的粉花红花黄花白花，实说像植物园，虚说像桃花源。三个四方柱的水泥门垛上挂了三块白底黑字的木头门牌，其中一块上写着：北京医科大学精神卫生研究所。校内人简称它“精研所”。

在文艺青年的眼里，精研所的小院像美丽的桃花源，只有真正置身于其中工作的人才能体会现实的“骨感”。此时的精研所穷得叮当响，只有一台脑电图机，价值两万多元，每年的科研经费只有8万元，这样的研究所，在现在来说是不可想象的。

虽一贫如洗，但有鸿鹄之志。精研所成立时的顶层设计具有极高的前

20 世纪 80 年代，北京医学院精神卫生研究所院内绿树成荫

瞻性和大局观，立足北京，面向中国，放眼全世界，这也是精研所的同事们对沈渔邨最佩服之处。一穷二白的精研所在成立之初，保留了原有的 100 张病床和门诊部，增设了 9 个研究室、组，包括精神病流行病学、临床精神药理、临床精神病学、司法精神病学和中西医结合研究室，以及儿童和精神卫生咨询研究组等，扩建了生化、电生理研究室，对于本专业的学科发展、培养研究生以及国内外学术交流均提供了更加有利的条件。

对于新成立的精研所，政府给政策，给编制，就是不给钱，沈渔邨十分理解。10 年“文化大革命”，使党、国家和人民遭受新中国成立以来最严重的挫折和损失，国民经济濒临崩溃边缘。改革开放之初，全国上下、各行各业百废待兴，精研所如果一味坐等国家拨款，无异于等着“天上掉馅饼”。

自力更生，自己找路子、找资金、找机会，这是拓荒者的使命，等待沈渔邨和所有创业者的，是在精研所这张白纸上描绘出最美的图画。

首先要有人才。上级给了精研所 60 个研究人员编制，沈渔邨一举将当年下放、调离的同事调回了北京，还根据各个研究室的需要四处寻找适合的人才。1980 年后的调入人员包括李从培、席廷铭、吕秋云、宋燕华、李淑然、陈昌惠、张彤玲、方耀奇、刘家良、王志兰、贾云奎等人，精研所立刻兵强马壮了。

历史选择了沈渔邨，同时给她配备了一个精良的团队。精研所一直有

1981 年 5 月，精研所庆祝护士节合影，二排左六为沈渔邨

着优良的传统，除了科室开创之初许英魁教授奠定严谨优良的医疗、教学工作作风，解放后科室的骨干，许多都如沈渔邨一样在北医学生运动中成长起来的，经受了北大、北医良好传统、校风的熏陶，有为革命事业的献身精神，还具备具有北医特色的“以专业服务于民众”的献身精神，可谓“以红带专，红专结合，又红又专”。这样的集体能以事业为奋斗目标，顾大局，识大体，不计个人恩怨、委屈，全力以赴克服困难，齐心协力来推动、促进和发展中国的精神卫生事业。

正所谓成大事者，天时、地利、人和。改革开放的大时代，卫生部、北医领导对精神卫生事业的重视，基层核心成员的团结，这些带有某些时代特征的境遇，可以说是难得的、弥足珍贵的一种机遇。机会每个人都有，但许多人不知道他们碰到过它，甚至浪费了整整一生去等待符合他们心愿的机会，只有真正的智者才善于捕捉和创造机会，沈渔邨便是这样的一位智者。

接下来要找项目求发展，否则精研所就只是一个空壳，研究室也徒有虚名。找资金、找项目，建现代化的实验室，前瞻性地布局学科未来发展的重要领域，沈渔邨将集生物精神病学家、事业活动家和外交家于一身的能力，发挥得淋漓尽致。她满怀热忱，充满干劲和精力，不怕困难，不达目的绝不罢休，以坚忍不拔的意志力，带领所有业务骨干，熊熊燃烧着开创事业的激情。

第二节　首次全国精神疾病流行病学调查

沈渔邨成为 WHO 的中方精神卫生协调员。

在 WHO 总干事马勒博士的支持下，赛多利斯教授获得了一定的经费用于支持中国精神病学的发展，他在沈渔邨的陪同下，走访了中国十几个省、市，考察中国的精神卫生状况。

我国精神病学亟待提高的地方实在太多了，千头万绪，从哪里开始突破呢？沈渔邨与赛多利斯教授讨论后，一致认为目前最急迫的，是进行精神疾病的流行学调查（以下简称流调），也就是说首先搞清楚我国到底有多少精神病人，哪类精神病人比较多。只有真正科学、可信的数据，才能为我国政府制定正确的卫生政策提供科学依据。

沈渔邨院士在 2005 年和身边人聊起这次流调时，曾说：“当时国际同行问我中国究竟有多少精神病人，我答不出来，觉得很尴尬；国家每年定政

1982 年 7 月 7 日，沈渔邨（前排左五）陪同时任 WHO 精神卫生司司长的赛多利斯教授（前排左四）到山东莱阳基层参观考察

策需要资料，我拿不出来，也很尴尬。所以我下决心一定要搞流调。”[①]

我们都知道，流行病学作为预防医学的一部分，它是基础医学、临床医学之外的另一个专业领域，三者一起分别从不同的角度对医学进行观察研究。流行病学可以为预防医学和临床医学提供强有力的支持，对政府而言，了解疾病给人群带来的负担是至关重要的工作，需通过确定预防保健工作重点的卫生计划，以力求利用有限的资源达到最佳的效果。

沈渔邨十分重视精神疾病流行病学，精研所成立时设置的 9 个研究室、组，就包括了精神疾病流行病学研究室（1985 年更名为社会精神病学研究室），并亲自兼任室主任，张维熙任副主任。这个研究室主要研究方向是：从宏观人群角度研究社会、生态及文化等因素对精神疾病发生、发展、转归的影响，以及中国文化背景下精神疾病的流行特征。在完成第一次流调之后，沈渔邨为精研所引进了流行病学的专业人才。1987 年，她将北医流行病学专家连志浩教授的得意门生黄悦勤要了过来。30 年后黄悦勤教授回忆说：“沈大夫就是这么高瞻远瞩，她认为一个好的医院不能只有一个专业，只有临床专业，所以她调入了不少非临床专业人员，补充到不同领域。”果然，黄悦勤在沈渔邨 1993 年组织的第二次全国流调中发挥了重要作用；30 年后，黄悦勤教授成功领导了第三次全国精神障碍流行病学调查，把沈大夫打下的流调基础继续发扬光大，这是后话。

沈渔邨曾在《开展精神疾病流行病学调查的重要意义》中写道：

> 人类早期的医学研究是从个体疾病开始，经过漫长的探索，逐渐摸索出从微观和宏观两个角度进行研究，形成了对人体组织、细胞、分子水平进行研究的基础医学，和对群体疾病进行研究的流行病学。
>
> 流行病学的研究对象是疾病发生的时间、空间和在人群中的分布，以及影响这一分布的相关因素。它以群体为分析的基本单位，从人类社会的宏观角度揭示疾病和健康的有关信息，以数据的形式显示事物发生的概率。[②]

对精神病人群进行普查、摸底的工作，沈渔邨在建设海淀区三级防治网时已初步尝试。同一时期，全国不少地区也进行了同样的工作，沈渔邨

①《回忆在沈渔邨教授身边工作的经历》，受访人王婉新，2022 年 6 月 22 日.

② 沈渔邨. 开展精神疾病流行病学调查的重要意义 [J]. 中华精神科杂志，1998，31（2）：67-68.

和李从培教授于1980年7月完稿的一篇文章，汇总分析了改革开放之前十四个省、自治区和京、津、沪三市的调查资料，她写道：

我国各地的精神疾病流行学调查（简称“调查”）已遍及大多数省市地区，调查计二三千万人口以上。调查的特点是调查与治疗相结合，这是我国调查的特色，但是，各地调查都是按照各自调查方案和方法分别进行的，没有全国性的组织和领导。尽管调查数量相当可观，但往往缺乏可比性。加之有的资料不够完整，要对这些资料加以分析、概括也存在着困难。

我国精神疾病流行学调查研究工作，量大面宽，资料浩繁，内容丰富，为今后深入开展调查和研究工作打下了基础。但是也必须清楚地看到我们的调查资料还有缺点。这主要是缺乏全国性的组织领导和标准化的精神病评定方法和工具。近三十年来，国外精神病流行学有了突飞猛进的发展，例如抽样技术、病例筛选设计、精神病症状量表，精神病术语汇编和应用，精神病症状评定、检查、诊断标准，评定方法和工具的改善等都有较大发展。很多方面都值得我们研究和批判地吸收。我们在目前必须十分重视方法学方面的学习和提高，研究制订统一的标准化的精神病的评定方法和工具，这是把精神疾病流行学调查研究向前推进一步的当务之急。①

虽然中国精神病学科医生们在流行病学方面做了很多的尝试，但因方法学存在问题，所得结果可比性较差，因此直到20世纪80年代之前，我国都没有真正的精神障碍流行病学研究。

沈渔邨在欧洲考察时便开始为此次流调做准备，她收集了当年通用于精神疾病流行病学调查研究的多种筛查工具以及标准化精神状况检查（PSE）。回国后便着手推动中国历史上第一次大范围的精神疾病流行病学调查，亲自到各大区的卫生行政部门，解说流行病学的意义，争取地方卫生行政支持，终于1982年成功地完成了全国六大行政区12个地区大规模精神疾病流行病学调查。

这是一次在中国史无前例的研究，成为其后十多年我国精神疾病人群研究的模板，并为我国精神卫生事业开创了与国际接轨的良好开端。

① 李从培，沈渔邨．我国某些省市地区精神病流行学近年调查资料的概述 [J]．中华神经精神科杂志，1982，15（2）：120-125．

1. WHO 专家：从来没有像在中国工作那样有成就感

沈渔邨的行动力如此惊人，在精研所成立仅 3 个月，我国的精神卫生机构与 WHO 的合作便拉开了序幕，举行了“WHO/ 北京精神疾病流行病学学术讨论会”。这是 WHO 在中国精神卫生学科领域举办的第一次学术活动，是国际、国内学术交流与协作的开始，WHO 副总干事兰波博士专程来京参加开幕式。

1980 年 6 月 2～14 日，讲习班的授课地点设在北医病理楼 14 教室，WHO 总部派遣了国际著名的精神病流行病学专家前来授课，有来自中国各地的 140 多位高级医师同行参加。这是一次对于全国精神病学学科发展具有划时代意义的学术会议，不仅使国内同道们了解到当今国际上精神病学最新发展状况，同时学习了精神病流行病学的最新研究方法、使用工具、精神疾病分类与诊断标准，以及精神现状检查、症状定义、评定标准，等等。

赛多利斯教授晚年在厦门参加会议接受采访时，回忆这一次的会议，说：“受训学员两极分化十分严重，年纪很大的医生有一部分在苏联接受过培训，年纪很轻的医生刚刚从医学院校毕业，在中间年龄段的人非常少。”他还说，当时中国医生对如何开展精神疾病流行病学调查“几乎一无所知”，但是却充满着学习的热情。

由于当时中国医生的英语水平普遍都很低，为了提高外国专家的授课效果，沈渔邨安排了资料翻译、讲义翻译，同时还安排了会场录音。王玉凤回忆说：“我从儿科转到沈大夫名下当硕士研究生之后，所有国际讲习班，一般都持续时间很长，半个月甚至好几周，沈老师总说‘这个讲课的专家特别有学问，你把他讲的东西录下来’。然后她把家里的录音机递给我，说‘钱部长出国带回来一个，你拿去用’，之后我天天抱着录音机去讲习班。”

一位 WHO 派来的讲员发现中国学员上午听课的时候会录音，下午围坐在一起反复听录音带，然后写下授课要点，再来跟讲员核实。这位讲员后来对赛多利斯教授说，他从来没有像在中国工作那样有成就感。时任 WHO 总干事马勒博士在听取了中国项目的汇报后，也认为如果 WHO 为中国花一些钱，那在 WHO 的项目中是最值得的。

会议期间，卫生部医政司决定，由北医精研所和上海市精神卫生中心共同牵头组成精神疾病流行病学调查研究协作组，并指定北京医学院、上海医学院、四川医学院、湖南医学院（后改为湖南省精神病院）、南京医科大学、大庆第三医院6个精神病学医疗单位参加。后发展为东北、华北、华东、中南、西南以及西北六大地区，包括北医精研所、北京安定医院、大庆、广州、湖南、吉林、兰州、辽宁、南京、上海、四川、新疆全国6个地区12个单位，协作开展全国第一次大样本的精神疾病流行病学现状调查。①

2. 引进第一个量表，打开临床症状标准化评估之门

制定统一的、标准化的精神病评定方法和工具，是流调的基础。在这里，就要提到沈渔邨欧洲访学时给国家带回来的“礼物”——各种量表。

沈渔邨从苏联留学开始就有一个习惯，回来时一定要给国家带点什么。当年留苏回来，她带回了苏联的《精神病学》进行翻译，为那一时期中国精神病学填补了缺乏专业书籍的空白。

1979年欧洲访学，沈渔邨带回来的礼物是各种评定量表，多种筛查工具以及标准化精神现状检查（present state examination，PSE）。在此之前，中国精神病学领域还没有量表的概念，沈渔邨为中国的精神病学发展打开了与世界接轨的另一扇门。一回国，她就立即启动了这些评定量表的汉化工作，并在临床实践和研究观察中推广应用，如将“慢性精神病评定量表”翻译后首次用在口服长效抗精神病药五氟利多的疗效观察中。

由于对精神疾病的诊断尚无客观的实验指标，所以精神科医生只能通过详细询问（PSE）来判断病人是否患病，疾病的严重程度如何。这样就不可避免地会出现一个问题：诊断的一致性不高，同一个病人经不同的医生检查可能会得出不同的诊断。为此，国外专家组先后制定了一系列的标准化精神检查工具，以提高诊断的一致性，减少不同医生带来的主观差异，这些标准化精神检查工作统称为诊断性评定量表。

上海精神卫生中心张明园教授在《精神科评定量表手册》中这样概括：

工作用诊断标准、定式检查和评定量表的发展，大概是60年代以来精神科研究方法中最重大的进展。这些都属于研究工具的范围，应用这些研究工具，

① 12地区精神疾病流行学调查协作组．国内12地区精神疾病流行病学调查的方法学及资料分析[J]．中华神经精神科杂志，1986，19（2）：65-69.

使研究结论更具有客观性、可比性和可重复性。

没有比较，就没有研究。研究工作的最基本一条，就是进行比较。例如，把新药物和标准药物进行比较，把某一疾病和其他疾病或正常群体作比较，或者是把同一病种的各个类型作比较，如此等等。这类比较，可以是绝对的，就是谁高谁低，孰优孰劣，那是定性的比较；也可以是相对的，如几种疗法中，哪一种最优，哪一种次之，哪一种较逊，哪一种最差。这里便涉及一个概念，便是“等级”，这是量表最基本的概念之一。

在日常生活中，我们经常会应用各种表示等级的词汇。例如，我们在评价一个人好坏时，我们会把这个具体的人，和一般的人比较，并分成若干等级：最好、很好、比较好、一般、较差、很差和最差等。这便是好－差系列的7级评定法。把这样的方法规范化，应用于精神症状或其他精神科情况的评定，便成为精神科的评定量表。[①]

1980年6月的“WHO/北京精神疾病流行病学学术讨论会”上，WHO派出的专家第一次向中国的精神科医生介绍了量表的概念。张明园教授曾回忆说：“我对量表的了解最早始于1980年WHO来中国办的第一个流行病学调查学习班。当时介绍了精神现状检查（PSE），但具体怎么做还是不甚了解，只是有了一个概念，知道做流行病学调查要有个标准化工具来收集资料和评估，这样才有可比性，可以和其他研究做横向比较，也可以前后的自身比较。”[②]

精研所成立时设立的临床药理研究室（以下简称药理室），由沈渔邨兼任第一任主任，药理室分为两个组，Ⅰ组由王祖新任副主任，Ⅱ组由舒良任副主任。药理室成立之初的工作是承担一些临床药物研究，和研究工具精神症状评定量表的翻译与测试，以及其在临床研究中的应用，比如BPRS、Young躁狂量表、Newcastle抑郁诊断量表，以及不良反应诊断量表等。

随着国际交流越来越多，1988年，经WHO授权，舒良教授组织了复合性国际诊断访谈（Composite International Diagnostic Interview，CIDI）和神经精神医学临床评定表（Schedule for Clinical Assessment in Neuropsychiatry，SCAN）的中文翻译（许又新教授负责回译）、现场测试以及全国推广。

① 张明园，何燕玲．精神科评定量表手册[M]．长沙：湖南科学技术出版社，1998：1.

② 国家卫生健康委员会疾病预防控制局．致为精神卫生共同奋斗的70年[M]．北京：人民卫生出版社，2020：521.

1984 年 11 月，标准化精神检查与评定量表讲习班合影留念，第二排右六为沈渔邨

1989—1993 年，舒良教授带队在我国东北、西南、华东、华南和西北五大地区举办培训班，培训学员约 500 人。随后为了让基层精神卫生工作者了解和使用 SCAN，舒良教授继续组织人员对 SCAN 的软件程序进行汉化，并多次在全国范围内培训推广，极大地推进了精神疾病诊疗的标准化评估。20 世纪 90 年代，在承担国际、国内多中心临床研究中，依托于一些临床研究，继续引进和汉化一些重要的精神症状严重度评估量表，如评估精神病性症状的“阳性和阴性精神症状量表”（Positive and Negative Syndrome Scale，PANSS）和评估老年痴呆的“老年痴呆量表”（Alzheimer's disease assessment scale，ADAS）等。目前这些工具已经成为临床研究和临床实践中最常用的症状严重度标准化评估工具。

另外值得一提的是，1981 年初，张明园去美国学习时，芝加哥大学的约翰·戴维斯（John Davis）送给他一本美国食品药品监督管理局（Food and Drug Administration，FDA）做精神科临床研究常用量表的专辑，里面主要包括精神分裂症、抑郁症和焦虑障碍三大疾病的常用标准化量表。回国后，他开始做量表培训，认证量表可靠性和实用性，并与国内一些同道成立了量表协作组，向全国推广。

如果将沈渔邨带回来第一份量表，视为为中国的精神卫生事业种下的第一棵树，现如今已经成长为一片枝繁叶茂的森林。在无数精神科医生的努力下，量表在我国的应用已相当普及，不但精神科专业机构在应用，精神卫生工作者（心理咨询）也在用；不仅用于研究，也用于临床和教学。

量表应用国际统一的标准来进行量化和评价，打破了我国的科研不能与国际接轨的困境。

3. 呕心沥血的流调第一阶段

1980 年 6 月启动的首次流调，由于是第一次采用先进的国际标准化调查技术，要使用同一工具、统一标准、同一时点、统一流程的协作调查，其工作量是惊人的，仅在第一阶段的方法学准备上，便耗费了两年时间。

由于精神疾病的复杂性，每一次大型流调的开展都需要精神病学、流行病学和卫生统计学的密切配合，包括研究设计、工具选择、现场质控和统计都需加以科学论证，任何一个环节的缺陷都会影响最终结果的真实性，进而影响卫生决策的科学制定。

1980 年 6 月在北京的启动会议之后，同年 10 月，在上海举办了精神疾病流行病学调查设计讨论会，核心组五单位（原为 6 个，后湖南医学院精神病学教研室因工作任务重退出）讨论和拟定调查设计方案，分工负责各主要调查表格、工具的设计与测试。沈渔邨邀请北京医学院卫生系流行病学教授连志浩、卫生统计学教授李天霖等专家参与研究设计，与调查协作组的 12 个单位共同设计了调查方案，采用整群、分层、随机 3 阶段的多级抽样的方法。

由于社会文化背景的差异，国际上精神疾病流行病学有关方法学的成就、调查工具和表格，如标准化精神现状检查（PSE）、神经症筛选表、社会功能缺陷评定表需要进行本土化测试加以修改，使之适用于我国文化。另一些调查工具需要根据这次调查内容与要求自行设计，主要有：各种精神疾病分类与诊断标准、框架地区社会人口学资料调查表、住户调查表、精神病筛选表、7～14 岁儿童智力筛查测验表，以及有关调查精神疾病的半定式病史收集表。

1981 年 11 月精神疾病流行病学调查协作组工作会议在青岛召开
（前排右五为沈渔邨）

所有的工具和表格经设计单位测试，可靠性和有效性达到国际水平后，在协作组内进行介绍，再由各协作单位测试认为有效可行。在此基础上，由核心组单位分工撰写《精神疾病流行学调查手册》。①

这一阶段的工作是极为复杂的，核心组的工作从 1980 年 6 月开始，直到 1982 年 7 月才完成。

在此期间，WHO 提供了很多的技术支持，如 1981 年 6 月，WHO 顾问、PSE 主要作者之一库珀（Cooper）教授在北京举办 PSE 讲习班。赛多利斯博士和库珀教授，在调查设计，特别是抽样方法、样本大小以及调查程序方面，为沈渔邨带领的中国首次大样本流调提供了国际协作调查的经验。

① 12 地区精神疾病流行学调查协作组．国内 12 地区精神疾病流行病学调查的方法学及资料分析 [J]．中华神经精神科杂志，1986，19（2）：65-69．

1984年全国精神疾病流行学调查方法讲习班在桂林召开（前排左八为沈渔邨）

1984年11月国内12区精神疾病流行学抽样调查研究成果鉴定会议在桂林召开
（二排右三为沈渔邨）

人们容易看到鲜花和荣誉的一面，而在鲜花和荣誉背后，是艰辛的劳动。许又新是此次流调组织工作的主要参与者之一，他参与了流调方案的制定和诊断标准拟稿，还包括对 PSE 进行最后审校、推广 PSE 的应用、参加编写《精神疾病流行学调查手册》等。许又新回忆，一次外出开会，住在旅馆里，半夜 12 点多，突然有人敲门，披衣下床，一开门，沈渔邨走进并坐了下来。他不知出了什么事，满眼疑问地望着沈渔邨，两人相对半晌，沈渔邨一抬眼："你说这流调的事……"

组织流行病学讲习班，培训人员，现场落实，资料收集和整理，占去了沈渔邨这一时期几乎全部的精力，几乎到了废寝忘食的地步。对于一位临床医生来说，流调完全是她专业以外，对她甚至中国整个精神病学界都是全新的领域，一块未开发的"处女地"，他们只能一边学习一边摸索着往前推进，这个过程的艰难难以想象。

于欣曾听过当年的前辈们回忆这段时光，他说："沈大夫办了很多次培训班，从 WHO 请来各种专家，方法学的、流调工具培训的，花了很大力气，光这些培训班的资料都要很多人翻译，之后还要印刷、装订、分发，每次培训要专门安排人员，总之真是呕心沥血。"

做第一次流调的前期准备时，王玉凤还是北医儿科的研究生，沈渔邨去北医借房子办流调培训班时，王玉凤等非精神科专业的研究生还很纳闷：精神病学流调是什么？后来才知道沈渔邨是培训做流调的工作人员，比如病人如何界定，如何现场调查，等等。不像现在有专业的流调队伍，当时都是靠沈渔邨亲自抓整个流程，全国统一方案、统一工具。后来王玉凤转到沈渔邨名下做硕士时，王玉凤的研究项目出现意外，沈渔邨轻车熟路，用流调的方法帮王玉凤找入组的病人，顺利解决了大难题。

1980 年 6 月第一次研讨会正在举办时，24 岁的晨晓力来精研所所长办公室报到，一年后成为沈渔邨的外事秘书。晨晓力的第一项工作就是学英文打字。那时候还没有电脑，只有一台英文打字机，办公室没人会用，便让新人晨晓力来学。"1980 年下半年到 1981 年初，英文的资料、信件就多起来了，每天要刻很多蜡版，印刷很多资料。由于还没有成立专门的外事办公室，完全是沈大夫自己一个人在做外事联络，我们协助她做一些琐碎的事。"晨晓力说。起初，沈渔邨与国外联系都是自己手写英文信，然后发传真，但手写总要修修改改最后再抄一遍定稿，很耽误时间。1981 年初，晨晓力便开始用打字机把手写的英文信打出来，等沈渔邨修改完，再打，有时候一封信要打四五遍，甚至更多，直到沈大夫最后满意。

4. WHO 突然抽查一致性测试

为了保证所有地区都按统一标准，必须进行一致性测试，这是多中心大规模流调最重要的工作，测查调查人员对病人症状的统一认识程度，也确保了数据的可靠性。先是全国各区域之间的一致性测试，达标后，再是每个区域内部对流调人员进行一致性测试。

在正式的实地调查之前，1982 年 4 月，各协作单位主要参加人员在成都市集中，按调查手册进行培训，并对五种工具进行了一致性测验，达到国际要求，并对调查程序进行了实地演习。这一环节用时约 1 个月。

作为此次流调的主要工作人员之一的张维熙教授回忆说："我们流调的工具不是尺子之类的，而是一些量表问卷，流调前要印调查表格和进行人员培训。人员培训其中有一项叫一致性测验，也就是说使用一种工具，比如标准化精神现状检查（PSE），把病人请来，12 个单位，每个单位来一个

1982 年 4～5 月，沈渔邨（二排左七）参加在成都举行的全国 12 个地区精神疾病流行病学调查协作组第四次会议

人，大家坐在一起，用同样的量表对这个病人进行评分，然后将12个人的数据进行对比。这种一致性有国际标准，如果不达标，说明有偏差，需要继续培训，直到达标。做完12个单位间的一致性，各人回到自己的单位，还要对单位内部参加流调工作的人进行一致性测验。”

WHO对于流调前的一致性测定极为看重，陈昌惠教授记得，有一次WHO官员来北京开会，突然提出要查看此次流调中12个地区之间的一致性测试。由于对方没有事先通知，对于这个突如其来的要求，所有人都有些紧张。沈渔邨很冷静，让人把记录资料取来交给WHO官员。他们仔细看完资料后，又提了一些问题，精研所的工作人员逐一详细作答，最终得到了WHO认可，顺利通过了抽查。[①]

官员具体问了什么，已90岁高龄的陈昌惠已经不记得了，但她仍对自己当时的紧张和沈渔邨的沉着自信记忆犹新，她说："这次突击抽查是对我们工作的一次考验，有惊无险。我们经受住了考验，也是沈大夫平时管理严谨的结果。"[②]

5. 开创我国精神疾病流行病学研究的新阶段

经过两年的准备，我国第一次全国性大样本的精神疾病流行病学调查正式开始，并规定统一了调查时点：即1982年7月1日零时。

这里说的“调查时点”，并不是我们字面上理解的“调查起点”，它有严格的界定，张维熙教授对此做了详细的解释：1982年7月1日零时，并不是调查行为开始的时间，而是在这个时间点上，被调查的人是否在“患精神病状态”。比如，A是7月1日零时以后出生的，或者是零时以后才患病的，都不能计入病例；再比如，B曾有精神障碍，但在7月1日零时以前已经治愈，也不算一个病例；只有被调查的人在7月1日零时处于“患病状态”，才是有效的流调病例。

按照方案设计，各协作单位均以整群抽样确定抽样的框架地区。要求该区在二三十年内人口较稳定、流动性小，居民职业、文化、经济状况亦

①《我与沈大夫的工作经历》，陈昌惠写于加拿大温哥华，2022年10月1日.
② 同①.

相对稳定，民族以汉族为主，居民组织和精神病防治工作比较健全，人口 8 万～10 万，并对协作单位所在地的社会文化具有一定代表性。

最终 12 个协作单位的抽样框架地区是：①北京安定医院，北京市西城区二龙路街道和丰台区 3 个公社；②北医精研所，北京市西城区厂桥街道和海淀区 4 个公社；③大庆三院，黑龙江省大庆市红岗区 5 个街道和大同区 10 个公社；④广州市精神病院和广东省精神病防治研究所，广州市荔湾区 3 个街道和广东省龙门县 2 个公社一个大队；⑤湖南省精神病院，长沙市西区 5 个街道和湖南省汨罗县 4 个公社；⑥吉林省精神病院，四平市 4 个街道和吉林省梨树县 5 个公社；⑦兰州医学院精神科，兰州市城关区 4 个街道和甘肃省永登县 5 个公社；⑧辽宁省精神病院，沈阳市沈河区 4 个街道和辽宁省开原县 4 个公社；⑨南京神经精神病防治院：南京市鼓楼区 3 个街道和江苏省江宁县 3 个公社；⑩上海市精神病防治院，上海市徐汇区 2 个街道和上海市郊嘉定县 5 个公社；⑪ 四川华西医科大学精神病学研究室，成都市中心贯通城郊的主干道包括 13 个街道和四川省新津县 6 个公社；⑫ 新疆石河子精神病院，克拉玛依市和新疆玛纳斯县。①

入户调查是流行病学收集信息的一种方法，主要是挨家挨户上门做问卷或者访谈。在严热的暑期，骑着自行车，挨家挨户进行入户调查，对于流调人员来说是体力上的考验，更难的是要入户做“精神病”的调查。社会对精神疾病的歧视，病人家庭的病耻感，往往“家丑不可外扬”地藏着掖着，可以想象，流调人员要吃多少闭门羹，甚至还可能遭受白眼或挨骂。

北医精研所的流调队伍，除了社会精神病学教研室的工作人员，还抽调了一些临床医生，2 人一组，每个点 50 户，城乡各 500 户。张维熙教授记得，沈渔邨也经常随队一起出去做现场调查，调查中一些无法确定的病例，也需要沈渔邨做指导进行判断。

按照方案设计，每个单位调查城乡各 500 户，12 个单位共调查 12 000 户。每个单位的现场调查历时 3 个月左右，一共调查了 51 982 人。

随后进入流调的第三阶段，资料汇总和分析，这也是一项庞大、繁杂而专业的工作，一个数据出错，就可能整体推倒重来。这项工作，从 1983

① 12 地区精神疾病流行学调查协作组．国内 12 地区精神疾病流行病学调查的方法学及资料分 [J]．中华神经精神科杂志，1986，19（2）：65-69.

年初开始直到 1984 年 6 月才完成，历时 1 年半。

资料的整理分四个步骤进行：①协作组核心组分工负责拟定调查资料汇总表格，共 9 类 46 种，分发至各协作单位填写；②各协作单位相互核对和检查资料，并要求每个协作单位分析本单位资料，写出调查报告；③ 12 个单位调查资料的全部汇总：共计 14 万个数据，分 6 个方面由核心组分头整理分析，其中一部分资料使用计算机处理；④资料汇总后，于 1984 年 3 月召开核心组会议再一次复核，1984 年 6 月分头执笔分题完成调查论文报告。

王玉凤教授晚年回忆说："沈老师对数字很敏感。我读研的时候还没有计算机，只能用简单的工具来做科研上的计算，自己手工画表格用计算器来计算结果。后来联合国儿童基金会给精研所送了一台计算机，很难使，但大家都像宝贝似的供着，运算的程序更是比现在的电脑差多了。我们每次必须一遍一遍核对数据，因为一旦出错，沈老师就能发现，然后会狠狠批评。"

经过 1 年半的数据汇总和分析，这次大样本的现状调查结果如下：

城乡样本共计 12 000 户，居民总人口 51 982 人。在 15 岁及 15 岁以上共计 38 136 人口中，查到各种精神病时点患病率为 10.54‰。其中包括功能性精神病 5.53‰，器质性精神病 4.33‰，药物依赖和酒精依赖 0.55‰，人格障碍 0.13‰。

功能性精神病中，以精神分裂症患病率最高（4.75‰），城市患病率 6.06‰，明显高于农村（3.42‰），并且以经济水平低及不在业人口中患病率为高。器质性精神病在十二地区中以生态条件差、文化水平低、医疗条件差的甘肃省农村调查区患病率最高。各类器质性精神病中，以中度和重度精神发育不全的患病率居首位 2.88‰，且农村患病率 3.73‰明显高于城市 2.04‰。

12 000 户中，7～14 岁儿童 8727 人中，中度和重度精神发育不全的患病率为 5.27‰。

对总体样本五分之一住户中 15～59 岁成年人 6754 人，进行了神经症的直接筛选调查，确诊为各类神经官能症的患病率最高 13.03‰。女性神经症患病率（39.93‰）明显高于男性（4.71‰），且以文化水平低、经济条件差的患病率为高。[①]

这是 1949 年以来第一份科学地反映我国精神疾病流行状况的完整资料，不仅为国家制定精神卫生政策提供了依据，还使得我国精神疾病流行

① 张维熙．国内十二地区精神疾病流行病学抽样调查研究 [J]．医学研究通讯，1986，15（6）：187-188.

病学研究水平迅速与国际接轨，并制定了一整套适合我国国情的精神疾病流行病学调查方法和工具，开创了我国精神疾病流行病学研究的新阶段。

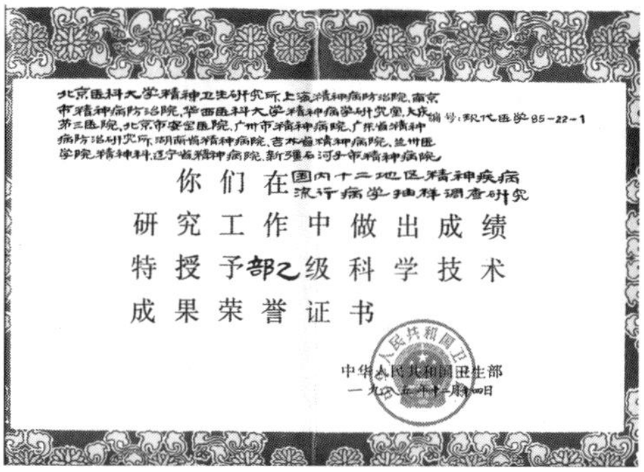
北京医科大学精神卫生研究所、上海精神病防治院、南京市精神病防治院、华西医科大学精神病学研究室、大庆第三医院、北京市安定医院、广州市精神病院、广东省精神病防治研究所、湖南省精神病院、吉林省精神病院、兰州医学院精神科、辽宁省精神病院、新疆石河子市精神病院

编号：85-22-1

你们在国内十二地区精神疾病流行病学抽样调查研究研究工作中做出成绩特授予部乙级科学技术成果荣誉证书

中华人民共和国卫生部

1985 年，卫生部乙级科技成果奖证书

沈渔邨在回顾文章中写道：“这次调查，得到科学性较高的精神疾病患病率数据，为我国卫生部门制定精神卫生工作规划提供了科学依据。同时，通过这一全国性调查实践，也提高了我们在这一领域的科学研究工作学术水平。”①

中国第一个在方法学上得到国际公认的精神疾病流行病学调查完成后，其调查结果先后用中英文发表，WHO 于 1995 年将其全部研究资料用英文出版。

该项研究于 1985 年获卫生部乙级科技成果奖。

1993 年，沈渔邨等用同样的调查方法和工具，用同样的样本，进行了第二次全国精神疾病流行病学调查，以便了解工业化、城市化等社会变革所带来的社会心理因素对我国精神疾病谱的影响。但因资金缺乏，只调查了原来 12 个地区中的 7 个地区。调查资料说明，和其他国家在工业化过程中一样，某些精神疾病和行为问题呈上升趋势。调查为了解精神疾病在我国人群中的分布、变迁积累了宝贵资料，该调查于 1999 年获卫生部科技进步奖三等奖。

6. 没有劳务费的流调工作

在家里不用操心柴米油盐的沈渔邨，其实对钱没有什么概念，如此庞大复杂的流调工程，到底要准备多少钱才敢开始？

一个人面对同样的境况，可能会有两种不同的态度：一种是认为所有条件必须全部成熟才能做事；另一种是不管当前境况如何，困难多大，都要想尽一切办法，主动创造条件。“弱者等待条件，强者创造条件”，真正

① 沈渔邨．继续加强与 WHO 的协作，进一步发展我国精神卫生事业 [J]．中国心理卫生杂志，1988（3）：97-99.

1982 年沈渔邨（右一）曾邀请中国台湾的林宗义教授（右三）来北医精研所讲学

的成功者都善于在没有条件的环境中创造条件。

沈渔邨不会等到“万事俱备”才去做事，也许正是这种“初生牛犊不怕虎”的劲儿，不瞻前顾后、“天真”的人，才能完成“不可能完成的任务”。

1982 年沈渔邨曾邀请了中国台湾的林宗义教授来北医精研所，介绍他在台湾做精神疾病流行病学调查和随访的情况。两年后，当林宗义教授第二次来访时，见到我国 12 个地区协作的精神疾病流行病学调查资料，感到十分震惊。

第一次的精神疾病流调，原卫生部拨款多少，我们已不得而知。黄悦勤教授回忆，2002 年底精研所曾准备做第三次全国精神障碍流行病学调查：“遗憾的是，计划赶不上变化，如今市场经济，做研究也要拿钱说话。20 世纪 90 年代，做 2 万人的调查花 10 万元就够，现在做 3 万例以上的调查预算，预计要花上 3000 万元！由于没找到经费，当时的计划流产了。”黄悦勤曾在接受采访时如是说。

1993 年沈渔邨带领组织的第二次全国流调，只有 10 万元，可以想象，80 年代的第一次流调的钱只会更少。

为了节省经费，包括沈渔邨在内，所有人出差都是坐火车硬座，一顿午餐补助只有 7 角钱，住宿也是选最便宜的旅馆。张维熙教授记得，有一次，他们和南方的一位医生一边走路一边闲聊，对方随口提了一下，考虑到大家的辛苦，是否能发点劳务费。沈渔邨主任当场面露难色，但不得不回绝，她说："这次流调的经费实在不多，只能用在调查上，培训、印资料钱都不够用。"

没有劳务费！这种情况放在现今完全不可能做成任何事，然而在沈渔邨所在的时代，这些医务工作者，就是在没有任何劳务费的情况下，依然全力以赴，完成了这项伟大的创举。而且能做到这样的并不是一两个人，而是近 200 人：第一次全国流调各协作单位参加调查的人数，每单位 8 ~ 26 人，12 个单位共计 184 人，其中医生 127 人，护士 49 人，其他人员包括统计员、计算机软件设计人员 8 人。

张维熙教授晚年回忆这段经历时感叹说："在没有劳务费的情况下，这件事能干成的确是不容易，那个年代的人的确是不太讲究这个，没钱也照样干。"

也许，这是特定时代的特定情况。可我们依然不禁要问，改革开放之初，大部分中国人都很穷，生活贫困，这群医务工作者也一样，究竟是一种什么样的精神在支撑着他们不计报酬去工作？

20 世纪 80 年代是从坚冰中破冰而出，虽然人们生活还不富裕，但一切都是欣欣向荣：很多人家开始拥有第一部电话，除了收音机、缝纫机、手表、自行车等所谓的老"四大件"外，又增加了黑白电视机、收录机、单桶洗衣机、电风扇等新"四大件"；尽管照片仍然挂在墙上，但彩照的比例不断增加；暖水瓶变成液压式，台灯开始使用荧光灯，婚纱照变得更加洋气，收音机体积开始缩小，真皮皮包风靡一时；小朋友则告别了小人书时代，拥有电动小火车……

20 世纪 80 年代是中国开始发展的年代，生机勃勃，每一个人都对未来充满憧憬。在这样一个充满希望的年代，许多中国人都像沈渔邨带领的这一群医务工作者一样，心甘情愿像"老黄牛"那样埋头苦干，默默奉献，正是这样的精神创造了一个又一个中国奇迹。

1982 年，58 岁的沈渔邨任北京医科大学精神卫生研究所所长

晨晓力在回忆时激动地说："我们跟着沈大夫一起创业，那种干劲，我现在想起来都很感动，只有这样工作过的人，才懂得什么叫奋斗，什么叫忘我，什么叫无私。"

20 世纪 80 年代传唱度很高的那首《年轻的

朋友来相会》中唱的“美妙春光属于谁？属于我，属于你，属于我们八十年代的新一辈！再过二十年，我们重相会，伟大的祖国该有多么美！”

7. 协助政府增加“精神残疾”项目

1982年全国第一次精神疾病流调开始不久，民政部找到沈渔邨，提出是否应该增加精神残疾项目，并委托精神病学专家制定精神残疾的定义和分级标准。原来我国只有视力残疾、听力语言残疾、智力残疾和肢体残疾，沈渔邨当时和全国流调核心组的几个单位的同道们一起讨论，制定了精神残疾的定义，并参照流调时使用的国外引进的社会功能缺陷筛查表，确定了精神残疾的分级标准。

第一次全国流调结束后，1986年10月，由张维熙负责举办全国精神病残疾评定医师培训班，全国共有70多人参会，民政部有关司长、卫生部有关司长和北医的副校长和大家一起合影。

1987年，在民政部领导下，于4月1日零时（调查时点）在全国29个省、自治区、直辖市进行5种残疾人（包括视力、听力语言、肢体、智力和精神残疾）的抽样调查，全国样本规模为150万人口，精神残疾即列入其中。这是新中国成立以来第一次对残疾人进行全国性调查，世界范围内进行如此大规模的调查也是空前的。[①]1994年，张维熙等人又对精神残疾分级标准做了修订，并把精神病残疾改称为精神残疾，一直沿用至今。

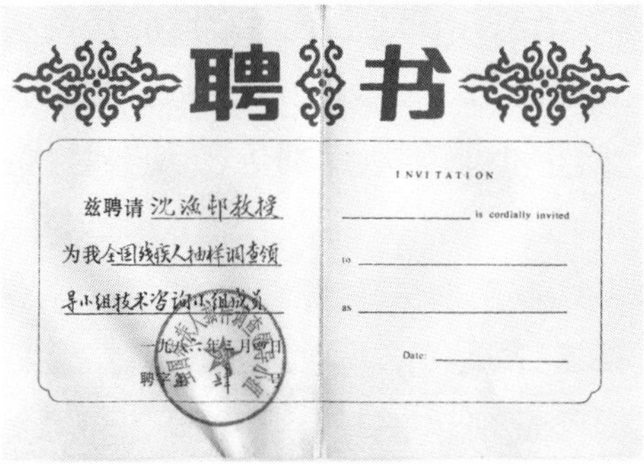

1986年，沈渔邨受聘为全国残疾人抽样调查领导小组技术咨询小组成员

精神残疾是指患有各类精神障碍的人持续1年以上未治疗，表现在个人生活自理能力、家庭生活职能表现、对家人的关心和责任心，职业劳动能力和社交活动能力等各个方向。总之，对家庭、社会应尽职能出现一定程

① 张维熙．全国将要开展精神病残疾的抽样调查精神病残疾评定医师培训班在京举办[J]．中华神经精神科杂志，1987，20（1）：48.

度的障碍，从而影响参与日常生活及人际交往。

2006年，在中国残疾人联合会（1988年3月成立，简称中残联）领导下，又进行了全国第二次残疾人抽样调查。调查结果中精神残疾占了全部残疾人的10%。

制定精神残疾定义和分级标准，对于因各类精神疾病导致残疾的人来说，无疑是一个福音。残疾人可持残疾证，根据不同的残疾等级，每个月可以享受到政府发给的津贴，同时凭证可以乘坐公交车、逛公园、减免治疗药物费用等。这对于精神科的医务人员来说，也是莫大的欣慰。

第三节　打造精神卫生学重点实验室

谈起搞科研，人们自然会想到宽敞明亮的实验室，台上摆着、地上立着大大小小的精密贵重仪器，做起实验来得心应手，如今精研所最现代的“卫生部精神卫生学重点实验室”就是人们想象中的样子。它由精研所建所时设立的生化药理研究室以及电生理研究室共同组成，置身于这样一个高端现代的实验室里，也是最能真切感受到沈渔邨当年“白手起家”的不易。

做生化药理研究，是沈渔邨年轻时一直保持的兴趣与梦想，尽管在新中国成立之初的30年来，这条路走得艰辛曲折，但她从来没有气馁，一有机会，就要搭建这个梦想的舞台。

沈渔邨1962年亲手创建了中国首个精神（神经）生化研究室，她指导的第一个研究生张文和在这个实验室完成了自己的研究课题，研究室在“文革”中被迫关闭。“文革”后期，沈渔邨一恢复工作就马上着手重建生化室。她先把周东丰调来，又把张文和从甘肃调回来，再招收了“文革”后第一个硕士研究生陈彦方。1980年精研所成立时，生化药理研究室的第一任主任由沈渔邨所长兼任，副主任是张文和。

刘家良教授回忆了当初实验室的“贫困”。他于1955年考入北京医学院药学系，1960年毕业留校任教，1982年调入精研所生化药理研究室。刘家良教授写道："我们今天的情况，令不少人羡慕，可是，人们是否想到'我们的昨天'是怎样一种状况呢？生化研究室虽然建立较早，但是建所时，仅有的设备不过是一台记纹鼓、一台离心机、一台 72 型分光光度计，以及一些实验室常用的玻璃仪器。电生理研究室从三院分出来时也只带来一台价值两万元的 EEG–6109 脑电图机（既做科研又为临床服务）。这就是我们当初的家底。就凭这点仪器设备来搞精神病学的尖端研究，要走在全国的先进行列，达到国际精神病学研究的先进水平，实在是不可想象！"

实验室是最讲究"硬"实力的地方，而此时的精研所"穷"到连研究生做实验都要出去"借"地方，比如陈彦方的研究课题是精神分裂症脑脊液单胺递质以及代谢产物水平，许多实验只能借助北医生理教研室和北医三院运动医学研究所的设备完成。

建设一个有一定先进仪器设备的实验室势在必行。"不积跬步，无以至千里；不积小流，无以成江海"，罗马不是一天建成，建实验室也只能一台设备一台仪器来添置。

1979 年从欧洲考察回来，充分了解国际水平和情况之后，沈渔邨决定先建立一个以放射免疫法和高压液相色谱法两种测定方法为主的实验室。

建设实验室的资金来源，国家拨款是一个途径。建所之初，在卫生部、北医的大力支持下，沈渔邨为实验室购置的第一台大型设备是日立 638 型高压液相色谱仪和一台 –40℃的低温冰箱。王玉凤还记得，自己作为硕士研究生于 1981 年春季刚从北大医院儿科转到沈老师名下时，"沈大夫正准备买高压液相色谱仪，之前我做实验都是借北医三院的机器"。

购买了仪器后，沈渔邨为生化室引进了北医药学系专家刘家良教授，建立了一代精神药物及介质的血液浓度测定方法，并开始进行精神药物的药物代谢动力学研究。刘家良教授回忆时评价说："这是一个重要的决策。放射免疫法具有灵敏度高、专一性强的特点，可以直接测定机体组织和体液中的痕量药物浓度，而高压液相色谱法则可以对机体和体液中的多种组分进行分离和测定，有足够的灵敏度和选择性。"

实验室接下来要继续建设，钱从哪里来？

沈渔邨知道完全靠国家拨款是不现实的，只能自力更生，打开思路，以科研带赞助，既建设了实验室，又出科研成果。

2001 年开始担任精研所所长的于欣教授回忆说："我们所起家主要是从

对外合作来的，因为当时从卫生部拿到钱非常少，所以沈大夫到处去‘化缘’，化来的主要是老外的钱，就这样一点点把精研所建起来，不像现在国家一投入几千万上亿的钱都有，那时候老外给个5万美元、10万美元都是天文数字。”

王玉凤回忆说：“我们精研所刚成立的时候，条件真的是很差，好不容易买了一个高压液相色谱仪，在当时算是有点像样的实验设备了。在那样的条件下搞国际交流，做课题，还要得到国际同行认可，真的是很不容易的。当时连查文献都只能靠出国的时候去复印、打印，或者请国外的同行朋友帮忙复印传真过来，还有实验用的试剂也很缺，也需要找国外的人要。所以，为了精研所的发展，沈老师真的是全力以赴了。”

从此，沈渔邨开始了向全世界“化缘”之路。

人们总说“人穷志短”，但沈渔邨从来没有因为“穷”而在外国人面前抬不起头，而是从不藏拙。精研所一位医生在接受《健康报》记者采访时说，当国际友人来所里访问时，沈渔邨教授把他们带到实验室，尽管比较简陋，但她告诉他们精研所计划开展的具有前瞻性的实验，以及遇到的困难，也争取到了国外朋友的许多支持。

沈渔邨用坦诚赢得尊重，用中国医生严谨的科学态度和忘我工作精神打动他们。最终，她在国际学术合作的规则下，以开放的心态、专业的思维，赢得全世界的友谊。

沈渔邨带领精研所各个研究室，千方百计设计各种研究课题，并亲自主持广泛的国际学术交流活动，在建立平等互利的科研协作关系的基础上，努力争取国际有关组织、国外学术机构等的资助，如提供必要的仪器，提供资金购买仪器和试剂等；通过互派访问学者，开展共同课题的科研，成果共享，共同受益。

她为实验室建设“化”来的第一桶金，来自美国国立卫生研究院（National Institutes of Health，NIH）。

1978年12月中美建交后，NIH是美方卫生医疗交流的主导机构，中方的对口单位是中国医学科学院，精神病学是重点交流领域之一，但由于中国医学科学院内部没有相对应的部门，在沈渔邨的努力争取下，北医精神科承担起中美在精神病学交流任务。

随后中美两国专家开始互访，1979年5月，中国派出了包括沈渔邨等8

人在内的首个精神病学家团队访美；同年8月，美国精神病学专家首次组团访中，代表团中包括芝加哥大学及伊利诺伊州精神病学研究院著名的精神药理学家约翰·戴维斯（John Davis）教授，他对生化实验室的工作最感兴趣，除了例行的参观，还与实验室工作人员个别详谈工作内容。当他得知北医精神（神经）生化研究室在沈渔邨教授的指导下，曾在1964年就开展研究并发表论文《抑郁症患者在单胺氧化酶抑制剂治疗过程中血5-羟色胺含量的变化》后，大为吃惊，他从没料到在中国，早在15年前就曾尝试过从临床探讨抗抑郁药药理作用的研究。就在代表团人员陆续登上巴士，准备离开精研所时，戴维斯教授突然告诉接待人员，他希望明天再次到生化实验室，看看他们的实际操作。工作人员提醒戴维斯，预定的行程是游览万里长城。“长城！？看照片就好！”他回答说。

中美两国政府联合成立了官方学术合作机构“中美医药联合委员会”，在美国国立心理健康研究所（National Institute of Mental Health，NIMH）的帕德斯（Pardes）院长与古德温（Goodwin）教授争取下，1980年秋将精神病学正式列为“中美卫生合作计划”的13个重点交流领域之一。1980年11月，美国代表团再次访问中国时，北医精研所已经成立。中美双方在天津签定了多项交流与协作计划，其中包括北医精研所与NIMH的学者交换计划。在美国代表团离华前夕的欢送晚宴上，沈渔邨在愉快的气氛下，接受了美方代表古德温的邀请，翩然起舞。沈渔邨高挑的身材、优美娴熟的舞姿、高贵的气质、强大的气场，惊艳在场中外人士。

半年后的1981年6月，带着沈渔邨的“科研秘籍”，张文和前往NIMH进修；同年，NIMH派来的波特金（Potkin）医生来精研所工作，同时带来了大量的实验器材，包括液体闪烁计数器、低温高速离心机、低温台式离心机、恒温摇床、超声细胞粉碎仪、-80℃低温冰箱等一系列在当时是相当先进的实验室设备。精研所的生化药理实验室立刻上了一个台阶。1年半后，波特金医生在精研所与临床和生化室协作完成了临床精神分裂症不同剂量氟哌啶醇治疗的疗效和有效血药浓度研究等，并分别在国内外发表论文。

随后，沈渔邨又带领儿童精神医学研究组，根据我国的某些地区智力低下者患病率高的情况，提出在缺碘地区开展儿童智力低下的流行病学调查研究课题，由此获得了联合国儿童基金会资助的第一个合作项目“精神发育迟滞的早期诊断与防治”。黄悦勤记得，自己1987年8月硕士毕业分配到精研所工作后，第一件事就是负责该项目在吉林的调查，身怀六甲她甚至在吉林调查现场住了 3 周。几年中，联合国儿童基金会提供了包括 LKB1217 液体闪烁计数器、紫外分光光度计、高速离心机、层极柜等多种仪器，价值总计达 11 万美元。

再之后，联合国儿童基金会还资助装备了精研所的电化教学研究室音像设备，以及儿童精神病学研究室的 CO_2 孵箱、OPTON 万能显微镜等。WHO 也提供电子微量分析天平和佳能 AS-100 电子计算机。

瑞士生物学、神经科学家鲍丽丝（Bolis）教授与沈渔邨教授结识后，常常受邀来中国做学术交流，受聘成为北医的名誉教授。在她的穿针引线下，1989 年，精研所与意大利菲迪亚药品研制中心签订了为期 5 年的科研协作协议书，协议书中包括由意方提供资金组建“菲迪亚北京医科大学神经科学研究室”，互派访问学者等。在这项合作中，精研所的实验室设备又得到大大充实，其中包括 -85℃超低温冰箱、BeckmanTJ6 低温离心机、超纯水制备器、制冰机、IFT1 386 电子计算机等多种仪器，为开展分子药理学和分子遗传学研究工作提供有力的物质基础，从而使精研所的科研水平更上了一个台阶。

在沈渔邨的带领下，通过一系列国际合作，精研所的生化实验室一点点升级换代，仅用了十几年，便步入了全世界最先进实验室之列。

再说说精研所的脑电生理研究室的建设。

脑电生理研究也是北医精研所的传统强项，在新中国成立初期，精研

1989 年 5 月 9 日，经鲍丽丝教授介绍，与菲地亚公司签署科研合作协议。左二为 Dr. G. Toffano，左三为沈渔邨，左四为鲍丽丝教授

1989年9月，沈渔邨（左二）出席鲍丽丝（Bolis）博士（左三）北医名誉教授受聘仪式

所的前身北大医院精神科1954年便在临床脑电检查的基础上成立脑电生理研究室，1957年在伍正谊教授的指导下培养了研究生侯沂，她开展了精神分裂症病人服用氯丙嗪治疗前后脑电图的研究，并得出结果，撰写了论文，为我国最早有关精神分裂症脑电图的论文报道（1959年）。

与临床科室不同，脑电生理的研究与发展需要先进的仪器设备，精研所起家时只有一台价值两万元的EEG-6109脑电图机，既做科研又为临床服务。建所之初，沈渔邨带领脑电生理研究室，努力争取到卫生部、北医的支持，相继购买了多种先进仪器，如7TO8多导仪、RM6000诱发电位记录仪及EG4217十七导脑电图机等，奠定了电生理研究室的实验室基础。

十几年来，沈渔邨同样通过开展国际协作，以研究带设备，装备了一个现代化的脑电生理研究室。

1989年，沈渔邨利用到美国开会的机会，与美国HZI研究中心SACKLER建立科研协作，对方提供ALC计算机脑功能检测系统；1991年，又与古巴神经科学中心达成科研协作协议，对方提供了由他们自己研制的Ⅲ/M神经测量系统MEDICID-3M，两者都是大型设备。

沈渔邨在引进先进设备的同时，还多方联系，将脑电生理研究室的研究人员分别送往美国、日本、古巴进修，使脑电生理研究室的科研工作跟上国内外先进水平。该研究室先后对我国最常见、最影响劳动力也是目前病因尚未阐明的精神分裂症、老年痴呆、神经症等进行了研究，20世纪90年代后期主要对儿童行为、学习问题等进行研究。

十几年来，在沈渔邨的带领下，精研所的所有医生、科研人员用严谨的科研态度、高效率的工作速度，以及取得的具有理论和实际意义的科研成果，得到了国内外尤其是国外同行的信任与尊敬。沈渔邨在回忆中写道：通过协作引进先进设备，把我所生化研究室的神经生化、免疫、遗传学研究达到了分子水平，把一个仅有一台 72 型分光光度计和一台价值一万元人民币的脑电图机的穷教研组，建成为一个具有现代化先进设备的精神卫生研究单位。①

王玉凤教授回忆说："我们常得到外国同行友人们的'接济'。当时试剂很紧缺，很多都需要从国外买了带回来，沈大夫每次出国回来都要带点试剂回来。沈老师的外国朋友也时不时给我们送试剂，还会送书、送问卷，给我们做研究解决了很大的难题。要知道，那时候一本外文书就要一百多美元，我们几个月的工资也买不起一本书。"

通过一系列的国际合作，到 20 世纪 80 年代末、90 年代初，精研所的实验室初具规模，可以完成精神病学的生化研究和精神药物的临床药理学研究课题以及硕士研究生、博士研究生等的培养工作。

第四节　推动精神药物临床研究

药理研究，是沈渔邨最初的医学梦想。她成为精神科医生后，在精神卫生这块尚待开垦的土地上耕耘。精神病病人大脑发生了什么变化才出现了这样的症状？服药之后又发生了什么改变？这一切，都像一块巨大的磁铁，紧紧地吸引着沈渔邨去探寻药物作用背后的故事。

从 20 世纪 50 年代，沈渔邨便开始进行精神药理学研究，她除了安排年轻医生去中国医学科学院药理学研究所旁听精神药理学课程，还带领年轻医生进行各种药物的临床观察，并通过医药公司的"特药门市部"相继引进了多种抗精神病及抗抑郁药物，推动科内的精神药理学研究。

前面已经提到，早在 20 世纪 60 年代，5- 羟色胺还只是一个假说，几

① 沈渔邨．执着之路　赤子之情 [J]．中国医院，2002，6（12）：25-27.

乎全世界精神病学研究人员都将注意力放在多巴胺上时，沈渔邨已经开始带领研究生另辟蹊径去探寻精神病人血中 5- 羟色胺的变化。20 多年后的 80 年代末，针对 5- 羟色胺作用的新一代抗精神病药物问世，带来了抗抑郁治疗的一次革命。

我们不禁在想，如果没有“文革”，如果沈渔邨能继续沿着这个研究方向走下去，抗抑郁治疗药物的历史是否会被改写？然而，人生没有“如果”，沈渔邨没有任何抱怨，继续埋头赶路，继续朝着医学发展的远方努力。

沈渔邨是幸运的，在她成为精神科医生之初，20 世纪 50 年代，精神科的“青霉素”氯丙嗪被意外发现，从此抗精神失常、抗躁狂和抗抑郁药物开始大量涌现，“精神药理学时代”开始了，新药临床研究成为越来越热门的领域。她的兴趣在这片肥沃的土壤上开出美丽的花朵。

为什么自从氯丙嗪发明以后，全世界有那么多精神病学家及精神药理学家沉迷于精神药物的研究？有人说，这是因为制药工业投注可观的资金使然，其实对医学家们来说，真正吸引他们的是精神医学发展奇特现象。

一般医学的发展是从病因、病理及病理生理探讨起步，再针对病理机制开发相关药理作用的治疗药物。例如肺炎，分离出致病细菌（病因），了解其在肺部引发的病理反应，还在发现具有疗效的抗生素之前。

精神疾病似乎是反其道而行：先是在偶然情况下发现有效治疗药物（如氯丙嗪），才着手进行药物药理作用之阐明，药物治疗机制之确认，由此进行疾病病理生理之推测，建立病里生理假说（精神分裂症的多巴胺假说与抑郁症的 5- 羟色胺 / 去甲基肾上腺素假说），并予以验证。因此，加拿大知名的精神药理学家海因·莱曼（Heinz Lehmann）认为，精神药物用于精神疾病，就像是破解古埃及文明的“罗塞达石碑”[①]（Rosetta Stone）——1822 年，

① Lehmann HE（1993）: Before that called it psychopharmacology. Neupsychopharmacology, 8:291-303. 罗塞达石碑（Rosetta Stone），是一块制作于公元前 196 年的大理石石碑，刻有埃及国王托勒密五世（Ptolemy V）的诏书．由于这块石碑同时刻有同一段文字的三种不同语言版本，使得近代的考古学家得以有机会对照各语言版本的内容，解读出已经失传千余年的埃及象形文之意义与结构，而成为今日研究古埃及历史的重要里程碑．罗塞达石碑最早是在 1799 年时由法军上尉皮耶 - 佛罕索瓦·札维耶·布夏贺（Pierre-François Xavier Bouchard）在一个埃及港湾城市罗塞达（Rosetta，今日称为 el-Rashid）发现，但在英法两国的战争之中辗转到英国手中，自 1802 年起保存于大英博物馆中，并公开展示．

法国天才学者商伯良（Jean-Francois Champollion）破解了古埃及的象形文字，使古埃及历史研究蓬勃发展。莱曼认为，如果人类可以弄清楚精神药物在人体（尤其是脑部）的作用，岂不是找到破解精神疾病的“罗塞达石碑”？

正是精神医学的神奇、神秘，让沈渔邨对精神药物临床、生化、药理研究十分着迷，尤其是随着氯丙嗪被发现，精神药物之门开启，越来越多有效药物等待着医生们去探索，一代又一代医生的努力，离破解精神疾病的“罗塞达石碑”将越来越近。

从1958年开始，沈渔邨便非常重视年轻医生的培养，在她的指导下，刚刚走上临床工作岗位的舒良参与到精神药物相关的临床研究中。据舒良教授回忆，在沈渔邨教授的直接领导下，1958—1959年创建人工冬眠治疗精神病、抗抑郁药物治疗中血中5-羟色胺浓度及尿中5-羟吲哚乙酸浓度的变化及与临床疗效的关系；20世纪70年代初对我国生产的新药氟非那嗪及其长效剂氟奋乃静癸酸酯、庚酸酯、哌普噻嗪棕榈酸酯、硝基安定的临床应用进行疗效和不良反应的评价。

精研所成立时设立的药理室，在沈渔邨的领导下承担临床药物的研究，其中包括1981年与美国NIMH合作进行的研究不同种族氟哌啶醇的代谢差异，不同剂量氟哌啶醇的疗效。药理室舒良和生化室周东丰，与美国来华的波特金医生协作，提出了中国人对氟哌啶醇的代谢较白种人慢的最新理论，并发现低剂量的氟哌啶醇与高剂量的氟哌啶醇有相当的疗效，这一研究为克服盲目追求大剂量精神药物治疗，为临床合理用药提出了理论根据。随后对其片剂、针剂和长效针剂的药代动力学方面进行了较为系统的研究，此研究获北京医科大学科技成果三等奖，并获WHO优秀青年论文奖。

沈渔邨敏感地发现，随着改革开放，我国将迎来精神病治疗新药井喷，临床试验即将成为热点，20世纪80年代后期，她开始布局药理室的转型。沈渔邨主动与我国著名临床药理学家李家泰教授合作，并安排舒良参与到李教授组建的临床药理学合作团队中，作为精神病学和精神药理学专业负责人，组织开展临床药理学相关教育培训、参与建立临床药理基地、协助制定新药研究指导原则等，积极推进中国临床药物研究的规范化，并训练出一支热爱精神药物临床研究的工作团队。

在一切准备就绪后，大量国产和进口新药进入临床试验阶段，1989年精研所被批准成为首批卫生部新药临床基地（精神专业）。从此，药理室的

1990 年 1 月 17～18 日，精研所举办药物开发临床研究讲习班，前排右一为沈渔邨，左一为舒良

主要工作转向新药的临床试验，并带动了与新药临床试验相结合的其他临床与实验室研究。

20 世纪 80 年代中期，卫生部药政局委托精研所对国产新药“哌普嗪嗪棕榈酸酯”的疗效进行研究，舒良教授任主要研究者。这是我国第一项精神药物临床试验，也是第一项精神药物的双盲对照研究。研究中使用标准化的量表评估疗效，对照药为氟奋乃静癸酸酯。该药成为第一个经卫生部正式审批上市的精神科新药。

1999 年，国家医药监督管理局颁布，精研所作为第一批国家药物临床试验基地，舒良教授被聘为基地主任。

第五节　布局儿童精神病学

世界会给那些有目标和远见的人让路。

沈渔邨在学科上的远见卓识，不仅使精研所的临床和科研成为中国精神病学科的排头兵，还前瞻性地布局了未来重要的细分专业和关键领域，为精研所持续处于学科领先地位奠定了基础。

2022 年 6 月 15 日，于欣教授在接受笔者采访时说："沈大夫当年定的目标特别明确，抓住几个重点的学科一定要追上去，与国际保持齐头并进的水平。所以她在几个地方发力，看得很准，而且知道自己做的每一件事的标杆是什么，然后不遗余力去推动这些事。"①

建所之初，沈渔邨要求精研所"全面开花"，根据每个人的特点，为他们指引专业方向。她重点布局的领域，除了流行病学调查、生化药理研究、新药临床试验外，还有儿童、老年和心理等。

于欣大夫回忆说：沈大夫对整个趋势的发展是很有前瞻性的，那时候都还没什么人听说过儿童还有多动症，但她让第一个博士生做这个病的研究方向。同样，当时中国也很少人听说过老年痴呆，但她已经开始让第二个博士生做这个课题。很早的时候，她去参加北医一个遗传学硕士的毕业答辩，然后就把这个硕士挖到精研所来，说"你要做精神疾病的遗传学"。那时候大家对精神疾病遗传完全没有一点概念，觉得这是天方夜潭的事，但沈大夫已经开始在为这个做准备。沈大夫一直保持着对学科新进展、新动向强烈的好奇和敏感性，这一点，我们学界其他人目前很难达到她的高度。②

1. 重点发展儿童注意缺陷多动障碍研究

沈渔邨是我国最早关注儿童心理卫生的精神科医生之一，20 世纪 50 年代初，我国学术界在此领域还是一片空白。1955 年 3 月，陶国泰教授发表了国内第一篇有关儿童精神疾病的论文《开展儿童神经症和精神病的防治工作》，并在南京神经精神病防治院开设了儿童精神病和行为指导门诊，这项工作实为我国儿童心理卫生工作的开端。③1958 年，沈渔邨等人翻译了《苏联儿童精神病学》，出版了《儿童精神病学临床讲义第一册》。

20 世纪 80 年代以来，我国实行计划生育政策，儿童的智力、学习、发育、行为等越来越受关注。精研所 1980 年成立时，儿童精神病学只是一个学组，但沈渔邨对这一领域在确定研究方向、争取科研基金、国际合作、

①《回忆我的老师沈渔邨》，受访人于欣，2022 年 6 月 15 日.

② 同①.

③ 国家卫生健康委员会疾病预防控制局. 致为精神卫生共同奋斗的 70 年 [M]. 北京：人民卫生出版社，2020：280-290.

培养人才方面等投入了很大努力，为儿童学组的发展做了充分准备。

儿童精神科的医生有两个来源，一是成人精神科医生转做儿童，另一个就是儿科医生转到精神科。建所时，儿童学组成员主要包括，1963 年武汉同济医科大学医疗系（现为华中科技大学医学院）毕业后便分配到北大医院精神科的杨晓玲大夫，以及“文革”期间分配来的贾美香、顾伯美大夫。1982 年，沈渔邨将王志兰大夫从北京中医学院附属东直门医院小儿科调入精研所，充实了儿童学组的医疗力量。

1981 年春，正在就读北大医院儿科硕士研究生的王玉凤转到沈渔邨教授名下改学精神科。在王玉凤的研究方向上，沈渔邨教授和她进行了深入的讨论。考虑到恢复高考后，父母们越来越重视孩子的学习，而儿童精神科有一个病是影响学习的。这个病现在叫儿童注意缺陷多动障碍（attention deficit and hyperactive disorder，ADHD），一般被称为儿童多动症，在 20 世纪 70 年代末引入中国大陆时被称为轻微脑功能失调（minimal brain dysfunction，MBD），一般人称之为“多动儿童”，是一种常见的儿童行为问题。布拉德利（Bradly）最早（1937 年）报道了苯丙胺对 MBD 儿童的治疗作用，20 世纪 60 年代美国 FDA 批准哌醋酸甲酯（利他林）用于治疗儿童 ADHD。

结合自己在国外考察的内容和查阅的文献，沈渔邨认为儿童多动症值得深入研究。王玉凤是从 MBD 的相关研究开始，硕士研究方向包括 MBD 流行病学、临床特点及生化研究。当时国内外尚无统一诊断标准，在沈渔邨的指导下，王玉凤参考英国的拉特（Rutter）设计的“儿童行为问卷”和康纳斯（Conners）的 MBD 症状简化量表，并结合我国文化背景下 MBD 症状的主要分布，制定了由班主任填写的《儿童学习行为问卷》，采用问卷筛查并结合临床诊断相结合的方法，对北京市四年级小学学生进行了流行病学调查，确定研究的病例，对 73 例 MBD 研究儿童组和 57 例对照儿童组采用了盲测的方法。[1]

为了帮助王玉凤顺利完成课题，沈渔邨亲自带着她与各位高年资的老师见面，请他们多关照她，亲自交代技术员多帮助她，试剂、材料都按她的需要提供。王玉凤为了抢时间按时毕业，天天和生化室的技术员泡在实

① 王玉凤，沈渔邨. MBD 儿童流行病学、临床特点调查及尿 MHPG · SO_4 的测定 [J]. 中华神经精神科杂志，1983，12：240-251.

验室，沈渔邨时不时就来看看她有没有困难需要解决。实验全部做完后，发现结果还不错，沈渔邨让王玉凤把文章投给《美国神经病学杂志》，一投即中；另一篇流调的文章投到了英国，也发表了。这给王玉凤继续从事精神病学专业建立了很大的自信心。

沈渔邨发现王玉凤好学、主动、认真、刻苦、踏实，颇有自己年轻时的“虎”劲儿，她的儿科背景正是学科发展需要的；儿童精神医学的这块“处女地”，也可以让王玉凤大施拳脚。1982 年王玉凤硕士毕业后，沈渔邨把这棵“好苗”留在了精研所。

师徒二人在儿童行为障碍的研究上一路高歌猛进，1988 年，王玉凤成为沈渔邨教授培养的中国精神卫生领域的第一位博士研究生，将研究拓展到儿童学习与行为的矫正，引进感觉统合训练理念等。30 多年来，以王玉凤教授为核心的项目组，在 ADHD 的病因、临床表现、诊断、认知功能、治疗、预后等方面完成了大量的临床和科研工作，使精研所在 ADHD 的诊断和治疗方面在国内遥遥领先，王玉凤教授也成为中国儿童 ADHD 领域的领军人物。

1995 年 12 月 4～7 日，精研所举办儿童感觉统合研修班，前排右一王玉凤，右四沈渔邨，左三彭瑞骢

2005 年 3 月 4～7 日，年逾八旬的沈渔邨院士（前排右三）出席注意缺陷多动障碍国际培训班

2. 推动精神发育迟滞儿童研究和特殊教育工作

沈渔邨努力争取国际资源来帮助儿童学组的发展。根据我国的某些地区智力低下者患病率高的情况，沈渔邨带领儿童学组，提出在缺碘地区开展儿童智力低下的流行病学调查研究课题，由此获得了联合国儿童基金会资助的第一个合作项目“精神发育迟滞的早期诊断与防治”①。该项目是对边远地区儿童进行精神发育迟滞的流行病学调查并完成幼儿智力测查工具的修订，以及微量血液制品放射免疫法测 T3、T4、TSH 水平的实验室方法，以及在婴幼儿早期并可使用这一方法对“地方性呆小病”这一在广大边远地区和山区严重影响儿童智力和体格发育、影响生产力的常见病，作出早期诊断以及早期干预。

1982 年，在联合国儿童基金会的资助下，沈渔邨组织人员去美国考察儿童精神病学，她邀请了北医公共卫生学院儿童少年卫生专家叶恭绍教授，并派出

① 第一篇吉林调查的论文：黄悦勤，沈渔邨，王健，等. 地方性甲状腺肿流行区儿童精神发育迟滞的流行病学调查 [J]. 中国心理卫生杂志，1990（2）：62. 之后发表了云南调查的文章：杨晓玲，李淑然，黄悦勤，等. 云南思茅碘缺乏地区儿童精神发育迟滞的调查 [J]. 中国地方病防治杂志，1991，6（增刊）：70.

精研所许迪、侯沂两位副所长，以及刚刚硕士毕业的王玉凤共 4 人前往考察。

王玉凤教授回忆说："这 21 天的访问，接待我们的都是沈老师这些年出国考察积累的人脉，她亲自联系和安排日程、考察内容，并给美国接待我们的同行写了亲笔信，甚至还把自己的漂亮衣服借给侯大夫，总之事无巨细，样样周全。我们在纽约、旧金山、波士顿各考察了 1 周，都是访问著名的儿童精神科、儿童发育的专家和机构。许大夫和侯大夫虽然不是搞儿童专业的，但她们顺便考察了药理、脑电，大家都开了眼界。"

同时，在沈渔邨的领导下，儿童学组在北京地区与教育部门合作，推动精神发育迟滞儿童的特殊教育工作，对促进他们身心健康发展，提高其家庭成员的心理健康水平起到有益作用，也对全国精神发育迟滞儿童的教育康复起到一定示范作用。

王志兰教授在回忆文章中写道：当时的儿童研究组成员，对北京市所有市区及重工业区、农业区共 12 个区县，进行对学习成绩差的学龄儿童调查，共 3 部分：一个是全面体格检查；二是智力筛查，重点儿童进行智力测验；三是对每个儿童进行出生前、出生时、出生后的回顾调查问卷，共调查儿童数千名，包括儿童的生活环境、家长文化程度及家族史等。[①]

在精研所的大力协助下，北京市的弱智儿童辅读班，从只有两个班到 1985 年时扩展到了 48 个班，使北京市在全国特殊教育事业方面名列前茅。儿童组对调查资料有关致病因素方面进行了统计处理分析，在 1985 年上海召开的全国特殊教育工作会议上，王志兰大夫代表精研所宣读了论文。与此同时，在沈渔邨的领导下，儿童学组与中国科学院原子能研究所协作，用中子活化法，对城区、重工业区、农业区弱智儿童的头发中微量元素进行检测，并与同地区、同民族、同年龄、同性别的正常智力儿童相对照。

3. 奠定孤独症领域全国领先地位

儿童精神病学领域有一种罕见病——孤独症，也叫自闭症[②]。在多年来

① 于欣．北京大学精神卫生研究所所史（1942—2001）[J]．北京：北京大学医学出版社，2007：180-182．

② "自闭症"是日文，被港澳台地区直接引用，也在大陆地区流传开．在正式文件书籍中，一般使用"孤独症"．

1982 年 3 月，沈渔邨（右一）和杨晓玲（右三）考察日本精神病院

大量科普、影视作品的宣传下，如今我们已经耳熟能详，然而，在 20 世纪 80 年代初，“孤独症”一词尚未被世界熟知，国内对其更是知之甚少。沈渔邨开始关注罕见病婴儿孤独症，并决定让杨晓玲医生以孤独症为专业方向，从此奠定了精研所在这一疾病领域里的全国领先地位。

1943 年，美国约翰·霍普金斯大学著名儿童精神科医生利奥·坎纳（Leo Kanner）发表了第一篇关于孤独症的论文，里面列举了 11 个孩子的病例，首次提出了“孤独症”的概念。权威机构和组织对此病的关注始于 1967 年，但直到 1980 年，孤独症才被美国精神医学学会写进第 3 版《精神疾病诊断与统计手册》（The Diagnostic and Statistical Manual of Mental Disorders，DSM）中，书中采用了现代观点，认为孤独症这一类疾病都是发育障碍，而不是“精神病”。它们使用的名称是“广泛性发育障碍”。

我国最早报道的婴儿孤独症病例，是 1982 年南京脑科医院儿童精神病学家陶国泰教授报道的 4 例，他在《婴儿孤独症的诊断和归属问题》一文中写道：婴儿孤独症与儿童期精神分裂症、精神发育迟滞和儿童期起病的普通性精神发育障碍之间的关系，以及在分类学上的归属问题，至今存在混乱。[①]

1983 年，沈渔邨派杨晓玲前往美国加州大学洛杉矶分校神经精神病学研究所儿童临床研究中心进修 1 年。杨晓玲回国后，在精研所开设孤独症

① 陶国泰. 婴儿孤独症的诊断和归属问题 [J]. 中华神经精神科杂志，1982，15（2）：104-107.

医学专科门诊，开始对孤独症的临床症状特点、行为特征、诊断评定量表、早期诊断和早期干预、家庭心理健康干预、病因学、流行病学、治疗等方面做了初步的探索，成为我国最早对孤独症进行探索的专家之一。

随后的几年里，北医精研所引进和修订了孤独症儿童的行为评定量表（ABC量表）[①]、孤独症诊断访谈量表（ADI量表），并在此基础上编制了孤独症诊断筛查量表（简式ADI量表），以及专供孤独症及相关心理发育障碍儿童使用的心理教育量表（简称PEP量表）。国内目前的主流孤独症干预治疗技术大部分都是杨晓玲等精研所专家从国外引进或临床试验研究的成果，并在国内实现了广泛的落地和推广。

1993年，杨晓玲教授倡导成立了中国大陆当时唯一的经过政府批准登记注册的孤独症儿童康复协会，并被任命为协会会长，积极推进早期识别、早期干预，以家庭为基础的综合的康复干预。

迄今，还没有出现能够治愈孤独症的药物或疗法。2006年，我国把孤独症列入残疾评定范围，如今，儿童孤独症已上升到我国精神残疾的首位。《2020年度儿童发育障碍康复行业报告》中指出，早诊断、早干预、早治疗是提高孤独症预后效果的唯一途径，公认的干预与治疗手段是教育训练，提升他们的社会功能。

第六节　首次报告老年性痴呆患病率

在全球人口快速老龄化的现在，怎么重视老年人精神卫生状况都不为过。WHO 2017年一份资料显示，在2015—2050年，全球超过60岁人口比例将从现在的12%上升至22%，达到现在的近2倍。[②]约有15%的60岁及以上的成年人患有精神障碍。

① 杨晓玲，黄悦勤，贾美香，等．孤独症行为量表试测报告[J]．中国心理卫生杂志，1993，7（6）：279．

② 世界卫生组织官方网站 https://www.who.int/zh/news-room/fact-sheets/detail/mental-health-of-older-adults.

老年精神医学是针对老年期的行为、情感、认知功能等障碍进行诊断和治疗的精神医学的一个分支。它包括老年生物学、老年心理学、老年社会学等相关内容，主要研究内容为在老年期常见的认知障碍（包括痴呆、谵妄）、老年期抑郁症、老年期精神病、老年期焦虑障碍、老年期酒精药物依赖、老年期睡眠障碍等疾病，还包括年轻时起病而延续到老年期的各类精神疾病。

1. 未雨绸缪，为人口老龄化做准备

把时针拨回到30年前的1991年，沈渔邨对她最喜欢的学生之一于欣说“你做老年”时，于欣还仅仅是第三年的住院医生。1991年9月16～20日，在天津召开的中华医学会第四届全国神经精神科学会会议上，决定组建精神科的生物精神病学组、社会精神病学组、司法精神病学组、少年儿童精神病学组和民族文化精神病学组，却没有设立老年精神医学学组。

再把时针往前调30年，1963年11月25日在广州召开第一届神经精神科学会的年会，报告论文300多篇，涉及老年精神医学的一篇都没有。再继续往前看，1955年《中华神经精神科杂志》创刊，在学会中没有老年精神医学的研究方向，在专业杂志中也没有老年精神医学的专栏。从世界范围来看，虽然阿尔茨海默（Alzheimer）在1906年发现并命名了老年性痴呆（阿尔茨海默病，Alzheimer disease，缩写为AD，俗称早老性疾呆、老年痴呆），但老年精神科的专门病房，是直到20世纪40年代由英国医生马丁·罗思（Martin Roth）爵士倡导，才刚刚出现的“新生事物”。[①]

如今已是我国老年精神医学领军人的于欣教授回忆说：“沈大夫给我定下老年的研究方向时，老年精神问题在我国还没那么突出，但她已经看到未来人口老化，并在医疗上做准备了。”

事实上，新中国建立之初，人均预期寿命仅为37岁，60岁以上人口占总人口比例不到5%，客观上对于老年精神医学服务的需求并不大。然而，1949—1981年，中国人的平均预期寿命已经从37岁提升至68岁，老年人

① 于欣，王华丽．中国老年精神医学的发展与展望[J]．中华精神科杂志，2015，48（3）：151-153.

口在总人口中所占的比例也在快速上升。

这一阶段我国老年期精神障碍的研究几乎一片空白，而相比之下，不少发达国家精神病院中的床位约有 1/3 为老年病人所占据。老年人的保健问题已引起医学家、心理学家和社会学家们的共同关注，尤其是老年人的心理卫生工作，已构成一个值得重视的社会问题。

沈渔邨还记得，1980 年左右国外精神病学专家来访，座谈的时候谈到了阿尔茨海默病的流行状况与诊疗情况，在座的中国精神科专家无人回应，因为既缺乏流行病学调查数据，也缺乏相关的临床经验。这一幕让沈渔邨深受刺激，她意识到，虽然当时中国老龄化程度不及发达国家，但速度很快，因此，如何借鉴发达国家的经验建立起适合中国国情的解决人口老龄化带来的社会及卫生问题的策略，是中国医疗卫生界面临的一个迫切任务。

老年痴呆是老年人多发病、致残程度高的疾病，特别是中、重度痴呆，生活需要照顾，对社会和家庭形成了沉重的负担。精研所成立后，沈渔邨立即开始着手布局老年痴呆的研究。

2. 进行老年痴呆流调并推动全国发展

1983 年，沈渔邨教授招收了第四名硕士研究生李格，1986 年转博士研究生，沈渔邨给她确定的研究方向为老年痴呆。

对老年痴呆的研究，沈渔邨也是从流行病学调查开始，这项工作，同时还需要社会精神病学研究室和精神卫生咨询组参与，包括陈昌惠、李淑然、张维熙、赵友文等教授。首先要确定使用的工具，从 1960 年以来，国外已经发展了一系列标准化认知障碍检查方法，如 1960 年卡恩（Kahn）等的精神状态问卷（mental status questionnaire，MSQ），1975 年美国福尔斯坦（Folstein）等的简易精神状态检查（mini-mental status examination，MMSE）和 1973 年日本长谷川和夫的长谷川痴呆量表。研究小组决定选择 MMSE，因为它应用得较多、范围较广，不仅可用于临床认知障碍检查，还可用于社区人群中痴呆的筛选。这是 MMSE 第一次作为标准化认知障碍检查方法被引入中国，经过翻译、校对和回译后，从 1985 年 5 月至 1986 年 3 月，

1985 年 7 月，WHO/ 北京老年精神卫生问题流行学讲习班，第一排左三为沈渔邨

分别进行了一系列测验，包括在不同人群中的试测研究①，以及在城市老年居民中测试研究等②，试测结果表明 MMSE 的确具有简单、易行、易接受等特点。

1986 年 1～6 月，研究小组对北京市西城区福绥境街道 6029 名老人进行了痴呆综合征的流行病学调查，实查 5172 人。调查结果显示，老年痴呆患病率在 60 岁及其以上人群中为 7.54‰，65 岁及其以上人群为 10.26‰③。这是我国首个老年痴呆患病率的流调报告，文章发表在欧洲的

① 李格，沈渔邨. 简易精神状态检查表在不同人群中的试测研究 [J]. 中国心理卫生杂志，1989，3（4）：148-151.

② 李格，沈渔邨，陈昌惠，等. 老年痴呆简易测试方法研究——MMSE 在城市老年居民中测试 [J]. 中国心理卫生杂志，1988，2（1）：13-18.

③ 陈昌惠，沈渔邨，李淑然，等. 北京市西城区老年期痴呆流行病学调查 [J]. 中国心理卫生杂志，1992，6（2）：49-52.

学术期刊上[①]。沈渔邨教授还在横断面调查的基础上经过 3 年随访，文章也发表在欧洲学术期刊《斯堪的纳维亚精神病学学报》（*Acta Psychiatrica Scandinavica*）上[②]。

于欣在一篇题为《中国老年精神医学的发展与展望》的文章中指出："研究不仅起到了对痴呆研究的'启蒙'作用，还通过流行病学研究，引进了一批在国外已经广泛应用的痴呆相关的评估量表和痴呆的诊断标准，不仅提高了流行病学研究的质量，也不同程度地提高了痴呆临床服务的水平。[③]

沈渔邨主持下的"老年期痴呆的患病率、发病率调查及阿尔茨海默性痴呆危险因素的研究"，发表的论文中有 6 篇论文被 SCI 收录，并于 1993 年获卫生部科学技术进步奖三等奖。

沈渔邨积极推动老年精神病学在全国的发展，多次举办有关老年精神疾病的讲习班，并向 WHO 申请并获得授权，于 1988 年 9 月翻译出版了 WHO 的技术报告丛书之《老年痴呆：研究与对策》[④]。1999 年 4 月 12 ~ 14 日，精研所与国际老年精神病学协会（International Psychogeriatric Association，IPA），首次在中国共同举办了国际老年精神科学会北京地区会议。本次会议的学术主题是"痴呆、老年抑郁、老年人的精神药理学及老年精神病患者的社区保健"。参加会议的有来自澳大利亚、德国、韩国、加拿大、美国、日本、英国等 24 个国家的代表约 150 人，中国代表 300 余人。总计大会特邀报告 11 篇，专题会交流 135 篇，壁报交流 126 篇[⑤]。本次大会是一个多学科、高学术水平的国际学术会议，推动了我国老年精神病学的发展。

---

① LI G, SHEN YC, CHEN CH, et al. An epidemiological survey of age - related dementia in an urban area of Beijing [J]. Acta Psychiatr Scand, 1989, 79(6): 557-563.

② LI G, SHEN YC, CHEN CH, et al. A three-year follow-up study of age-related dementia in an urban area of Beijing [J]. Acta Psychiatr Scand, 1991, 83(2): 99-104.

③ 于欣，王华丽．中国老年精神医学的发展与展望 [J]．中华精神科杂志，2015，48（3）：151-153.

④ 世界卫生组织．老年痴呆：研究与对策 [M]．李格，译．北京：人民卫生出版社，1988.

⑤ 田成华，漆红，周东丰，等．国际老年精神病协会北京地区会议纪要 [J]．中华精神科杂志，1999，32（4）：245-246.

1985 年，老年精神医学讲习班，第一排右四为沈渔邨

1999 年 4 月 12～14 日，沈渔邨（右四）主持国际老年精神病学协会（IPA）北京地区会议

1999年4月12～14日，国际老年精神病学协会（IPA）北京地区会议，沈渔邨（中）

3. 不遗余力为老年精神病学培养人才

学科发展最重要的就是人才，在老年精神病学人才的培养上，沈渔邨不遗余力。

1987年，她招收临床型博士研究生张岱，从事老年精神障碍临床和实验药理学研究。此后张岱教授一直从事老年性痴呆的研究，1992—1993年，他在意大利FIDIA中心实验室做访问学者，从事脑退行性疾病与脂类代谢关系的研究；1994—1997年，赴德国海德堡大学分子生物学中心任客座教授和资深研究助理，从事老年性痴呆分子生物学和遗传学研究。张岱回到精研所后，在国外研究的基础上进行了阿尔茨海默病的分子生物学研究，其研究水平处于国际领先地位，目前张岱作为博士研究生导师承担国家973课题，国家自然科学基金、北京市科委基金等多项科研课题，现为卫生部精神卫生学重点实验室主任。

1987年，沈渔邨派赵友文前往日本进修1年，主要学习老年期精神疾

1990 年，张岱博士论文答辩会，前排右三为沈渔邨

病及脑器质性精神障碍。1992 年 10 月，精研所开设老年病房，设病床 25 张，主要收治 65 岁以上的老人，赵友文教授担任病房主任。1999 年之后，于欣担任老年病房主任。

1988 年于欣从北医医疗系毕业后进入精研所工作，这个英语好、聪明又踏实的小伙子很快被沈渔邨发现是棵“好苗”。默默观察了 3 年后，1990 年底，沈渔邨将于欣调入特需病房当住院医，带在身边悉心培养。有一天，沈渔邨教授对于欣说：“你做老年。随着寿命的延长，将来老年的问题一定会非常多，精神卫生问题的需求就会增加。”这个还不到 30 岁的小伙子，从此进入了老年精神卫生问题的研究领域。

1993 年，在沈渔邨的推荐下，于欣开始攻读她的在职博士研究生。1997 年，沈渔邨为于欣争取到国际老年精神病学协会（IPA）的奖学金计划，将他送去澳大利亚墨尔本大学进修老年精神医学。

于欣也成为沈渔邨最得意的学生之一：他不仅在 2001 ~ 2013 年担任精研所所长，扛起了精研所的大旗，还成为中国老年精神病学的领军人物；2019 年 8 月 31 日，他获得 IPA 老年精神医学服务杰出贡献奖，成为我国首位获该奖项的专家。

于欣在回忆中说：“我对老年这个专业有一个逐渐认知的过程，因为老年的问题比较复杂，有逐渐深入的过程，一方面会有一些老化因素跟疾病掺杂在一起；另一方面，躯体疾病跟精神问题又互相交织。再加上我当时

1996年，沈渔邨（中）推荐于欣（右）和周儒伦医生（左）获得世界精神病学协会（WPA）青年医生旅行奖学金，三人一起参加WPA在西班牙马德里召开年会时的合影

太年轻了，我的阅历和经历都不足以使我体会和理解老年人的心理。后来临床上跟老年人日积月累地相处和交流，经过很长一段时间，自己年龄也渐长时，才慢慢进入状态。”

第七节　推动心理治疗 创办《中国心理卫生杂志》

对于现在心理治疗这个“香饽饽”，谁能想到，1978年以前的中国，它还是受到打击、排斥的“伪科学”。在很长一段时间内，心理治疗在中国寂静无声，1978年以前的精神科纯粹是生物学取向，精神分析学说更是被长时期当作资产阶级的思想和文化受到批判，被视为伪科学。

美籍华裔精神病学家曾文星教授提到，他作为WHO安排专家来中国，在20世纪70年代末进行学术交流时，感到中方对讲授心理治疗、文化精神医学之类的内容颇有顾虑。[①]

王玉凤教授还记得自己读硕士研究生期间，刚从儿科转入精神科时，北医基础部的一位老师惊讶地问她："你怎么去搞玄学了？"由此可见精神心理疾病的治疗在以生物学取向为主的医学界的地位，该学科所从事的工作不被理解。

沈渔邨是一位生物精神病学家，改革开放之前，一直将关注度放在精神生化、药物治疗上。精神科接诊的病种，主要是普通精神病，且以药物治疗为主。1979 年的欧洲和美国访学让沈渔邨了解到了心理治疗在发达国家的发展，她意识到，中国改革开放后，随着经济快速发展，在通向现代化的道路上，社会竞争的日益激烈、环境的迅速改变、生活节奏的加快、价值观的冲突等，将给人们增加越来越大的心理压力，带来焦虑、抑郁、孤独感等——是时候把心理治疗纳入精神科的医疗范围了。

1. 成立精神卫生咨询组，开设临床心理科病房

"文革"后打开的不仅是国门，还有人们的思想。1978 年开始，心理学恢复科学地位，不再被当作"伪科学"，心理学与医学，尤其是与精神医学结合的心理治疗开始在中国发展。

一批医学教育家、心理学家、伦理学家、精神科医生，如彭瑞骢等人，引进了恩格尔（G.L.Engel）在 1977 年提出的新医学模式，"生物－心理－社会医学模式"的概念从此成为医学界的"口头禅"，也成为呼吁各级领导大力支持发展医学心理学、心身医学、行为医学、社会医学及社会精神病学等交叉边缘学科的理论依据。中国的心理学者、精神科医生开始走出国门，在中断交流 30 年左右以后，再次了解西方国家的精神卫生服务模式和技术。

实际上，在 20 世纪 50 年代大家对心理治疗是什么还十分困惑、缺乏理解的时候，1958 年，北医精神科的李从培医生便与中科院心理所、北京大学等单位协作开展以心理治疗（包括个别和集体心理治疗）为主的神经衰弱

① 国家卫生健康委员会疾病预防控制局. 致为精神卫生共同奋斗的 70 年 [M]. 北京：人民卫生出版社，2020：399-415.

快速疗法。神经衰弱在当时的精神科专业被列为最主要防治的疾病，属于国家重点防治疾病。但随后的 20 年，心理治疗销声匿迹了。

1980 年，精研所成立时，设置了精神卫生咨询组，由赵友文医生担任组长，并设立了临床心理科病房。20 世纪 80 年代初期，沈渔邨带领咨询组开展计划生育的心理卫生咨询，并于 1983 年发表了《女性绝育术及放环术的心理咨询》① 一文，是全国女性计划生育心理咨询的第一篇论文。之后，沈渔邨继续进行过将近 2 年的绝育术心理咨询的科研工作。从 80 年代中期，咨询组为临床开展心理测查工作，如使用钟氏焦虑、抑郁的评定量表、长谷川智力测验等，作为临床的辅助检查。此外，在沈渔邨带领下，社会精神病学研究室也开展了大量的心理健康调查，先后对中学生的一般心理健康水平，大学生休、退学原因，老年人的心理健康状况进行了调查。特别关注老年人的情绪、家庭、婚姻、住房、再教育等对老年人健康状况的影响。

2. 举办心理治疗国际讲习班

1982 年，精研所成为 WHO 在北京的培训中心后，沈渔邨作为 WHO 的中方联络员，与 WHO 总部及西太区办事处合作，多次组织国际精神病学界专家在北京及全国各地举办国际讲习班，其中包括心理治疗与行为矫正、社会心理因素、灾害应激及心理社会干预，等等；积极推动心理咨询和心理治疗在中国大陆的普及，尽快赶上世界先进国家和地区的水平。1985 年，沈渔邨在编写《精神病学》第 2 版时，着重增加了有关社会心理、文化与精神卫生、应激与健康、精神疾病的流行病学等新内容。

与其他领域一样，改革开放后，心理治疗在我国的快速发展和提高，是国家政策、政府重视，以及国际友人帮助和我国医生努力的共同结果。沈渔邨特别注重在国际交流中结交朋友，她总是利用出国参加学术会议的机会，向外国介绍中国精神病学的发展，并为中国医生创造进修学习的机会。在沈渔邨结交的大量国际友人中，不乏海外华人专家，心理治疗领域

① 赵友文，沈渔邨．女性绝育术及放环术的心理咨询 [J]．中华神经精神科杂志，1983，16（3）：136-140.

1983 年，WHO 北京基层卫生保健中的社会心理讲习班，现场气氛热烈。主席台左一为沈渔邨

1983 年 4～5 月，WHO/ 北京全国基层卫生保健中的社会心理问题讲习班，第二排右九为沈渔邨

的曾文星教授就是其中之一。

曾文星教授是世界精神病学会文化精神病学分会主任，生长于中国台湾，青年时期在台湾当精神科医生，在美国哈佛大学附属麻省总院接受住院医师培训，后在夏威夷定居。在 20 世纪 70 年代末作为 WHO 安排专家来中国进行学术交流后，1983 年 4 月受聘担任北京医学院客座教授。曾文星

教授与沈渔邨教授合作，共同推动中国心理治疗的成长。从 20 世纪 80 年代起，直到 2012 年去世，他经常到国内来办班、示教，出版多种心理治疗书籍，选拔多位医生到美国学习。

为了使心理治疗从一开始就在规范的道路上成长，1988 年，沈渔邨邀请曾文星教授来北医举办全国性的心理治疗讲习班，成为后来影响重大的标杆性项目的先声。[①] 与其他讲习班不同的是，此次事先准备多个不同类型的个案，曾文星教授进行现场实际个案示范教学，由于他是美籍华人，可以和病人交谈，比其他外籍教授有利得多。这种教学方式的讲习班，在随后的几年里，又举行了多次，提高了学员心理治疗的实际操作的技术。在这个过程中，精研所心理治疗水平也得到很大的提高，并在门诊开展分析性心理治疗、认知行为治疗、家庭治疗、婚姻治疗及青少年、老年心理问题咨询及灾后心理干预。

沈渔邨也在精研所内部挑选优秀医生进行心理治疗的培养，崔玉华、吕秋云、唐登华等医生们开始进行心理治疗及心理咨询的研究。

1989 年，在沈渔邨的安排下，崔玉华和吕秋云大夫一起前往曾文星教授所在的美国夏威夷大学医学院精神科进修心理治疗。

2005 年 3 月 1 日，已 81 岁高龄的沈渔邨参加北大举行的院士会议，

1990 年 5 月 22 ~ 25 日，沈渔邨率队参加世界精神病学协会（WPA）举行的香港地区会议，左一为陈学诗，左二为沈渔邨，右一为吕秋云

① 国家卫生健康委员会疾病预防控制局. 致为精神卫生共同奋斗的 70 年 [M]. 北京：人民卫生出版社，2020：399-415.

她在会议发言中说："曾文星是我接待的第一位美籍教授，对我们很友好，也很用心。我们所送崔玉华、吕秋云、张维熙去夏威夷学习心理治疗，把心理治疗引入我们所，以前精研所在这一块还不是强项，后来发展得比较好了。"①

这位陪伴和帮助中国心理治疗一代人成长的师长，于 2012 年 6 月 22 日去世，终年 77 岁。

3. 推动"森田疗法"在中国应用和发展

精研所在心理治疗领域的发展，还要提到另一位国际友人。

在一次国外的学术活动中，沈渔邨与来自日本的大原健士郎教授结识。沈渔邨流利的英语让这位日本教授大为惊叹，他没有想到当时还有英语如此出色的中国精神科医生，更重要的是讨论学术问题时，沈渔邨独特而有深度的学术思想，更令他佩服得五体投地。大原健士郎向沈渔邨提出，希望能访问北医精研所。

这位大原健士郎教授是日本浜松医科大学精神神经科教授，也是日本森田疗法学会第二任会长。说起森田疗法，它的哲学基础和理论背景则是从中国的老庄学说中发展出来的。21 世纪初，精神分析的创始人弗洛伊德（Sigmund Freud）在欧洲奥地利开创精神分析的前后时期，日本的精神科医生森田正马（Morita Shoma）凭个人的临床经验，创立了"森田疗法"。这种日本明治时代创行的心理治疗，主要用来治疗"社交恐怖症"或"强迫症"等神经症的病人，科学地阐明了人类原有的欲望、不安和情感的心理结构，它的原则是顺其自然，即不把人类所有的不安或冲突视为异己的欲予以排除，而是要一边与不安或冲突共存，一边努力使每天生活得充实。因其治疗的主要出发点与禅道的看法有关联，被学者们认为是富于东方文化色彩的特殊心理治疗。

日本森田疗法的主要继承者高良武久早在 1957 年访问中国大陆时，首次向中国介绍了"森田疗法"，但在当时的学术环境中由于苏联影响，森田疗法在中国没有开展起来。"文革"结束后，中国大陆对心理治疗开始有兴

①《回忆在沈渔邨教授身边工作的经历》，受访人王婉新，2022 年 6 月 22 日.

1980年，沈渔邨（中）到日本大坂考察

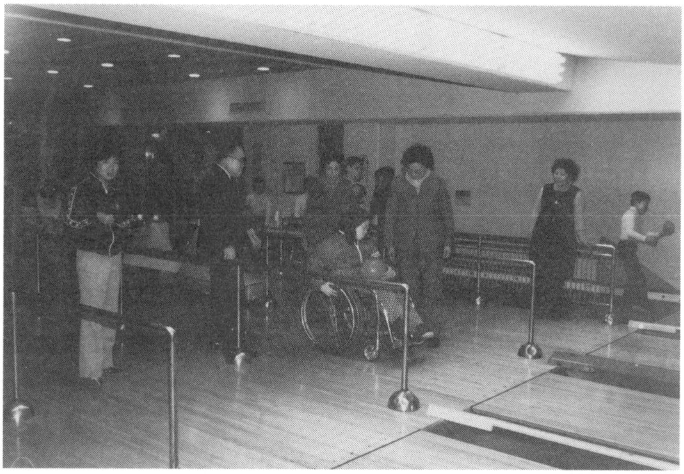

1980年，沈渔邨前往日本大坂考察，在神户参观残疾人康复机构，轮椅右侧为沈渔邨

1984年，沈渔邨率队访问夏威夷后，前往日本访问。左一为杨晓玲，左二为沈渔邨，左三为夏镇夷，右二为钱家华

趣，国内一些学者先后在学术期刊上介绍“森田疗法”后，引起了临床医生对“森田疗法”的初步认识与兴趣。

受到沈渔邨教授的邀请，1990 年，大原健士郎及冈本常男率领访问团来到北京。冈本常男是日本的企业家，他个人曾患有神经症，接受“森田疗法”而恢复健康，于是他出资建立了精神健康冈本纪念财团，赞助日本的森田疗法的发展。

1991 年，沈渔邨和崔玉华应日本森田疗法协会的邀请前往日本，参加国际森田疗法大会。会上，大原健士郎教授高度评价了沈渔邨的学术水平及在国际上的学术地位。他说“在国内外的精神病学界，在某一领域很擅长的教授、学者不少，但像沈教授这样在多个方面都精通的学者很少”，并对沈渔邨表示了深深的敬意。

大会后，大原健士郎教授提出，希望精研所承担第三届国际森田疗法会议。沈渔邨毫不犹豫地答应下来，崔玉华在一边心虚得直打鼓，因为精研所除了办过 WHO 的培训班之外，还从来没有举办过大型的国际会议。

沈渔邨和崔玉华一回国便组建了会议筹备组，举全所之力，经过 1 年半的准备，1995 年 4 月 26～28 日，精研所成功主办了第三届国际森田疗法大会及首届亚洲心理治疗国际科学研讨会。在日本冈本财团和 WHO 西太区的大力支持下，来自 14 个国家和地区的国外专家学者 90 人、国内代表 200 余人参加了大会。会议对森田疗法进行了广泛的学术交流，讨论了亚洲心理治疗的发展和科学评估，并在会议期间成立了亚洲心理治疗学会。这是国际森田疗法大会首次在日本本土外的国家举办，也是精研所首次举办大型国际会议，在本届会议上，沈渔邨教授获得“森田正马奖”，成为获得此奖项的首位外国人。

崔玉华回忆说：“会议筹备期间，沈大夫亲自联系国外专家，邀请外宾；我和外事办公室的晨晓力带着科里的研究生、年轻大夫一起筹备会议。在完全没有经验的情况下，我们把这次会议办得非常成功。我们第一次邀请了台湾地区的专家。当时大陆和台湾的关系还很微妙，龙发堂在台湾当地属福利性质精神病康复机构，他们收治了许多流浪者。沈大夫说，我们看重他们对病人、对社会有好处的一面。龙发堂带着他们的康复病人一起来参会，并在北京保利大厦安排了一场康复病人的演出，非常轰动。”

国际会议是学术交流的场所，也是结交朋友和展示水平的机会。这次

1995 年，沈渔邨（主席台右五）主持第三届森田疗法国际会议暨
第一届亚洲国际心理治疗学术会议

1995 年，沈渔邨（前排左七）与第三届森田疗法国际会议暨
第一届亚洲国际心理治疗学术会议代表合影

会议的成功举办，代表着中国已具备了举办国际学术会议的实力。这次会议不仅得到日本冈本财团及中国台湾龙发堂的赞助，还得到多家公司的赞助，使精研所获得学术及经济的双赢。

会议之后，崔玉华教授陪着台湾龙发堂的专家释开丰主持（1995 年 4 月被聘为精研所的名誉顾问）去东北、新疆、甘肃、广州等地考察，每一个所到之处，龙发堂都给当地医院捐赠一辆救护车。崔玉华回忆说："当台湾的专家对我说，'崔大夫，您给我选一些医疗条件比较差的地方，咱们都是中国人，不是来看笑话的，我想资助他们。'我一听太高兴了，放下手里的工作陪着他去了很多地方。除了捐赠救护车，他们还提出，这些地区的医生有意愿想去北京进修的，他们可以资助。"

会议的成功举办，促进了精研所与日本进一步合作。1992 年 10 月，日本精神健康冈本纪念财团向精研所资助 2000 万日元，赞助中国医生赴日本长期研修或短期参观访问，以及开展临床科研，翻译、出版森田疗法书籍，设立"冈本优秀医师奖"等。同年，在冈本财团的资助下，崔玉华前往日本学习"森田疗法"，归国后即开设了"森田疗法"病房，在临床实践的同时进行各方面的研究。崔玉华说："二楼病房 1992 年以前叫康复科，我是第一任主任，后来改名为临床心理科，我担任第一任主任，组建了做临床心理治疗的团队，培养硕士、博士。精神科医生做心理治疗的优势很明显，因为我们有处方权，可以开药。现在心理问题有很多是有生物学基础的，比如抑郁症、焦虑症，它确实在大脑里有生物学上的变化，用药物来纠正会更快起效。我们两个拳头一块儿出，单纯心理问题的，就用心理治疗；有生物学改变的，我就用药物治疗。心理问题处于急性期时，配合药物治疗能够提高和加速疗效。"

沈渔邨在临床治疗上以药物为主，但她很重视心理治疗，经常让崔玉华等负责心理治疗的专家一起参与管理病人。沈大夫常说："我们不光是治病，我们治的是人。"

此后 10 余年，精研所很多医生赴日本的精神病院学习。崔玉华说："日本的同行很尊敬沈大夫，因为沈大夫是真正搞学问的人，精研所虽然不是富丽堂皇，但是认真做学问的地方，所以很愿意和我们合作。"

大原健士郎教授在 2010 年 1 月 24 日因患膀胱癌去世，享年 79 岁。

1998 年 10 月 11～15 日，第二届泛亚太地区心理卫生研讨会在北京举行，沈渔邨作大会报告

2000 年 8 月 18 日，精研所举办医学心理学专家论证会，左三为彭瑞骢，左五为沈渔邨，左六为崔玉华

4. 创办《中国心理卫生杂志》

除了在人才培养和国际交流上努力推动中国心理治疗的发展，沈渔邨还积极筹办心理学领域的学术期刊。

1979 年 11 月于天津召开的全国第二届心理学会的年会上，心理学界的专家、学者建议建立中国心理卫生协会。陈学诗教授等组成筹备小组，沈渔邨等为筹备委员会主要成员。[1] 经过心理学界和卫生界专家的共同努

① 岱书. 中国心理卫生协会正式成立 [J]. 心理学动态，1985（4）：71.

力，1985 年 9 月 27 ~ 30 日，中国心理卫生协会在山东召开第一次全国代表大会，宣布协会正式成立，选出协会领导成员。鉴于国内外心理卫生领域的蓬勃发展，创办协会所属的学术性刊物势在必行，这次大会同时决定创办协会学术性会刊，并确定北京医科大学精神卫生研究所作为该刊挂靠单位。

然而，对于这份刊物，精研所内部有争议，有人不同意办，因为所里没有钱。沈渔邨在会上发了脾气，一定要办，不用所里一分钱。坚韧不拔的革命意志下，沈渔邨想要做的事会全力以赴。1986 年，她抽调人力组成编辑部筹备组，在她的直接领导下，办理申报办刊批准手续等事宜。

据说当时要选择一位与时任中国心理卫生协会理事长陈学诗老前辈同年资的学术权威担当主编，沈渔邨考虑综合因素后，力荐时任北医党委书记彭瑞骢教授担任杂志主编。①

1986 年 10 月，中国科学技术协会正式批准该刊出版方案，刊名确定为《中国心理卫生杂志》，为中国心理卫生协会会刊。1987 年 2 月，《中国心理卫生杂志》正式创刊出版发行，最初定为双月刊，32 开，64 页，每期约 10 万字。自此，编辑出版该刊即成为北医精研所的一项重要任务。

1987 年 2 月 26 日，《中国心理卫生杂志》在精研所举行创刊座谈会。主席台左一为沈渔邨，左二为陈学诗

① 国家卫生健康委员会疾病预防控制局．致为精神卫生共同奋斗的 70 年 [M]．北京：人民卫生出版社，2020：383-386.

其实，办一份刊物，最难的还不光是钱的问题，摆在沈渔邨面前的，是真正的“无米之炊”——既没钱也没文章，编辑部没有经验，尤其心理卫生还是个跨学科的专业，涉及医学（特别是精神病学）、心理学、社会学及教育学等学科，而且在20世纪80年代，心理卫生事业在中国还仅处于起步阶段，大多数人甚至不知道心理卫生是什么。

没有人能随随便便成功，沈渔邨也一样，面对《中国心理卫生杂志》创刊之初的重重困难，她再一次从零开始，白手起家，也再次凸显了她过人的胆识与能力。在创刊和初期的摸索阶段，她倾注了大量的热情与精力，参与了从经费筹集、出版方案拟定，到编辑部人员的组成，再到组稿审稿，甚至有关杂志的社会活动组织等诸多环节。

经过5年的苦苦探索，杂志逐渐定型、成熟，发行量由1987年最初创刊时的约1000份，逐年上升到1991年的约10 000份。出版质量也迅速提升，1991年被评定为R74神经病学与精神病学核心期刊，并被国外知名权威期刊目录纳入其收录刊物，成为国内外同行均认可的重要专业学术刊物。在编辑部同志的不断努力下，《中国心理卫生杂志》于1997年被纳入B84心理学核心期刊，成为相关领域第一个双核心期刊。1999年起，被英国皇家图书馆收录。1998—2001年，连续4年获得中国科协择优支持期刊。如今，杂志年发行量已达到约10万册。

第八节　开展酒依赖监测和系列研究

酒与人类同始，堪称古今中外的“第一大发明”。有人说，酒是欢乐的酵母，是情感的激素，是沟通思想联结友谊的桥梁，是密切关系联络感情的纽带，是文化的催化剂和载体。中国酒文化源远流长，祭祀、会盟、祝捷、婚丧及欢聚迎送等场合均能见以酒庆贺助兴或祭仪。

但在精神科专家眼里，酒却是导致依赖、成瘾的重要物质。有资料表明，西方发达国家人均年饮酒量大约 10 升纯酒精，在 20 世纪 80 年代达到高峰，以后酒消耗量相对稳定，或略有下降[①]，酒依赖问题引起了WHO和各国的重视。

尽管与发达国家相比，20 世纪 80 年代我国的人均饮酒量、酒相关问题发生率相对较低，但我国酒消耗量及与之相关的疾病却有明显的增加，出现一系列与酒中毒相关的健康、心理和社会问题，如酒后驾车引起车祸，酒中毒引起的肝病、肝硬化，因酗酒、酒依赖成瘾引起的家庭争吵、家庭破裂、虐待妻子、暴力行为、旷工和劳动能力下降，酒中毒性精神病等。沈渔邨教授预计，在经济的发展，人民生活水平提高，日常生活中和社交性饮酒日益普遍的情况下，我国酒依赖以及酒中毒有关的问题的危险因素亦随之增大，她对我国酒依赖问题进行了持续 10 余年的监测和系列研究。

1. 领导开展中国酒依赖流调

1982 年，在沈渔邨领导的全国 12 个地区精神疾病流行学协作调查中，就包括了酒依赖的内容。该调查结果显示，以 12 个地区每个地区筛查城乡各 500 户为样本，共 38 136 名 15 岁及以上的人群（汉族）中，酒依赖病人只发现 6 例，慢性酒精中毒幻觉症 1 例，患病率的水平甚低，仅 0.19‰。[②]

此后，随着社会经济发展，人均酒消耗量大幅度上升，酒精依赖患病

① 郝伟，陆林．精神病学 [M]．8 版．北京：人民卫生出版社，2018：101.

② 沈渔邨．近年来国内有关酒依赖和慢性酒中毒的流行病学调查资料 [J]．中国心理卫生杂志，1987，1（6）：251-256.

率已呈明显上升趋势。

1986年，精研所对湖北襄阳城乡居民进行了挨户筛查的酒依赖调查，城区2571人中，患病率为6.61‰；农村2397人中0.38‰[①]。此调查结果显示，城区酒依赖成瘾率，已接近城区精神分裂症的患病率，为全国12个地区协作调查酒依赖患病率的30倍。

某些少数民族地区则更为突出，少数民族原本就有饮酒的传统习惯，加之随着生活水平的日益提高，酒消耗量猛增，滥饮酒、饮酒不加控制的现象已有所发展。因酗酒、酒成瘾而带来的社会问题（如家庭不和、夫妻分居、劳动力下降等）在某些地区已屡见不鲜，不能不引起我国精神卫生工作者的重视。

1985年起，精研所连续3年先后向云南思茅地区派遣了3批医护人员，每期3个月，为该地区精神病院的医护人员进行系统的精神病学临床专业培训。首批派遣的吕秋云医生，在沈渔邨的领导下，于1985年12月对云南思茅地区及西双版纳傣族自治州进行了酒依赖及相关问题的调查研究。共调查14岁及以上739人（男466人，女273人），筛选阳性者265人（男263人，女2人）占35.9%。经检查确诊为酒依赖者26例，患病率为3.5%，全部为男性。[②]

此外，国内兄弟精神卫生机构也做了有关少数民族地区的酒依赖社区调查，因调查方法及诊断标准不完全相同，沈渔邨教授选择了其中采用挨户筛查的调查资料进行分析。结果显示，酒依赖和慢性酒中毒以黑龙江大兴安岭鄂伦春族的患病率最高，为43.09‰（1986年），云南思茅地区傣族（1985年）及白族（1985年）次之，分别为35‰和30‰；黑龙江省赫哲族居第四位，为12.54‰（1986年），总体为汉族地区最高患病率的3~7倍。[③]

除了流调数据，近年来各地精神病院的住院和门诊就诊的病人统计，也显示自1980年以来的5年内，无论是汉族或少数民族，酒中毒性精神障

① 沈渔邨．近年来国内有关酒依赖和慢性酒中毒的流行病学调查资料[J]．中国心理卫生杂志，1987，1（6）：251-256．

② 吕秋云，王玉凤，沈渔邨．云南思茅、西双版纳地区酒依赖有关问题流行病学调查报告[J]．中国心理卫生杂志，1987，1（6）：253-256．

③ 同①．

碍在精神病院住院病人中均成倍上升。

对饮酒与健康问题的关注已刻不容缓。1986 年 10 月 6～8 日，在卫生部的支持下，精研所召集举行了国内第一次酒依赖的国际学术专题讨论会。沈渔邨邀请了加拿大哥伦比亚大学精神病学专家林宗义教授、日本千叶县浅井病院院长浅井利勇教授以及香港大学医学院精神治疗学系麦列菲菲（Felice Lieh Mak）教授来京参加讨论会，并邀请了国内部分兄弟单位参加。研讨会的内容为，介绍交流关于酒依赖和有关酒精中毒引起精神障碍的概况及研究的方法学问题[①]。

1987 年 7 月 1～7 日，WHO 在日本召开西太区酒中毒有关问题工作会议。沈渔邨以临时顾问身份，应邀参加了会议。她在《西太区各国酒中毒有关问题发展趋势》一文中指出："西太区的发达国家和部分发展中国家，已建立专门的调查研究机构、组织和学术团体。这方面的经验，值得我国借鉴。我国在这方面的调查工作刚刚起步，在卫生界目前只限于少数精神卫生工作人员，与这一问题的严重性质，涉及的广泛范围相比，是过于狭窄和单薄的。"[②]由于预防酒中毒及有关问题，涉及的部门和社会组织十分广泛，包括生产、销售、税收、医疗卫生、民政和公安等各部门。西太区这

1986 年 10 月 6～8 日，在北京召开"酒依赖和有关问题研讨会"，主席台左为沈渔邨，左四为浅井利勇，左五为彭瑞骢，左六为林宗义

① 张维熙．酒依赖和有关问题研讨会在京举行 [J]．中华神经精神科杂志，1987，20：61.
② 沈渔邨．西太区各国酒中毒有关问题发展趋势 [J]．中国心理卫生杂志，1987，1（5）：193-196.

1987年7月1～4日，WHO在日本横滨召开西太区酒中毒有关问题讲习班，研究对策。前排右四为沈渔邨

次工作会议建议，应将这一问题纳入国民社会经济总体规划，列入卫生部门整个保健工作的计划内容。

为了及时了解酒精依赖患病率的上升实际情况，对卫生行政部门制定政策提供科学依据，并引起社会各界人士的重视，沈渔邨开始推动我国酒依赖的大样本流行病学调查。1989年，由北医精研所牵头，与国内9个兄弟单位协作，在9个城市4种不同职业人群中进行了国内第一次酒精依赖患病率和有关问题的协作调查。这一调查得到了WHO西太区的资助。

本次协作调查，以1989年10月1日零时为调查时点。采用整群抽样方法，10个单位分布于华北、东北、华东、西南和中南五大行政区。每一协作单位在城市4种不同职业群体中确定科技人员、行政干部、轻体力劳动工人、重体力劳动工作各1000人左右为调查对象，年龄为15～65岁。调查总样本人数为44 920人，预筛出各种饮酒问题者5739人，再经酒依赖筛选表（SIAD）筛出酒依赖可疑者3066人，最后经定式病史表收集资料，由临床确诊为酒依赖病例1674例，平均患病率为37.27‰，全部病例只有3例女性。不同职业比较，重体力劳动工人患病率最高，其次为轻体力劳动工人、行政干部，科技人员最低。患病率呈随年龄增长趋势。10个调查点中，延边两个单位调查到的患病率最高，为79.61‰和68.75‰。北京居第三位45.24‰；青岛、哈尔滨仅次于北京，分别是36.82‰和36.27‰。不同民族酒精依赖患病率前四位依次为：朝鲜族83.45‰，满族64.10‰，回族 57.14‰，汉族 30.74‰。朝鲜族与其他各族酒依赖患病率的差异均有显著性。[①]

本次协作调查，对 1674 例酒依赖病人的精神、躯体和社会功能损害情况进行了评定。结果显示，精神障碍发生率为 27.9%，躯体疾病发生率为 27.3%，家庭和社会功能损害发生率为 30.8%。[②]

沈渔邨等学者在调查报告的最后写道：酒依赖对人的精神、躯体及社会功能的危害是全面的。为了提高我国人口素质，应大力宣传饮酒成瘾的危害，控制酒的生产与消费，并把酒依赖的防治知识和技能普及到基层卫生组织，以减少和阻止酒危害的进一步发展。

崔玉华教授说："我带队去了东北及黑龙江、内蒙古做酒依赖的调查，这些地方的人们，有的人喝酒很厉害，有的人却滴酒不沾，为什么？我们进一步进行了研究。"

2. 全球第一个发现我国蒙古族为 ADH 基因多态的不同类型

国外对酒依赖的分子生物学研究发现，酒依赖的患病可能与醛脱氢酶（ALDH）和醇脱氢酶（ADH）基因多态性有关。

20 世纪 90 年代初，精研所的生化实验室已完成升级改造后，沈渔邨教授率先指导博士研究生，对我国东北地区朝鲜族、鄂伦春族、蒙古族、汉族的酒依赖病人进行分子遗传学研究，以及对酒中毒高发家系分子遗传学研究。

我们已经知道，乙醇（俗称酒精）进入人体之后，95% 通过肝脏代谢，先经 ADH 氧化为乙醛，再经 ALDH 氧化为乙酸盐，最终氧化为二氧化碳和水排出体外。在代谢中，ADH 的活性增强可使乙醇向乙醛转化的速度加快，ALDH 的活性降低则可使乙醛向乙酸盐分解的过程受到阻遏。两者都可导致体内乙醇代谢的中间产物乙醛的浓度显著增高，可产生面红、心悸、眩晕、头痛、恶心等不良反应，致使饮酒者对乙醇的耐受性降低，在避免酒滥用和酒依赖发生中起一定保护作用。ADH 基因型包括 ADH1、ADH2、ADH3、

① 酒精依赖有关问题调查协作组．中国 9 个城市 4 种职业人群酒精依赖协作研究（一）——方法学及患病率 [J]．中国心理卫生杂志，1992，6（3）：112-115．

② 同①．

1995年10月24～26日，在北京举办WHO西太区酒瘾讲习班。左一为沈渔邨

ADH4、ADH5；ALDH的基因型有ALDH1和ALDH2。其中ADH2、ADH3和ALDH2基因型具有遗传多态性。

最终研究结果显示，ADH2、ADH3和ALDH2基因位点的等位基因差异，是酒依赖发生的重要影响因素，但在不同民族中，对酒依赖的发生起保护作用的因素有所不同：朝鲜族和汉族基本一致，主要是ALDH2基因起保护作用；蒙古族是ADH2基因发挥主要作用，而鄂伦春族则是ALDH2和ADH3基因共同发挥作用。[①②]

沈渔邨教授主导的这一系列研究，在国际上第一个发现我国蒙古族为ADH多态的不同类型，在酒瘾遗传生化机制上提出了新观点。以上研究工作分别获得国家教育委员会、国家中医药管理局和北京市四项科技成果三等奖[③]。

① 沈渔邨，范建华，崔玉华，等．中国蒙、汉族酒依赖与醇脱氢酶和醛脱氢酶基因多态性的相关研究[J]．中华精神科杂志，1997，30（1）：3-6.

② 范建华，沈渔邨，崔玉华，等．朝鲜族、鄂伦春族醇代谢酶基因多态性与酒依赖的研究[J]．中华精神科杂志，1998，31（4）：209-212.

③ 于欣．沈渔邨教授从医五十周年论文集[M]．北京：中国心理卫生杂志出版社，2004：3.

第九节　开设精神卫生系

20 世纪 80 年代改革开放后国门打开，技术落后可以派人去国外学，设备落后可以去国外买，但“文革”造成的“文化断层”“科技断层”“人才断层”却是影响深远又难以一时解决的，甚至在 80 年代末更加凸显。

第一方面，大批“文革”前培养的大学生、研究生回到工作岗位后已年过半百。

第二方面，各行各业的主力军是“文革”期间培养的 90 万“工农兵学员”。这 90 万学员是在 1972—1975 年培养的，因客观原因导致他们知识结构和思维方式不足。尽管在高级科研机构或大学工作的“工农兵学员”，曾在 1980 年前后被要求回炉学习高中和大学的基础知识，但仍无法弥补这一缺陷，使得他们中的大部分人无法满足科学研究的需求。

第三方面，“文革”期间，科技创新停滞，失去了“造血功能”。

第四方面，改革开放国门一打开，“出国热”席卷全国，很多“文革”后培养的大学生纷纷出国，甚至国家公派的留学生也留在国外。

这四个方面的综合作用下，在 20 世纪 80 年代末 90 年代初，各行各业都出现了“青黄不接”的境况，这成为发展的掣肘。

人才是第一生产力，人才跟不上，科技创新就是无源之水、无本之木。

到 20 世纪 80 年代末，以沈渔邨为代表的新中国成立初期留苏、留美、留日归国的医生、学者，均已是近 70 岁的老人，“文革”前培养的大学生、研究生也已近退休。与其他学科相比，精神科还面临一个更艰难的困境——由于社会对精神病人的歧视和偏见，没人想当精神科医生。

1950 年以来，临床医学系毕业生选择从事精神科的比例，在各科中一直属于“队尾”状态，精神科医生来源紧缺。但那个年代毕竟还有“组织分配”，比如沈渔邨就是在苏联留学期间，被组织从其他专业调配到精神科的。崔玉华是 1966 年“文革”前分配来的，她回忆说：“我们上大学时就有三大纪律，第一要好好学习，第二服从分配，第三大学时不谈恋爱。那时候精神科很缺人，医学生毕业都不愿意来，因为社会上认为这个科的医生都是‘看疯子’的，但那个年代只能服从分配。”

改革开放之后，大学生出现“出国热”，留在国内的也早早被别的科室

“抢”走了。于欣是1982年考入北医的六年制医学生，他说来精研所属于“阴差阳错”：“大家都不愿意来（精研所），我在北大医院实习之后，转了很多科室都觉得没意思。当时我们六年制有几个月的科研实习，有个同学在精研所做科研实习，他每次回来都讲一些实习中遇到的好玩的事，我觉得这个挺有意思，就想来精研所了。当时是用排除法，先把自己不喜欢的排除，然后再选一个。”

即便有一些医学生毕业后来到了精研所，但没几年就流失了，下海的、出国的、换科室的比比皆是。“医生流失率也比较高。1977年恢复高考，1983年开始有医学院毕业生，精研所从这一年开始接收正式大学毕业生。我1988年毕业前5届和后5届共十来年，精研所接收的毕业生里大概一半人都走了，大部分都是在年轻的住院医阶段离开的。”于欣说。

在精研所这种中国最顶尖的临床和科研机构尚且如此，可以想象，地方和基层会是怎样一种状况。合格的精神科医生，根子在医学教育，关键

1986年11月，北医大精神卫生研究所1986年临床师资进修班合影留念，第一排左四为沈渔邨

1992 年 9 月沈渔邨（后排右三）参加临床医学专业教材评审委员会第三届第三次会议（前排右四为裘法祖）

1995 年 5 月，同济大学参加高校教材评审委员会换届会议，前排右三为沈渔邨，前排右四为方圻，前排右五为裘法祖

1999 年 11 月 6～8 日，WHO 北京医学院校精神病学教学研讨会，前排左三为沈渔邨

发育期是住院医师阶段，成型期是专科医师阶段。我国精神科医生的培养，在相当长的时期并非这样的过程。在全国绝大多数的精神医疗机构中，尤其在中、小城市的精神病专科医院中，直至20世纪80年代，大部分精神科医生是中专学历，小部分是本科以上或护校毕业，直到21世纪才开始逐渐改观。

沈渔邨尝试从根本上解决问题，她多次召集所长会议，研究讨论如何解决精神科医生的来源和培养问题。针对在当时全国的大专院校里精神卫生专业几乎空白的问题，沈渔邨提出开设精神卫生学系，在医学院里专门培养精神科医生。这个想法得到大家的一致同意，并决定由主管教学的副所长陈昌惠教授具体操办。

陈昌惠教授在回忆中写道：我们当时设想，先向省级医院或医学院校发函，了解精神病学学科的设置、教学内容、讲课学时、师资力量及各省的精神病医院设置等情况。于是我起草了这份调查函，分别发给北京、上海、成都、广州、东北等地区的大专院校和医院，但由于这是非官方调查，所以回信并不多。但从反馈给我的信息里，我们知道，各地精神病学师资缺乏的情况十分严重。①

新中国成立时，由于历史渊源而形成了北京、华西、上海、湖南、南京等教学中心。经过20世纪50年代的院系大调整和神经－精神科“分家”，大部分医学院校成立了精神病学教研室或教学组，但专职从事精神病学教学的教师仍然屈指可数（有文献称，至1965年仅21人）。1978年以后齐齐哈尔医学院设立精神卫生专业。②

针对调查收集到的情况，沈渔邨多次组织精神病学专业的老专家进行论证，由陈昌惠教授负责起草报告，1988年向卫生部及北京医学院申请成立“精神卫生学系”，旨在培养精神卫生专科队伍。

在北医大领导支持下，经过多次论证，北京医科大学于1989年成立了精神卫生学系，并在当年9月招收第一届五年制精神卫生学系本科生，共23人。首届系主任由沈渔邨教授担任，崔玉华教授为副主任，黄悦勤担任学生班主任。

①《我与沈大夫的工作经历》，陈昌惠写于加拿大温哥华，2022年10月1日.

② 国家卫生健康委员会疾病预防控制局. 致为精神卫生共同奋斗的70年[M]. 北京：人民卫生出版社，2020：309.

精神卫生学系的学生来自全国各地，但由于社会长久存在的偏见，绝大多数学生报考的专业是临床医学专业，录取后被调剂到精神卫生专业，录取分数在北医大处于中上水平，学生基本素质较好，学习勤奋。

在随后的几年中，湖南医科大学、首都医科大学、河南医学院、济宁医学院、潍坊医学院等约10所医学院校开设了精神卫生系或专业。

从20世纪90年代开始，全国各精神病医疗机构中，大学以上学历的毕业生比例大幅增加，中专学历的自然退休，不再有中专及护校毕业生新进精神科。

然而，精神卫生学系毕业生的择业状况，并不如沈渔邨教授当初希望的那样。毕业生们一部分希望考研、留校、留京，在综合医院或大城市精

1994年7月，沈渔邨（第一排左三）与北京医科大学精神卫生学系九四届毕业生留念，前排右二为崔玉华

1993年，沈渔邨（中）访问山东济宁医学院，左为吕秋云，右为崔玉华

神病院工作；一部分选择出国、下海经商等，基层精神病院缺乏高学历医生的状况并未得到太多改善。

一方面，由于各医学院开设的精神卫生系或专业，存在办学条件和教学水平差异大、教学内容和方式不统一等情况；另一方面，毕业生流失严重等问题，导致精神卫生系存废争议不断。全国各地的精神卫生学系曾一度有停办或改名（如临床心理专业方向）以求在夹缝中求生存之举。[①] 1995 年高等院校压缩小专业，北医从学科建设的全面出发，停止了精神卫生学系等几个专业的招生。1999 年 7 月，北医精神卫生学系最后一届学生毕业。

北医精神卫生学系只招收了 6 届学生，从事精神卫生工作的毕业生仅有半数。但是，留下的毕业生都是精英人才，他们在各自的岗位上为精神卫生事业做出了贡献。

此后，精神科医生的来源和毕业后培训的问题依旧突出，导致 2014 年被列入需要政府扶持的“紧缺专业”。随着精神卫生工作的大势发展，精神卫生系（学院）的设立又被提上日程，至 2016 年底，共 22 家医学院校获准设立精神卫生系。

1995 年 6 月，北医精神卫生学系 90 级毕业生合影留念。前排右五为沈渔邨，左四为崔玉华

① 国家卫生健康委员会疾病预防控制局. 致为精神卫生共同奋斗的 70 年 [M]. 北京：人民卫生出版社，2020：309.

沈渔邨教授早在1987年发表的《精神卫生工作“七五”计划草案的几点说明》一文中写道：

加强心理科学和精神病学在医学院校的教学工作，不仅是本学科建设的需要，亦是医学教育从生物医学模式转换为生物－心理－社会－医学模式的需要。医学科学的进展表明，社会和心理因素在保持健康及促使疾病发展中具有重要作用，健康和疾病是由心理、社会和生物学诸因素所决定的。因此，提倡在研究疾病的预防、诊断和治疗时，应考虑这三个变量所起的不同作用及它们之间的互相作用。①

于欣说：“沈大夫认为，精神医学的教学应该是医学教育的一部分，相当于医学的通识教育，所有的临床医学中都应该把精神病学的东西融进去。她曾专门举办过一个研讨会，讨论精神病学在大学教育当中的作用和地位，参加这次会议的有国内很多大学的教务处长、副校长，还有教育局的领导和工作人员，目的就是提升精神病学在医学中的地位。”

“精神科的特点就是做人的心理工作，这也是任何一科医生都需要的基本素质。②”沈渔邨说。

第十节　扩建新院区创立北大六院

梦想有多大，现实就有多广阔。

1992年10月，国庆节刚过，精研所乔迁新址——这已经是沈渔邨第二次为共同奋斗的精神科“战友”和病人打造新“家园”了。为了突出医疗服务的功能，新所落成的同时增加了“北京医科大学第六医院”的名称（现为北京大学第六医院，以下简称北大六院），精神卫生事业的发展又迈上了一个新台阶。

1992年，对于老精研所人来说是一个重要的里程碑，他们习惯于称

① 沈渔邨. 精神卫生工作“七五”计划草案的几点说明 [J]. 中国心理卫生杂志，1987，1（2）：59-62.

② 沈渔邨. 执着之路　赤子之情 [J]. 中国医院，2002，6（12）：25-27.

1992 年以前的为“老所”，之后的为“新所”。于欣还记得：“我们 10 周年所庆，之后又是搬新所，双喜临门，沈大夫给每个人都定做了一身西服，大家都高兴坏了，更让隔壁北医三院的同事羡慕不已。”

新中国成立之初，不甘蜗居在胡同小院，为了给学科争取更大的发展空间，沈渔邨 1956 年从苏联留学回来就开始筹建新大楼，终于在 1966 年搬迁到北医三院，精神科拥有了自己的大楼。1980 年成立精研所后，偏居北医三院一隅的这幢四层楼也不够用了，门诊太小，一系列的实验室、研究室也没有地方安置，必须再建适应医教研发展更加现代化的新楼。“为什么北京市这么多的基建独独没有精神科的一幢楼？”于是，1980 年开始沈渔邨又亲自跑扩建面积。3 年后，她终于争取到了扩建 6000 平方米建筑面积的指标。

十几年来，精研所每一步的发展，都是在沈渔邨的不懈努力下，从“不可能”变为现实。正如于欣所说：“沈大夫从来不会因为挫折就放弃努力或者改变自己的目标。”

尽管与 20 多年前只是主治医师相比，身为精研所所长的沈渔邨的地位与能量已是天壤之别，但是，改革开放之初，国家还不富裕，精神科依然是最“穷”的科室之一，地块是批下来了，资金从哪儿来？

《六祖坛经》上说：一切福田，都离不开心地。心田上播下善良的种子，总有一天，会开花结果。沈渔邨在“文革”时播下的善良种子，在扩建院区开花结果。当年一位在“文革”中遭受迫害而得了精神病的病人，得到了沈渔邨的医治和保护，一直心存感恩，若干年后，在精神卫生事业的发展关键时刻，这位曾经的病人慷慨赞助了 2000 万元，用于新所的建设。

沈渔邨还“用技术换建材”的方式与武警总队达成一项合作，对方赞助精研所盖楼要用的全部铝合金，精研所免费为他们培养医生，沈渔邨还主动免费给他们的病人看病。这件事，让精研所的医生都觉得神奇：“沈大夫怎么知道武警总队正好有一批闲置的铝合金呢？！”

沈渔邨 80 多岁时，回忆这一段历史时，曾对身边的人说：“当时北医校本部有一位院长想要我们这块地，让我们在北医校园内（现在药学院的位置）盖精研所。这怎么行，医院里人来人往很嘈杂，学生怎么能安静学习？后来在曲绵域校长的帮助下和彭瑞骢书记的大力支持下，才在路边挨着北医三院东西南北各 100 米的地块盖了新所。总之，全靠大家的支持合作，靠全所的共同努力，没有大家的支持，这件事是不可能做到的。”[①]

跑地块花了 3 年，筹集资金又用了 6 年，终于，在卫生部、北京医科大学领导的大力支持之下，精研所新址于 1989 年 10 月奠基开建。赵友文教授作为分管后勤工作的副所长，在沈渔邨所长领导下及北医基建处的全力支持下，主要负责新所的基建工作，尽心尽责。

1989 年 10 月 31 日，北京医科大学精神卫生研究所新址奠基典礼。后排左五为沈渔邨，后排左四为李从培

对新大楼的设计、施工，沈渔邨也是亲力亲为，从大楼表面的白色贴面，到病房里的地面小圆角，她都亲自过问；从大楼的铝合金门窗到安装实验室设备所用的资金，她都亲自去跑……

1992 年 10 月 6 日，新址落成典礼上卫生部前部长钱信忠同志为精研所所名题字，并题词——“发展精神卫生事业，造福人类与家庭”。

新址的大门在海淀区花园北路的北侧，北京医科大学南校门西侧，与北医三院门诊部相隔，占地面积 10 000 平方米，拥有三幢工字形、共 12 000 平方米的六层大楼，为医疗、科研、教学与学术交流提供了更加良好的条件。

新所扩大的不仅是物理面积，而是完善了整个学科，改变了过去只收

①《回忆在沈渔邨教授身边工作的经历》，受访人王婉新，2022 年 6 月 22 日.

治重症精神病人的做法，增设了恢复期病房，收治轻症病人及神经症病人，并开展心理疗法，进行康复治疗及开放管理。为了满足不同年龄病人的需要，还将开设不同年龄段的门诊心理咨询和心理治疗，并增设了老年、儿童病房及特需病房，以及司法鉴定病房。

科研部门也得到前所未有的扩大，配置了先进的仪器设备。脑电生理研究室的10间宽敞实验室，有脑地形图仪、诱发电位仪，可以进行睡眠脑电及眼动轨迹观察等；生化研究室、同位素实验室及菲地亚/北医大神经科学实验室占据了一层楼，不仅有分子遗传学研究室的全新设备，还有许多国内一流的精密仪器设备。为临床基础理论研究提供了有利条件，为临床诊断提供新手段。新址增设了儿童行为与气质实验室，有单面玻璃隔窗对婴幼儿进行行为的观察及录像。

工娱疗室是新所建设的重点之一，不仅面积扩大，分设在两层楼，每层病房均可通过楼梯直接进入，而且新增了众多项目。一层是娱疗室：室内有钢琴、风琴、手风琴、彩电、录像机、卡拉OK机、游艺机、电视机、各种棋类及乒乓球台，每日定时组织病人唱歌、学舞蹈及唱卡拉OK。二层是作业疗法室，病人可以在大厅内制作各种手工艺品、学插花、刻图章；也可以在缝纫室进行刺绣、针织或缝纫；在石膏室里可以自己动手制作各种石膏像；在烹调室内，病人可以自己动手烧制饭菜以及聚餐，不仅别有情趣，还培养了病人做家务劳动的兴趣和技能；病人还可以在这里学习书法、绘画等。医生护士们早上查完房后，把毛衣针和钩针、刀、剪等工具

精研所的工娱疗室里，病人的书法、绘画展

交给病人，晚上睡觉前再把工具收回去，全过程都有专职的护士密切地注视着病人的活动，随时处理突发事件。这些设施最大限度地为病人的心理社会康复提供了条件。

特别值得一提的是沈渔邨对医院花园式绿化的坚持，甚至可以说是固执。大部分人认为，花花草草只是锦上添花，并非医疗必需，在经费紧张的情况下，环境可以退而求其次。反对者甚至去找上级北医的领导告状，说沈渔邨“乱花钱，把钱都买了树”。但沈渔邨坚持认为，美好的环境是对精神病人不可或缺的“治疗”手段，更是对病人最大的尊重，是与门诊、病房、实验室一样重要且“必须”的，不可将就。

要做就做到最好，于是沈渔邨特别请来建筑设计院设计了优雅的花园：进医院大门缓坡的草坪中央是一棵挺拔俊秀的雪松；楼前四周围绕各种花卉和灌木丛，有白丁香、紫薇、各色月季、连翘和碧桃等。娱疗室外面有一处小小庭院，种了十几株桃树、柳树，满院的花草，芬芳吐艳；美丽的紫藤萝架下有可以休息的小廊子；几张圆桌，一些石凳，还有篮球场、排球场、环形跑道。地方虽小却生机蓬勃，一年三季花常开，四季绿树葱葱，而且全日向病人和家属开放。

新所的绿化区达3600平方米，超过总占地面积的1/3。为了照顾好这些花草，沈渔邨专门聘请了优秀的园丁任师傅。在沈渔邨的鼓励和支持下，任师傅用心地照顾着精研所的花园。门诊楼边上还修建了一个小小的花房，里面四季如春，精研所接待外宾、客人布置会场使用的鲜花、绿植，都是自给自足。任师傅会在不同的季节精心挑选不同的植物在大楼里摆放，曾经还有一棵桂花树，让所有人享受了沁人心脾的清香。

外宾来到精研所参观时，看到病人活动的小庭院，当他们知道建于20世纪90年代初，都觉得非常惊讶：“你们在那个时候就能注意到病人的人文关怀，环境的关怀，八九十年代就能有这种理念，太难得啦。”甚至一位丹麦的专家参观后说，精研所的环境一点也不逊于丹麦的精神病院。

胜利大夫是沈渔邨教授的博士研究生，1999年毕业。当年精研所的温馨而有格调的小院，让他记忆犹新：“新所当初刚建好时，气氛和格调真是非常好，看得出修建时的用心。任师傅的花房，一进去都觉得神清气爽，他还收养了很多小猫，为花房增添了生命的灵动和柔软。”

精研所的每一幢楼、一块草坪、一草一木，都像沈渔邨亲自养育和陪伴长大成人的孩子。胜利记得，当年有一棵树不知为何总也长不大，显得有点碍事，有人建议把树拔了，改个篮球场。马上有人反对说，不能拔，这是沈大夫种的树，必须请示她老人家。胜利笑着说："我们每一个人都有一种感觉，沈大夫非常心细，院子里的一草一木她都记着，谁动了她的树，她都会发现。"

曾有一家银行看上精研所围墙边的一块绿地，想买下来建房子，被沈渔邨毫不犹豫地回绝了。她说："建房子会破坏那片绿地，还要拆除围墙，人来人往，病人安全就得不到保障了。所里宁可穷一点，也要给病人保留一片绿地和活动场所。"

由于外事活动极多，新所还设立了外事接待机构，并修建了具有独特风格的外宾大小会议室，以及学术报告厅，可接待 70 余人，配有录音、录像及同声翻译系统。沈渔邨外事工作的得力助手晨晓力老师回忆说："新所刚建成时，由于经费紧张，学术报告厅和外宾接待室都比较简陋，桌椅也都是很破旧的。有一次，沈大夫出国一回来就对我说：'咱们要把外宾接待室和学术报告厅重新装修一下，现在太落后，我们每年这么多外事活动，这么差的报告厅怎么行。小晨你负责抓这项工作。'我嘴上什么也没说，但心里直打鼓，我哪儿懂装修啊。但沈大夫认定的事，就必须不折不扣马上落实。我开始一边学一边干，找人设计、施工。欧式风格，装修的设计方案、图纸、效果图，沈大夫都一一过目确认，就连地毯选颜色，都是她定的。沈大夫的眼光非常好，报告厅里乳白色的罗马柱，白色的桌子，亚麻色的沙发，配上贝加尔湖蓝的地毯，特别雅致。刚刚装修完，就接待了 WHO 西太区的负责人新福古（Shinfuku）教授，他说：'你们这个学术报告厅够国际水平，比我们日本强多了。'沈大夫听后心里特高兴。"①

精研所当年的小院，就像一座丰碑，沉淀了沈渔邨的理想、智慧，也向人们诉说她的顽强和毅力，她的心血与汗水。

沈渔邨教授在 80 多岁高龄接受媒体采访时，说："我到过不少基层精神病院，发现那时大多是封闭式管理，环境不尽人意，因此每到一处就宣传改善精神病人居住环境的重要作用，为病人提供一个清新、舒适、合理的

①《回忆与沈渔邨教授一起工作的岁月》，受访人晨晓力，2022 年 6 月 23 日.

生活和治疗环境。1982年我和同事设计精研所时，重视绿化，整个医院绿化面积达1/3。因为，现在社会上依然存在对精神病人的歧视和误解，今后的发展就是要努力转变这种态度。这就要从自己做起，首先医院、医生要尊重病人，要把病人当人看，才能唤起社会对他们的尊重和理解。而为病人创造一个好的环境，让他们在治疗中感到愉快、舒畅，正是向病人、向社会传达一种理解，一种爱心。”①

沈渔邨经常站在外宾接待室的窗边，静静地看楼下的花园——她的秘书王婉新、孙然泊两位老师经常看见这样的画面，她说：“建这个院子的时候，我就想，病人生活治疗的地方，要像家里一样安排得舒服一些。”

沈渔邨爱花，众人皆知。在她近90岁高龄时，春暖花开时，孙然泊对沈渔邨说：“咱们去植物园看花吧。”她们推着沈渔邨来到北京植物园的广场，然后请沈渔邨下来走走，活动活动。沈渔邨走了没几步就不愿意走了，说：“这地儿我不愿意来，是你们要来的。”孙然泊这才知道，沈渔邨只愿意

1993年7月17日，沈渔邨（前排左八）参加中华神经精神科学会CCMD−2修订会议

① 彭芸. 关爱万众心灵，呵护美好人生——访中国工程院院士、北京大学精神卫生研究所沈渔邨教授 [N]. 中国妇女报，2000-11-08（5）.

1993年7月21日，沈渔邨（前排右九）参加首次全国社会精神医学学术会，前排右八为杨德森

在精研所的院子里走，她这一辈子，在家里的时间远不如在这个院子里的时间多。①

沈渔邨从未对别人提到过在创立精研所之初她内心的梦想。辛苦耕耘10余年后，精研所在临床和科研都已飞跃到新的阶段，她曾努力想把精研所推向一个更高的平台——成为中国的“NIMH”。

王玉凤教授回忆说：“十几年来我们所发展非常迅猛，湖南的杨德森教授无意中说‘你们是想当美国NIMH吧’。实际上，沈大夫内心的确有这样一个梦想，我博士毕业（1989年）后，曾在老师的指导下，向卫生部申请，让精研所成为相当于美国NIMH的一个机构。”②

NIMH，即美国国立心理健康研究所，是美国精神障碍研究的主要联邦机构，是组成美国国立卫生研究院（NIH）的27个研究所和中心之一，而NIH是世界上最大的生物医学研究机构。NIMH设想了一个可以预防和治愈

①《回忆在沈渔邨教授身边工作的经历》，受访人孙然泊，2022年6月20日.

②《回忆我的老师沈渔邨教授》，受访人王玉凤，2022年6月24日.

精神疾病的世界，并努力通过基础和临床研究转变对精神疾病的认识和治疗，为预防、康复和治愈铺平道路。

很遗憾，沈渔邨带领王玉凤，师生二人努力了很长时间，终未成功，精研所没能成为中国的 NIMH。

1993 年，精研所的生化研究室以及电生理研究室等共同被卫生部指定为开放的卫生部精神卫生学重点实验室。沈渔邨教授任重点实验室主任，周东丰担任副主任。在沈渔邨教授的领导下，研究室作为博士后流动站接受了博士后何鸣的进站培训。

中国古语有云：天助自助之人；人自助，天恒助之；人必自助，而后人助之。

在沈渔邨的人生辞典里，从来没有“等、靠、要”这样的字眼，只有“自助者天必助之”信条。改革开放之初，百废待兴的国家，一穷二白的研究所，沈渔邨没有怨天尤人，没有等天上掉馅饼，她带领全所工作者艰苦奋斗，全力以赴建设精研所，为建设具有世界先进水平的精神医学研究基地而努力。

2013 年，陆林院士在“蔡元培奖暨国华杰出学者获奖者颁奖典礼”上与沈渔邨院士合影

沈渔邨说：“推动精神卫生工作是我终身的奋斗目标。”

于欣教授在回忆老师的文章中写道：“作为一名学者，沈大夫不仅严谨到改研究生论文时一个错误的标点符号都不放过，而且她永远是一位创新者。张文和师兄撰文回忆了沈大夫高瞻远瞩，开精神生化研究之先河，这还是沈大夫盛年时候的事。这种不断求新、求变的精神，一直体现在沈大夫的研究生涯中。从 80 年代末率先在国内开展精神障碍的分子遗传学研究，到 90 年代展开系列的有关酒依赖流行病学、分子遗传学、干预与康复的探索，沈大夫始终以战略家的眼光抓住中国当前最突出的问题，以国际上最先进的手段进行深入的研究。直到现在，沈大夫年近八旬，依然时常浏览英文文献，跟踪国外的研究动态，关心所内的学科建设和发展。”

沈渔邨希望精研所成为中国的NIMH的梦想没能实现，在25年后，在陆林院士担任院长后部分实现——2014年10月23日，北大六院被科技部、国家卫生计生委和总后勤部卫生部正式认定为国家精神心理疾病临床医学研究中心，并成为全国唯一的国家卫生健康委委属管三级甲等精神专科医院。

2002年10月中国精神卫生中心成立
（第一排右五为沈渔邨，第三排左二为黄悦勤）

第十一节　以科学精神，体现人文关怀

对待精神病人的态度是一个国家文明的标志——从成为精神科医生的第一天起，沈渔邨就把这句话刻在了心里。

许又新教授曾在总结苏联医疗制度给我国带来的启示中提到：苏联最早提出了“保护性医疗制度”，强调医生、护士对病人必须始终保持友好的态度，避免一切恶性刺激，医院管理也必须首先考虑保护性医疗制度，凡是对病人有不利的语言都不允许出现。这也影响了我们的医院管理模式，主张以亲切友好的态度对待病人，提倡给他们人文关怀，而这一模式也代代相传，一直延续至今。①

在苏联接受精神病学“启蒙”和研究生教育的沈渔邨，正是将这种“保护性医疗制度”带入中国的学者之一。

从20世纪50年代，沈渔邨和科里几位同样年轻的骨干就提出了废除普遍约束病人，让精神病人大解放，过正常人生活。而对于精神科医生来说，这样的人文关怀，绝不只是一句空洞的口号，背后必须有科学的医疗手段为支撑，如要有解决病人兴奋躁动的控制方法、有效的治疗药物等。沈渔邨曾说，一名合格的精神卫生工作者，“首先对病人要有同情心，要有广博的社会知识，同时要有扎实的医学基础知识，具备近代医学科学特别是神经生理、神经生化等知识”。②

无论是20世纪50年代，从苏联回国后开展教学工作、翻译、写讲义、建设实验室，创立“人工冬眠疗法”；还是70年代初海淀区精神病三级防治网；以及1980年建立精研所，推动精神卫生领域的各项科学研究，致力于精神病院内部环境的改善和推广社区精神病的防治工作，可以说，沈渔邨教授所做的这一切，都是一个目标——让精神病人像正常人一样生活。

精研所李江华护士长曾在接受采访时说：“我们医院许多病人都是疑难杂症，不知看了多少家医院后才转到这里，有的在其他医院、得不到应有的尊重，说到了我们这里‘才觉得自己是个人’。”

作为精神科医生，挨打甚至是职业生涯里避不开的“危险”。但沈渔邨要求精研所的医务人员严格遵守“打不还手，骂不还口”的医疗准则，以高度的责任感和同情心恪守医务人员的职责。

沈渔邨也曾多次受到精神病人的伤害，如眼镜被打掉、鼻梁被打伤，但她却没有因此对病人流露出丝毫不满。她曾在接受《健康时报》记者采访

① 国家卫生健康委员会疾病预防控制局．致为精神卫生共同奋斗的70年[M]．北京：人民卫生出版社，2020：43-45．

② 彭芸．关爱万众心灵，呵护美好人生——访中国工程院院士、北京大学精神卫生研究所沈渔邨教授[N]．中国妇女报，2000-11-08（5）．

时说："有时病人会把我们视为敌人，对面突然咚地打过一拳来，这是因为他有病，医生不仅要打不还手骂不还口，还必须能迅速把兴奋病人的过激行为控制住。只有这样，才能保证其他病人的安全。"①

李从培教授也曾记录了他与病人之间的一段经历。20世纪60年代，他治过一位强迫性人格障碍的年轻人，有一次他下班回家，病人竟连换几趟公交车追上他，没完没了地向他倾诉。后来在李教授的指导下，这个年轻人的病症有了很大好转，不仅当上了劳模，还当了农场场长并娶妻生子，经常举家去门诊探望恩人。"文革"初期，李从培出诊时遭到报复性殴打，昏迷在地，醒来时发现自己躺在病床上，守在身边的竟是那位病人。年轻人"怒形于色、泪流满面"的样子叫老人至今难忘。在1969年李从培下放甘肃，当火车刚刚开动不久，他发现赶来送行的另一位病人，在站台上，奋力跑步，追赶刚刚起动的火车。这一场景让李从培教授心情激荡，久久难以平息，他在文章中写道："我们医生对病人无所冀求，更不想得到病人的回报，然而，病人的真诚关切、深厚之情，时刻提醒着医生：我们怎么也不能愧对我们的病人啊！"②

沈渔邨等老一辈专家为精研所奠定的医德风气，崔玉华教授至今感慨不已："沈大夫带我们查房时，我们会刻意站在沈大夫和病人之间，想着万一病人冲动，我们能保护她。但是她不愿意，她认为'这是我的病人，我要在前面，不用你们挡着我'。精神病人或家属有时候说各种难听的话，但她从来都是笑脸面对。他们老一辈就是真正做到'打不还手，骂不还口'，我们自然就是这样跟着学长大的。曾经有一次晚上病人吵闹，一个社会招聘的护工不耐烦打了病人一耳光，第二天就被开除了。"

崔玉华说："沈大夫经常说，我们不光是治病，我们治的是人，尤其是精神科，一定要让这个病人回归社会、回归家庭。这个指导思想对我们每个人的影响都很大的。"

沈渔邨教授等人在2006年发表的题为《影响高层次临床医师成长因素调查分析》中写道：

医学已不再是一门纯粹的自然科学，与社会科学之间日益交叉与相互渗

① 薛京．沈院士：一生只为疗"心病"[N]．健康时报，2006-07-10（3）．

② 于欣．北京大学精神卫生研究所所史（1942—2001）[M]．北京：北京大学医学出版社，2007：159-161．

透，更强调人本主义的精神。医学的模式已由近代的生物医学模式过渡发展到了现代的生物－心理－社会－环境医学模式。临床医生应走出“一个医生、一个病人、一张处方、一个手术”的以疾病为唯一目标的误区，而把患者作为一个整体的人，一个社会的人，从生物医学、法学、心理与社会医学等角度，为他们提供全方位的预防、保健与综合治疗措施等方面的全面高素质服务的教育。[①]

沈渔邨对待病人的态度，让所有曾跟在她身边学习的年轻医生都记忆深刻。有一次，王玉凤请沈渔邨来会诊一个特殊的病例。一个四五岁的孩子智力发育不好，家庭经济条件也很差，孩子流着鼻涕，浑身很脏，对医生查体也十分不配合。于是沈渔邨把孩子抱起来，放在膝盖上，像一位慈祥的奶奶，一边轻声细语地逗着孩子，一边完成了各种精神检查。这个场景让王玉凤至今难忘，她说：“沈老师一点架子也没有，特别温柔。”

沈渔邨在病人面前永远是和颜悦色，不过很神奇的是，也许是她自带威严，激惹的病人见到她都不闹了。于欣记得，有一次特需病房收治了一名英国的病人，是双相情感障碍。病人是一名英国棋手，来中国参加国际象棋大赛时，突然发作躁狂，闹得一塌糊涂。人家一对一比赛，他说自己可以一对十，瞧不了人家下棋，到处砸场子，最后组委会不得已把他送到了精研所。刚住院时，病人闹得厉害，医生护士们深受其扰，但神奇的是，病人一见到沈渔邨就鞠躬，他说自己是“Chinese bow”（中国式鞠躬）。

不仅要求学生和下属对病人永远要和颜悦色，沈渔邨也这样要求她的女儿钱家鸣医生。王玉凤还记得自己读博士期间，有一次过年没回家，沈老师就让她来家里一起过年。钱家鸣当时还是北京协和医院的年轻住院医，大家欢聚一堂吃着年夜饭，家鸣说起当天遇到一个难缠的胰腺炎病人，她没忍住怼了病人一句，沈渔邨一听，在饭桌上就批评女儿，不应该这样对待病人。若干年后，钱家鸣成为国内最顶尖的消化科医生之一，带领着一个国内历史最优悠久的北京协和医院消化内科团队。

从 1955 年留苏归来进入精神科临床一线开始，直到 2008 年 6 月，53

① 田玲，李冬梅，梁晓捷，等．影响高层次临床医师成长因素调查分析 [J]．中国科技论坛，2006（3）：124-131．

2001 年 10 月，卫生部举办“全国精神科医师临床教学骨干高级研修班”，
前排左二为于欣，左七为沈渔邨，右四为崔玉华

年来，沈渔邨无论管理工作有多忙，都不曾脱离临床一线，直到因身体原因无法再为病人服务。半个世纪来，有很多不远万里慕名而来找沈渔邨的病人，也有很多她看了十多年的老病人，工作和家庭上的事情，他们也愿意和沈渔邨唠叨唠叨。她会细心地留意到病人今天穿了件红色的新 T 恤，亲切地说：“我看你今天精神状态不错!”她会对失业的病人说：“现在下岗的人特多，工作不是特好找，你要有这个心理准备。”不管多累，只要病人坐在面前，她总是和蔼、耐心而尽职。

于欣说：“沈大夫对病人的投入和关心确实是超乎常人的。她基本上除了医院的行政工作和做课题、出差之外，所有的精力都放在病人身上。好多的病人一直跟着她跟了很多年，她不看门诊以后，有些病人就非常失落，有些病人就分流走了，她跟病人保持了很好的一个感情关系，有时候觉得不单是个医患关系了。”

李从培曾如此评价沈渔邨：“她从医五十多年一直坚持查房，做到了五十年如一日，从未离开过病房。她的热爱专业、勤奋敬业的精神令人佩服。”

沈渔邨曾在文章中写道：临床医师的成长除具有医学人才成长中具有阶

段成才律、实践成才律、师承成才律的规律外，还具有以下的规律：高尚的医德和无私的奉献精神是成为一名合格医生的必备条件；成长周期长、更替慢、进入最佳创造年龄较迟；博学、良好的教育背景、全面的素质培养是成长的基础；规范化住院医师 / 专科医师培训是高层次医师成长的有效途径；临床实践是成为优秀医师的必经之路：终身学习与勤奋努力是成才的根本要求；外语是国际交流的重要工具；机遇、成长环境是成才的外在条件。[①]

2012 年，姜河（化名）再次见到自己的“恩人”沈妈妈时，情不自禁双膝跪地，泪流满面。20 世纪 90 年代，姜河还是一名医学生时突发幻听，成绩一落千丈，在她以为人生无望的时候，找到了沈渔邨。沈渔邨经过仔细的问诊、检测，在她的病历上谨慎地写下“SCH 前期”的诊断，而没有贴上“精神分裂症”的标签。在沈渔邨的帮助下，姜河走出了这段最艰难的时光，几年后从医学院毕业，在药企工作，结婚生子，拥有一个正常的人生。多年后，同样的经历又发生在姜河的外甥女身上，同样也是沈渔邨帮助她回到了正常的人生轨道。姜河说：“生病之时遇到沈妈妈，是我们的幸运，她对‘人’有全面理解，在关键时候扶住了我，我的人生才没有因此走偏。在医疗行业工作多年，并且也成为母亲之后，我更体会当年沈大夫提出的人文科学对病人一生的重要。”

痊愈的病人，是医生的勋章。

2002 年，沈渔邨教授在题为《执着之路　赤子之情》中写出了自己的从医感悟：

几十年的工作尽管千头万绪，但作为临床医生，我体会最重要的，是能切实给患者以帮助。精神科的特点就是做人的心理工作，这也是任何一科医生都需要的基本素质。不管是加强国际协作，学习外国的先进经验，还是立足本国进行科学研究，如果不能落实到对患者帮助，都是没有尽到一个医者的责任。[②]

① 田玲，李冬梅，梁晓捷，等．影响高层次临床医师成长因素调查分析 [J]．中国科技论坛，2006（3）：124-131．

② 沈渔邨．执着之路　赤子之情 [J]．中国医院，2002，6（12）：25-27．

第九章

对外交流　将中国精神卫生事业推向世界

第一节　请进来，建立 WHO 精神卫生研究和培训中心

有的人天生长着翅膀，却选择脚踏实地走路。

于欣评价自己老师时说："沈大夫的特殊身份，完全可以选择既轻松又风光的生活。可沈大夫毅然选择了一条艰辛的学者之路。"沈渔邨的特殊身份的确给精神卫生事业的发展带来了格局、视野、资源上的利好，但对于个人来说，她却要比普通人付出成倍的努力，才能让别人看到"沈渔邨"，而不是"部长夫人"。

历史选择沈渔邨并赋予她带领中国精神病学走向世界的使命，也成就了她与 WHO 的缘分。

20 世纪 70 年代末，WHO 精神卫生司司长诺曼·赛多利斯（Norman Sartorius）教授正在寻求与中国合作的时候，刚刚从"文革"中解放的沈渔邨也正在寻求精神卫生摆脱困境、快速发展之路。相向而行，在卫生部的引荐下，两人一拍即合，从此拉开了中国精神卫生与世界接轨的序幕。

1994 年，沈渔邨（前排右一）宴请赛多利斯教授，前排左一为彭瑞骢，后排左一为晨晓力，左二为于欣

1982 年，刚刚成立仅两年的精研所院门外的灰墙上，添了一块黄铜字汉白玉石牌：WHO 精神卫生研究和培训协作中心。沈渔邨亲自担任主任和中方协调员，并具体运作 WHO 在中国举办的系列精神医学学科讲习班和研讨会。

1982 年，精研所院门外的灰墙上，添了一块黄铜字汉白玉石牌：WHO 精神卫生研究和培训协作中心，沈渔邨担任主任和中方协调员

1991 年 11 月 1～2 日，中国 WHO 合作中心主任会议在武汉举行，前排右二为沈渔邨

1988 年，沈渔在《继续加强与 WHO 的协作，进一步发展我国精神卫生事业》一文中总结了 8 年多时间里，从中国精神卫生工作的实际情况出发，在 WHO 的支持下，开展的各种协作：

1. 由世界卫生组织资助，聘请精神卫生工作各领域的国际知名专家来我国举办讲习班或专题讨论会，加强信息交流，促进我国精神卫生事业的发展。8 年来先后在北京、上海、南京、成都、长沙、天津等地举办了全国性学术交流会议共 12 次，涉及精神疾病流行病学、精神药物学、社会环境与精神卫生、医学院校精神病学教学工作，标准化精神状况检查、各级精神卫生人员的培训，基层卫生保健中的心理社会问题、综合性医院的轻性精神卫生问题、儿童精神卫生、老年精神卫生、精神卫生法和司法精神医学鉴定以及老年神经精神疾病流行病学等学术领域。在每次讲习班上，亦请我国的专家作学术报告。这些活动极大地活跃了我国精神病学界的学术空气，并在全国范围内推动了我国精神卫生工作的开展。

2. 在世界卫生组织的促进和帮助下，于1982年在我国北京和上海两地首先建立了第一批精神卫生研究和培训中心；现这两地的协作中心已进入第二个协作期。此外于1986年在南京建立了世界卫生组织儿童精神卫生协作中心。这些协作中心的主任应邀参加西太区精神卫生协作中心的主任会议，商讨本地区精神卫生工作规划，并接待WHO派来的官员和临时顾问专家在我国进行实地考察。

世界卫生组织也为我国精神病学专家和卫生部官员提供资助和机会考察西欧精神卫生服务机构，邀请我国专家参加在丹麦举行的精神疾病的诊断和分类会议。此外我国精神病学专家还参加了西太区组织的行为科学、儿童精神卫生、精神发育迟滞以及药瘾、酒瘾等专题工作会议。

通过这些双边活动和往来，使我国精神卫生专家能较广泛和及时地了解国际有关专业的发展动向，学习其他国家的经验，对推动我国精神卫生工作起了积极的作用。

3. 参加国际精神卫生的科学协作研究。为了加强我国在科学研究工作上的国际协作往来，在WHO总部马勒博士的建议下，开展了上海、新加坡有关城市建筑与儿童精神卫生的协作，以了解工业化、城市化对儿童心理卫生的影响；并聘请了瑞典Levi教授和夏威夷大学曾文星教授为该题的临时顾问来我国考察，进行技术指导。南京精神卫生中心参加了WHO组织的儿童精神卫生病案统计调查。此外，上海和长崎两地WHO协作中心开展了抑郁症的跨文化协作调查，北京、东京医科和齿科大学进行了学龄儿童行为问题生物、心理和社会因素综合研究；北京和瑞典两地的WHO精神卫生协作中心开展了城市建筑、家庭功能与老年精神卫生的研究。

4. 在WHO的支持下，我国卫生部于1986年8月筹建了国家一级精神卫生协调组织，除卫生、公安、民政三部参加外，还有教育、司法等部门参加，并在1986年10月于上海举办的全国第二次精神卫生工作会议上，要求省市亦成立相应的协调组织，以推动本地区精神卫生工作的开展。我国的经验说明：在各级政府领导下组成多部门参加的精神卫生工作协调组织，是有力地推动本地区工作开展的关键。

近8年来，我国精神卫生工作从传统的精神病院服务模式已开始转向社区模式。如在综合性医院开展心理咨询，在社区建立工疗站、家庭病床，都已迈出了可喜的一步；在学术研究上也从生物学研究方向转向生物－心理－社会学方向；研究的范畴从精神疾病扩大到各种心理卫生和行为问题，并开始与教育学家、心理学家、社会学家协作。我国精神卫生工作的防治和研究出现的这些转变和发展，受益于与WHO在精神卫生工作策略思想的影响和具体技术上积极而有力的支持，是不容置疑的。[①]

从1980年6月2日精研所举办了WHO在中国举办的第一个研讨会——“WHO/北京精神疾病流行学学术讨论会”开始，之后的20多年，在沈渔邨的组织下，WHO总部及西太区办事处多次组织国际精神病学界专家，来精研所及全国精神卫生中心举办各种讲习班，先后在我国各地举办了各类国际讲习班和研讨会61次，邀请外宾做专题学术报告250多场。[②]

正如1978年邓小平在全国科学大会上所说的：“任何一个民族、一个国家，都需要学习别的民族、别的国家的长处，学习人家的先进科学技术。”此后，他又反复讲，学习先进的科学技术，引进先进的技术设备，可以少走许多弯路，有利于改变落后状况，既可以赢得时间，又可以节省资金，加速我们的建设进程。

沈渔邨“请进来”大量外国专家，1980后的20年里，精研所每年接待外宾数量，是整个北医系统里最多的，国外专家到所参观访问人次达4000余。沈渔邨为精神病学科打开了国际视野，为全国精神卫生工作者带来了最先进的知识与技术，中国精神病学知识体系，在最短的时间内得以全面更新。

一个国家以宽广胸襟，引进人才、资金、技术、项目，开放自己的平台、服务，换来的必然是发展的蓬勃生机与活力，一个学科也是同理。

为了更充分地发挥国内外专家的作用，1982年至今，精研所已聘请加拿大、美国、日本、德国、瑞士、澳大利亚、中国台湾、中国香港的知名精神病学家与WHO及西太区精神卫生官员共20人成为北医、精研所的名誉教授、客座教授或名誉顾问。在科研协作和学术与人才交流中，他们都发挥了积极作用。

① 沈渔邨. 继续加强与WHO的协作，进一步发展我国精神卫生事业[J]. 中国心理卫生杂志，1988，2（3）：97-99.

② 于欣. 北京大学精神卫生研究所所史（1942—2001）[M]. 北京：北京大学医学出版社，2007：85-89.

1981 年 6 月 2 日，精研所举办 WHO/ 北京精神病学教学讲习班。
前排左三为伍正谊，左六为沈渔邨，左八为林宗义，右五为严和骎

1983 年 5 月，WHO/ 上海全国基层卫生保健心理社会因素讲习班，
前排右五为沈渔邨

1985 年 6 月 2 日，精研所举办亚太地区社会文化精神医学研讨会，
主席台左三为沈渔邨

1999 年 11 月 6～8 日，WHO/ 北京医学院校精神病学教学研讨会。
前排右二崔玉华，右四彭瑞骢，右六沈渔邨

孙然泊记得，当时精研所有一套外事用房，在北医青年公寓的五层。这套房子接待过澳大利亚的埃德蒙·基乌（Edmond Chiu）教授，他是于欣的导师。埃德蒙·基乌教授利用自己的假期时间，自费购买机票来到中国支持北大六院的临床和科研工作1个月，带教中国医生查房，无私地教授知识，推动我国老年医学的发展。沈大夫很感谢他，她总说："这是我的朋友。"这套房子还接待过美国酒依赖专家、北大六院的名誉教授戴维·鲍威尔（David Powell）教授及其夫人，他在北大医院免费讲学、举办酒依赖成瘾讲习班、查房长达1个月之久。

曾担任精研所科教办主任的张维熙教授晚年回忆说："沈大夫的脑子里首先考虑的是全国的情况，如何使我们国家在精神病学的各个领域提高，她从来没有想过为自己谋取什么好处，这就是她的伟大之处。讲习班的外国讲师都是沈大夫负责联络邀请，我们精研所科教办公室负责发通知、报到、食宿、印讲义、组织讲义翻译。专家的接待，包括食宿、行程是由外事办公室负责，由晨晓力负责。"①

1982年，世界精神病学协会（WPA）专家访问北京，在精研所和安定医院进行学术交流，前排右四为沈渔邨

①《回忆与沈渔邨教授一起工作的经历》，受访人张维熙，2022年6月27日.

1985 年 10 月 7 日，日本精神病学专家石井教授受邀访问精研所，
前排左一赵友文，左二许迪，后右一石井，右二沈渔邨

1987 年 5 月 3 日，沈渔邨（左）邀请日本浅井病院院长浅井利勇（中）
访问精研所；右为彭瑞骢

1992年，沈渔邨（前排右四）与浅井利勇（前排右三）参加中日医学大会精神科分会会议

1989年8月15日，沈渔邨（左三）与上海WHO精神卫生中心主任严和骎教授（左四）一起陪同WHO总部的赛多利斯博士（左二）和西太区精神卫生顾问新福古（左一）在杭州参观精神病院

晨晓力是在精研所成立仅3个月时成为沈大夫的秘书的，她发奋自学英语，后来成为沈渔邨最得力的外事助手之一。2022年，已66岁的晨晓力回忆说："建所之初，沈大夫经常对我说'小晨，我们落后了'。80年代建所之初，外事工作是精研所的第一要务，沈大夫说：'我要帮精研所把国际交流打开，给专业人员找到舞台，找到差距，也就能知道奋斗目标是什么。'1982年开始，她出国非常频繁，最多的时候一年可能跑十来次。随着她积极的跑动，受她邀请来中国讲学的专家也越来越多，都是各领域在国

际上顶级的专家。”[1]

沈渔邨每次跨国出差回国之前会提前通知晨晓力，让小晨把自己出差期间收到国内外的重要的、紧急的文件、信函带到机场来接她。沈大夫下了飞机，一上车，就开始签阅文件处理公务，无论多晚到家，第二天她都会准时到所里上班，那时候她已经年过六旬了。晨晓力说：“沈大夫每次出国之前，会给我布置很多很多的工作，她一回来，我就一项一项汇报进度，这个讲习班到什么程度了，那个会议准备得怎么样了……她脑子非常清楚，我每天需要用小本子把工作内容一条条记录下来，而她完全都在记脑子里，布置时很有条理，听汇报时也很有条理，从来不可能布置之后自己就忘了，如果到点你没汇报进度，她就会问。总之在她面前，只能踏踏实实去工作，想糊弄她是不可能的。”[2]

交流带来合作。讲习班在全国热火朝天地开展，带来的不仅是知识和技术，还有大量的合作项目，全国各精神卫生研究机构与国外机构的科研协作、学术交流、人才培养也全面铺开。

1985 年 12 月，沈渔邨参加 WHO 精神病诊断分类会议。
第二排左五为沈渔邨

① 《回忆与沈渔邨教授一起工作的岁月》，受访人晨晓力，2022 年 6 月 23 日.
② 同①.

1986年4月2~5日，沈渔邨（左二）和严和骎（左三）教授在日本参加第三届环太平洋精神病学家学会科学大会

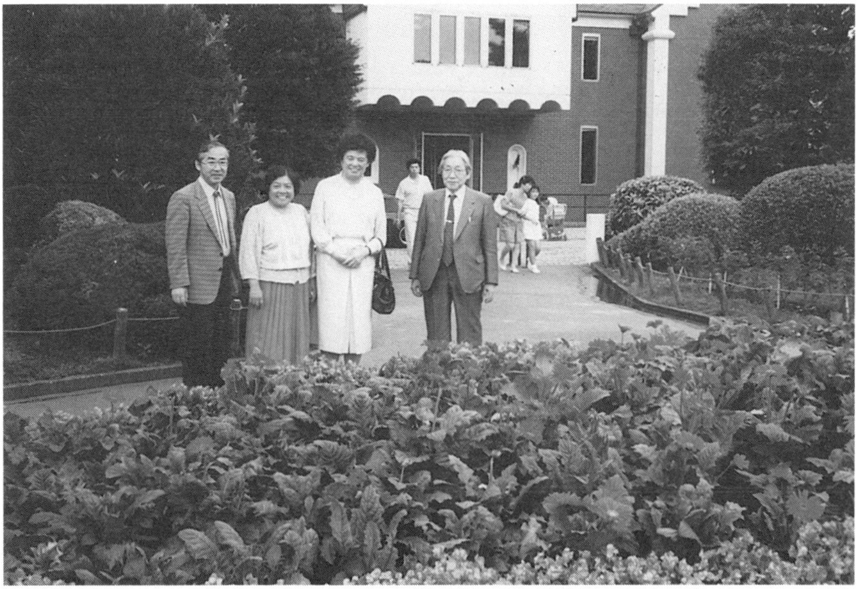

1987年7月4日，沈渔邨（右二）考察日本浅井病院

国际交流协作中，沈渔邨放下身段，摒弃知识分子的清高，勇于承认落后，但从不自甘落后。正所谓“知耻而后勇”，作为精神病学科一线医生和科研人员，她十分了解我国每一个阶段精神卫生迫切需要解决的问题，能够恰如其分地利用各种国际资源。

除了与 WHO 合作之外，1982 年，沈渔邨又与美国国立精神卫生研究院建立联系，将精神卫生引入了中美医药技术协作，此后相继与联合国儿童基金会、美国夏威夷大学、纽约 NKI 研究中心、瑞典卡洛林斯卡学院、日本东京医科齿科大学、意大利米兰神经科学研究协作中心、意大利菲地亚实验室、瑞士神经科学基金会、古巴国家神经科学中心，美国哈佛大学等开展了双边或多边协作往来。年轻一代的胜利医生曾形容说：“沈大夫和世界各地的同行广交朋友，她既有学者的眼光，又有商业眼光，很善于找合作伙伴，总能给精研所带来项目和合作机会。”

对于这一时期，在沈渔邨的努力下，精研所与国外机构密集开展的国际双边协作，2004 年 3 月出版的精研所所史中做了如下记载：

美国国立精神卫生研究院自 1981 年与我所建立联系以来，即将协作研究课题纳入中美技术交流项目，先后派 2 名专家与我所专家共同进行抗精神病药物的临床药理研究与抑郁症的神经内分泌和精神生化的协作研究。通过协作，引进了先进的临床科研和血药浓度的放射免疫测定方法及有关设备。该课题研究结果对于指导临床用药，避免盲目追求大剂量用药提出了科学依据。

由于联合国儿童基金会的资助，我所与北京市教育局协作，对智力低下儿童进行特殊教育与训练，以提高智力水平。同时在国内开展了对云南边远少数民族地方性甲状腺肿瘤流行区的智力低下儿童的流行病学协作调查工作。

瑞典卡洛林斯卡学院 WHO 应邀研究中心资助了环境与居民健康、城市变迁、居住环境改变对居民心身健康影响的研究。研究结果已由瑞方出版专集，并已向我国建筑设计部门提供参考。

日本东京医科齿科大学、美国 HZI 研究中心、美国赛克勒基金会以及古巴神经科学研究中心均与我所进行协作，资助我所设立赛克勒—伊特尔脑功能监测实验室，建立脑功能监测系统的研究与应用。支持我所开展脑电地形图、定量药物脑电图研究工作。

日本浅井病院已先后接受我所 4 人去该院进行为期半年或一年的进修学习。浅井病院的管理方法及对病人进行住院康复训练等对我们均有很大启发。浅井病院在我所还设立了浅井医德医风基金会，至今每年对我所医护人员进行表彰发奖，我所继续发扬一切为病人的优良传统，提供了新的教育形式。

意大利菲地亚药物研制中心在我所建立菲地亚—北医大神经科学研究实验室。他们提供部分仪器设备和试剂，支持我所开展分子生物学研究。同时提供了双方人才交流的条件。

美国夏威夷大学跨文化精神病学家曾文星教授（美籍华人）多次来我所开展心理治疗指导工作，参与病案分析与讨论，讨论文化与心理治疗，亲自示教，提高了心理治疗效果。1983 年 4 月曾文星教授被聘为北京医科大学的客座教授，是改革开放以来，最早被聘任的客座教授之一。

美国哈佛大学心理系支持我所进行儿童气质与家庭环境、智力等多方面关系的纵向研究，对提高我国儿童素质、坚持优生优育国策等均具有重要现实意义。

日本冈本财团支持我所开展森田心理治疗及 1995 年在我国召开第一届国际森田疗法大会及心理治疗学术会议，推动了我国心理治疗的开展。[①]

这些国际协作，不仅为精研所引进了技术、设备，还为我国精神卫生事业培养了国际视角的人才。20 世纪 80 年代，在精研所完成硕士、博士研究生学习的王玉凤教授说："我们这些研究生在读书的过程中，全部都参与了接待外宾和筹办学术会议，在 80 年代，能有这样机会的年轻人并不多，这

精研所 1995 年度总结及浅井基金医德医风表彰大会，站立者为沈渔邨

① 于欣. 北京大学精神卫生研究所所史（1942—2001）[M]. 北京：北京大学医学出版社，2007：85-89.

样的经历对年轻人开阔眼界是非常重要的。北大六院很多年一直保持着全国科研第一的位置，靠的就是建所之初沈大夫奠定的基础和几代人的努力。”

“文革”前就在精神科工作的一大批老专家，在改革开放之初，成为沈渔邨最得力的工作伙伴，大家都不计个人得失、用尽全力辅佐沈渔邨。沈渔邨晚年，经常把这些老同事挂在嘴边，她在当上工程院院士后，在一篇题为《全心奉献，永不言退》的文章中写道：我在学科建设中所取得的成绩，不论是在宏观深入六大行政区的现场调查，或微观深入分子水平的实验室研究，都凝结了多年来和我一起工作的同志们的心血。在我任所长期间，主要精力放在开展国际科研协作，繁重的医疗、后勤保证、教学都由其他所领导承担。我能得到工程院院士的荣誉，是我所这个科研集体辛勤劳动的结果，是在北医大领导的支持下取得的。荣誉和成绩属于我们的团队。

这些老教授也不止一次地对媒体谈到，沈渔邨脑子里只有工作。一次早锻炼时，她不慎摔倒，膝盖摔得又青又紫，肿得老高，她拿手巾一捆就上班来了。大家劝她拍个片子，片子拍出来后显示“髌骨骨折”。3 天后，有她主持的一个重要会议，大家议论纷纷，以为她来不了啦。这个有外宾、内宾参加的会议让谁主持呢？开会当天，她竟架着双拐来了。赵友文教授风趣地说：“她的痛感与众不同，对疼痛不敏感！”

2002 年春节，精研所离退休职工合影。前排左七为沈渔邨，右六李从培，二排左三罗和春，后排右二张维熙

2012 年，离退休职工新春合影留念。前排右三陈昌惠，右七沈渔邨，右八李从培，二排左二赵友文

晨晓力说："精研所的创业时期，从沈大夫开始，每一个人都在自己的岗位上兢兢业业建设精研所。现在每次我们老同事聚在一起回忆当年，每一个人都像工作狂一样投入，而且每一个人内心都特别享受这样的工作热情，真的是激情燃烧的岁月，每天都在进步，这种生命在快速上升的感觉，后来再也没有了。"

曾经，北京医科大学举行过一次会议，参加者是新中国成立后最早公派留学回国的人员，总结 30 年来各自在学科发展方面的经验。王玉凤还记得："在这次会议上，时任北医党委书记的彭瑞骢教授说，沈渔邨是在早期这些留学人员中，引进国外资源发展自己学科方面做得最好的一位。"

第二节　走出去，人人都有出国学习的机会

"走出去"，"请进来"，曾是中国改革开放之初最快捷的学习途径。

曾任国家科学技术委员会副主任、国务院发展研究中心副主任的吴明

瑜在回忆录中写道[①]："1979 年邓小平访问美国，我是代表团成员之一。在他会见卡特总统的时候，卡特说：'你们怎么不放你们的青年人出来呢？'邓小平很风趣地回答：'那好啊，我们给你送几千万人来怎么样？'回国后，邓小平就提出要派留学生。那时一年派了不到 1000 人，他觉得少，就提出，派 10 000 人行不行？"

几乎所有经历过 20 世纪 80 年代改革开放之初外事工作的人，都对这项英明而富有战略远见的决策感慨不已。"走出去"，不仅培养了一批骨干科研、技术、临床人员，同时与国外一些著名院校、医院、科研机构建立了合作关系。

在这样的历史时期，在某种意义上来说，"走出去"的机遇对每个人都是公平的，能不能抓住得靠自己的能力，尤其是英语水平，沈渔邨便在外语上凸显出极大的优势。精研所的每一位老人都说过，沈渔邨是全所英语最好的人。这样一句简单的评价背后靠的是下苦功夫，正如崔玉华教授回忆时说，哪怕在"文革"时期，别人背语录、搞运动、闹革命，沈渔邨白天在锅炉房劳动改造，晚上回到家埋头苦读，学英语。机会总是垂青有准备的人，当 WHO 的赛多利斯教授找上门来时，沈渔邨毫不犹豫一个人就能拎着行李出国考察，英语能力成为她国际交流最强大的助力。

晨晓力回忆说："1980 年把我调到精研所的那位处长，曾对我说，'从现在开始进入高等院校工作，你要好好学外语，将来你们所可能会有很多外事活动，你要有一技之长。'果然，我去了没几个月，1980 年下半年到 1981 年初，英文的资料、信件、联系函等就多起来了。"[②]

从欧洲考察回来后，沈渔邨决定必须尽快安排所里的医生们出国学习，"取来真经"才能让学科更快地发展。为了给出国学习做准备，1978 年她在科里开展了学英语口语活动，北医也举办口语学习班，整个科室掀起了学英语的热潮。

沈渔邨对学生的英语学习的高要求，从 20 世纪 50 年代就开始了。1958 年陈昌惠成为北医精神科硕士研究生，沈渔邨作为她的副导师便对她进行了大量的提高英语水平的训练，"总给我一些外文科研资料研读和翻译，我

① 吴明瑜：追忆 1978 年全国科学大会．刊登于 2008 年 5 月 26 日《财经》杂志．
②《回忆与沈渔邨教授一起工作的岁月》，受访人晨晓力，2022 年 6 月 23 日．

的外文水平确实提高了不少”。陈昌惠教授晚年回忆说。在内因外因的共同作用下，陈昌惠教授成为精研所英语能力很强的专家之一，承担了精研所许多需要外语能力的工作，如 WHO 手册翻译的校对、担任外宾来访学术讨论的口译等。1984 年底，沈渔邨派陈昌惠前往瑞典卡罗林斯卡学院（Karolinska Institute）进修，回国后她与瑞典的 Levi 教授合作，对不同社会环境对人的精神卫生影响进行研究，研究结果由瑞典出版英文版专集，并且用于国际学术交流。该研究成果获得了 1992 年的北京科学技术进步奖二等奖。

王玉凤是“文革”前最后一届北医学生，在学校没机会学习英语。但她知道作为医生学英文的重要性，便花时间自学。成为沈渔邨的硕士研究生后，英语学习的氛围和动力更足，她说：“在英语方面，我运气不好，赶上‘文革’，然后又上山下乡；但我运气又很好，因为赶上了改革开放，又正好跟着沈老师，与国外交流非常频繁，所以我要学好英语的动机非常强烈，沈老师也对我学业的发展给了很多建议和安排，给了我很多机会。”[①]

整个 20 世纪 80 年代，出国留学成为教育科技卫生领域最大的热潮。北医的医、教、研业务人员也在这个大潮中一批一批走出国门。当时北医对出国人员的基本要求是：主要了解本学科的现状、发展趋势，学习先进科学技术和实验操作方法。临床科室人员进修的重点是临床实验室研究的先进技术方法和诊疗技术。绝大多数出国进修人员不负众望，学成回国后，发挥专长，对学校的学科建设、师资队伍的培养，以及对医疗改革和教学、科研、医疗质量的提高，都起到了很好的作用。

自从 1979 年沈渔邨在 WHO 的资助下访问欧洲开始，在相当长一段时间里，她都是北医系统出国次数最多的人。她要求全所的医生努力把英语学好，她来给大家创造出国学习的机会。她利用每次出国学术交流的机会，给精研所找项目、找资金、洽谈双边科研协作，并从 WHO 总部、WHO 西太区办公室、国际上的各种基金会等寻找资源，资助科里的医生们出国学习。

送人出国学习这件事，摆在沈渔邨面前还有一个最大的“风险”：人员送出去不回来了怎么办？这种情况，在那个年代并不少见，因此当邓小

①《回忆我的老师沈渔邨教授》，受访人王玉凤，2022 年 6 月 24 日.

平提出要大量派遣人员出国时，国内曾有很多的反对声音。但邓小平同志对此十分坚决，他说：“你先把人给派出去，不要怕跑，跑10%、20%，还有80%。”而且邓小平还认为，不能把留学生圈起来，要放开手，让他们接触派往国的社会和群众。留学生不能光学习科技知识，还要广泛了解国外经济社会状况。留学生绝大多数是好的，个别人出一点问题也没什么了不起。①

沈渔邨派出去第一个进修人员就没回来，于欣说：“有这样一个教训，有些领导可能后面就不敢轻易送人出国了。但沈大夫没有这样，她一直坚持送年轻人出去，她在国外找各种机会交流，一有机会就把学生送出去。这一点可以看出沈大夫强大的内心和坚强的意志力。”

在沈渔邨的联系和安排下，1980年以后，精研所先后派遣长期、短期出国人员共计285人次，讲师以上的专业人员全部都送出去，分赴美国、英国、法国、德国、日本、加拿大、澳大利亚、瑞典、瑞士、比利时、挪威、丹麦、意大利、荷兰等国学习进修，出国经费绝大多数由国际协作的对方提供。

孙然泊的工作职责之一是为精研所的出国人员办理签证手续，她回忆说：

那时候我国对出国人员有着严格的管理制度，我经常会遇到困难，于是如实向沈大夫汇报，她会说“你尽力了就行”，我们心里都清楚，如果办不下来，我们所遭受的损失都是沈大夫承担责任。

那时候手续很烦琐，要由一级一级批复，最终由卫生部国际合作司批准。这个批复过程常常是不可控的，比如赶上司局领导出差，我就要等很长时间。我会使出浑身解数催件，甚至经常会找到院领导、校领导、司局领导开会的地方找领导签字。

这种惊险的状况并不少见。我曾多次听到于欣大夫、王玉凤大夫和我院的大夫们对我说“办不下来签证就不去了”的话，我知道他们是在宽慰我，因为这是沈大夫好不容易给争取来的机会，加上机票、注册费、宾馆费用都已经交了，如果不能成行，损失是巨大的。幸运的是，这么多年来，没有给医院造成

① 汪东亚.“你告诉邓小平，他可以派10万人”——改革元年，邓小平增派留学生打开政治禁忌的缺口，《留学》封面报道，2013年11月22日.

任何损失。

记得田运华大夫要赴香港进修，在他出发前一天下班前，沈大夫问我今天能不能拿到田大夫的签证，我说我下午4点去卫生部等消息。终于5点时拿到了田大夫的签证。

还有更惊险的。有一次杨晓玲教授出国，我们带着行李直奔使馆，拿了签证直接去机场，总算是没有耽误她的行程。[①]

在送人出国的问题上，沈大夫除了考虑学科发展的需要，还考虑到资源分配的公平公正，一碗水端平，人人都有机会。崔玉华说："我们所讲师、主治医以上的人员中，只有一位大夫因为英语水平实在无法出国进修，但沈大夫把他的妻子派出去学习进修了，是科里一位护士长。"

正如邓小平同志说的"个别人出一点问题没什么了不起"，沈渔邨派出的进修医生、科研人员中，除了个别没有回来之外，绝大部分人都不负众望，学成归来后成为精研所各专业领域的科研、临床骨干力量或学科带头人。

在沈渔邨身边见证了整个过程的晨晓力说："我特别佩服沈大夫的体力精力，她那种勤奋，真的是常人不能比的，她一头扎进工作里，其他都不想。"

2003年，79岁高龄的沈渔邨前往法国巴黎参加学术年会，是哈佛大学牵头的一个世界精神卫生调查，全世界三四十个国家参加，沈渔邨是中国的项目负责人（principal investigator，PI）。沈渔邨已计划将流调的工作交给年轻人，因此她请黄悦勤教授陪同参会，将她介绍给世界同行。这是沈渔邨最后一次出国，黄悦勤教授当时已担任精研所党委书记。黄悦勤回忆说："沈大夫的英语非常好，而且各种口音的英语她都听得懂，她和外国专家交流很多，人家都很尊重她。会议日程很紧，老人家连时差都不倒。有一次晚宴回来，她在车上睡着了，我实在不忍心叫醒她。所以我就想，我们也该成长了，不能再让老人家这么操劳。"[②]

①《回忆在沈渔邨教授身边工作的经历》，受访人孙然泊，2022年6月20日.

② 同①.

2004年1月16日，精研所召开2003年度总结表彰大会，前排中间为沈渔邨，左一为黄悦勤，左二为范肖东，右二为于欣

第三节 首位登上世界精神病学顶级讲台的亚洲学者

1986年，在美国得克萨斯州的达拉斯（Dallas），美国精神医学学会（APA）举行了第138届年会。讲台上，一位身材高挑、神采奕奕、黄皮肤黑头发的女学者，一口流利的英语，吸引了会场所有人的注意——她就是沈渔邨教授——这也是首位以国际学者身份登上这个讲台的亚洲血统的精神病学家。

在这次APA年会上，沈渔邨做了“近年来中国精神卫生工作若干发展趋势”的学术报告，赢得了各国与会学者一阵又一阵热烈的掌声。本次大会，同时被邀请做特约学术报告的还有3名诺贝尔奖获得者。

APA年会是全世界精神病学的顶级学术殿堂，每年都会吸引全世界20 000人以上的专家学者来参加。沈渔邨第一次参加APA年会还是1979年，作为中国首次派出的8位精神病学专家之一访美。当年首次访美的中国学者曾在APA年会上引起轰动，因为中国医生与外界隔绝太久了，轰动的背后，除了世界对神秘中国的一份好奇，更多的则是因为，世界的舞台上不应该缺少了中国。

多年来，沈渔邨真诚地面对国际同行，承认中国的落后而奋起直追，她得到了世界的尊重和帮助。经过多年的努力，沈渔邨带领精研所全体临床和科研人员，用扎扎实实的科研成果，快速融入了国际学术圈。20 世纪 80 年代初，在国内许多临床医生还没有 SCI 概念的时候，沈渔邨就已经开始将自己重要的科研成果用英文发表在国外期刊上，在沈渔邨的院士论文集中，她发表论文 170 余篇，SCI 收录了其中 19 篇，包括北京海淀区精神病防治三级网络、中国十二地区精神疾病流行病学调查等，大量文章都是用英文发表。同时，她还要求硕士、博士研究生的毕业论文，都要用英文写作，投给国际期刊。这样做需要有足够的勇气，更要有足够的底气，因为除了对于英文写作水平是挑战，更是对科研能力的真正挑战，每一项数据、方法学、结论都要经得起全世界考验。

在国际期刊上一篇篇署名“Yucun Shen”的文章，让国际学术圈认识了沈渔邨，也让她成为国际上知名度最高的中国精神病学专家。正如她的博士研究生胜利医生回忆说：“我 2000 年出国时，一位美国的老教授看见我，问：‘你是沈渔邨教授的人吧？’特别愿意和我聊。沈大夫在她那个年代，真正是把中国精神科、北医精研所的名气打到了国际上。”

一篇篇来自中国学者的高质量论文在国际学术期刊上崭露头角，中国的临床和科研渐渐登上了世界的舞台。瑞士神经科学教育委员会基金会长、WHO 神经科学研究和培训中心主任鲍丽丝（Bolis）这样评价沈渔邨：“作为一百余篇科学论著的作者，沈教授的研究显示了她在科学、技术、文化领域深厚的基础。”①

在第 138 届 APA 年会上做报告时，沈渔邨牵头开展的中国 12 个地区精神疾病流行病学调查已经完成。这一次，当国际同行问她“中国究竟有多少精神病人”时，她终于摆脱了无言以对的尴尬，并且可以站在国际顶级的讲台上，用与全世界统一的语言、统一的标准发布中国的科学数据，并首次向世界报告了中国 12 个地区精神疾病流行病学调查的方法学和资料分析、抑郁症的神经生化等研究。一向以老大自居的美国学者也震动了，他们想

① 于欣．沈渔邨教授从医五十周年论文集 [M]．北京：中国心理卫生杂志出版社，2004.

不到中国的精神病学发展得如此迅速，如此有新意，如此高水平。

沈渔邨成为以国际学者的身份登上这个讲台的第一位亚洲血统的精神病学家，这让会场中的亚洲学者们也异常兴奋，这是中国的骄傲，更是亚洲的骄傲。

沈渔邨晚年曾在“自述”中写下这段经历：

> 我曾多次应邀参加国际精神病学大会做演讲。但印象最深的一次是 1986 年作为国际知名学者应邀参加第 138 届美国精神医学学会年会做特约报告，同时被邀请做特邀学术报告的还有三名诺贝尔奖获得者。我介绍自己的研究项目：全国 12 地区精神疾病流行病学调查的方法学和资料分析、抑郁症的神经生化研究等，并且发表了我自己的见解。这次报告的反应极为强烈。因为我是第一位作为亚洲血统的精神病学家，应邀在这种规格的学术会议上做讲演。会后，亚裔、中国台湾、韩国和日本等精神病学家自发地为我组织了一次聚餐会以示庆贺。[①]

1985 年、1986 年应挪威精神病学会的邀请，沈渔邨教授在卑尔根（Bergen）和奥斯陆（Oslo）分别做了抑郁症的神经生化、神经内分泌研究

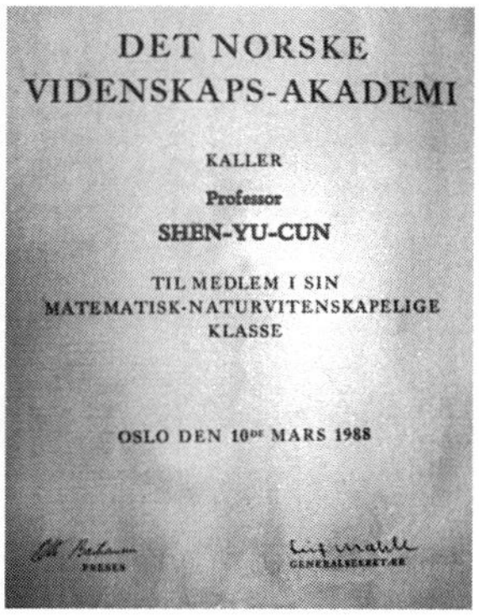

1988 年，沈渔邨教授荣任挪威科学文学院院士授证仪式。左起曲绵域、左奇、彭瑞骢、赵友文、挪威大使、沈渔邨、陈敏章、钱信忠、第一附属医院院长、王德炳、李从培、陈昌惠、侯沂

① 沈渔邨．执着之路　赤子之情 [J]．中国医院，2002，6（12）：25-27．

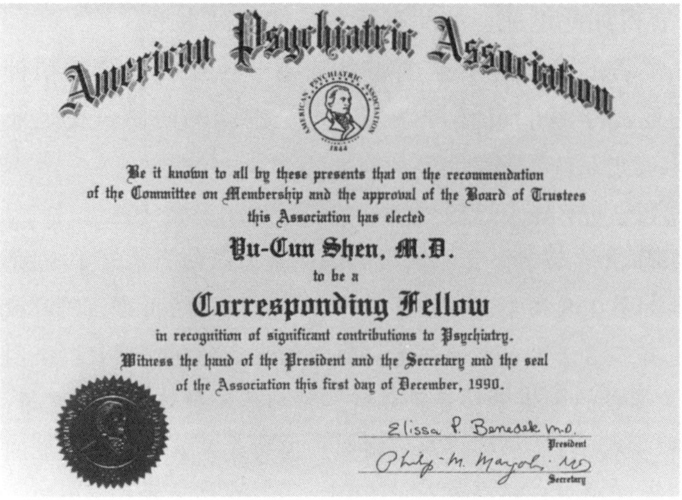

1990 年 12 月，沈渔邨被美国精神医学学会（APA）选为国外通讯院士

和电针治疗对中枢神经递质 5-HT 和 NE 代谢影响的研究报告，受到好评。1986 年，她被聘请为 WHO 精神卫生专家顾问组成员、《美国生物精神病学杂志》编委。1988 年，沈渔邨被挪威精神病学家推荐，授予挪威科学和文学院国外院士的学衔。

1989 年 8 月，沈渔邨（右二）陪同赛多利斯（右三）在山东济南参观一家康复中心

1990 年 12 月，沈渔邨被美国精神医学学会（APA）选为国外通讯院士，成为中国大陆第一位获得此项殊荣的精神病学专家，这意味着中国精神卫生领域的成就和学术地位已得到国际学术界的承认。

晨晓力回忆说："虽然那时候中国还很穷，但沈大夫与外国人打交道，不卑不亢，既足够谦逊，也很有自尊，她的自信赢得外国专家的尊敬和佩服。也有人总提到她身份特殊，其实我们在她身边的人都知道，钱部长是给了她很多建设性意见，但真正奋斗和打开局面，只能是靠她自己，靠她的个人魅力和勤奋。连钱部长都开玩笑说：'沈大夫嫁给精研所了，一天到晚嘴边就是精研所，回来跟我聊天也永远是关于精研所。’”

沈渔邨教授曾连任4届WHO总部精神卫生专家顾问组成员。前任WHO精神卫生司司长、世界精神病学协会主席的赛多利斯教授回忆说：“多年来我很高兴同沈教授一起工作，我不仅为她对精神卫生领域的广泛兴趣和惊人的工作能力深深感动，而且也对她的领导素质留下深刻印象。”①

第四节 我不是外交家，但外交无小事

看到精研所一个个国际交流成果，许多国内同行都非常钦佩沈渔邨教授超凡的外交能力。一位曾经和沈渔邨一起出国开会的精神科医生曾告诉记者，沈渔邨教授一到会场，就像一位外交家。但在记者采访沈渔邨时，她却一再说：“我不是外交家，我也不会什么外交手段，是我们的工作赢得了国外同行的尊重和支持。”②

在20世纪80年代，精研所成为北医系统每年接待外宾数量最多的单位，来参观、交流、讲学的外宾一年最多可达100多批，人数可达400多人次，有时一批就来五六十人。外宾来自20多个国家，来往最多的要数美国、日本、意大利、瑞典。

新中国第一批外交官走马上任时，周恩来曾郑重叮咛“外交无小事，切不可掉以轻心”。新中国首批外交官中，有一些是从军队中选调来的，为使大家尽快了解外交工作，外交部专门组织了学习班，请有关方面的专家和一些国家驻华外交官前来介绍国际形势，中国的对外政策，有关国家的政治经济概况、风俗习惯，以及外交工作经验和外交礼仪。还组织他们学习穿西装打领带，学习跳舞，等等。

沈渔邨不是外交官，但她认为每一次接待外宾都是代表中国，是展示中国形象，每一个人都是“外交人员”，要与国家对待外事工作的态度和方

① 于欣．沈渔邨教授从医五十周年论文集 [M]．北京：中国心理卫生杂志出版社，2004．
② 金永红．沈渔邨守望精神家园 [N]．健康报，2002-11-12．

式保持一致。

因此，对待外事工作，沈渔邨在精研所内部要求非常严格，注重每一次的外宾接待质量。哪怕外宾只是到所里走马观花地参观一圈就离开，她也要给他们留下好印象，除了高质量的学术交流，还有精研所的整体形象，包括卫生、环境、绿化，甚至工作人员的衣着、礼仪等，她都会严格要求。

契诃夫曾说："人的一切都应该是干净的，无论是面孔、衣裳，还是心灵、思想。"干净，是一种良好的生活态度，也是一个人最好的教养——公司、机构，甚至国家，都是同理。

沈渔邨认为，精研所可以没有气派的大楼、豪华的办公室，但一定要以干净、整洁的形象展示给世界。因此，每一次精研所有外宾来参观时，沈渔邨当天都会早早就来单位亲自检查卫生，楼上楼下全部都要检查一遍。

崔玉华回忆起沈渔邨检查卫生的场景，总觉得有趣："每次一得到沈大夫来检查卫生的消息，在走廊里就听到各办公室的门'嘭嘭嘭'一个个关上了——都到屋里藏东西去了。沈大夫走在前面，一间一间检查，走一路批评一路，跟在身后的几个副所长大气不敢出。她走了之后，我们赶紧搞卫生。"崔玉华笑着说，"我们所不大，但外宾对我们的评价很好，首先就是沈大夫很严谨、细致、周全，再就是我们所的工作人员素质都好。"

于欣也记得沈渔邨检查卫生的情景："我还是小住院医时，有一次沈大夫到了我所在的病房，当时的病房主任是舒良大夫。沈大夫发现了病房里有一个垃圾筐是满的，问：'垃圾是谁的，为什么没倒？！'舒大夫赶快跑过去，拎着垃圾桶就去倒垃圾，我们抢都抢不过来。"

沈渔邨尤其关注厕所的卫生。厕所是文明的尺度，也是国家发展的注脚。从 19 世纪末开始，中国人的如厕行为和厕所状况一直被外国人士所诟病，并成为描述中国落后的一个典型话题。改革开放以来，海外观光客蜂拥而至，中国厕所屡屡成为外国记者的题材，截至 1990 年代初，批评过中国城市厕所问题的国内外新闻机构有几百家之多，报道文章数以万计。

孙然泊回忆说："有外宾参观的那天，沈大夫上班第一件事就是先去厕所转一圈，看看到位不到位。1995 年我调入外事办公室工作，除了担任沈大夫的秘书，还承担外事办公室的外宾接待工作和出国人员管理工作，从那之后，卫生间的工作就是我来抓，要求卫生员清洁，消除异味，放手纸、洗手液，等等，慢慢地沈大夫就再没为这个事操心了。”

有一次沈渔邨让晨晓力一起去检查卫生，两人来到了外宾接待室。晨晓力心里暗自得意，因为她已经和卫生员一起打扫得非常彻底，也仔细检查过了。沈渔邨走到外宾接待室的窗边，说：“小晨，你过来。”晨晓力信心满满走过来，屋里一尘不染，窗明几净，杯子透亮。沈大夫问：“你检查卫生了吗？”晨晓力说：“检查了。”沈渔邨又问：“你检查得到位吗？”晨晓力依然底气十足：“到位了，这次咱们卫生做得非常干净。”“你看看，这是咋回事？”晨晓力凑近一看，嗬！竟然有一只死苍蝇挂在窗帘后面！她顿时羞红了脸，是卫生员打死苍蝇后没找到尸体，所以漏过了。沈渔邨接着说：“小晨，什么叫外事无小事，我一来就看到这死苍蝇，外宾看不见吗？玻璃擦得再干净有用吗，死苍蝇在这呢，人家会认为这苍蝇在这玻璃杯上爬过。”晨晓力觉得特别羞愧，赶紧认错，之后亲自更加仔细地再打扫和检查了一遍，才算过关。

沈渔邨认为，细节决定成败，一个企业、机构的管理到不到位，就是在这种小事上体现出来。普通人看到的只是“一只死苍蝇”，而作为优秀的管理者，沈渔邨看到的则是管理没到位，监督没到位，一点瑕疵就可能让整个工作前功尽弃。晨晓力说：“沈大夫检查卫生连门框都要摸一摸，看看有没有灰，我每次跟在她后面检查卫生都特紧张，就怕她挑出点毛病来。所以，每次只要所里有外宾要来，或者要举办高规格的讲习班，我都会亲自查一遍，然后等沈大夫抽查。”

黄悦勤教授还记得另一件小事，从中看得出来沈渔邨每次出国是打开了全身的雷达来观察外国的各种细节。“我还年轻的时候，有一回所里办老年精神病流行病学讲习班，请了很多外宾。会议当天一早，我自告奋勇去为茶歇买点心，因为我家就在精研所附近，我知道附近的中关村茶点铺做的奶油点心特别好吃，而且只有这一家有洋派茶点铺，别家卖的都是驴打滚之类的中式点心。我们买了很好吃的大块蛋糕回来，所有同事都觉得买得真好，我心里特得意，等着沈大夫表扬。结果被沈大夫一通笑话，你们买这么大块的一看就是温饱型，应该买小块小块的，一口一个。我们只好把大块切成小块。当时还有点不服气，我家也算是殷实家庭，不就是什么好吃买什么嘛。我后来也经常出国了，才体会到了沈大夫见多识广，知道外国人的习惯，大块的蛋糕不适合做茶点，一拿满手奶油满手渣，吃相太狼狈了。不过，当时把大块蛋糕切成小块时，有些碎了不好看不能摆盘了，我们年轻人可开心了，边切边吃，大饱口福。”①

沈渔邨在家里完全是一个被照顾者，从没操过心，连两个女儿小时候都是爸爸带着去买衣服、买毛巾、买手绢，而她这个母亲只考虑工作。钱信忠部长常对精研所的老同志们开玩笑说：“你们这个沈大夫啊，在家里‘三不管’，还有‘三要’，要吃饭，要睡觉，要上班。”1994 年左右，精研所的人都是自己从家带午餐，放在食堂的大蒸汽锅统一热饭。有一天，蒸汽锅出故障进水了，把饭盒都泡了水。各人认领自己的饭盒时，沈渔邨也来了，但她不知道哪一个是自己的，因为大家的饭盒外形都是同款。把盖子全部打开，沈渔邨还是不知道哪个是自己的，原来每天沈渔邨午饭吃什么都是钱部长安排保姆做的，她从来不知道里面是什么。最后，只能大家把自己的饭盒认领走，最后剩下的那个就是沈渔邨的。

然而，这个在家里“三不管”的沈渔邨，在精研所却是样样管，尤其对待帮助中国精神科的外国同行，更是用心细致。王玉凤说：“沈老师在国际交流上很用心地交朋友，凡是牵涉到精研所声誉的事，她考虑得特别周全。”

每一位外宾来访之前，沈渔邨都会提前做好充分的情报工作。比如美国国立精神病研究院来人，她会去了解对方曾与我国有过哪些联系，对方的专业背景、发表过的文章，甚至家庭状况、性格特点、个人喜好，等等，重要外宾，她还会亲自到机场迎接。

于欣记得，有时候外宾来讲座，台下听众人太少，场面很尴尬，沈渔邨会要求年轻医生暂时放下手里的工作去听讲座，以示对外宾的尊重。科里有些教授还因此和她发生不愉快，说正查着房，住院医都跑了。

鲍丽丝教授为精研所牵线了意大利著名药厂的资助，每次她来访，沈渔邨都非常重视，从首汽租车并找个年轻大夫接送。有一次鲍丽丝教授离开北京前，沈渔邨专门去她下榻的贵宾楼饭店送别。聊天时，沈渔邨无意间打开自己的手提包，里面有一盒饼干，鲍丽丝教授眼疾手快就抄走了，说自己最喜欢这个饼干。“沈大夫跟我离开酒店的时候，哭笑不得地说这饼干是她备着，怕顾不上吃饭时压饥用的。”于欣说。

①《回忆与沈渔邨教授一起工作的经历》，受访人黄悦勤，2022 年 6 月 10 日.

20 世纪 80 年代中期，一对美国的专家夫妻来中国，目的是考察湖南长沙能否成为 WHO 的培训中心。沈渔邨对王玉凤说："他们送了我们很多东西，对中国很友好。他们年纪大了，你陪他们去长沙。"当时为了省钱，沈渔邨在所里的职工食堂招待他们，然后发现他们喜欢吃栗子，临去长沙前，特别嘱咐王玉凤给他们做栗子吃，还嘱咐她很多在路上要注意的细节。

2005 年 3 月 13 日，精研所举办一个讲习班，美籍华人曾文星教授前来讲课。他是沈渔邨教授的老朋友，沈渔邨对他非常了解。讲习班当天一早，沈渔邨就交待王婉新说，曾教授喜欢吃梨，美国梨的品种很少，让她去西单的百盛超市买各种梨送给他。

近些年各行各业公款吃喝、公务接待、会议费用、礼品礼金，讲排场、比阔气、铺张浪费的奢靡之风十分惊人，以至于中央出台"八项规定""六项禁令"。再对比 40 年前，同样是大量接待外宾，举办研讨会、论坛，沈渔邨是如何用最少的钱，为精研所、为中国精神病学科打开国际局面呢？

精神病学是个穷学科。现实中，穷往往会带来恶性循环，因为投入不够，学科得不到发展，没有发展，学科就更得不到重视就更穷，沈渔邨以国际交流为突破点就是要打破这样的恶性循环。实验室设备，可以用国际合作来交换；送人出国也可以申请国际基金资助，但人情往来的"小钱"总不能再靠"化缘"吧？

在家里从来不知柴米贵的沈渔邨，在精研所却是样样都要精打细算，为了职工工资、福利，沈渔邨已经使出了浑身解数，一位卫生部的老领导曾给于欣讲过一个故事："有一年春节，钱部长刚给我打完电话，沈大夫大年初一就跑来我家要钱，说精研所实在缺钱了。""沈大夫跟别人打交道，不会想那么多，她是一个很简单的人，满脑子就是想给我们所争取资源解决问题。"于欣说。还是那个问题，温饱问题可以理直气壮去找上级要钱，国际交往的"人情费"总不能再找国家要钱了吧？

精研所囊中羞涩，沈渔邨索性自己掏钱，把客人请到自己家吃饭。晨晓力说："WHO 的领导和专家，WHO 西太区精神卫生顾问新福古教授，日本的大原健士郎、浅井利勇、冈本常男等，这些当年给予精研所极大帮助的外宾，都是沈大夫私交的好朋友，沈大夫经常以家宴的方式招待他们。"孙然泊也说："90 年代以后，所里经济情况稍好一些，招待外宾也只是简单

1980年，沈渔邨（右）和钱信忠部长（中）在家中招待日本同行浅井利勇（左）

的工作餐，大家坐在一起边吃边谈工作。”

钱信忠部长也甘愿成为沈渔邨的“贤内助”，全身心地支持她的工作，不仅帮她一起办家宴招待客人，甚至别人送给钱部长的小礼物，只要沈渔邨说一句“这东西我用”，就成了下次送给外宾的礼物。此外，钱部长每次出差看到别致的、便宜的工艺品也会买下来，给沈渔邨留着送人。2022年搬家时，钱家鸣从父母住过的老房子里收罗了很多景泰蓝制作的小物件以及其他小东西，都是以前买来没用完的小礼物。孙然泊说：“那时候沈大夫经常从自己家里拿来东西交给我：‘小孙，把这个包一下，一会儿送人。’都是一些能拿得出手的、精心准备的礼物。”于欣也亲眼见到过，沈渔邨把自己家里的一些收藏，如瓷瓶、丝巾送给鲍丽斯教授和其他外宾。

王玉凤说：“沈大夫特别知道感恩，别人帮助了我们，我们要用心去回馈。虽然都是一些很小的事，但起到了很大的作用，因为朋友就是这样交的。”

送礼不在于贵重，而在投其所好，这背后需要一颗真心。沈渔邨当年用最普通、便宜的栗子、梨，或者只是在单位食堂、在家里用心做一顿普通的饭菜，不仅维护了国家的形象，节省了公家的经费，更收获了全世界最真珍贵的友谊和尊重。

这难道不就是最优秀的外交家吗？

第五节 我们为国家办了件大事

从20世纪80年代开始举办大量的国际讲习班、各种专题讨论会，精研所在语言、学术能力、会议组织、外宾接待等各方面积累了大量经验，从90年代开始，外事工作开启新局面——承办各种大型国际会议，中国精神病学登上国际舞台。

1994年3月，WHO总部在精研所召开了第十届WHO全球精神卫生规划协作组会议，来自WHO组织六大地区高级官员及专家31人出席了会议。此类会议是首次在中国召开，意义十分重大，对了解全球精神卫生规划，进一步促进我国精神卫生的研究和发展起到了积极的推动作用。

1995年4月26~28日，精研所主办了第三届国际森田疗法大会及首届亚洲心理治疗国际科学研讨会，来自14个国家和地区的国外专家学者90人、国内代表200余人参加了大会，这是精研所首次举办大型国际会议。

有了上述两次国际会议的练兵和演习，沈渔邨向世界精神病学协会（World Psychiatric Association，WPA）争取到了WPA地区会议的承办权——这是21世纪以前中国精神病学界历史上最大规模的国际学术会议。

敢在此时申办如此大型的国际会议，需要极大的勇气和底气，毕竟在20世纪90年代，中国经济依然很落后，在北医系统甚至全中国的医学界都没举办过如此高规格的国际学术会议。沈渔邨认为，中国的改革开放已近20年，是时候向世界汇报中国精神病学的成绩了，中国需要一次飞跃，在世界精神病学的学术圈里，要有中国的一席之地。

收到举办权获得批准的邮件当天，沈渔邨立刻给晨晓力打电话："有重要任务，要开国际大会了，这是WPA第一次在中国办国际大会，你要赶紧回来协助我。"电话这一头的晨晓力正远在菲律宾马尼拉，参加WHO西太办事处的培训，相隔万里，她也能感受到沈渔邨的激动。1996年3月底课程一结束就立刻回国投入了会议的筹备工作。

沈渔邨是会议筹备组的总指挥，晨晓力是秘书处秘书长，精研所几乎举全所之力进行会议筹备。晨晓力说："沈大夫把任务交代下来就特别放手，她很信任我。会议的各项准备工作，我带着几个行政部门同事以及几名刚分配到所里的研究生承担，学术方面的工作，由所里的医生、专家们负责。"

那时候还没有专业的会务公司、翻译公司，旅行社也不像现在这样普及，一切工作完全靠精研所自己完成。在还没有电子邮件的时代，国内外之间的文件传送完全靠传真机，精研所外事办公室的传真机一天到晚都没停过，传真机里的墨盒一天用一个，天天都要更换。会议期间需要大量的同声传译人员，于是调动了全国精神科领域英语最优秀的年轻医生。正在澳大利亚进修的于欣专程回国做同声翻译；北大六院现任院长、精研所所长陆林院士，当年还是一名优秀的年轻医生，在此次会议中承担了同声翻译的工作；正在日本攻读博士学位的汪向东也回国承担了大量中英文的文字工作，包括进行大会论文集的整理、翻译和校对，还在会议当中担任日语、英语的口语翻译。

沈渔邨作为总负责人，整个会议的筹备事无巨细样样考虑周全，包括如何开会、如何发请柬、如何印讲义，甚至会议资料用什么包装，她都亲自过问。

经过 1 年半的紧张而周全的筹备，WPA 地区会议 1997 年 10 月 7 ~ 11 日在北京召开，来自世界各地 42 个国家的正式代表 1286 人参加了会议，非正式代表 125 人，其中外宾 708 人。WPA 执委会 9 名成员全部到会，另有 WPA 各大地区主任 5 人也参加了会议。WHO 精神卫生司神经科学部主任普里利普科（Prilipko）教授、顾问鲍丽斯教授、世界社会心理康复协会主席德瓦（Deva）教授，日本、韩国、印度尼西亚、巴基斯坦、菲律宾、新加坡、泰国等国及中国香港的精神病学协会主席也都来参加了会议。此外，WPA 教育学组、诊断分类学组、精神疾病康复学组分别派代表参加会议，并组织了有关研讨会。国内参会的 578 人中，除西藏自治区外，各省、市、自治区均有代表参会。

大会组委会特邀国际有关学科带头人、国内外著名专家 18 人在大会全会上做了高水平的特别演讲，介绍了国内外精神病学最新研究进展及发展前景。会议期间，举办了 39 场研讨会，2 场卫星会议。会议的学术委员会经认真审稿，从 900 余篇征文中选取 511 篇在会上交流，其中 209 篇分别在专题研讨会上报告，302 篇以壁报形式交流。精研所图书情报室主任周志清[①]老师负责审核所有的论文，并出版了英文论文集。本次大会还特设了边

① 周志清，1983 年调入北京医科大学精神卫生研究所，一身多任，除担任图书情报室主任外，还讲授“情报检索与利用”，并负责《中国心理卫生杂志》编辑部工作，参与所里部分同志的中英文专业论文撰写及投稿工作，参与精研所举办的多次大型国际会议学术报告论文集的编辑、排版等工作.

1997 年 10 月 7～11 日，WPA 举办北京地区会议，左为 Saturius 教授，中间为沈渔邨

1997 年 10 月 7～11 日，WPA 举办北京地区会议，沈渔邨（左一）正在做大会报告

远地区青年奖学金，全国 50 人荣获奖学金参加这次国际学术会议。[①]

作为本次大会主席的沈渔邨教授做了题为《中国精神卫生在工业化过程中的概况》的大会报告。

WPA 首次在中国举办地区会议，反映了中国及整个亚太地区对精神病学和精神卫生学的高度重视。

本次大会也是北京医科大学系统规模最大的一次国际会议，也是目前为止亚太地区精神病学领域举行的规模最大的学术会议，被 WPA 总部称为大规模、高规格和高质量的大会。

① 周东丰，范建华. 北京 1997 世界精神病协会地区会议纪要 [J]. 中华精神科杂志，1998，1：56-57.

对于这一次国际会议，精研所许多人都记忆犹新。

孙然泊说："会议筹备的一年多来，晨晓力老师连去食堂打饭的时间都没有，我帮她把饭打来，然后我俩端着饭盒一边吃着一边听沈大夫安排下午的工作，手边随时拿着本子记。"

晨晓力回忆起当时的点点滴滴更是激动不已："我工作的自主性和空间非常大，遇到困难随时找沈大夫，要人给人，要钱给钱。一年半，几乎每天晚上都是半夜12点以后才回家，最后的半年更是忙到半夜两三点才回家。我把13岁的女儿送到父母家，也无暇顾及我爱人，家里炒菜的铁锅都生锈了。周末也很少休息，周日一早6点多，就会接到沈大夫的电话商量会议的事，然后又去所里忙活了。"

王玉凤教授还记得一件有趣的事：

沈大夫是大会主席，我们都是秘书。当时我们都特别紧张，这么大一个会，万一有事没做好沈大夫发脾气怎么办？于是我们想了一个办法，安排一个缓冲预案，在沈老师身边安排一个贴身秘书，万一出现纰漏，赶紧通知我们，我们好赶在沈大夫发火之前把问题解决掉。先是让一个研究生去做她的秘书，这个男生一听蹦得老高，说："我做任何事都行，就是别让我去沈大夫身边做秘书。"后来有一个女生自告奋勇："我脸皮厚，我去。"结果，这次会议办得特别顺利，那个女生陪在沈大夫身边不仅没挨骂，还跟着吃了很多好吃的。另外，会议期间难免会发生一些意外，比如一个外宾出去游玩时突发心肌梗死在北京病故，但这些突发的意外事件并未影响整个会议的举办。

1997年10月7～11日，WPA举办北京地区会议，左起：彭瑞骢，浅井邦彦，沈渔邨，鲍丽丝

作为中国精神病学首次举办如此高规格的学术会议，政府管理部门也十分重视，给予精研所极大的支持。大会开幕式在北京的凯宾斯基酒店举行，闭幕式则放在了人民大会堂，为了解决交通问题，相关部门协调出几十辆大巴车接送外宾。在去人民大会堂时，北京市交管局还协助进行了交通管制。外宾们激动地说："我们从来没有接受过这种待遇，你们中国的组织工作太好了。"

在闭幕式的晚宴上，WPA 主席对晨晓力说："这届会议是我们协会在各国举办的会议中最成功的一次。不可想象，你们如何把工作做得这么井井有条，这么专业。"

听完晨晓力的转述，沈渔邨说："太好了，太好了，咱们给国家办了一件大事!"一边说话，右手掌情不自禁地举到右耳边前后快速摆动——这是她激动时的一个习惯性动作。她两眼放光，脸上满是欣慰。这一幕让晨晓力当场感动得热泪盈眶，"看到沈大夫激动地摆动手掌，我觉得这一年半的辛苦一切都值了，沈大夫努力了几十年，终于得到了回报。"晨晓力对这一幕刻骨铭心。

以上照片为1997年WPA北京地区会议中，沈渔邨与国外同行交流场景(部分)

会场展厅里，几十家国内外著名的制药企业都前来赞助会议，精研所学术影响力和经济影响力双丰收。最重要的是，会议的影响是深远的，前来参会的世界各国精神病学协会专家中，很多是第一次来中国，会议给他们留下了深刻而美好的印象。

“多年以后，很多国外同行还对1997年的这场会议念念不忘。其中有一位著名的儿童精神病学家，英国人，通过儿基会邀请来参会，一行四人，后来与我们一直保持着联系，多年后他还感慨于此次北京会议上讲课，下面的听众的认真和组织工作的周全。”王玉凤回忆说。

1997年WPA北京地区会议中，精研所的专家们，右一为沈渔邨，中间为于欣

1997年WPA北京地区会议中，精研所的专家们，中间为沈渔邨，左一为崔玉华

1997年，WPA地区会议的成功举办，是精研所十几年外事工作的一个重要里程碑。而对于沈渔邨教授个人来说，这场会议更是她几十年如一日忘我工作、专注推动中国精神病学事业发展的一座丰碑——中国的精神卫生事业终于走上了世界的舞台。

1997年，也是沈渔邨教授人生的重要分水岭。这一年6月，她正式卸任了北京医科大学精神卫生研究所所长的职务，由崔玉华教授接任所长（院长），沈渔邨教授担任名誉所长，在幕后支持崔玉华工作，并继续主持全所的国际交流工作。这一年在崔玉华所长的领导下，全院职工同心协力，狠抓医疗护理工作，经过评审被批准为北京市三级甲等专科医院。

1997年11月，沈渔邨当选为中国工程院院士，是我国两院院士中首位精神病学家。

1997年11月，沈渔邨（前排左五）当选为中国工程院院士，是我国两院院士中首位精神病学家

2006年6月5日，参加院士大会期间女院士合影
（右四为沈渔邨，左三为胡亚美）

第六节　全力推动精神卫生工作的国家行动

在《致为精神卫生共同奋斗的 70 年》一书中，有一段国家卫生健康委疾控局副局长王斌的回忆记录，他 2011 年 11 月至 2018 年 3 月主管精神卫生工作。他写道："我 2011 年来疾控局后开始主管精神卫生工作。有一件印象很深的事，原司局的同事问我'你在疾控局分管什么啊?'，当时听说分管精神卫生后，大家都哈哈一笑，有个老资格的同事还说'估计疾控局没领导愿意管才让你管的吧'，可见即使在卫生部这样的行政管理部门，也认为精神卫生工作没人愿意管，隐隐地有些偏见，社会公众对精神卫生的认识就更是狭隘。"①

沈渔邨一生都在为消除这种偏见而努力。她作为中国一名精神卫生工作者，同时又是卫生部长钱信忠的夫人，特殊的双重身份，让她更加竭尽全力推动从国家层面来重视精神卫生工作。

1985 年，沈渔邨与国内同行们开始筹备第二次全国精神卫生工作会议。而这种把精神卫生作为一个"大卫生"的格局提出来的国家层面行为，发生在 28 年以前的 1958 年，卫生部在南京举行了第一次全国精神卫生工作会议，沈渔邨以精神科的年轻骨干身份参加了会议。第一次全国精神卫生工作会议制定了 1958—1962 年精神卫生工作"五年计划"，并成立卫生、民政、公安部门组成的领导与协调组织。遗憾的是，因"文革"的爆发，这项工作完全停滞了。

改革开放后，沈渔邨认为，随着疾病谱开始转变，在医学模式已由单纯生物医学模式转变成"生物—心理—社会"医学模式总的形势下，现代精神卫生事业的建设和发展，更是涉及全国众多主管部门、众多相关学科的全民性、社会性、多学科性的大系统工程。要想加速和推动我国精神卫生事业的发展，必须协调好各部委间的关系与协作。她积极联络全国同行，努力争取卫生部和北京医科大学的支持，并联络 WHO 争取技术和资金支持，从学科、国家、国际"三管齐下"推动协作。

① 国家卫生健康委员会疾病预防控制局．致为精神卫生共同奋斗的 70 年 [M]．北京：人民卫生出版社，2020：252-260.

在沈渔邨的不懈努力下，第二次全国精神卫生工作会议筹备期间，卫生部发起成立了由卫生、民政和公安三部门参与的全国精神卫生协调小组，后扩大到教育部和劳动部。同时，在卫生部的领导下，由精神病学、神经病学和心理学专家17人组成了“全国精神卫生咨询委员会”，沈渔邨担任第一届全国精神卫生咨询委员会的主任委员。下设7个专业小组：城乡精神卫生服务机构，专业人才培养，儿童精神卫生，老年精神卫生，司法精神病学，社会心理因素，癫痫和脑外伤。

全国精神卫生咨询委员会负责起草首个国家层面的精神卫生计划，即“七五”计划。沈渔邨作为负责人，带领行政和专业人员一起进行了充分的现场调研。先后走访了5个省和1个自治区，与基层各级精神病防治工作人员进行了座谈讨论，听取了他们的建议和意见，完成了精神卫生工作“七五”计划草案初稿。

1986年10月16日，第二次全国精神卫生工作会议在上海召开。会上，除了卫生、民政、公安各自报告了精神卫生方面的工作外，时任全国人大常委会副委员长的费孝通做了《积极加强精神卫生工作》的即兴发言；沈渔邨代表大会做了关于《精神卫生工作“七五”计划草案》[①]的几点说明。此次会议，是我国精神卫生工作的第二个里程碑（第一个是1958年南京会议），会后由国务院批转了三部门共同制定的《关于加强精神卫生工作的意见》，以及制定了《精神卫生工作“七五”计划》，在此推动下，我国精神卫生工作进入了快速发展的历史时期。

在会议筹备期间成立的“全国精神卫生协调小组”，也从1985年开始，每两年举行一次会议，后改称为“全国精神卫生工作联席会议”，到1993年共计召开过5次会议。在沈渔邨的领导下，每次会议，都由精研所协助卫生部医政司举行，参加会议的有各部委代表、全国精神卫生咨询委员会各专题组组长，WHO总部、精神卫生处和西太区有关官员也曾应邀参加会议。

历次全国精神卫生工作联席会议，使我国政府有关部门加强了对精神卫生工作的领导、协调与合作，同时也加强了我国与WHO的相互沟通，及时得到他们的技术与经济支持。

① 沈渔邨．精神卫生工作七五计划草案的几点说明[J]．中国心理卫生杂志，1987，1（2）：59-62.

1985年7月17～19日，全国精神卫生协调会筹备会在北京举行。主席台左一为沈渔邨，右二为西太区精神卫生顾问新福古（N.Shinfuku），右三为彭瑞骢，右四为萨托瑞斯

1990年3月5日，沈渔邨教授在题为《精神卫生事业健康蓬勃发展的十年》的文章中写道：

WHO对我国精神卫生的协作是十分主动和中肯的。1979年当我以第一个获WHO精神卫生奖学金在欧洲进修和访问了半年后，有迫切开展我国精神卫生国际协作的愿望。由于前总干事马勒博士，西太区办事处中岛宏博士的关心和支持，在当时既缺乏预算资金，又缺规划的情况下，协作得以及时开展。去年8月，在国际政治气氛不利于国际协作的情况下，西太区办事处主任韩相泰博士一行在北京参加了我国卫生部精神卫生联席会，对下一轮的协作予以很大支持。此外，借此机会我要感谢一些负责安排具体协作项目的西太区精神卫生顾问新福古（N.Shinfuku）博士和总部萨托瑞斯（Norman Sartorius）博士，他们多次深入访问我国精神卫生机构，与我国广大精神病学界保持经常的联系，增进相互了解和共同讨论，有利于协作项目更切合我国实际的需要。①

精神卫生工作的重要性，在如今应该不会再有人会质疑，然而这个地位绝不是一蹴而就的，需要几代人持续不断，下一代在上一代的基础上继续努力，才能一点点向前推进。

曾在卫生部疾控司工作的邵瑞太回忆了自己在1998—2001年分管慢病和精神卫生等项工作时的一段经历。

① 沈渔邨．精神卫生事业健康蓬勃发展的十年[N]．健康报，1990-03-22（2）．

当时对于精神卫生的认识还是很粗浅和表面的，只是根据以往做传染病工作的经验，并不是想法明确、思路清楚、措施明确等。记得经过调研之后，随后在北京的友谊宾馆召开了一个小型座谈会，启动制定全国精神卫生工作规划工作，参加人员有精神卫生专家和卫生管理人员。座谈讨论全国精神卫生工作规划的主要策略、目标以及实施计划等。按照惯例，会议开始时我做一个简短的开场白，介绍会议背景，关于精神卫生工作规划的一些想法，问题以及会议的安排，但是还没有说完就被坐在我旁边的北医精神卫生研究所的沈渔邨院士打断了：

"小邵，我知道你们要搞全国精神卫生工作规划，这很好。不过，如果你能告诉我，你手里有多少钱，我告诉你怎么花这些钱！"面对母校老师的提问，我一时有点发愣，以前做传染病和其他公共卫生规划，没有专家这么问过我们这样的问题。我只好实话实说："沈老师，不瞒您说，我们没有精神卫生工作经费。"

"你们没有钱，做什么规划啊，这不是耽误大家的时间嘛，我们在医院都很忙，没空在这里务虚，等你们有经费有钱了，我们再帮你们如何花这些钱，精神卫生很需要经费。"

沈老师的问题其实应该是当时参加会议多数专家的意思，卫生部既然认识到精神卫生很重要，就需要投入经费，修建更多医院，培养更多的精神卫生专家，给精神疾患人群看病是专家的事情。这个时候，我意识到我们和专家之间存在隔阂，这个隔阂既在专家和行政管理人员之间存在，也是在医疗和公共卫生之间常见的，我们需要在制定这个规划的目标、方法、程序、途径以及实施计划方面寻求一致。因此，我当即请求沈老师和各位会议代表同意休会30分

1994年11月25～26日，广州中山医科大学，沈渔邨（中）参加WHO神经疾病与公共卫生会议暨全国神经精神疾病诊治新进展研讨会，左为赵友文

钟，以便让我们组织会议的同事先讨论如何开好这个会议再复会。

复会之后，我们就制定卫生工作规划的一般方法、程序做了简短介绍，然后结合中国精神卫生工作现状就制定中国中长期精神卫生工作规划的必要性、方向、预期目标做了介绍。

上午会议结束的时候，沈渔邨老师很高兴地说："小邵，我这下明白了，你们不是仅仅关心精神卫生医疗相关问题，而是要把精神卫生工作纳入卫生和社会发展规划，促使全社会关注和支持精神卫生工作，这是好事也是希望。推动临床和人群精神卫生预防相结合也是正确的方向，我们支持你们。等候你们的初稿，一定帮你们把关提出修改意见。"①

在沈渔邨等老一辈精神卫生工作者几十年锲而不舍的努力下，精神卫生工作终于迎来了新的局面。1999 年 11 月 11 ~ 13 日，在北京国际会议中心召开了精神卫生工作高层研讨会，出席会议的代表约 300 余人，包括来自 WHO 的官员、非政府组织代表。会议最后，通过了"中国 / 世界卫生组织精神卫生高层研讨会宣言"。

沈渔邨、崔玉华、张维熙等精研所的专家们参加了此次会议，于欣当时还只是一名年轻医生兼外事助理，他认为这种"涉及国家、国际层面的战略安排，以及将来卫生、经济领域的走向"的高层次会议与自己"小大夫"的身份是八竿子也打不着的，便未关注。然而，在精研所上报参会人员时，

1999 年 11 月 11 ~ 13 日，北京，中国 / 世界卫生组织精神卫生高层研讨会，中间为沈渔邨

① 国家卫生健康委员会疾病预防控制局．致为精神卫生共同奋斗的 70 年 [M]．北京：人民卫生出版社，2020：214-216.

沈渔邨点名要求于欣去听会。在崔玉华汇报说于欣不想去参会时，沈渔邨大发雷霆："于欣一定要去，对他了解精神卫生有好处。"20多年后回忆此事，于欣说："我当时到底没理解到沈大夫的良苦用心，就简单地认为，这种会议讨论的事既不是病例分析，也不是学术报告，跟我没啥关系。后来私下对崔大夫说：'您就对沈大夫说我去了，回头我再自己学习会议文件。'现在回忆起来，这是我唯一一次瞒骗她老人家，我没去听这个会，但后来还是认真看了文件的。"

对于欣的观察和培养，沈渔邨一直是这样的"润物细无声"，她相信，这个小伙子未来一定能为中国的精神卫生事业做出贡献。2001年，崔玉华教授卸任所长，不到40岁的于欣开始担任常务副所长主管精研所和北大六院全院工作，也接过了沈渔邨教授等前辈们的旗帜，带领新一代精神科医生们，加入了推动精神卫生在国家层面的行动。

2001年10月，卫生部、公安部、民政部、中国残联联合召开了全国第三次精神卫生工作会议。2003年，我国遭受SARS侵袭。2004年国家决定加强公共卫生服务，财政部和卫生部设立了第一个为期3年的中央转移支付地方公共卫生项目，精神卫生抓住了这一难得的发展机遇。在筹备全国第三次工作会议以及起草国家规划文件期间参与工作的部分精神卫生专家们，再一次聚集起来。经过多次讨论，向当时卫生部疾控局主管精神卫生工作的处室（慢性非传染病管理处），递交设立"重性精神疾病管理治疗项目"（原用名"重性精神疾病监管治疗项目"）申请。2004年底，项目经费686万元到位，在2005年实施，开启了中国政府主导的精神卫生全程服务模式转变的改革进程。因为第一年获得686万元经费支持，"686项目"因此得名。这是当年唯一一个以非传染病身份进入中国公共卫生体系建设的项目，也是中国精神卫生工作第一次花上了中央财政的钱，第一次被纳进公共卫生系统。①

精神卫生是一项专业性很强的社会工作，也是社会性很强的专业性工作，其社会性决定了要动员公众认识精神病、了解心理健康，注重预防，同时要联合更多相关部门协同合作，而不能卫生部门一家单打独斗；其专业性决定了精神疾病、心理行为问题的预防、治疗、保障、康复等要讲究

① 国家卫生健康委员会疾病预防控制局．致为精神卫生共同奋斗的70年[M]．北京：人民卫生出版社，2020：333．

科学，遵循规律。

原北医党委书记彭瑞骢教授，是沈渔邨十分尊敬的上级领导，他在任期间，给予精神科和沈渔邨巨大的支持。他说：“精神卫生常常是发展中国家最不能得到发展的医学学科之一。”并在许多场合，多次反复提到精神卫生事业的相对落后。胜利医生 2017 年曾在一篇文章中写道：

当时只觉得是“官话”，没有特别在意。后来，和汪向东老师一起替卫生部起草“精神卫生 2010 年远景规划”，中间提到精神病性障碍的毛治疗率争取达到 50%，我们觉得已经够低的了。但不久后，韩启德主任在一次会议上笑道，这个数字恐怕是“拍脑袋”得出来的吧，我才有所反思。真是不当家不知道柴米贵，当年拍脑袋的时候，没有体会这 50% 背后需要多少卫生资源投入。今天，我知道，尽管 2010 年已经过去 7 年，2017 年，即使是中国最发达地区的北京市，登记在案的治疗案例，也远少于按照流行病学调查推算出的人数。20 多年了，我这才切实感到彭老说的“落后”意味着什么。[①]

沈渔邨教授等人在 1999 年世纪之交发表的《迎接 21 世纪挑战的中国精神病学》中写道：

20 世纪即将过去，21 世纪即将来临。值此世纪之交和中华人民共和国成立 50 年之际，本刊集中发表一组文章，简要回顾和总结建国以来本学科的发展历

2000 年 2 月 21 日，在马来西亚参加第二届亚太地区精神工作组会议，二排左四为沈渔邨

① 胜利．向理想致敬——回忆首任主编彭瑞骢老师 [J]．中国心理卫生杂志，2017，31（12）：931．

2002年6月22日，中国精神疾病治疗指南编委会会议在无锡举行，前排右一于欣，右九沈渔邨，二排右六崔玉华

程，并期望着在新世纪有更大、更快、更好的发展。

毋庸置疑，我国的精神医学已经有了较大的发展。新中国成立时，全国的精神科病床仅千余张，精神科医生不足百人。现在全国的精神科病床已达10万余张，在专科工作的医生超过万名。许多精神科机构已经面目一新，建筑和设施均有很大的改观。多数医学院校均设有独立的精神科教研究；已拥有精神科博士研究生点数个、硕士研究生点10余个，以及近年建立的博士后流动站。全国已有精神卫生或精神病学研究所10余所，其中设有卫生部重点实验室或成为部/省级的重点学科，产生了一批科研成果，并在国内外获得奖项。已有4所机构被世界卫生组织任命为合作和培训中心。1994年，本专科学会从中华医学会神经精神科分会中分离出来，成立了中华医学会精神病学分会。从此，我们有了自己独立的学术团体，这是我们精神医学发展史上一件大事，它标志着我国的精神科专业已经日趋成熟。在中华医学会精神病学分会中，相继成立有生物、司法、儿童、社会、物质成瘾、民族与文化及妇女精神卫生等7个专业学组，以及分类和诊断标准工作组，使国内的学术交流活动空前活跃。此外，我国近年来还成功举办了多次国际学术会议，如世界精神病学协会地区性会议、中－美精神病学学术会议、国际老年精神病学协会地区性会议、环太平洋国家精神科医生会议等。

建国50年以来，我国精神科的诸研究领域都有了很大的发展，是在不断地进步，但与国际先进水平的差距依然较大。现代精神医学在世界上已经有了一个多世纪的历史，但在我国却不足50年，而且主要还是在“文化大革命”结束后这20来年才有较大的发展。因此，我们的学科还很年轻，基础差、底子薄。从我们的专业队伍来看，我国精神科医生的绝对数似乎不少，但按人口计算则比例很低，仅为0.8/10万；而英国为10/10万，美国为20/10万。从专业人员素质来看，80年代前我国精神科医生中以中专及中专以下学历者居多，80年代后高等院校毕业者的比例逐渐上升，其中不乏硕士、博士研究生；但是，在我国的精神科医生中仍有相当比例的人并未经过正规的专业培训。在发达国家，精神科已进一步专门化；以服务对象划分有儿童精神科、青少年精神科、成年精神科、老年精神科、酒精依赖、药物依赖科等；以服务内容划分有临床评估、心理治疗、行为治疗、康复等；以服务区域划分有会诊－联络精神病学和社区精神病学等。他们的服务和研究范围广，不但包括精神病、情感性精神障碍、神经症等传统对象，还包括自杀、酗酒、犯罪、离婚和婚姻危机、性心里障碍和性变态等。他们和心理学、社会学、人类学、心身医学、神经科学、行为科学等学科有着广泛的联系。而在我国，绝大多数精神科医生属于“普通精神科医生”，进一步的分工和专门化刚刚起步。世界上每年出版几百本精神病科专著、发表数千篇精神科文献，而其中由我国精神科所占的比例还很低。应该承认，我国的精神科还处在发展的阶段。

学科要发展，必须对学科水平的现状有清醒的认识。与过去相比，我国的精神科的确有了很大的进步，且速度快、成绩显著；横向比较，与国际先进水平又还有不小的差距。所以，我们既要有赶超国际先进的雄心壮志，又要结合我国的具体情况，确定切实可行经过努力可以实现的阶段目标，一步一个脚印，攀登精神医学的高峰。

基于对我国精神科现状的基本估价，以及对我国社会经济和科学技术水平的基本认识，我们就本世纪末下世纪初的学科建设和发展方向，提出几点建议。

一、加强学科队伍建设，提高学科整体水平

学科的发展，关键是要有一支素质、质量和水平都较高的专业队伍。精神病学的主体是临床精神病学，最根本的任务是保障人民健康；而诊疗质量正是学科水平最具体的体现。因此，提高对常见精神疾病的诊断、治疗和预防工作的水平，仍然是近阶段学科建设的重点。其中，特别是要提高专科医生开展心理治疗的能力，这是我们有别于其他各科的专长。要加强对住院医生的培训及在职医生的继续教育。在研究生的培养中，也要注意临床技能的训练，以造就一批既熟悉临床工作又善于进行科学研究的高水平的专业医生。据悉我国不久将会推行专科医生的资格制，这无疑将会对专科队伍水平的提高起到巨大的推动作用，同时，也是对现在正在专科工作或在专科接受培训的医生的一次挑战，必须在心理和业务上做好准备。

二、拓宽精神科的服务范围

迄今为止，多数精神科机构的主要服务对象仍然是重性精神病，主要的方式依然是“医院精神病学”。随着时代的发展、人们的需求弯化及人群疾病谱的改变，现实已对我国的精神科服务提出了新的要求。神经症、儿童精神病、老年精神病、社区精神卫生服务、物质依赖、心理咨询服务等，都有待我们去开拓。这不但是学科发展的理论要求，也是“医疗市场”的实际需要。在许多地区，特别是某些大城市，传统的精神病住院服务需求已经饱和。如果仍囿于传统工作的惯性，不思开拓、不思变革，可能会面临萎缩甚至淘汰的危险。60年代，在欧美精神科的改革大潮中，许多大精神病院大量削减床位，甚至关闭的例子，应该引起我们的重视。要根据当地的精神卫生需求，做好充分准备，在合适的时机调整服务策略。

三、开展科学研究，推动学科发展

学科发展，在很大程度上来源于研究。临床研究仍然是现阶段重点，不但是因为临床研究相以而言投入较少，对硬件设备要求较低，而且国内多数机构病例资源较为丰富，这是我们的长处。更重要的是，它能指导诊断、治疗和预防，有助于提高医疗质量。要讲究研究质量，减少低水平研究的重复。同时，有条件的单位应继续重视生物学方面的探索，积极利用新的技术和新的手段进行研究，如分子生物学、神经内分泌学、免疫学、基因遗传学、医学影像学、精神药理学及电生理学等领域。如果能开辟途径，例如设立网站、加强沟通国内的课题信息，则可避免不必要的选题重复，节省研究资源。要组织多机构的协作研究，集中力量，共同攻关，解决一些亟待解决的问题。提倡多学科、多部门间的合作，特别是基础研究和高新技术的应用。精神科有待解决而尚未解决的问题很多，需对现状作充分的分析，选好研究课题，发挥优势，使们的学术研究能够有所发现、有所发明、有所创造。

四、扩大合作，加强交流

精神科和许多学科有交叉重叠，不但和医学、神经科学等自然科学联系密切外，且和心理学、社会学等人文科学亦有联系。广义的精神卫生更是属于“大卫生”的范畴，扩大的精神科服务，需要得到社会多方面的理解和支持。近年，在我国新开设了医学心理学、心理卫生学、心身医学和行为医学等学科，它们既与专科有关又有所区别。这些边缘学科有其自身的研究和发展方向，然而它们的发展有助于精神病学的发展。专科医生和研究人员应该积极参加、加强沟通、发挥我们在其中的重要作用。长其以来，精神病院独立于其他医院，精神科与其它医学领域相对隔绝，这种情况，亟需改变。专科医生要积极参与通科医生的精神科教育和服务，以及非精神科医生的精神科继续教育，努力发展在综合医院中的精神科服务，使精神科“重返”医学大家庭。精神科不能以教育者自居，因为对通科医学及综合医院中的精神科服务和教育，我们还所知甚少，需要相互学习、共同研究。另外，对包括行政领导在内的公众性精神卫生宣传教育，仍是一项艰巨的任务。要利用各种可能的场合进行交流、宣传自己、学习他人的经验，包括学习国际同行的经验。

国际上许多科学家认为，21世纪是“脑”的世纪。WHO也在积极倡导和推进全球性的“脑10年”研究计划，其中包含了精神病学与神经病学、神经外科学及老年医学等的共同性研究。据WHO的预测，21世纪的精神科十分重要，在10种造成社会最沉重负担的疾病中精神疾病占了4种，其中抑郁症排名第二。精神疾病总负担将占全部疾病负担的四分之一。生物－心理－社会的新的医学模式的出现，必然会对医学研究产生重大的影响，精神医学也正在逐步受到医学同行及社会的关注和被赋予新的认识。这是我们的一个机遇。

我们将面临的巨大挑战，其中包括医疗改革在内的各种改革的挑战。如何适应形势的变化，积极配合乃至引导变革，使之向着有利于专科的方向发展，将是我国精神科必须面对的严峻考验。展望新的世纪，应该说是希望与挑战同在、困难和机遇共存。然而，有压力才有进步，深信我国的精神科一定能够战胜压力，以新的成绩迎接21世纪的到来。[①]

① 张明园，沈渔邨，杨小昕. 迎接21世纪挑战的中国精神病学 [J]. 中华精神科杂志，1999，32（4）：197-199.

第十章

人才培养　严师高徒

第一节　北医最严厉的老师之一

有人说，在一个民族和国家文化里，教师和医生是两个最需要单纯、洁净、真诚、执着的职业。

早在 1951 年，中国的大学就已经开始招收研究生，当时主要是由苏联援助中国的专家来教育培养。这些研究生实际上是“师资研究生”，目的是为新中国培养一批高水平教师。沈渔邨作为新中国首批留苏学生，1955 年获得苏联副博士学位，从此医生、老师、研究者的三重身份，成为她人生最重要的使命。

从 20 世纪 50 年代翻译苏联精神病学教科书、编写讲义，到“文革”后编写《精神病学》第 1 版至第 5 版，再到与 WHO 联手在中国开展精神病学各种专业讲习班……毫不夸张地说，沈渔邨帮助和影响了中国好几代精神科医生的成长。

中国有句古话“严师出高徒”，证明了人们对于“严师”的认同，这里的“严”，不仅仅是说老师为人严厉，更是说老师对学生的要求严格。

1998 年 9 月 10 日教师节，博士研究生导师和研究生合影。
前排左为沈渔邨，右为王玉凤，后排左四为于欣

2004 年 10 月，精研所举办沈渔邨从医从教 50 周年庆祝会。前排右二张津萼，右五沈渔邨，右六彭瑞骢，右七李从培，左八陈彦方，左一崔玉华。二排右六王玉凤，左二于欣，左三钱家鸣，左四赵友文。三排右四王婉新

2004 年 11 月 3 日，中华精神病学会年会上，《沈渔邨教授从医五十周年论文集》发行。沈渔邨（右三）与青年学者合影

沈渔邨教授的严厉，在精研所，在北医，甚至在中国精神病学界都是出了名的。如今，当年青葱的年轻医生、研究生、下属们渐渐步入老年，回顾当年沈大夫之严厉，都满心感恩：管你最严的老师，其实爱你最深；骂你最狠的老师，其实最值得你尊敬和感激。

一位好老师，会为学生事业画下起跑线。

优秀的学生，是老师最成功的作品。

沈渔邨自1961年取得硕士研究生导师资格起，先后培养了硕士生11名；1985年起，先后培养博士生17名。1991年，沈渔邨成为我国精神卫生领域首个博士后导师，精研所被指定为全国第一家精神病学与精神卫生学临床博士后流动站。何鸣大夫于1995年进站工作，在沈渔邨的指导下，于1997年完成研究论文出站，成为我国精神病学专业的第一名博士后研究人员。此外，在沈渔邨的指导下，精研所还与澳大利亚联合培养博士生1名，接受美国博士进修生1名。

此外，为表彰我国精神卫生界青年（35岁以下）专业人员在医教研岗位上做出的突出贡献，加速精神卫生界青年人才的成长，1989年底，沈渔邨与WHO总部商定，由WHO总部提供基金在我国设立“WHO/中国精神卫生青年优秀论文奖”，由北医大精研所具体操作（奖励章程参见《中华神经精神科杂志》1990年23卷6期第359页）。至1997年止，共计举办5届评奖，对促进我国精神卫生与神经科学青年人才的成长起了一定的推动作用。

沈渔邨不仅重视本单位的学科建设和人才培养，还积极联络基层单位，帮助培训人员，以实现我国精神卫生事业的整体提高，在山东推广农村社区精神病防治模式期间，为使工作顺利开展，主动培训原来的三病（结核、麻风和天花）监测人员。他们有不少是转业军人出身，医学底子薄，沈渔邨不仅手把手地传授知识、技能，还负责修改文章，从基本的行文规范改起，

1992年8月，沈渔邨到大庆进行精神病社区调研

数易其稿，甚至带着所里的设备，帮基层医生制作幻灯片，直到把他们推上全国精神病学年会的讲台。两年内，在烟台卫生局的支持下，在莱阳地区 16 个县 600 万人口的农村社区建立精神病防治网，使 2000 多名精神病人得到了治疗。

2012 年，曾于 1980 年在精研所进修的基层医生陈一鸣（曾担任苏州广济医院的院长）来京时，在崔玉华、方明昭教授的陪同下去探望患病初愈的沈渔邨。陈一鸣将预先写好的 1980 年在北医精研所进修的 7 位同学的名字、工作单位及近况交给她。因为知道沈渔邨已经看不清很多字了，他又对照纸上写的内容简略地说了一遍，并告诉沈渔邨："我们七位同学常有联系，我们常常怀念在北医进修时的各位老师，尤其是沈教授对我们的关心和教育，我们现在也都是 70 多岁的人了，进入了退休生活，大家过得都很幸福，我们都祝您老人家健康长寿……" 88 岁高龄的沈渔邨反复看那张写满学生近况的信纸，轻声地说："都干得不错，很好……"①这一幕，让在场的每一个人无不泪目。

2005 年 5 月，北京大学第六医院临床进修班合影留念。
前排右四范肖东，右五为沈渔邨，右六于欣

① 陈一鸣."希望他们能早日康复"——探访敬爱的沈渔邨大夫 [J]. 精神医学杂志，2012，25（6）：464-465.

2013 年，沈渔邨获得北京大学蔡元培奖暨国华杰出学者奖，12 月 24 日上午，颁奖典礼在北大六院的正谊厅举行。

“蔡元培奖”是北京大学教师的最高奖和最高荣誉，用以表彰优秀教师在人才培养、科研创新等方面做出的贡献，每 5 年评选一次，此次为第三届。“北京大学国华杰出学者奖”基金由碧桂园集团董事局主席杨国强先生于 2007 年 10 月 24 日向北京大学捐赠设立，每年评出 6 位学者，获奖学者均为北京大学的学术发展和教学繁荣做出过突出贡献。

北京大学常务副校长、医学部常务副主任柯杨，为沈渔邨院士送上“蔡元培奖”和北京大学国华杰出学者奖的荣誉证书，并送了鲜花。

会议之后，钱家鸣在沈渔邨的授意下，将此份荣誉的 70 万元奖金捐赠给北大六院（精研所）作为科研基金。

于欣在沈渔邨获得“蔡元培奖”的颁奖仪式上，作为她的学生代表进行了发言，虽寥寥数语却满含感情，他尤为强调沈渔邨是“一生干净地做人做学问，专心地做事”。

没有比师德更无穷的魅力，没有比老师的榜样更强大的力量。“一生干净地做人做学问，专心地做事”的品格，在沈渔邨教授亲自教导的众多学生、下属中也被完美地传承。

运人以言者，其感不深；动人以行者，其应必速。沈渔邨为祖国精神

2013 年，沈渔邨（一排左五）获得北京大学蔡元培奖暨国华杰出学者奖。
二排左五方向东，左六柯杨，右五于欣，右六陆林

卫生事业的建设和发展贡献了一生，她的精神和事迹像一个充满动力的火车头，引领着晚辈为精神卫生事业奋勇向前。

在第十章中，我们将特别记录沈渔邨亲自教导的几位硕士、博士，以及几位下级医生和下属，他们讲述了自己在沈渔邨身边的学习和工作中，终身受益的点点滴滴。

第二节　培养中国首位精神科博士

1985年，经批准，沈渔邨成为中国精神病学界的第一位博士生导师，这一年，她招收了自己的第一名博士研究生——王玉凤。

博士作为学位在全世界已存在了几个世纪，而直到20世纪80年代，中国才有了自主培养的第一批博士。

1977年，中国恢复了高考，次年，恢复了研究生招生。被耽误了10年之久的一大批青年，从厂矿、田间重新回到校园。1981年1月1日《中华人民共和国学位条例》正式实施。1983年5月27日，举办了中国的第一次博士学位授予仪式，没有西方舶来的博士服和博士帽，却有着中国特色的隆重——仪式在雄伟庄严的人民大会堂举行，党和国家领导人向他们颁发了学位证书。这18名博士，后来被人戏称为“十八罗汉”，1983年5月27日这一天则被称为“国家学位的‘开国大典’”。

1988年，在沈渔邨的指导下，王玉凤获得博士学位，成为中国精神卫生领域自主培养的首位博士。王玉凤说：“中国第一批博士只有18个，我的博士编号还不到100，是中国最早的100个博士之一。”她的博士论文《儿童行为问题的综合研究》被纳入1989年中国科协高水平论文题录，1991年2月，王玉凤被国务院学位委员会和国家教委评为“有突出贡献的中国博士学位获得者”。

王玉凤一生致力于儿童青少年精神医学领域，四十余年来，她率领着她的团队一直致力于ADHD的病因学及临床研究，在ADHD基础及临床研究领域和临床服务方面做出了重大贡献，并先后承担了卫生部、教育

1988 年，王玉凤博士论文答辩后，与答辩委员会合影。
左五沈渔邨，左六王玉凤

部、科技部、北京市的 20 多项重大科研课题，建立了目前国际单民族最大的 ADHD 生物样本库，开展了大量遗传、影像、认知等多层次、多维度的研究。

2022 年 6 月，已 75 岁高龄的王玉凤教授，依然活跃在临床和科研一线，她回忆起自己当年跟随导师沈渔邨进入了儿童精神病学领域的点点滴滴。以下根据王玉凤教授的口述整理摘录：

时间过得真快，我 1981 年转到沈老师名下读硕士研究生，至今在精研所已经工作了 40 多年。跟着沈老师学习，奠定了我这几十年的工作基础。

我 1947 年出生在河北保定，1965 年考入北京医学院医疗系，1970 年毕业后分到北大医院儿科。1979 年我考上北大医院儿科研究生，刚读了 1 年多，我的导师将被公派出国学习两年，北医一位老师对我说："沈渔邨教授刚把精神科从三院分出来建立研究所，你要不要转到沈大夫那里？"

1981 年春天，我去沈大夫办公室报到，成为沈老师名下的第三个硕士研究生。我的硕士研究方向是轻微脑功能失调［MBD，后来叫儿童注意缺陷多动障碍（ADHD）］，包括 MBD 流行病学、临床特点及生化研究。

我是"半路出家"，沈老师给的课题起点又高，我为了按时毕业，很刻苦。

屋漏偏逢连夜雨，本来我的课题时间就紧张，研究做到一半时，样本出了意外。按照设计，我先是用流调的方法确定 MBD 的研究病例，然后对 MBD 研究组和对照组的孩子们采样，进行盲测。采样完成后，样本保存在实验室的冰箱里，我参加了妇幼司组织的医疗队，去密云 1 个月。回来后一看，冰箱竟然因断电时间太长，冰化成水，把样本标记全部泡没了！

沈老师沉着冷静，把她在成长过程中经历过的困难讲给我听，鼓励我一点点去克服。我们又重新设计，重新做流调，重新收集样本。当时沈老师正在主持全国 12 地区精神疾病流行学调查，我重新做流调，在她的指导下就轻车熟路，进展非常顺利。

沈老师每次值班，都把我叫去讨论课题的事，很多关键阶段，她都会亲自带着我去完成。她经历过严格的研究生培训，所以知道我每一步可能会遇到的难题，总能给我最贴切的指导。比如，我当时用西药治疗，中药做对照，沈老师专门领着我去找屠呦呦的导师来指导我们如何提取药物，那位教授给我提供了很大的帮助。

沈老师对学科发展很有前瞻性，而且会根据每个人的特点指引专业方向，她看到的儿童精神病学未来一定会有很大空间，所以把我留下，希望我好好发展儿童精神病学。

1985 年，沈老师获得博士研究生导师资格，我马上报考了她的第一个博士研究生。我的博士课题是做儿童的行为研究，需要得到学校的配合，沈大夫出面与校长谈合作，研究进行得很顺利。有了硕士论文的投稿经验，我的博士论文也发到了 SCI，后来因此获得了国务院学位委员会“有突出贡献的中国博士学位获得者”。

这么多年来，沈老师对我的学业发展都做了很好的安排。我去美国读博士后，也是沈老师一手安排的。她和美国精神医学学会的外联部长很熟悉，他问沈老师有没有什么需要帮助的，我说希望能免注册费让我去参加学术会议，注册费好几百美元，我们承担不起。人家很帮忙，真的免了我的注册费，一年下来，参加了好几次学术会。

沈老师是特别好强的人，方方面面她都要做到最好，她对学生要求严格，对自己要求更严格。她以前在苏联留学的时候，毕业论文认真到不让老师挑出一点毛病。北大医院一位老师曾和沈老师一起在茶淀农场劳动，他对我说：“你的沈老师特别要强，割稻子都一定要自己来做。”他们那一代人就是在严谨、严格中被培养的，又是打江山的一代人，所以他们培养学生时，普遍也是比较严厉的。我们这一代医生就是在这样的环境里成长的，耳濡目染能不好好学习吗？

生活中她是很随和的人，她值班的时候，找我们讨论事情，会先请我们喝咖啡、喝茶、吃点心，然后才开始工作。我赶硕士研究课题整整在实验室住了3个月，她经常带着好吃的来看我，出差回来也会给我们带好吃的。

我记得有一次，我做了一件事让她非常满意，她送给我一件特别漂亮的上衣，我去哈佛读博士后的时候穿着出去，人家夸赞衣服漂亮，我会特别得意地说，这是我老师送我的。

当年我父亲突发脑血管病在北京病故时，沈老师给了我很多安慰，还要资助我料理父亲的后事。

沈老师的身份特殊，做出的成绩难免会有人酸溜溜地认为“她是沾了钱部长的光”，沈老师从来一笑而过，但我们觉得这样的说法很不实事求是，每次都会向对方解释我们的老师有多努力，我们团队有多努力。

我们在她身边的人都知道，沈老师这一辈子几乎大部分时间都花在了工作上，甚至牺牲了作为妻子、母亲应该承担的责任和义务。从某些方面来说，我比家鸣幸福，因为沈老师对家鸣管得不多，而我却从老师那里得到很多母爱。

回顾人生几十年，遇到了沈老师，成为她的学生，是我人生最幸运的事。

第三节　从 Good 到 Excellent

于欣是沈渔邨院士最得意的学生之一，在他不到40岁时，就成为继沈渔邨院士、崔玉华教授之后，精研所、北大六院的第三代掌门人。

于欣来精研所，最初是由于孩子式的好奇，优秀的英语能力，让他很快从年轻医生中脱颖而出。在他还是第三年住院医时，沈渔邨就给他指明了专业方向：做老年精神病学。从此，于欣在老年精神医学，尤其是阿尔茨海默病的临床和研究上越走越远，并创办了中国老年保健协会阿尔茨海

1996 年，沈渔邨（左）指导于欣（右）博士毕业论文

默病分会。

似乎冥冥中有一种未知的力量推动着这对师生的缘分——20 年后，当学生成长为中国顶级的医生时，老师患上了阿尔茨海默病，于欣成了恩师最信任的医生之一。

于欣也没有辜负老师的期待，一直致力于老年人精神健康的福祉：他始终积极推动我国老年精神卫生相关政策的制定，积极倡导将提高老年人抑郁症与痴呆的早期识别和干预纳入我国历次精神卫生规划，撰写了构建社区老年精神卫生服务体系的政策建议，参与编写“十三五”健康老龄化规划，执笔完成“老年精神健康与心理关怀项目研究报告”，其中行动计划已由国家卫生健康委员会 2019 年 4 月正式发布并启动实施。

2022 年 6 月，年过半百的于欣，归来仍是少年的模样，讲述了他与沈渔邨教授的这段师生缘分。以下根据于欣教授的口述整理摘录：

我在 1988 年北医毕业来到精研所后才第一次见到沈大夫，但从 1982 年考入北京医科大学开始，就对“沈渔邨”这个名字如雷贯耳，一直以为这么硬朗的名字肯定是位老先生，虽然当时精研所就开在北医校园内，也并没有跑去求证一下。

本科期间在北大医院临床实习，老师们讲完课都是乘校车离开，我是班里的学习委员，负责把老师送到北大医院车队。有一次送精研所的赵友文教授到车队，她刚要上车，遇见一位熟人彼此寒暄了几句。对方看到赵教授的裙子说：“看大花裙子，那么漂亮啊。”赵大夫说：“我这不算什么，我们所长沈大夫的更花。”当时我心里突然间咯噔一下，这才知道沈大夫是位女教授，而且身材高大，气场更强大。北医当时能掌管一个机构的女大夫不多，李家泰教授是一个，沈大夫是一个。

1988 年 7 月我大学毕业，鬼使神差落脚到了精研所，沈大夫担任所长已经 8 年，本院年长的人称她沈大夫，小辈一律尊称沈老师，只有外院同道才叫她沈所长。刚去时在病房轮转学习，平时绝少有机会见到沈大夫，但听到学兄学姐讲述沈大夫严厉的故事那是不绝于耳，据说能把人训哭了。我自忖“脸皮厚”，不至于让人训哭鼻子，但也犯不着惹麻烦，老老实实干活。可没过多久，我就让慈祥的沈大夫训得灰头土脸。

有一天，所里的药理室请了几位国外专家，做药物临床试验质量管理规范（GCP）相关培训。因为我当时正在舒良大夫的病房，什么药物试验也没参加过，但属于敢跟老外撇 chinglish 不怕丢脸的，就被派去当翻译。我自以为翻得还不错，中途沈大夫坐进来，听着听着就发起火来。有一个词，Investigation New Drug（研究中新药），缩写为 IND，我图省事，在翻译中就一口一个 IND。沈大夫气我偷工减料，当着外宾和众多学员狠狠数落我一顿。课间休息，沈大夫陪着外宾去休息室，我跟了进去。我到现在也想不通当时为什么要跟进去，有人说我脸皮厚，我猜我可能是被骂晕了，又自动往枪口上送。结果当然又好挨了阵批，在边上围观的同事后来说：“我们在一边儿看着都觉得要钻地缝了，你还能站在那儿和她对话。”因为沈大夫训人的时候，会一边说话一边靠近你身体，她个子很高，居高临下逼着你后退，都贴到墙角了，她还穷追不舍，这种气势和压迫感的确是很强大的。很多话都忘了，只有一句现在还记着“翻译是件很严肃的事，怎么能随便对付？这样对听众是不负责任的”！

被沈大夫骂过之后，我老实许多。要知道全所英文最好的就是沈大夫，她给精研所密集地办了大量培训班，每次她都坐在下面听，一旦翻译错了，她会立刻打断指正，一点面子都不给，脸皮要特别厚才能干下去。我就这样练着、炼着过了两年。

那时候精研所比较小，只有一个男病房、一个女病房和一个干部病房。我住院医第一年在女病房，第二年在舒良主任管的男病房，第三年也就是 1990 年底，被选派到三楼沈大夫管的干部病房。按当时精研所的规矩，只有各方面都不错的住院医才能升到三楼，直接接受沈大夫的教诲。我依旧挨骂，而且每次挨骂的原因都记得很清楚，可能还是被骂得少。

我因为不怕被训，锻炼机会就多，英文水平越来越好，也越来越自信。后来我翻译的时候，沈大夫很少打断。再过了一段时间，她开始交给我一些有难度的差事，比如一对一接待外宾——能领这种任务的，都是她信任的年轻住院医生。

有一次鲍丽斯教授来，她是我们所的名誉教授，曾帮沈大夫与意大利菲迪亚药品研制中心建立了合作关系。沈大夫很重视她，派我全程陪同。她可能觉得我还不错，希望推荐我去国外念书。但是看到我的简历后，鲍丽斯教授很惊讶："你怎么都没念过研究生？！"沈大夫知道这事后，恼我关键时候抓不住机会，于是鼓励我读她的博士。

1993 年，我开始读沈大夫的在职博士研究生。由于北医的政策不断变化，而且中间又发生了北大和北医两校合并，所以我直到 2000 年才完成博士论文答辩，拿到了临床医学博士学位。我在沈大夫身读博的时间长达 7 年，更近距离地了解精神病学界一代宗师的风范。

我虽然是读临床博士，但沈大夫给我定的课题有大量的实验室研究。她在跟美国 NIMH 合作的时候，发现一个很有意思的现象：精神分裂症的治疗药物氟哌啶醇，在体内的代谢量，有跨种族药理学的差异，中国人吃比较少的药量，就能达到比较高的血药浓度，美国人要吃比较大剂量才能有同样的效果。她希望我把这个问题研究清楚，氟哌啶醇血药浓度跟疗效的关系以及背后的原因，为临床合理用药提供依据。

沈大夫安排我和她的另一个博士联合研究，对方从药物疗效的作用机制上分析，我从浓效关系上分析。这个课题有很多实验室方法学的探讨、基础的测定，由于我是在职读博士，必须兼顾住院医繁忙的临床工作。那几年真的很辛苦，每天早晨我 7 点多就到医院，先到实验室把机器打开，让它跑起来；然后去病房查房、收病人、写病历；下午再去实验室忙，晚上再去病房评估病人，每天都是晚上九十点才回家。

另外，我还要一边到北医补基础课，一边在实验室跟着刘家良老师做实验，定期向沈大夫汇报进度。关键时候，沈大夫给我的点拨非常重要，比如我发现已经有很多浓效分析的文章，我再做就是重复性的，没太大意义。沈大夫建议我做游离药物，最后我通过实验果然发现，游离药物的浓度是更精确地反映浓效关系的指标，它比药物总浓度要更好，我的博士文章提示这一点。

沈大夫一直保持着对学科新进展、新动向的强烈好奇和敏感性，她的格局和高度，直到现在都鲜有人能及。张文和师兄曾撰文回忆了沈大夫高瞻远瞩，开精神生化研究之先河，这还是沈大夫盛年时候的事。这种不断求新、求变的精神，一直体现在沈大夫的研究生涯中，并始终以战略家的眼光抓住中国当前最突出的问题，以国际上最先进的手段进行深入的研究。

我到沈大夫身边时，她已经快 70 岁了，但她对外面的世界，对国际交流始终十分热情，与国外顶级机构和学者保持着很好的关系，她学到很多新东西，而且把新东西带回来。我刚刚进入第三年住院医的时候，她就给我定了老年精神病学的方向。

1996 年底，沈大夫争取到国际老年精神病学协会（IPA）的一个研究基金，并推荐我去。我先草拟了一份推荐信交给她，她修改时，把那句“一个合格的精神科医生”中的“good”改成了“excellent”。我说这“优秀”二字我当不起，沈大夫看了我一眼，微笑着说，你确实很优秀。我当时非常感动，长久以来，沈大夫总是当面指出我的缺点和不足，这是她第一次当面表扬我。我领会到沈大夫实际上对学生们的点滴进步都看在眼里，记在心上。我后来又多次听她讲过，某个学生很聪明，某个学生做事很踏实。这个时候她脸上流露出的喜悦，是一个老师内心感情的真实写照。

在沈大夫的推荐下，我 1997 年前往澳大利亚墨尔本大学进修，导师是 Edmond Yu-KuenChiu，是一位华裔教授，也是 IPA 的主席。他和沈大夫已经认识了很多年，他说：“我第一次见到沈渔邨大夫时她对我说，‘您是华人，请多关心中国的精神卫生学科发展’。”Edmond 教授后来确实这样做了，尽心尽力帮助我们。

在澳大利亚学习 4 个月时间，我了解了很多老年精神科发展的情况，但觉得没学够，回国后听说美国有一个 Hubert H. Humphrey 奖学金计划，可以去美国学习一年，就自作主张开始申请、考试以及面试。全部顺利通过后，我才去找沈大夫汇报和批准。她一看上学的时间，非常生气，因为 1999 年 4 月我们将承办 IPA 的国际会议，她本是希望我作为主力来协助她，现在指望不上了。但对我来说，这次机会难得，是去美国的约翰·霍普金斯大学进修，课程内容也非常好，包括物质依赖与公共卫生、老年精神卫生、HIV 感染者及艾滋病患者的精神卫生问题等。我把培训课程设置给沈大夫看，她赌气地推开不看，我俩僵持不下，但最后还是她妥协了。那年 4 月的 IPA 会议办得很成功，我从美国回来两周帮忙做同声翻译和接待外宾，这事就过去了。

转头的5月，沈大夫来华盛顿参加美国精神医学学会年会，我们又见面了。有一个小插曲，当时我和一个埃及的同学订了个便宜旅馆，沈老师觉得条件太差了，就把自己的房间让给我，她和另一位老教授挤一间房。我从没住过这么豪华的酒店啊，实在忍不住向埃及同学炫耀，结果他毫不客气地搬来和我分享房间了。

那次会议，我陪着沈大夫一起听了好多会，她特别高兴。当时她已经75岁了，和外国同行谈笑风生，精气神十足。

2000年前后，精研所请了外宾来讲课，沈大夫嫌当时一个小大夫翻译得不好，于是自己亲自上阵翻译了差不多一个小时。2003年，沈大夫的老友Norman Sartorius教授来北京做讲座，沈大夫担任主席。一个多钟头下来，Sartorius的克罗地亚英语把小翻译彻底听糊涂了。最后二十多分钟，沈大夫又是亲自接手现场口译，又准确又传神。此时的沈大夫已79岁高龄，头脑清晰、思维敏捷令我们年轻人都自叹不如。

这种状态一直持续到80多岁，她每天浏览大量英文文献，跟踪国外的研究动态，关心所内的学科建设和发展。有一次，我们请了一位生物学的教授来精研所里做报告，这位教授不是搞临床的，而是做的基础研究。他的专业词汇，比如线粒体以及各种酶之类的单词，我们临床医生不太熟，翻译的时候就卡壳了，结果沈大夫脱口而出。可想而知，她肯定是看了大量的文献，才可以做到对生物学的知识如此熟悉，我们真的难以望其项背。

第四节　良师是指路明灯

几乎精研所的所有专家教授公认，沈渔邨的学科敏感度极高，这也许有天赋的成分，但正如爱迪生所说，“天才是1%的天赋加99%的汗水”。

沈渔邨曾在院士申报材料的自述中写道：获得新知识的渴求和新中国知识分子不甘心蒙受祖国在科技上的落后，是我工作力量的源泉。

沈渔邨强烈的求知欲，无论在新中国成立前的战争年代，还是“文革”艰难时期，从来没有熄灭过。钱家鸣说：“我母亲在家什么家务都不干，总是在学习，看书看文献，不光只看她自己的精神科，还看其他与精神科相关的各种文献，涉猎非常广。”

沈渔邨在学科上独到的眼光和高瞻远瞩，也让她成为学生们事业的指路明灯。精研所在1981年派出的首个留学人员张文和，就是带着一份“沈氏科研秘笈”奔赴美国，而这份秘笈也成为他一辈子科研的指南针。他2004年曾在回忆文章中写道：

我之所以用“远见卓识，洞察先机”来形容沈教授，乃是由于她早在20世纪60年代初期就决定要探讨神经递质与精神疾病及精神药物的关系，以及神经递质在精神病理及精神药理中所扮演的角色，神经科学及生物精神医学的后续发展，充分证明这一决策的重要性。沈教授的“武林秘笈”包括以下精辟之见：

1. 从过去的以生化病理为重点，转向以生化药理为重点；通过精神药理学研究，进一步探讨精神病理问题。于是成了我后半生的研究主题：抗精神病药物，神经递质与精神分裂症。

2. 除了神经递质的测定之外，也要开展血药浓度的测定，以便从“药效学”和“药动学”两方面进行研究。

3. 在抗精神病药物中，应选择氟哌啶醇为研究重点，虽然当时国内临床最普遍使用的药物是氯丙嗪和氯氮平。只有洞悉国外基础及临床精神药理学研究趋势者，才能作出此种决策。事后更让我感到吃惊的是，沈教授已注意到氟哌啶醇还原型及其还原型代谢物。我经过十多年的实践，才充分证明此点。

4. 实验室测定技术也应更新。我们1960年代用的是生物法，1970年代则是荧光分光光度仪法，而1980年代以后势必以高效液相层析仪（HPLC）法取而代之。为此，在我出国之前，就向日立（Hitachi）公司订购了一套高效液相层析仪，便于尽快更新实验室方法。

1981年6月17日我带着以上“秘笈”离京赴美，沈教授亲自送行到机场，两年之后我却给她造成极大的伤害与困扰，只好再次致以最大歉意。

我将沈教授的意见向美国NIMH的Frederick Goodwin转达后，他表示非常赞赏，甚至可说是“所见略同”，只是他的部门（Clinical Psychobiology Branch）所做的是抗抑郁药（丙咪嗪）与情感性精神病而已。另外，他也表示NIMH当时并无现成的经验供我“学习”，因为这也是NIMH所准备要做的事情，所以必须参与自行“建立”“开发”新的方法。而且，即使是像NIMH这样的庞大研究机构，也没有任何一个研究室，打算同时建立抗精神病药物（氟哌啶醇）及神经递质两套方法。如此，我必须在MarkkuLinnoila领导的“生化研究室”（位于马里兰州Bethesda的总部）与MikaSchenin共同开发神经介质的测定方法（HPLC-ECD）；又要抽空到Richard Wyatt的“成人精神医学部”（位于华盛顿特区的圣伊丽莎白医院内）与Esa Korpi共同开发氟哌啶醇及其还原型代谢物的测定方法（HPLC-ECD）。

其后十余年来，我在抗精神病药物，神经递质与精神分裂症“这一主题之下，一路走来，始终如一，取得了一些成果。追本溯源，归功“秘笈”绝不为过；感恩之心，无以回报，为文纪念，略表慰藉。[①]

张大荣教授从工农兵学员，到成为中国最权威的进食障碍诊治专家之一，是沈渔邨身为老师的又一个重要“成果”。

1991年，特需病房收了一名厌食症的年轻病人。在此之前，包括沈渔邨在内，病房里的医生们都没真正见到过这类疾病的病人，毕竟那个年代中国许多人都还刚刚吃饱饭，哪可能出现厌食呢。沈渔邨拿着英

1997年4月，沈渔邨（前排右八）参加中华精神科学会全国情感性疾病学术会议

① 钱家鸣，于欣．沈渔邨院士集[M]．北京：人民军医出版社，2014：538-541．

文教科书查找进食障碍的相关知识，亲自带着下级医生一起学习这类疾病，一边对照着书本，一边研究病人的表现、需要做的检查和治疗，等等。当时，她鼓励还是主治医师的张大荣认真研究这个病，因为将来这类疾病的病人一定不少。从此，张大荣成为中国最早研究进食障碍的医生之一。

十余年后，进食障碍成为全世界关注的疾病。据 WHO 报告，进食障碍是主要发生于青少年和成年早期女性的心理生理疾病，是精神科中致死率最高（死亡率为 6.2%，是普通女性的 12 倍，死亡率还随着病程的延长而增加，随访 20 年结果为 20%）、疾病负担最重的疾病之一（与重型精神障碍相当，为全球疾病负担前 10 位）①。进食障碍主要包括神经性厌食症和贪食症，一直被临床医生视为“精神病理学中最令人失望和顽固的疾病之一”，也是最具挑战性的疾病。

在沈渔邨的指导下，张大荣一例一例地积累经验，同时培养医护团队。2004 年，她带领病房在国内率先开始系统收治进食障碍病人，并成立了国内第一个进食障碍专业诊疗中心。

进食障碍专业的发展也得到中国工程院的支持。孙然泊还记得，沈渔邨 1997 年被评选为中国工程院院士之后，“医学部的李冬梅处长对我院的精神卫生工作十分关心，说精神卫生关系到社会的稳定，工程院能做些什么？我把这个信息带回来向沈大夫汇报，她经过考虑，决定让李冰大夫报酒依赖成瘾项目，后来又申报了张大荣教授的进食障碍项目。因为这两位大夫在自己的专业方向上多年潜心研究，积累经验和病例，苦于没有经费支持，一直无法做大”。

2009 年，中国工程院启动了《探索建立中国的进食障碍三级干预模式问题的研究》咨询项目，成立了由沈渔邨院士任组长，张大荣教授、钱家鸣教授、张荣欣教授等各相关领域专家参加的项目组。项目组通过问卷调查、座谈、培训等形式，重点调查了以北京市为典型代表的 1200 余名学龄青少年以及近百名综合医院医生，主要调研了他们对于进食障碍相关知识的知晓程度、需求情况以及存在问题；同时还对全国 19 个省市 27 家医院的精神

①《探索建立中国的进食障碍三级干预模式问题的研究》项目报告，中国工程院《探索建立中国的进食障碍三级干预模式问题的研究》项目组，2011 年 7 月.

科医生进行了系统培训、需求调查和定向联系。最后，通过反复深入分析和研讨，形成了课题研究报告，对《探索建立中国的进食障碍三级干预模式问题的研究》进行了系统探讨。

中国工程院对这两个项目的研究和支持奠定了北大六院进食障碍专业在国家的立项基础，课题研究报告的完成，也大大推动了进食障碍项目的后续发展，为承受这一疾病折磨的病人带来了福音。2011年，精研所成立了以收治进食障碍为主的专科病房，成为国内少数可以提供住院服务的进食障碍诊疗机构。从沈渔邨指导方向开始，经过20多年的坚持和努力，张大荣成为我国诊治进食障碍最权威的专家。

田运华大夫在沈渔邨主管的特需病房工作了30年，他说："沈大夫总是告诫我们：'精神疾病的确诊一定要慎之又慎，一旦做出精分的诊断，对医生来说没什么影响，但对病人就会影响一生。先不说可能让病人丢了工作，光病耻感就把他压垮，甚至有些病人治愈出院后反而自杀了，就是因为受不了社会目光。'沈大夫的话，让我们一辈子都铭记于心。"

2009年7月16～18日，精研所举办全国进食障碍诊疗进展研讨班。
前排左八为沈渔邨

第五节　为国家培养人才要有大局观

陈彦方是沈渔邨教授“文革”后招收的第一名硕士研究生。

1977 年冬天，中国关闭了 11 年的高考闸门终于再次开启，这是共和国历史上唯一的一次冬季高考。选拔更高端人才的研究生招生，在中断了 12 年后，在转年的 5 月开考。

1978 年的 4 月，山东省济宁神经精神病防治院的主治医师陈彦方在报纸上看到一个通知，“文革”后第一届研究生报考年龄由 35 岁放宽到 40 岁。37 岁的陈彦方兴奋地赶紧向单位领导提出考研申请，报考了北京医学院沈渔邨教授的研究生。仅仅复习了两周，于 5 月 15 ~ 17 日与全国 6 万多考生一起进入了考场，不久以后，他顺利接到了北京医学院的复试通知。

陈彦方教授在 2004 年 2 月写作的《铭记与弘扬伯乐精神》一文中，回忆了硕士研究生学习的经历：

我当时已经 37 岁，要从头学习基本理论、基本知识和基本技能，以及学习新的有关知识，这一切对我来说并非易事。沈教授身体力行，用她自己的亲身表现给我上了生动的一课。她那个时候已经是 50 多岁的一位资深学者，而精力永远是那么充沛，对新生的事物，新的知识，永远是充满了激情，认真地学习。在她身上根本看不出对于接受新事物的困难。

沈教授总是尽量为我提供最优秀学习平台，并用最高、最严的标准来要求我。我的研究生毕业课题为《慢性精神分裂症病人脑脊液单胺类递质代谢产物测定及其受抗精神病药影响的研究》。所做的临床病例涉及 100 多位慢性精神分裂症住院病人，他们要统一饮食和停药至少 2 周。沈教授看到我的毕业设计，对样本的要求难度很高，就仔细地同我讨论试验的可行性。我提出可以回原单位开展毕业课题的临床部分研究工作。沈老师与我的原单位党委书记通了电话后，第二天就亲自带我一起来到我的原工作单位，检查参观了所有要开展研究工作的病房，还带我来到山东省卫生厅，向领导请求帮助解决科研经费问题。我得到了山东省卫生厅批准的第一笔科研经费两万元，在当时算是一笔“巨款”了。没有沈老师的帮助，我根本不可能有机会进行这个课题。

在研究生第三年学习开始时，我带着108位病人的全部临床资料、气脑造影资料以及脑脊液标本回到北医，紧张地投入了后期精神药理学和生化的实验室研究工作。沈教授请北京协和医院的神经放射科主任谢毓章教授，同我一起仔细阅读每一张片子，并向我讲解和分析有关气脑造影的每个病例结果。在我撰写论文的过程中，沈教授更是一次次地与我讨论，哪怕是周末，她也时常会打电话让我到她家去讨论论文。

1981年春天，当毕业论文初步完成时，美国国立精神卫生院院长帕迪斯教授率团来华进行学术访问时，沈教授让我汇报这一工作，得到了专家的高度评价。当场就有美国教授提供奖学金让我到美国去深造，但是我考虑到毕业论文还没有通过鉴定和答辩，就婉言谢绝了。沈教授事后对我说，这是很好的深造机会，不应该拒绝，应该表示感谢并接受。她语重心长地说，对学生的培养就是为国家培养人才，应该有大局观。

个人的奋斗只有融入集体之中，依靠领导、依靠广大的同事，共同努力，齐心合作，才能成功。我的研究生经历，不但使我向老师学习了专业知识、技能，而且更重要的是向老师学习了做人的道理，也深深受惠于老师的伯乐精神。①

1995年，沈渔邨（右二）率队前往日本参加学术会，右一为王玉凤，左一为陈彦方

① 钱家鸣，于欣．沈渔邨院士集[M]．北京：人民军医出版社，2014：548-549．

第六节　研究人员也须懂临床

当西南联大的同窗、北京大学的教授把自己刚刚硕士毕业的女儿领到沈渔邨面前时，她当场拍板：这个孩子很好，正是我们需要的人才。

“这个孩子”就是黄悦勤。与大多数分配到精研所的应届毕业生不同，别人都是临床医学系，而她是北医公共卫生系，是北医著名流行病学家连志浩教授的硕士研究生。精研所 1980 年刚一成立，沈渔邨就着手启动全国首次精神疾病流行病学调查，并以这件载入中国医学史册的成就奠定精研所在全国的领先地位。沈渔邨从一开始便认为一个好的研究所、医院不能只有临床专业，她调入了不少非临床专业的人员，补充到不同领域，包括流行病学专业的人才。

黄悦勤被分配到了精研所的社会精神病学研究室工作。按照沈渔邨的要求，研究人员也须懂临床，黄悦勤开始了临床学习，在病房、门诊学习如何诊治病人。虽然她在临床的时间不长，但这段学习经历对她的专业有着重要的意义，她成为真正跨学科复合型人才。她说：“沈大夫对我人生的影响是巨大的。”

1993 年，沈渔邨牵头全国第二次精神疾病流行病学调查①，科班出身的黄悦勤全程参与，发挥了重要作用。流调结束后，黄悦勤前往美国学习两年，在加利福尼亚大学欧文分校神病学与人类行为系从事博士后研究。2002 年底，黄悦勤担任精研所党委书记，并开始着手准备第三次全国精神障碍流行病学调查。最终因经费问题，直到 2012 年这项全国流调才得以启动。

2022 年 6 月，黄悦勤教授回忆了在沈渔邨身边学习、工作的经历，以下根据她的口述整理：

我还在北医读本科生时，沈大夫正带领精研所牵头全国十二地区做精神障碍的流行病学调查，当时很轰动，所以我毕业时想去精研所。我父亲特别支持，直接领着我就去见沈大夫。

① 张维熙，沈渔邨，李淑然，等. 中国七个地区精神疾病流行病学调查 [J]. 中华精神科杂志，1998，31（2）：51-57.

2001 年 9 月 26～29 日，沈渔邨带领团队在马来西亚参加学术会议，
右一为黄悦勤

我 1987 年 8 月一去精研所报到，沈大夫就安排我加入联合国儿童基金会资助的地方性甲状腺肿流行区儿童精神发育迟滞调查。记得刚开始沈大夫布置我写调查计划，我还在持续着当学生贪玩的惯性，草草地写了一页纸的计划书交差，结果沈大夫说“这哪里像北医研究生毕业的人写的设计！”，我被批评得无地自容，从此不敢懈怠了。

刚来时，沈大夫还要求我去临床学习一段时间，她说“如果不懂临床，你就做不好临床科研”。这个基础真的很关键，对我人生的影响是巨大的，她让我从预防医学领域走到了临床领域，我真正具备了交叉学科的优势。因为流行病学是预防医学专业，精神科临床医生不懂流行病学，而流行病学又没人懂精神科，我有机会进入临床学习之后，就有了跨学科的优势。

沈大夫很直率，有什么不满意就直接说了。我们在精研所有“恐沈症”，她确实严厉，但正是在她的严厉和远见之下，很多大事都做成了。

沈大夫追求完美，事无巨细她都要过问，并以她的标准来要求，我们小的时候被她训得灰头土脸的，特别不服气。现在我成了她那个角色，真正理解了她，而且天天在实践，恨铁不成钢啊。

不当家不知道，当筹划做第三次全国流调时，才真正体会了沈大夫当年做流调的艰难。1993年沈大夫做第二次流调，做2万人的调查花了15万元，到第三次流调时，我们计划做3万人以上的调查，一做预算，要花3000万元！由于没找到经费，计划流产了。10年后的2012年，我们终于从卫生部和科技部申请到资金开始启动这次流调，在全国31个省市做3万个样本，2015年结题，报告在2017年4月7日“世界卫生日”公诸于众。2019年3月，在《柳叶刀·精神病学》上发表了调查的第一篇主要结果，2021年又发了一篇。

沈大夫给我们打下的基础，我们总算是把这份事业续上了，让我觉得这一生还是有意义的。她老人家把道路给我们铺平了，流调的大旗我们接过来，就要接着打下去。

第七节　有远见的老师绝情里的深情

有人说，但凡有远见的老师，都带点绝情！

沈渔邨以治学严谨闻名，几乎她的每一名研究生都有当年被老师“猛锤”的记忆，王玉凤曾因为把“a”写得像“u”而被训哭；于欣曾因翻译时偷懒用了缩写，被训得退到墙角。沈渔邨的另一名硕士研究生范肖东，也曾在一篇《80年代研究生》文章中记录了老师怒撕毕业论文的“绝情”：

我于1986年考入精研所攻读研究生，师从沈渔邨教授，副导师是周东丰老师和罗和春老师。

入学第一年我在北医读理论课，还担任了北医研究生会的秘书长。第二年我进入实验室，沈教授为我指定的研究方向是抑郁症的生化机制以及电针治疗抑郁症的机制。为了指导我的研究工作，周东丰老师中断了她在NIMH的工作，提前半年回国。在她手把手的指导下，我开始了动物实验和人体标本的实验。当时生化室基本上克隆了美国的实验室，拥有国际水平的先进仪器，BECKMAN的γ计数器、LKB的液闪计数器、BECKMAN的台式冷冻离心机和高速离心机。

要说累，就数刷试管了，沈教授规定不许技术员和卫生员帮学生洗试管。我每天要刷几百个试管，先用肥皂水洗，再用清水洗，晾干，然后泡在盐酸、硫酸和高锰酸钾混合制成的洗液里一晚上，再用清水洗，最后用双蒸的蒸馏水洗，再晾干。

沈教授以治学严谨闻名，距离我硕士论文答辩还有 15 天时，沈教授把我论文的后半部分给撕了，她让我重新计算、重新分析、重新写！那 15 天我忙坏了，多亏生化室的各位老师帮忙，1989 年的时候还没有计算机打印，论文全靠手写，要写在 400 字一页的稿纸上，我说一段几位老师写一段，结果、分析和讨论三个部分是齐头并进的，所以我的硕士论文里至少有 5 个人的笔迹。

成长是自己的事，但是，在我们的年轻时期，如果有一个人愿意提供帮助，而且是用严厉的方式进行修剪，那就是人生的贵人。这种感悟，往往只有到达一定年纪时才有体会。

晨晓力在沈渔邨身边工作了 20 余年，她见证了沈渔邨最高光的岁月，也改变了自己的人生。

1980 年 6 月，年仅 24 岁的晨晓力到精研所报到，在此之前，她是一个军工保密工厂的工人。来到沈渔邨身边工作后，她发奋学习英语，日复一日地在沈渔邨的外事工作中磨炼，成为沈渔邨最得力的外事助理。2002 年，年近八旬的沈渔邨退居二线时，48 岁的晨晓力得到一个机会，调入 WHO 驻华代表处工作。

回忆起沈渔邨对自己的"第一记重锤"，自己成长中沈渔邨给予的关键帮助，以及 20 年来参与沈渔邨开创事业的激情岁月，晨晓力十分感激那些年沈渔邨对自己的高要求。她说："我的年轻时代没有虚度，我赶上了一个时代的开始，跟着沈大夫一起开拓，每一天都在进步，这种生命快速上升的感觉，离开精研所之后再也没有了。"

以下根据晨晓力 2022 年 6 月的口述整理：

在沈大夫身边工作的 20 多年，她唯一一次对我发火，是我第二次给她打英文信。我不小心把 month 这个单词打错了，沈大夫特别严厉地把我叫去她办公室："这封信如果发出去，你知道国外人会多笑话我们吗？你要想在这里继续工作，从现在开始，必须要好好学英语，我的信件以后如果再出现一个拼写错误，你就不要跟我工作了！"沈大夫气得满脸通红，我吓得浑身哆嗦，羞愧得无言以对，因为从没被领导这么严厉地批评过。她最后还要求我，今后交给她的打印稿，要做到她都不用看就可以直接签字的程度。这一记"猛锤"把我彻底打蒙了，也打醒了。从此我发奋学英语，仅用了两三年时间，我就达到了沈大夫提出的目标。甚至到后来，她一边英文口述，我一边现场打字，然后她直接签字。

沈大夫的严格要求，以及在她身边的耳濡目染，改变了我的整个人生。

沈大夫爱才，任何人只要想学习，她都会想尽办法创造机会。1995年左右，我听说WHO西太区每年有一个英语培训班，针对卫生部和各省卫生厅的外事干部，选拔到西太区办事处所在的菲律宾马尼拉学习。沈大夫想方设法给我争取到一个名额，但要考试通过才能去。我考了全国第24名，顺利出国学习。最后我以优异的成绩毕业，并在西太区的全体工作人员参会的大会上，代表各国学员用流利的英语做了毕业演讲报告。

2001年左右，一个朋友说WHO驻华办公室有一个位置需要人，建议我去试试。那时候，沈大夫已经快80岁了，我48岁，担任精研所外事办主任和所办公室副主任，我决定出去闯一闯。面试成功，去新岗位报到日子一天天临近，在陪沈大夫去意大利开会回国的飞机上，我终于鼓起勇气告诉了她。她沉默了一会儿，说："这件事儿回去后商量吧。"过了几天，沈大夫告诉我，她和钱部长前后讨论了3次，钱部长劝她："你放小晨走吧，她跟你这么多年，现在她能到更高一级的单位去工作是好事，机会难得，不要耽误她。"然后，沈大夫对我说："你可要考虑好了，你已经不年轻了，在这里工作得心应手，新的工作环境，可是一个很大的挑战。就让你去两年，两年后你就回来。"我心里明白，沈大夫这是怕我适应不了新工作，给我留着后路。我2002年6月到WHO报到，在这里工作了十几年，直到退休。

2004年3月25～28日，精研所承办国际神经精神药理学会（CINP）亚太地区会议，在北京国际会议中心举行，由沈大夫、舒良和于欣亲自主持举办。沈大夫希望我回来帮忙，于是我把前后一共3年的年假集中休了3个月，回到精研所协助沈大夫。这是沈大夫工作生涯最后一次亲自主持举办的国际会议，也是我和沈大夫在工作上的最后一次合作。会议非常成功，有来自世界各地的神经精神药理学家、临床精神病学家600余位正式代表参加，其中外宾134名，加上临时注册参加听课的北京代表，每天参加会议的将近千人。

这一辈子，我能遇到沈大夫，是何其幸运。回首这几十年走过的路，我从工厂来到精研所，还能在国际组织工作，是沈大夫的光亮照耀着我走了这么远，沈大夫是我的恩师，是我的人生导师，是我人生的方向标和引路人。

第八节　安慰勤勤恳恳的“老黄牛”

据王婉新老师讲，沈渔邨年逾九旬之后，时常挂在嘴边、念念不忘的老同事中，首要的就是张维熙教授。

张维熙教授1934年出生于北京，比沈渔邨小10岁。1958年北京医学院医学系五年制精神病学专业毕业后留校工作，从北大医院精神病院，到北医三院精神科，再到精研所、北大六院，于1999年10月退休后返聘。

40多年来，张维熙教授几乎参与和见证了沈渔邨带领中国精神病学发展的全过程，包括海淀区农村精神病三级防治网的建设、国内的两次精神疾病流行病学协作调查研究及在编写《精神病学》大型参考书等，成为沈渔邨工作特别得力、称职的助手，他几十年如一日地工作，被精研所老人们称为任劳任冤的“老黄牛”。

在张维熙退休时，沈渔邨单独嘱咐时任精研所所长的崔玉华，要她与张维熙面谈，肯定其工作成绩，给张维熙教授很大安慰。张维熙年老后身体不好，沈渔邨经常托人送药及食品。

2022年6月，88岁高龄的张维熙教授回忆了与沈渔邨工作的历程：

我父亲比较严厉，我是老大，所以在家里很少说话，这就养成了我在日后与沈大夫一起工作时的性格。沈大夫也是很严厉，我比较怕她，和她接触时也很紧张，她交代给我的工作，我一定会做好。

“文革”前，我和沈大夫接触不多。沈大夫1973年恢复工作之后，她当主任，我当副主任，沈大夫想尽办法把下放西北的医生们调回来。这些专家刚回到北京的时候没有住处，比如李从培大夫、张文和大夫，我给他们安排在病房外的示教室暂住。

1978年开始编写《精神病学》，沈大夫一直牵头这项工作，从第1版到第5版。我印象深的是，沈大夫在第4版的前言里，特别点出来说“张维熙通读了一遍”，可以看出，她对我很信任，我很感动。这5版书，沈大夫非常用心的，挑选作者也特别谨慎，都是精挑细选出各领域最优秀的人来写书。

沈大夫作为WHO精神卫生协调员的工作非常出色，她心里不光只有精研所，而是装着全国，脑子全是如何使我国精神病学各个领域都快速提高，与国际接轨，她没有想过自己能得到什么，这就是她的伟大之处。

2007年，张维熙（左二）、陈昌惠（右一）等三人去精研所办公室看望沈渔邨（右二）

沈大夫领导的两次流调，我作为流行病学教研室副主任承担了主要的工作。第一次流调时，我和沈大夫联系全国协作点，经常和她一起去上海和南京。当时卫生部给了极少的经费，参与流调的人员都是没有劳务费的，这件事能干成的确是不容易。

从学生时代以来，我的性格都是事事过于认真仔细，以致事倍功半，年年日日疲惫不堪，缺乏业余生活与爱好，因此我的身体不太好。在我生病的时候，沈大夫给我送丙种球蛋白，我很感激她。

我一生中最引以为豪的，就是做了自己力所能及的工作，事事绝对服从工作需要，听从组织安排。每项工作，不论大事小事从不马虎，均能努力认真完成任务。[1]

第九节　母亲的科研视野和高度让女儿惊叹

钱家鸣是消化科医生，与母亲在学术上几乎没有什么交集，几十年来，母女二人在各自的专业领域里努力着。沈渔邨很有界限感，她对女儿的专

①《回忆与沈渔邨教授一起工作的经历》，采访人张维熙，2022年6月27日.

业领域不了解，因此从来不多说什么。直到钱家鸣研究胃肠疾病涉及心理因素的时候，母女二人才有了较多的交流。她们还共同指导学生完了一次科研合作，当拿到与母亲共同署名的文章时，钱家鸣说："对我来说，这篇文章意义非凡。"

由于精神心理对胃肠疾病的影响，消化科医生也会给病人使用一些精神类药物。有一次，在用药的选择上，钱家鸣曾与母亲进行交流。作为精神科医生的沈渔邨认为，应该按治疗精神病的思维，用经典的精神类药物；而作为消化科医生的钱家鸣认为这是消化疾病病人，不需要这样用药。于是，沈渔邨认为消化科医生瞎用药，会带来很多治疗的误区；而钱家鸣不服，觉得自己也是教授了，不再是什么都不懂的"怂包蛋"了……这两位消化科医生和精神科医生的业务交流不欢而散。

后来，钱家鸣意识到，在精神类药物的使用方面，自己和母亲之间的差距，就像医学生和教授之间的差距一样，"我作为消化科教授使用精神科的药物，只是住院医生的水平。"钱家鸣说，"从此之后，我在临床中就不轻易给病人用精神方面的药物了。"

1998 年，钱家鸣获得博士研究生导师资格，开始指导第一个博士研究生的研究。沈渔邨已经快 80 岁了，仍然出门诊、带学生、报奖、参与外事活动等忙得不亦乐乎。随着心理因素通过脑肠轴影响胃肠疾病越来越重要，甚至有学者提出"情感 – 大脑 – 胃肠"学说，于是钱家鸣给学生确定的研究方向是，建立一个涉及动力、感觉和行为等多因素的动物模型，找到脑肠之间直接的联系和变化。做这个课题，需要借用精研所的生化实验室，也是钱家鸣第一次与母亲有真正的学术方面的合作。

这个研究从哪儿开始入手，刚开始钱家鸣还没有太多思路，去找母亲商量。钱家鸣问："人家都说精神因素对肠道功能有影响，我有什么办法能证明呢?"沈渔邨回答："现在精神药理学在做大脑里的 G proteins[①]，你可以试试这个方向。"然后拿出很多资料让钱家鸣先学习，都是当时非常前沿的精神药理学方面的文章。"我第一次切身感受到，母亲的视野和高度是我永远无法企及的。几十年来，她每天花大量时间学习，涉及的知识面也非常

① G proteins（G 蛋白），又称鸟嘌呤核苷酸结合蛋白，是一个蛋白质家族，在细胞内充当分子开关，参与将信号从细胞外的各种刺激传递到细胞内部.

广，不光只是精神科的，还有与精神科相关的各种药代知识，练就了她非常强大的科研思维。”钱家鸣回忆说。

科学家们花了很多年才发现精神类药物在作用于脑方面，与作用于血液不一样，因为有血脑屏障①，它是通过G proteins进行信号转导。这个研究早有人做，只不过没人做到大脑里。在沈渔邨的提示下，钱家鸣和学生决定通过动物实验，在脑室注射一些阻滞剂之后，检测大脑的变化影响到肠道的变化，最后做出了阳性的结果，确实有 G proteins 的变化。

博士生把文章写好后，钱家鸣拿给母亲看。沈渔邨看了看文章，说：“这方面我也不懂，如果有这个变化就行。”文章于 2009 年发表在《中华内科杂志》上②，收到杂志后，钱家鸣很兴奋，特意把杂志放在母亲桌子上。

钱家鸣说：“我自己当了医生，尤其是带学生之后，我对母亲的看法改变了很多。以前我觉得像她这样只顾工作，在家里什么也不做，任何人都能做出了不起的成绩。后来我明白并不是这样，即便我像母亲一样所有精力都投放在工作上，也达不到她那样的成就。母亲非常专注，用父亲的话说‘她有不管不顾的那种劲儿’。母亲很少在电视、报纸、媒体上宣传自己，很少接受采访，她一心一意做自己的事。”

第十节　用生命影响生命

人之渺小，在历史的长河中犹如沧海一粟。许多事无论发生时多么惊涛骇浪，终将归于平静，并随着记忆渐渐消散。我们在这里要记录几个故

① 血脑屏障：人体的血液与大脑之间有一种选择性阻止各种物质由血进入大脑的屏障，称为血脑屏障. 大分子或极性高的药物很难进入中枢神经系统，如季铵盐类药物氯化铵等. 而脂溶性较高的药物则容易进入，如全身麻醉药. 脑膜炎时，血脑屏障通透性增加，药物就容易进入中枢神经系统，如磺胺嘧啶能进入脑脊液，用于治疗流行性脑脊髓膜炎.

② 吕红，钱家鸣，金光亮，等. 肠易激综合征慢急性联合应激动物模型的建立及其感觉、动力和心理行为的评价 [J]. 中华内科杂志，2009，48（12）：1035-1039.

事，沈渔邨院士已经忘掉了这些，但她的善良令人感动，也愿每一个人都被善待。

1981 年 6 月 17 日，沈渔邨亲自把最器重的学生张文和送到机场，他是改革开放后，沈渔邨从精研所公派出国学习的第一个年轻人。沈渔邨是一个很少表露个人情感的人，临走前，她将一本精研所的“通讯录”交到张文和手中，张文和明白老师的用心良苦，是希望他“经常保持联络”。

这是中美项目中精研所与 NIH 的第一次学者交换，按计划张文和去美国学习 1 年。然而 1982 年 6 月到期后，他没有回国，不知去向。1983 年 10 月，北医校园的广播里突然传来“北京医科大学张文和叛国”的消息，原来，销声匿迹一年多的他竟偷偷去了台湾，并发表了一份“反共宣言”，同时刊登在海外华文报纸上的还有他接受媒体采访的言论。

北医一片哗然，这在 20 世纪 80 年代是非常严重的政治事件，据说很长一段时间里，每次北医开会都要点名批评沈渔邨。

抛开政治，从感情上来说，沈渔邨也被深深地伤害了。张文和是沈渔邨“文革”前培养的第一个硕士研究生，在他被下放甘肃后，沈渔邨排除万难，最终拿着钱信忠部长的亲笔信才把张文和夫妻调回北京。沈渔邨原本对他寄予厚望，要把精神（神经）生化研究室的重任交在他肩上，第一个公派出国，这是多大的信任与期待。

然而这件事就这样发生了，让沈渔邨猝不及防。面对当面的批评、背后的议论，甚至幸灾乐祸的嘲笑，沈渔邨什么也没说。从此在精研所，所有人都对“张文和”这个名字三缄其口，从不公开提及。

从不因为挫折就改变目标的沈渔邨，继续送年轻人出国学习。而更令人感动的是，沈渔邨默默地保护着张文和的妻子——精研所的一名护士。沈渔邨知道，张文和出走伤害最大是他的妻子和女儿。张文和曾在回忆录中写道：“精研所对 ×××（注，前妻的名字）相当厚道，尽管事发后大小检讨会不知凡几，她始终可以感受到沈渔邨与李从培的默默支持。”在往后的几十年中，这名护士勤勤恳恳地工作，因出色的工作能力得到沈渔邨的重用，提任护士长、护理部主任，直到退休。

我们已无法知道沈渔邨内心的真实感受，但于欣记得一件小事，也许可以略知一二。于欣在做博士研究生课题时，卡在了一个关键节点上，沈渔邨给他推荐了一篇文献，于欣四处查找，最后在北京协和医学院图书馆才查到。“当时看作者名字还觉得有点奇怪，这是中国人的名字，但名字拼音是‘ch’，后来才知道这人就是张文和，因为台湾‘张’的拼音不是‘zh’，而是‘ch’开头。说明沈渔邨是关注到学生在台湾的研究，她只是不说而已。”于欣回忆说。

2006年左右，张文和为写回忆录曾回精研所拜访旧同事。那天张文和早上8点多来到精研所，坐在外宾接待室。由于事先不知道张文和要来，沈渔邨9点按时上班，刚进办公室，听到秘书汇报：张文和来了。沈渔邨轻轻“哦”了一声，马上转身拿起包离开办公室回家了。第二天，沈渔邨上班，对于前一天的事，只淡淡地对秘书说了一句：“张文和最对不起的就是他的前妻×××。”

这一年，沈渔邨已82岁高龄，与身边的同事谈及张文和，这是20多年来唯一一次，也是最后一次。

第二个故事，来自张维熙教授的讲述。

1976年3月，还是北医三院精神科，时任科副主任的张维熙接到通知，去医院政工组接人。政工组主任把一位年仅30岁的年轻医生交给张维熙，并特别交代：“她的情况你告诉沈大夫，不要接待外宾，不要接触高干病人，总之不要重用。”说完却并没解释原因，不明就里的张维熙，回去把原话汇报给了沈渔邨。

这位医生原在部队医院工作，因父亲在“文革”中被“打倒”，她被迫转业。在别人都避之不及的情况下，沈渔邨不怕惹祸上身，将她调来精神科。而其实，此时钱信忠正陷入“四人帮”的迫害，第二次被停职，沈渔邨一家仍在风雨飘摇中，前途未卜。钱家鸣还记得，多年后，父母曾在餐桌上谈论过这件事，沈渔邨说：“‘文革’时我们的女儿还小，如果长大了，可能也是一样的遭遇。我认为孩子不应该受父母影响太多。”

收到政工组主任的嘱咐，沈渔邨却并不“听话”，对这个年轻人重点培养并委以重任。在将这位医生公派前往美国国立精神卫生研究院做访问学者时，沈渔邨以自己的党员身份为她做担保。这个年轻人也不负众望，临床和科研结出累累硕果，先后担任精研所党委书记、副所长、卫生部精神卫生重点实验室主任，以及其他重要的社会任职。

张维熙教授感慨不已：“只要是人才，沈大夫就很珍惜，放到适合的岗位上去。”

沈渔邨珍惜年轻人，唯才是用，不在乎出身，也不会因为年轻人出现了一些问题就一棍子打死，她甘为人梯，伸出手，拉一把迷路的孩子。

还有第三个故事。

精研所的一个20多岁的年轻人，才华横溢，深得沈渔邨的喜爱。然而，曾经这个年轻人的一个行为将自己的前途带入了极大的困境，幸运的是他遇到的是沈渔邨。沈渔邨依然尽可能地给他学习和提升创造机会，并亲自担保推荐他出国工作，最终，这个年轻人走出了属于自己的精彩人生。

印度诗人泰戈尔《用生命影响生命》写道：

把自己活成一道光，
因为你不知道，
谁会借着你的光，
走出了黑暗。

请保持心中的善良，
因为你不知道，
谁会借着你的善良，
走出了绝望。

请保持你心中的信仰，
因为你不知道，
谁会借着你的信仰，
走出了迷茫。

请相信自己的力量，
因为你不知道，
谁会因为相信你，
开始相信了自己……

愿我们每个人都能活成一束光，
绽放着所有的美好！

第十一节　背靠大树　挡风遮雨

作为长辈，当她老了，愿意把自己毕生精力创建的事业交托给那个晚辈，这是信任；当她老了，愿意把自己最牵挂的病人，交托给另一位医生，这是信任。

作为晚辈，愿意放下自我完全仰望跟从那位长者，学习与成长，这是信任。

信任如镜，照见彼此。这就是作为长辈的沈渔邨与晚辈的崔玉华之间最真实的写照。

崔玉华在“文革”爆发前一年从医学院分配到精神科，经过一年的下乡劳动，等她回到北医，刚放下行李就参加了针对彭瑞骢书记等教授的批斗大会，从此，全中国进入了长达十年的“文革”，沈渔邨也陷入了人生最低谷。

德国心理学家弗兰克说：“面对苦难的态度最能表明一个人是否具有内在的人格尊严，以尊严的方式承受苦难，它所显示的不只是一种个人品质，还是整个人性的高贵尊严。”

人的天赋相差不多，我们应对苦难、挫折的态度和能力决定了我们走多远，走多久，走多高，决定了不同的人生。

就是在这样的特殊时期，年轻的崔玉华遇到了年近半百的沈渔邨，并见证了沈渔邨在人生最艰难时期的坚守，也从此奠定了她愿意一生跟随沈渔邨的决心和信任。对于崔玉华等年轻医生，沈渔邨毫无保留地倾囊相授，悉心培育，既有严师的威严，又有慈母般的温暖。

在沈渔邨的教导下，崔玉华成为解决精神科疑难病症中死亡率较高的“恶性症候群”的专家。改革开放后，面对我国心理治疗的落后状况，沈渔邨决定将这个专业的重任交给崔玉华，并三次送她出国学习心理治疗，引进“森田疗法”，崔玉华成为诊治重性精神病和心理治疗的双料专家，并担任临床研究室主任，管理精研所唯一的全开放的综合病房，并在我国首次报道了国内青少年及家庭内暴力增加趋势的研究。

在沈渔邨全力以赴推动精神病学发展和精研所建设过程中，崔玉华是最忠实和坚决的执行者之一。1989 年担任北医精神卫生学系副主任；1994

年沈渔邨70岁时，为了减轻她的工作量，崔玉华担任了精研所常务副所长，协助沈渔邨的所长工作；开创并带领精研所17年的沈渔邨，于1997年将带领事业的接力棒交给了崔玉华，崔大夫担任了精研所所长、北大六院院长。

崔玉华说："我从23岁到精研所，直到80岁离开工作岗位，完全是在沈渔邨的翅膀下长大，她为我挡风遮雨，我背靠她这棵大树，学做人，学做精神科医生。"

2012年，崔玉华陪同一位基层医院院长前往家中探访沈渔邨，这位陈一鸣大夫曾于1980年在精研所进修。在探望过程中，沈渔邨反复几次大声地说："崔玉华，我原来门诊上的病人都转给你了，希望他们能早日康复。"在大家离开之前，坐在轮椅上送行的沈渔邨，又一次条件反射般地对崔玉华说："崔玉华，我原来门诊上的病人都转给你了，希望他们能早日康复……"

这就是医生，当她老了，也许忘了全世界，但永远不会忘记自己的病人。

2022年6月，已80岁高龄的崔玉华教授回忆了自己跟随沈渔邨工作的经历，以下内容根据她的口述记录整理：

我是1965年从山东医科大学医学系毕业的，比沈大夫小17岁。我这一辈子最幸运、最受益的就是跟在沈大夫身边，我跟沈大夫在一起的时间，比她跟自己女儿在一起的时间还多得多。有人开玩笑说，沈大夫交代的工作，崔大夫从来不说"不"，不推脱也不用困难当借口，踏踏实实把事做了。每次看到我接电话时特别正经的样子，我女儿就问，是沈阿姨的电话吧？因为我接电话只说"好""我去""行"。

1994年，沈大夫已经70岁了，为了减轻她的工作量，我被任命担任常务副所长，主管医疗并协助沈大夫的所长工作。

1996年，我国开始进行三级甲等医院的评审，这对精研所来说至关重要，上级领导要求北京医科大学的附属医院必须是三甲医院，我们只能成功不能失败。我的压力极大，畏难情绪导致严重失眠，肝功能也不明原因地出现异常。沈大夫给予了我很大的支持和鼓励，而且很关心我的身体，经常给我送保肝药。对我来说，这些不仅是治病良药，更是精神良药。在沈大夫的支持和全院职工的努力下，最终通过了三级甲等专科医院的评审。

1997 年 6 月，沈大夫正式卸任所长，由于她的信任及推荐，经过广泛征求群众意见，所长的任务落在我的肩上。沈大夫是很有界限感的人，她不当所长之后，很放手，让我们新的领导班子自主工作。只是我常感力不从心，沈大夫是我们的主心骨，遇到什么难处去找她，她会给我们出主意，但也不会把她的意愿强加给我们。

2000 年，由于护士的责任导致一位病人死亡。我们没有任何争辩的理由，我是医生，又是院长，我必须承担责任，家属把一杯热茶直接从我头顶浇下来，我都只能承受。一方面，我对这个家庭感到十分愧疚，无论赔多少钱都换不回一条命；另一方面，家属提出的赔款金额，在当时对我们医院来说真的是一笔巨款，全所职工收入都要受到影响，我觉得很对不起大家，难以抉择。家属闹得天翻地覆，严重影响正常工作，我的身心也受到很大打击，极为苦恼。沈大夫看我快被压垮了，十分心疼，把我叫去，说："钱没了是可以再挣的，但你不能垮，咱们所的声誉也不能丢。"关键时刻，沈大夫做出决定，果断了结了此事，但至今我还常常回忆起此事而内心不安。沈大夫支撑我渡过难关，感激之情，永生难忘。

沈大夫几十年的言传身教，潜移默化地影响着全所的每一个人，形成了我们所的良好作风。这不是一天两天、一个人两个人能形成的，而是需要相同价值观的几代人共同努力。

沈大夫将全身心投入在病人身上，年轻时基本就是泡在病房里，当所长后工作再忙碌，她每周的门诊和查房都是雷打不动的，一直坚持到 80 多岁，直到因身体健康原因才不得不离开了她的病人。她经常对我们说，医生不光是治病，更是治人，尤其是精神科，要让病人回归社会才是最终的目标。这个指导思想至今影响着我们每一个人。

她是很简单的人，为人正直、公正、重人才，与人为善。对每个人，无论对她本人如何，她都会一分为二地评价及使用。对观点不同的老教授，她都很关心，且一分为二地评价，并给以关心。

如今，我也已经 80 多岁了，回首往事，很怀念和沈大夫一起工作的时光，简单、阳光，大家热火朝天、同心协力，向着同一个目标努力奔跑。

沈渔邨是精研所、北大六院最宝贵的精神财富。

1998年3月25日，沈渔邨（左四）率队前往柏林参加精神病学学术会议，左二为李舜伟，右二为崔玉华

第十二节 全力扶持新一代领导班子

试玉要烧三日满，辨材须待七年期。

1990年底，于欣还是第三年住院医时，这个瘦小、率真透着聪灵、英语又好的年轻人就被沈渔邨调入自己亲自管理的干部病房。从那时起，于欣得老师偏爱在精研所就已不是秘密。

沈渔邨喜欢做事认真靠谱、工作时不打马虎眼的年轻人，聪明但不耍小聪明，如果再加上英语好，尤其是口语好，那就很容易入她老人家的法眼了。当然，这仅仅是一个开始，真正能入沈渔邨心的，最终还是靠人品。

晨晓力还记得，在精研所外事活动最密集的时期，沈渔邨常要求她给每一个研究生机会去接待外宾，练外语、学专业，培养国际化视角。“有些年轻人对自己的外语能力不自信拼命往后躲，但于欣从来不怯场，特别敢说，进步特别快，很快就脱颖而出。”晨晓力说。

1997年，于欣被任命为精研所外事助理。精研所的外事工作由时任常务副所长的周东丰分管，实际的外事工作仍由沈渔邨亲自主持，并成功举办了几个大型的国际会议。这一时期，于欣两度出国学习。1999年，他从美国学成回国后，担任老年病房主任。

信其师，则信其道；信其道，则循其步。

从住院医，到主治医，再到长达7年的博士研究生，沈渔邨对于欣观察与培养了十多年，耐心地等待着他成长，一点一点把手里的工作都交给他。在沈渔邨的生活秘书王婉新老师的工作日志中，多次记录了沈渔邨对学生的口头评价：于欣有干劲有朝气，最重要的是他专心干事业、没有花花肠子，纯洁，私心少。

2001年3月，精研所第五届领导班子换届，于欣被任命为常务副所长，领导年轻的第六届班子全面主持院/所工作。此时的于欣年仅36岁，甚至还没有晋升正高职称，只是一名副主任医师。但沈渔邨相信这个年轻人会成为精研所优秀的带领者，于是用自己的影响力全力支持于欣的工作。当有媒体记者来采访，沈渔邨也是把年轻人推到前面，说："不要再宣传我了，现在年轻班子要多出头露面，要多采访于欣、周东丰他们这些年轻人。"

孙然泊在沈渔邨身边工作多年，她也亲眼见证了沈渔邨对这一届年轻领导班子的呵护和保护，她说："在几个关键的地方，老人家掌握方向，使得精研所这艘船稳定向前。沈大夫说'于欣是领导班子选出来的接班人'，她为他挡风遮雨，帮他茁壮成长，静待花开。"

沈渔邨曾说："计划经济时代，老一辈班子是以精研所建设为主；崔玉华阶段，抓三级甲等医院评审；实行市场经济以后，于大夫面临医院创收，自负盈亏。我们三个人三个阶段，各有侧重。"

2004年7月，于欣担任精研所所长、北大六院院长，直至2013年7月卸任。2013年至今，陆林院士担任精研所所长、北大六院院长。在两位新一代领导者先后的带领下，北大六院继续保持着全国领军的地位，并自2010年起，至2022年，连续13年位居中国医院"精神医学综合排行榜"和"专科声誉排行榜"精神医学专科榜首，该榜单由复旦大学医院管理研究所发布。

2022年6月，于欣教授回忆了自己接任所长时，沈渔邨的支持与信任：

2001年我被任命为常务副所长是非常突然的，因为那时候我太年轻了。我接到北医任命之后，沈大夫对我说："于欣，以后精研所就是你管了，我不插话，你管好就可以，有事问我，大主意你自己拿。"果然，沈大夫的表现真是让人特别感动，她完全放手，全力支持我。所里的一些大事，我去与她沟通的时候，她会发表意见，但最后一定会加一句：主意你定。

沈大夫对年轻人的支持细致而全面，从一件小事就可以看出来。沈大夫很高龄之后，司机接送她上下班，而她总对司机说："于大夫要用车的话，先让他用。”这样简单的一句话，我们能体会到她真的是很用心扶持我们。

其实，当惯家长的人放手是非常不容易的，但沈大夫很有界限感，她会不断审视自己身份的变化，以及自己在工作中的位置。记得有一次医院开中层干部会，那时候新班子已经基本全面自主运作了，我们把沈大夫请来。我在开场介绍时说：“我们请到了沈渔邨院士……”没想到她立刻站起来打断我：“我是名誉所长。”然后坐下了。我一想，对，她来参会的身份是名誉所长。估计她内心也是微妙的，不插手医院管理上的事之后，她觉得和医院有点脱节，心里有些不舍和失落，她不希望自己成为一个旁观者，想保留自己和医院的联系。后来我们开年终总结会、发展会、讨论会等，每次把沈大夫请来时，第一头衔都是介绍“名誉所长”，她特别高兴。从这件小事上可以看出沈大夫真的是一个特别简单、率真的人。

沈大夫在任时，整个行业风气相对是比较单纯的，医疗圈的人考虑经济方面的问题比较少。比如我毕业来精神科的时候，我的工资在同年级同学里算高的，因为我们精神科有一项30块钱的补贴，叫“挨打费”。但到1995年之后，全国的医疗环境开始变化，收入差距的矛盾开始凸显。我当所长之后，沈大夫经常问我：“奖金发得出来吗？现在经济情况怎么样？”

时代不同，每一代人都有自己的想法和追求。随着逐渐退出重要岗位之后，沈大夫他们这一代人身上最珍贵的东西，可能会随着时代发展、现实问题而被淹没，慢慢地消失了。我觉得很遗憾，但现实问题也不可否认、不能忽视，所以我曾发起了一个活动——“小朋友老朋友对话”。大概组织了五六期，让年轻医生与高年资医生进行对话，谈自己的职业发展规划，包括自己最喜欢什么，最近在做什么，有没有自己想做又实现不了的事情，存在哪些困难，等等。每次设计不同的主题，我希望几代人之间互相倾听，互相了解，也互相启发。

2000年，在精研所成立20周年之时，于欣曾被安排了编写《北京大学精神卫生研究所所史（1942—2001）》的任务。寻根溯源是最有效的传承，于欣说：“我当时是希望能做一点负责任的事，把曾经的历史经历收集起来，因为随着时间的流逝，老人一旦记忆丧失或者离开人世，这部分历史就没有了。”

这本所史经历了十分坎坷的编写过程，最终在沈渔邨亲自主抓下，于2007年3月正式出版。于欣教授的“后记”写得精练而真诚，生动且深情，文采飞扬的文字里，充满了一名晚辈对前辈们最真诚的敬意。

以下为《后记》摘录：

一位在20世纪80年代初在我所进修的医生，曾向我描绘过当时精研所的辉煌。他认为那时是精研所的鼎盛时期。初开国门，人心想飞。但飞的是理想和抱负。当时没有大小药厂的先生小姐频频造访，没有超额提成的精打细算，也没有晋级分房的明争暗斗。学界领袖，正当盛年，意气风发；青年才俊，八方云集，雄心万丈。精研所建所、设立研究室、搬迁新楼，都是在这20年内完成的。它逐渐从一个国内领先的精神病学研究机构向世界水平迈进。但是那位大夫仍然坚持说80年代初是精研所的鼎盛时期。我还在想这是为什么？

……

如果北医精研所没有这一群各具风采的人物，精研所的历史和现在都会变得沉闷和平庸。沈大夫就是其中一个响当当的人物。在精研所没人叫她沈所长，尽管她当所长的年头最长。这不像其他的医院，已经退下来好几年的院长，仍然被人"院长、院长"地叫着。在精研所只要说沈大夫，就是指的沈渔邨大夫。所内所外，对她有不少评论。做到她这个位置，被人议论是正常的。一次我同一位与沈大夫打过交道的外国医生说起她，我们不约而同用了一个英文词来形容沈大夫的个性：NAIVE。沈大夫确实因为她爆发的怒气而开罪过不少人，但沈大夫实在是一个并无多少城府的人，她并不刻意计较个人恩怨。虽然她不认错，但她会想出小孩子的主意向你转弯抹角地道歉。我非常喜欢沈大夫。同样令人着迷的还有雄辩而较真儿的许又新大夫，查病人如三堂会审的李从培大夫，精神检查如和风细雨、碰到麻烦也能绵里藏针的舒良大夫……

……

2004年，沈大夫亲自抓起了所史写作的任务。像她所做的任何事情一样，不做则已，一做必然是雷厉风行、紧抓不懈，工作进展速度大大加快，终于竣工了。

江山代有才人出，各领风骚数十年。我希望我们的工作能给后人留下一些感慨、一些敬佩、一些眼泪、一些微笑。我也不禁想到，我们的后人会怎么写今天的我们？好在我们还有时间，肯努力的话，是可以留下一些值得记录的故事的。

于欣
2000年6月27日初稿
2005年3月21日再稿

第十一章
沈大夫的真性情

2004年10月10日“世界精神卫生日”，沈渔邨已80岁高龄，这一年也是她从医从教50周年，精研所内部举行了《沈渔邨院士论文集》的发行座谈会。北医医学部领导、已退休的彭瑞骢书记、沈渔邨的学生等都来参加。大家都不管沈渔邨叫院士、教授、主任之类的，都是叫沈大夫，就像家庭聚会一样，一起回忆畅谈这50年的经历，以及沈渔邨对中国精神卫生事业做出的贡献。钱信忠部长为沈渔邨的论文集题词“室雅何须大，花香不在多”（2004年4月题），钱家鸣教授还带着自己的学生来参加了这个座谈会。那天沈渔邨特别高兴，有一位研究生说：沈大夫是性情中人。

这本传记的采访始于2022年6月，沈渔邨的家人、学生、同事等回忆了她的严厉、严谨、细致、单纯、率直、专注、包容、公正，以及生活中的沈渔邨爱美爱吃、能歌善舞、不拘小节、简单……时间沉淀下来的美好是真实的美好。

钱家鸣说，母亲的严厉，在北医系统女掌门人中是能排进三甲的。王玉凤说，沈老师有“四严”，严谨、严格、严肃、严厉。

对于沈渔邨的严厉，几乎每个精研所的人都能说出几件亲身经历。黄悦勤说精研所的老人们都有“恐沈症”；于欣说有些教授开完会后需要吃降压药；崔玉华还记得检查卫生时，一听有人喊“沈大夫来啦，沈大夫来啦”，全楼的人“呼呼呼”关门惊慌失措地藏东西；研究生一听沈大夫电话要他去谈话，吓得坐立不安，要先打电话给秘书打探“沈大夫现在心情怎样”，然

1997年，沈渔邨当选院士后，在精研所举办庆祝活动中，老专家们合影。前排右一陈昌惠，右四沈渔邨，右五赵友文，后排右一李从培

1997 年 10 月，沈渔邨（右二）与侯沂（左一）、李从培（左二）、许迪（右一）合影

后才敢来见老师……

沈渔邨身材高大，不苟言笑，不怒自威。尤其是当站在她身边接受批评的时候，她的身体会不由自主往前靠近，对方只能不断后退，直到墙角无处可退，这种气势不免让人胆战心惊。

沈渔邨在工作上一丝不苟，而且不讲情面。她批评人时还有一个特点——从年资高的人开始批评。因为她认为，年资越高越不应该犯错，而年轻人犯错是正常的，所以在精研所，年资越高的人反而被批评得越多。

但是批评归批评，"她确实是对事不对人，你事没做好她会发火，但不会给你个人贴标签，更不会因为这件事让你一辈子不得翻身。跟她接触多了，真正了解了她的为人，就越不怕她了。"于欣说。

有一年沈渔邨因为胆石症做手术，麻醉师看她个子大，大概多用了麻药，结果沈渔邨昏睡了 3 天才醒过来。此后半年，沈渔邨的脾气出奇得好，讲话也是温声细语，小医生们都很不习惯。直到一天沈渔邨又高声快语地讲话，大家才都舒了口气，知道她彻底复原了。

一个人，对越在乎的人和事，越是要求完美。钱家鸣说："妈妈在家不发脾气，因为根本就不管我们。"沈渔邨一生心血全部投在了精研所，"你将时间投放在哪里，成就就在哪里"，因为时间真实地记录了我们的一切，在哪里付出就会有相应的体现，每个聪明到极致的人也一定是勤奋极致的人。精研所的一草一木、每一个人，都是沈渔邨心里最大的牵挂，因此追求完美的她，事无巨细都要过问。

在这个世界上，只有时间不会骗人，只有时间才能证明一切：帮我们验证人心，留下最真挚的人，留下最爱我们的人，给我们最真实的反馈，并真实地记录我们的成长和进步。大多数当年与沈渔邨一起创业、发展精研所的人，经过岁月的洗礼，当年的各种不服和愤怒，如今都化作了理解与深深的感激。

黄悦勤说："当我成为她时，我理解了她当年的不易。"崔玉华说："建所的老一代人，跟沈大夫一起工作了一辈子，没有谁想离开的，大家虽然工作很累，但精神上都很愉快。尤其在精研所创业时期，沈大夫很严厉，脾气也大，大家都怕她，但从没有人记恨她。"

王玉凤也早已不记得老师的严厉，剩下的只有感恩。她说："很多事需要多年以后来评判，在打基础阶段是很重要的，不严谨不严肃，科学工作是做不好的。尤其精研所是从一个科的基础发展而来，而且还是边缘科室，非传统的内外妇儿，如果不严格是发展不好的。"

事情没做好，沈渔邨会严厉批评，如果她错了却也不道歉，但是会采取一个迂回的方式来表达歉意。周东丰是沈渔邨很喜欢的一位晚辈，很早就被送到美国留学，周大夫也十分努力，获得很高的成就。有一次为了某个研究，两人针锋相对吵得不可开交，都是直脾气，最后周大夫气得掉眼泪闭上了嘴。这事最后证明周大夫是对的，沈渔邨知道自己错了，碍于面子不说"对不起"，于是从家里拿了一套国外买的化妆品，托她的秘书给周大夫送去以表达歉意。

沈渔邨担任《中华神经精神科杂志》总编时，有一天和编辑部主任为一篇稿子争得面红耳赤，后来沈渔邨发现确实是自己弄错了，但不好意思道歉。那天晚餐时，沈渔邨特意早早去食堂，还拿自己的包占了一个座，然后伸着脖子盯着门口，编辑部主任一进来，她便特殷勤地喊："过来过来，我给你占了个座。"对方哭笑不得，只好坐到老太太身边一起吃，而他本来还想和同事一起喝点小酒聊聊天的。

于欣记得当年自己还是住院医时的一件小事。有一位病人因抑郁状态收住院，但于欣观察之后认为他情绪波动性比较大，便没给他用抗抑郁的药，而用了情绪稳定剂碳酸锂。现在大家都公认碳酸锂是作为双相障碍治疗的一个金标准药物，但在以前对这个药的认识还不是那么充分。沈渔邨来查房，看到给这个病人用了碳酸锂，当时就黑了脸，用"雷霆万钧"形容都不过分，生气地说：“你们给抑郁状态的病人这个药，病人自杀了怎么办?”甚至连“草菅人命”这种词都出来了。那天正好是教师节，于欣给沈渔邨买了蛋糕放在医生办公室，于是沈渔邨一边批评学生，一边吃蛋糕。等批评够了，沈渔邨走了，于欣等人长舒一口气，心想这雷霆总算过去了，没想到老师又杀了个回马枪，继续批评。后来于欣给病人换了抗抑郁药，结果他副作用特别大，又用了其他的治疗才帮他稳定下来。这位病人在出院之后真的出现情绪的兴奋过度，来看沈渔邨门诊时，说自己吃碳酸锂是最稳定的。沈渔邨明白了于欣的判断是对的，便把于欣叫去，让他总结一下碳酸锂的病例。

于欣说：“沈大夫好强、争胜，却和他人无任何个人恩怨，所以她做所长17年，所里的骨干没走一个人。也许有钱部长打理一切，沈大夫在人情世故上有时甚至挺天真。”

沈渔邨是一个非常简单的人，她的天真、单纯，甚至孩子气的一面，尤其在进入老年后更加凸显。

比如，沈渔邨在好吃的东西面前，最显露纯真、可爱的一面，让晚辈们忍俊不禁。有一次，于欣同沈渔邨一起去国外开会，也许由于留苏的关

1999年10月24日，精研所老职工到北京郊区雁栖湖游玩。
前排右一许迪，右三沈渔邨，左一赵友文，二排右二张津萼，右三崔玉华

2001年10月，北医校庆时老专家在科学楼前合影
（前排左三沈渔邨，左四侯沂，右一周东丰）

系，沈渔邨很喜欢吃酒店早餐做的新鲜面包。可那时她在控制血糖不能多吃，她很馋面包，又不愿让别人看出来，忍不住去拿第二份面包时，一边拿一边解释，说自己第一次拿的面包个头小，只能算半个。

2003年，国际老年精神病学协会（IPA）在法国尼斯举办一个世界性的大会，在学会里有高职位的沈渔邨希望能让于欣接班，便带着他和另一个年轻大夫去开会。会后，沈渔邨很高兴，说要请学生们吃法式大餐，然后从包里掏出一堆法郎，华人导游惊得下巴都快掉了：这是10年前的旧法郎，早已不用了。沈渔邨一听着急了，这些钱她自己都不知道放了多久了，还好导游打听到有一家银行可以兑换。换完钱，大家高高兴兴地找了个餐厅。点餐时，沈渔邨看见旁边的法国人桌子上的酒，便问他们这酒好喝吗，法国人很有风度，也很热情，让服务员拿了个小杯子，给沈渔邨倒了一小杯请她尝尝。沈渔邨尝完直说好喝，照着也点了一瓶。那天，沈渔邨特别放松，边吃边喝边聊。于欣说："她是一位很简单很可爱的老人家，年纪越大就越像家里的慈祥长辈。"

沈渔邨也是一个念旧的人。

一位专家，曾是沈渔邨西南联大的老同学。20世纪70年代末，这位专

2003年，沈渔邨（右）带于欣（中）前往法国尼斯参加IPA的学术会。会后，沈渔邨请年轻人吃法式大餐

2010年1月，精研所老专家合影。前排左二张津萼，右三沈渔邨，右四李从培

家的团队合成了一种叫二氢埃托啡（DHE）的物质，并认为经过一系列试验证明它是一种镇痛作用强、成瘾性小的药物。这一药物1981年开始试用于临床，成为第一个由我国研制成功的纯激动型麻醉性镇痛药，并由于原料成本低廉，对外科、妇产科、麻醉科镇痛有效率达100%，对慢性顽固性疼痛，晚期肿瘤疼痛有效率达95%，有注射及舌下含化剂型，使用方便，深受医护、病员的欢迎[①]。1991年二氢埃托啡上市，轰动一时。很快吸毒者们发

① 谢幼龄，赵蜀英．强效镇痛药——二氢埃托啡[J]．四川省卫生管理干部学院学报，1993，12（1）：32-34.

2012年10月，沈渔邨在寓所接受“老科学家学术成长资料采集工程”项目组采访（右一胡颖翀，左一钱家鸣）

现了这个药，而且很容易获得，医生给处方就能开出来。在那个时期，沈渔邨已非常关注成瘾，并在精研所专门辟出两三间病房做戒毒，她很快就发现了二氢埃托啡有问题，嘱咐正在当住院医师的于欣多观察。于欣仔细询问病史发现，病房里好几个病人之前都在吃这个药，刚开始每天二三十片，后来剂量越来越大，最多的时候每天高达300～600片。沈渔邨让于欣写文章公开发表，要让大家知道这药是容易成瘾的。于欣将1991年起精研所收治二氢埃托啡成瘾的4个病例进行了总结①。文章写好后交给沈渔邨看，她把“沈渔邨”的署名画掉了，但最后投稿的时候，于欣又去问沈渔邨是否署名，她想了想，同意了。精研所成为第一个报告该药物成瘾的单位，随后全国各地陆续也报告了成瘾病例，引起国家的重视。于欣说：“沈大夫很照顾同学面子，我相信她和那位专家有私下沟通。最后，这个药物得到了正确的管理和使用。”

① 于欣，田运华，沈渔邨．盐酸二氢埃托啡依赖四例[J]．中华医学杂志，1994，74（9）：547．

第十二章

幸福家庭　圆满人生

第一节　沈大夫“嫁”给了精研所

都说“宰相肚里能撑船”，比这更宽广的，是一个深爱家人又胸怀天下的男人，他的心中能盛下世间一切。

1911 年 12 月，钱信忠出生在江苏宝山县一个贫民家庭。13 岁那年，因父母去世辍学，一边在米店当学徒，一边刻苦学习考入同济大学技师学校，1930 年后进入德国人开办的上海同济大学附属宝隆医院，开始从医生涯。1931 年“九一八”事变爆发后，钱信忠毅然放弃上海大医院医生的优渥生活，踏上救国的革命道路，成为一名救死扶伤的军医。

坎坷的成长经历和军医生涯，培养了钱信忠练达坚韧的性格和强烈的使命感。新中国成立后，钱信忠担任西南军区卫生部部长。1951 年，经过严格的选拔考试，钱信忠被派往莫斯科第一医学院攻读卫生保健组织专业研究生，与沈渔邨相识相知。

异国他乡的 4 年刻苦学习中，钱信忠和沈渔邨彼此帮助、彼此鼓励，也许正是在这样土壤和境遇中成长起来的爱情，才能让两个人在婚姻生活中保持独立而互相欣赏的灵魂。

1955 年，沈渔邨与钱信忠摄于莫斯科

作为钱信忠身边的女人，也许最轻松的方式，便是相夫教子、夫唱妇随。然而沈渔邨却选择成为钱信忠身边的那棵“木棉”——“作为树的形象和你站在一起，根，紧握在地下，叶，相触在云里，每一阵风过，我们都互相致意”。

好的婚姻，不是一方为了另一方，事事迁就，最终弄丢了自己，而是携手同行，在互相激励中，彼此成就，彼此成全。

沈渔邨专注于工作，钱信忠不仅成为她工作的重要帮助者，为她出谋划策；还承担起全部的家庭责任，孝敬父母、照顾亲人、陪伴教导孩子。

无论在生活还是工作中，他们都成为最

完美的搭档。1958年11月，苏联精神病学家波波夫院士应我国政府邀请前来考察和讲学，分别在北京和南京举办了精神病科医师训练班。在一位参加南京训练班的学员的记录中，展现了钱信忠和沈渔邨一起工作时的样子。南京班开班时间为1958年11月30至12月26日，学员有140余人，时任卫生部副部长的钱信忠在开学典礼、结业典礼都到会讲话，学习中间还为学员召开一次大会。沈渔邨则担任翻译，与她同去的另两位翻译，由于不熟悉精神科术语，最终沈渔邨一个人承担了4周的全程翻译[①]。

“文革”前，沈渔邨已达到晋升副教授的条件，同期准备晋升的还有和她同期留学苏联的同学许迪，但科里只有一个名额，组织上十分为难。为此，时任北医院长的马旭教授给钱信忠副部长打电话陈情苦恼，钱信忠笑着说：“许迪很优秀，她晋升没问题，如果怕沈渔邨不好受，你可以让她去学习生化。”在沈渔邨回北医脱产学习生化这一年，许迪完成了晋升。事后，钱信忠安慰妻子：“晋升早晚无所谓，不差这一年，你学到知识才是最重要的。”与其说钱信忠用智慧轻松化解了一次职场小竞争，不如说其实是因为他很了解自己的妻子——为了更好地做科研，学习生化是沈渔邨多年的心愿，至于个人晋升的时间，她其实也并不在意。钱家鸣认为，后来的事实证明，母亲的科研能力后劲十足，的确与她补习了一年生化有很大关系。

工作中，钱信忠是位高权重的卫生部部长，而回到家，他是孝敬老人的女婿、宠爱妻子的丈夫、疼爱女儿的父亲。

钱信忠的父母早逝，他和沈渔邨从苏联回来后，将岳父岳母接到北京一起生活，对老人十分孝敬。“文革”刚开始钱信忠被“打倒”之前，岳父曾对他说：“信忠啊，这个家有没有渔邨都无所谓，你可不能倒。”岳母有肺心病，曾多次抢救，沈渔邨都不在家，是钱信忠推着三轮车把老人送到医院，所以她生前总说：“养个女儿是住旅馆的，幸亏有个好女婿。”

沈渔邨不顾家，这几乎在精研所尽人皆知。钱信忠也曾不止一次笑着对外人说“沈大夫嫁给了精研所”，话里没有一丝责怪，而是满满的欣赏与宠爱。当然，有时候，钱信忠也会像孩子一样赌气。有一次他病了，沈渔邨突然想起所里还有事，把丈夫扔在家里自己上班了。等她忙完工作才想起生病的丈夫，赶紧回家，钱信忠已经住院了。她匆匆赶去医院，却到处

① 李问诗．前苏联对我国精神医学发展的帮助[J]．临床精神医学杂志，2011，5：358.

找不到人，原来钱信忠生气了，躲在厕所不愿见她。

钱家鸣说，父亲对母亲宠爱了一辈子。

这一点，精研所很多人都羡慕不已。崔玉华还记得和沈渔邨一起出差时，约她一起去买鞋，沈渔邨竟然不知道自己的鞋码——因为她从没给自己买过鞋，都是钱信忠操心这些事，买鞋，买衣服。“她真的很幸福。”崔玉华说。

沈渔邨出国也从来没想过给家里添置什么东西。在1980年代，许多出国人喜欢买冰箱、彩电等“大件儿”，而且需要“指标”才能买，沈渔邨不懂这些，从来不买，有一次别人向她要“指标”，她才知道“指标”是用来做什么的，后来她的“指标”全部用来给所里买仪器。钱家鸣记得，母亲出国唯一给家里买的东西是几块尼龙布料，拿去给女儿做了几件衣服。那时候出国学习、访问的费用基本都是外国资助，按规定回来之后大家都要把剩下的钱上交给工作单位，但大部分人都把钱全部花完，沈渔邨则省吃俭用不买私人物品，剩余的钱全部如数上交。多年后，收钱的部门很发愁，私下问钱信忠：“沈大夫交的这些钱都咋处理?”不仅如此，她出外讲学所得的劳务费也均如数上交给精研所。

在钱家两个女儿的记忆中，她们的成长过程，母亲参与得极少，父亲给予她们的，除了父爱，还有母亲的角色，让她们获得了完整的爱。她们从来没有在母亲面前撒娇或表露天真烂漫的孩子气，但在父亲面前享受过女孩子成长过程中的一切的美好。

他们经历过几次搬家，第一个家是在协和医院宿舍的外交部街59号院，钱信忠1956年3月从苏联回来后，全家搬进了此院5号楼的一层。《协和大院》一书中曾记载了钱信忠一家在这里的生活片段：

5号楼一层住的就是钱信忠部长一家。其实里面的房间不多，钱部长一大家子挺多人的，住得也挺挤，况且楼上还住着几家，五六个孩子正是浑打浑闹的年纪，英国楼房隔音非常不好，想来也是够钱部长头疼的。

钱部长是协和大院里最大的官，我小时候听起来，耳朵里都响炸雷：老红军，医学博士，参加过长征，开国大将军，卫生部长。算算年头，我儿时见到的钱部长，还不到50岁，正是年富力强。那时的他非常帅，身材像一块上下等宽窄、前后等薄厚的长木板，浑身上下没一块多余的赘肉，永远以挺胸抬头的立正姿势在院子里走过；永远寸头，不加修饰；匀称的薄圆脸上，最令人注目的是一双眼睛，都不只是“炯炯有神”，而是灼灼放出两丛火苗——是的，看了钱部长的为人气派，才算具象地明白了“气宇轩昂”是什么意思。这真正是一个不怒自威的厉害角色，一看就知道是大官，是现在的官员们装都装不出来的。可是他又特别平易近人，尽管孩子们都特殊地不叫他“爷爷”或“叔叔”而随大人称呼“钱部长”，可他见了我们小孩子也都微微笑。后来他搬到后海那边去住，胡同里的老百姓知道他是共和国的大官，却也因为他的善良和蔼，从不把他当作大领导而疏远，见了面就打招呼，不称“钱部长”而土了吧唧地叫“师傅”。对这个称谓，他自己却很是欢喜：“听到老街坊这种称呼，心里特别舒服，民众把我当作伙伴和知己，给我添了不少情趣呢！”我小时候，见过他脖子上和肩膀上的几处伤痕，大的像拧着的麻花，远远地就能看到，那是夏天他穿着跨栏背心锻炼时“展示”出来的，他喜欢运动，一有时间就在大院里雄赳赳地走步。

沈阿姨是20世纪50年代与钱部长一起赴苏联第一医学院留学时的同学，1955年从该院研究生毕业，获苏联医学科学院精神病学副博士学位。回国后任北京大学精神卫生研究所所长，长期从事精神疾病神经生化和流行学等方面研究，1997年当选为中国工程院院士，也是一位“人物”。但她可能是家外家里特别忙吧，很少能在大院里见到她，印象中，我仅有一次见到她盛装陪在钱部长身边，大概是去参加什么必须的外事活动吧？[①]

1997年，沈渔邨当选院士

1965年底，钱信忠沈渔邨一家搬到了北太平庄4号院，比之前的房子宽敞了很多，全家人在这里经历了“文革”十年，彼此守望、鼓励熬过了聚少人多的日子。两个女儿在这个房子里从小学读到了高中，然后下乡插队、考入大学。

1980年，钱信忠第二次担任卫生部部长的第二年，全家从北太平庄4号院搬到了后海边的一个独立四合院。琐碎而繁重的搬家，钱信忠也舍不得妻子和女儿们辛苦，年近70岁的他带着司机和保姆就把家搬过去了。

家园建设重在环境宜人，钱信忠和沈渔邨都有共识，但一个想种菜一个想种花，这是他们之间唯一的“意见不合”，最后决定划地而治。钱信忠

① 韩小蕙．协和大院 [M]．北京：人民文学出版社，2019.

1960 年，全家福。后排右四为沈渔邨，右五为钱信忠

亲自打理的菜园一派乡野风光，夏季长满了茄子、辣椒、西红柿等，花菜满畦，整洁清爽，而沈渔邨种的花花草草因疏于打理而无精打采。钱家鸣说，每次回家都能听到父亲在喊：“你们都来关心一下沈大夫的花啊，花儿都快枯死了。”沈渔邨偶尔想起它们来，拎起水壶就去浇水，钱信忠赶紧制止：“渔邨啊，我已经帮你浇过了，你别浇太多了。”

他们对音乐有着共同的爱好，从苏联带回了留声机和许多唱片。周末、逢年过节，以及平时工作不忙时，两人会打开留声机，听着音乐，喝着茶，吃着小零食，看看报纸，这是全家最悠闲的时光。

沈渔邨在工作上争强好胜，巾帼不让须眉，但在家里，绝对是一个顺服丈夫的妻子，钱家鸣甚至说：“我妈就是我爸的应声虫。”家中保姆说：“吃饭时，老部长总是把好吃的东西都夹到沈大夫碗里。有时候沈大夫说：‘吃不下了，不吃了。’老部长说：‘把这个吃了吧。’然后她特别听话就吃掉了。”

钱信忠沈渔邨这一代人，从来不会把“爱”挂在嘴边，他们有自己表达爱的方式。

曾是西南联大校花级别的沈渔邨，是舞会中最引人注目的女孩，但人民

1987 年 11 月 4 日，沈渔邨在家中

沈渔邨与孙辈兰兰

大会堂举办春节舞会，沈渔邨却从来不去，因为钱信忠不会跳舞。钱信忠明白妻子这样做是出于对婚姻的尊重，他曾对钱家鸣说："一个人为了事业和家庭总要有取舍，你妈妈本来能歌善舞，后来她专注于学习，就放弃了这些业余爱好。之后又因为我们老红军不会跳舞，我也没兴趣学，你妈妈不愿意和别人跳，就索性不跳了。"

执子之手，与子共箸；执子之手，与子同眠；执子之手，与子偕老。

钱信忠晚年一直保持着锻炼身体的习惯，因此精力充沛。他喜欢散步、跑步、打拳，夏天在前海、后海游泳。生活也安排得十分规律、严谨、紧凑，每天清晨5点左右起床，在后海岸边活动身体1～2小时，或在院子里做做操，打上一套太极拳或长拳，一年四季风雨无阻。上午8～9时伏案工作，内容有学习、写作、看书报。午睡后，下午会客或做社会调查。晚餐后，看完《新闻联播》还要到户外散步活动1个小时左右。

沈渔邨也坚持锻炼，她曾在2006年接受记者采访时说："我住的地方离北海比较近，每天早晨起来会沿北海周围走半圈，一般六点多钟出去，快七点钟回来吃早餐，然后上班。现在身体不比从前了。我年轻时参加国际间学术团体的交往特别多，有时候从非洲飞到欧洲，欧洲活动结束后，时差还没倒过来就又赶回国来主持国际会议，一点都不觉得疲惫。"①

沈渔邨更大的爱好是坚持工作，在她年近八旬时，依然坚持每天按时上班，每周出门诊、查病房。据王婉新说："沈大夫生活很有规律，心态也特别好。她是事业型的，一不工作就难受，工作起来就精力充沛。"2004年年初的一天，沈渔邨早上出去散步，由于地上有积雪，她不小心滑倒，左臂肩肘脱臼了，她忍着痛找医生做了复位，"就这样架着膀子，一天也没歇。她每周三、五看病，每天只能看9到10个人。每个病人一般的问诊时间是半个小时。"②忙忙碌碌之后，她才拖着疲惫的脚步回家。沈渔邨晚年在

1991年春节，沈渔邨在办公室

① 薛京. 沈院士：一生只为疗"心病"[N]. 健康时报，2006-07-10（3）.
② 同①.

一次接受记者采访时说，她之所以还能一如既往、全力以赴地工作，就因为她有一个幸福的家，有一个关心和支持她工作的丈夫。[①]

钱信忠在90岁高龄时患上胃癌并做了手术，沈渔邨十分担心，悄悄向女儿打听病情。钱家鸣此时已经是协和医院消化科的教授，她安慰母亲说，父亲没有太大的问题，发现得早，手术很及时。沈渔邨听后，特别高兴地说："信忠就是没问题。"

手术后的钱信忠恢复了健康，然而几年后，81岁的沈渔邨却开始出现阿尔茨海默病的症状，说话重复、啰嗦。钱家鸣最先发现母亲的异常，和父亲商量需要给母亲用药。然而钱信忠也许实在无法将"老年痴呆"与一辈子绝顶聪明的沈渔邨联系在一起，也许也是内心深处的不愿意面对，他对钱家鸣说："以前她工作忙不管你们，现在老了多说几句有什么关系，谁家老太婆不唠叨啊？你们就是不习惯你妈话多，她没事，只是不会管家，唠里唠叨说不到点儿上而已。"

然而，事实并没有如钱信忠期待"她没事"那样，2005年经头部CT检查，沈渔邨的确出现了脑萎缩。沈渔邨平静地接受了自己的状况，并开始吃药，一直维持着不错的状态。

2008年北京奥运会之后，97岁高龄的钱信忠病情恶化，住进了医院，沈渔邨惊慌得像个孩子。从未在人前流过泪的沈渔邨，几次面对生活秘书王婉新落泪。她说："老部长是我们家的大树，他可不能倒啊。"精研所工会聚餐，请来沈渔邨，她人来了但十分不安，坐了一会儿就告辞要去医院陪着老部长。随着钱信忠病情的加重，沈渔邨的病情也迅速加重了，用于欣的话说，"精气神儿明显没有了"。

黄悦勤还记得，她和于欣曾陪沈渔邨一起去看望钱老部长，钱信忠已虚弱得无法说话。"沈大夫坐在病床的一侧，我和于欣坐在另一侧，钱老部长指指沈大夫，又指指我们，再把两只手一握——钱老部长是把沈大夫拜托给我们了。"黄悦勤说，两位老人之间的深情，让她感动不已。

2009年12月31日，沈渔邨坐在钱信忠的病床前，紧紧握着他的手，守护着这位疼爱了自己一生的男人——不知她是否想起在莫斯科为生病的钱信忠煮荷包蛋，这是他们爱情的开端。

① 金永红．沈渔邨守望精神家园 [N]．健康报，2002-11-12．

执子之手，夫复何求？

沈渔邨握着的手渐渐凉了——钱信忠部长与世长辞，享年 98 岁。

从此，沈渔邨渐渐忘掉了这个世界，也渐渐淡出公众视野。她每天最喜欢坐在书房里，一坐好几个小时，看着曾经的照片：与丈夫一起在苏联留学，一起参加各种会议，以及他们与儿孙们的全家福。

1995 年，沈渔邨院士（前排左三）全家福

女人最美的婚姻就是嫁给幸福。

我如果爱你——
绝不像攀援的凌霄花，
借你的高枝炫耀自己；
我如果爱你——
绝不学痴情的鸟儿，
为绿荫重复单调的歌曲；
也不止像泉源，
常年送来清凉的慰藉；

也不止像险峰，
增加你的高度，衬托你的威仪。
甚至日光。
甚至春雨。
不，这些都还不够！
我必须是你近旁的一株木棉，
作为树的形象和你站在一起。
根，紧握在地下，
叶，相触在云里。
每一阵风过，
我们都互相致意，
但没有人，
听懂我们的言语。
你有你的铜枝铁干，
像刀，像剑，
也像戟；
我有我红硕的花朵，
像沉重的叹息，
又像英勇的火炬。

2005年，钱信忠和沈渔邨金婚留念

我们分担寒潮、风雷、霹雳；
我们共享雾霭、流岚、虹霓。
仿佛永远分离，
却又终身相依。
这才是伟大的爱情，
坚贞就在这里：
爱——
不仅爱你伟岸的身躯，
也爱你坚持的位置，足下的土地。

——《致橡树》舒婷

第二节　母亲，榜样的力量

沈渔邨对学生周全而细致，即便严厉，也是“手中有鞭，眼中有光”，但她对女儿们却是完全“放羊”。在两个女儿的回忆里，母亲参与她们成长过程的记忆十分单薄，陪伴和教导大部分来自父亲。

一位好母亲，首先是成为她自己。沈渔邨在学习和工作上不惜力地投入，成为两个女儿成长最完美的榜样。有着这样的原生家庭的钱家两姐妹，天生插着翅膀，却依然选择用双脚去丈量人生。她们没有成为“官二代”“红二代”，她们经历了那个特殊年代孩子成长的一切磨难，但无论处于什么境遇也从未放弃过读书。最终，她们像母亲一样，都选择了最艰辛的学者之路，并完全承袭了母亲“一生干净地做人做学问，专心地做事”的品质；她们实现了父亲的期待，成为独立并对社会有贡献的人。

1956 年出生的钱家华，高中毕业后去插队，在农村当赤脚医生，曾作为知青代表参加了“五一”的庆祝活动。1982 年，她考入日本大阪大学攻读免疫学的博士。在去日本留学之前，她在北医进修生化，与本科生和研究生统一考试，考了第一名。钱家华还记得这个消息是母亲告诉自己的，当时母亲很高兴地说：“两个女儿学习成绩好这一点很像我，当年地下党发展我做党员，主要原因之一就是我学习成绩好。”

钱家华的日本导师是诺贝尔奖提名者，水平高，要求严，她也十分勤奋。“因为基础差，我需要比别人更专注和付出更多努力，这一点就像我的母亲工作和学习时的样子——母亲对我们来说，是榜样的力量，言传身教。”钱家华说。最终她的研究成果十分出色，日本《读卖新闻》曾做报道，她成为在世界免疫大会上第一个做大会发言的中国人，论文被引用了近万次，是免疫学方面一个很经典的研究。毕业后，钱家华在美国 NIH、FDA 供职直至退休，任生物制品审评部和细胞基因疗法办公室法规管理生物学家，在 HPV 疫苗的研发、肿瘤免疫疗法和免疫性疾病的治疗领域发表科学论文 50 余篇，并获得多项美国专利和 NIH 的科研基金。

2022 年 6 月，钱家华回忆说：

最近几年看到一些文章，如袁隆平同级校友吴明珠院士，吴院士倾尽一生心血选育瓜种，直到选出了现在大家吃的甜西瓜。她说：“人们说，我心里只有瓜，瓜是我的孩子……是啊，瓜是我的生命，我的人生就是想多结几个瓜，把瓜的甘甜献给人民。”这位院士的故事，使我联想到我母亲，他们这一代人，把生命全部放在了事业上，从没想过自己能得到什么，只想做好一件事。一辈子兢兢业业做一件小事。吴院士是种西瓜，她就想把西瓜种好；我母亲是精神科医生，她大力推进了中国的精神卫生事业，现在大家对精神卫生的重视程度已经提高了，未来会更重要。

他们这一代人，所有精力和心血都在事业上，完全没有自己的生活。我父亲也一样，他们把自己的名利看得很淡，只是想把事做好，把人生跟祖国连结在一起。

父母一直的心愿就是我能学成回国。2018—2020 年，我作为首席科学家回到中国药品审评中心。我这几十年来，从赤脚医生到免疫学博士，从中医到西医，从美国食品药品监督管理局（FDA）到中国食品药品监督管理局（CFDA），我用自身所学为中国的新药研发贡献绵薄之力，也还了我父母之愿。

钱家鸣是钱信忠与沈渔邨的小女儿。“家鸣长得特别像沈大夫。有一次我去他们家，家鸣坐在我对面，下午，家鸣微侧身坐着，阳光打在玻璃窗上折射进来，洒在她脸上，自然的光影，把她的五官雕刻得就像西方的雕塑、油画一样，精致极了。那一刻，我觉得是年轻的沈大夫重现了。”这是晨晓力曾描述过的一幅画面。

家鸣比姐姐小一岁，高中毕业后也去插队，但与姐姐在求学路上的坎坷不同的是，她踩在了时代转折的每一个节点上。插队结束正赶上 1977 年恢复高考，家鸣以优异的成绩考入北京医科大学（现为北大医学部）。1982 年以 32 门功课平均 95 分的优异成绩分到了北京协和医院消化科，之后在协和医院读硕士、博士。1989 年前往美国 NIH 实验室工作 3 年，发现了当时最特异和有效的拮抗剂，被许多人评论是“划时代的贡献”。1992 年回国后再也没离开临床，成为中国最顶尖的消化内科医生之一，作为科主任带领着协和张孝骞教授创立的、中国最早的消化内科团队，直至 2022 年退休。尤其在炎症性肠病（inflammatory bowel disease，IBD）这一终身复发性疾病的诊治和规范，她做出很大贡献，并担任着全国的 IBD 学组组长。

钱家鸣学医，曾是奉父母之命，当时父亲对钱家鸣说：“我希望把你们培养上大学，培养成对人民有用的人。我认为，对人民最有用的就是当医生。”

原生家庭带给钱家鸣教授最重要的东西是勇敢和自信，让她可以在与世无争中安静从容地当一名医生，让她可以心无旁骛去做最优秀的自己，也让她可以在行医中理解医学和生命的真谛。

2022 年 6 月，钱家鸣回忆说：

一路走来，父亲是母亲身后最坚强的支持者。父亲很欣赏母亲，他总对我们说：“你们都不比你妈妈笨，但你们都没有妈妈的执着和什么都不顾的劲头，所以你们都没有她这么高的成就。”

母亲虽然对我们不管不顾，但她给我们榜样的力量太强大了。父亲经常说，他们给我们最好的财富就是让我们成为被人们所需要的人，能独立于这个社会，至于其他，都是烟云，不重要。

我的父母都是那种感情不外露的人，从来不会把对孩子的爱和关心挂在嘴边。虽然他们很少当面批评我，但也从来没有因为我做出一些成绩而当面表扬我，以至于我在他们面前特别没有成就感。甚至一直认为，在父母眼里，我是一个笨孩子，我永远不够优秀，我应该努力做得更好。我有时内心觉得很泄气，直到父亲去世之后得知一件小事。

父亲 2009 年去世之后，有一个熟人来看我母亲。他对我讲起了一件往事：“你升正教授的时候，我和你爸爸吃饭，他说‘今天我特别高兴，我女儿升正教授了’。”我一听完，泪流满面。我是 1996 年升正教授，当时把这个好消息告诉父母时，他们什么反应都没有，这么多年来，我为此耿耿于怀。

我第一次知道，原来父亲也为我感到骄傲。

结|语

走在人生的边缘

杨绛先生在96岁高龄时创作的《走在人生的边缘》中写道："我站在人生边上，向后看，是要探索人生的价值。人活一辈子，锻炼了一辈子，总会有或多或少的成绩。能有成绩，就不虚此生了。我们如果反思一生的经历，都是当时处境使然，不由自主。但是关键时刻，做主的还是自己。"

沈渔邨似乎就是为中国精神卫生事业而生，当她完成自己的使命后，阿尔茨海默病使她把一切彻底放下，不回忆，不谈论，不自夸，不辩解，她从此淡出了世界。

2022年6月，当《沈渔邨传》开始采访和写作时，98岁高龄的沈渔邨因严重的阿尔茨海默病已无法开口说话。只能通过她的同事、学生、秘书、家人的回忆，从她写作、发表的数百篇论文，在与她曾有过交集的同龄人的回忆录中寻找她的痕迹，以及有限的几篇媒体采访报道，尽可能详细地拼出她完整的人生图画。

生活终会善待所有的善良，命运也终究会眷恋所有默默付出的人。2004年，80岁高龄的沈渔邨开始出现轻微的阿尔茨海默病的症状。冥冥之中自有安排，10年前，她安排自己最喜欢的学生之一于欣从事老年精神病学的临床与基础研究，没想到10年后，于欣成为自己的医生。

"沈大夫一辈子很强势很活跃，脑子反应极快，2000年前后，外宾来讲课，她嫌小大夫翻译得不好，自己亲自上阵，现场翻译了近1个小时。"于欣说。没想到2005年，沈大夫头颅CT检查结果确定脑萎缩，而她心爱的学生们舍不得给老师下诊断。"我们一直没有给沈大夫一个正式的诊断，但心里都默认了。"于欣说，那个时候沈渔邨的基本的思维、判断、交流能力都没有问题，她本人也很平静地接受了现实。在药物的作用下，沈渔邨的病情发展很缓慢，2008年，在沈渔邨84岁的时候，王婉新陪她去参加会议，她还能站在主席台上用一口流利英语致辞。

然而，生命的自然规律谁也无法改变，一切都是不可逆，沈渔邨的认知功能越来越差，生命火光由极强逐渐变弱。但只要这把火还有一丝光亮，沈渔邨都要把最后的余温放在工作中，因为这是她一生最喜欢做的事，她曾对身边的秘书说："我的任务就是工作，家里都是钱部长料理，我两个孩子都是老部长带大的。"

2006年5月11～13日，中国医师协会精神科医师分会举行"全国首届杰出精神科医师奖"颁奖仪式，全国评出10位，沈渔邨荣获"首届杰出医师奖”。主办方根据每一位获奖者的性格特点，在他们登台领奖时配以不同的背景音乐，于欣为沈渔邨选择了《红旗颂》，这首旋律时而慷慨激昂，时而悠扬婉转的曲子，表达了对祖国的无限热爱和无比忠诚，这正是沈渔邨一生的写照。

身为生活秘书的王婉新老师2005年初调到沈渔邨身边工作，她说：“刚接手工作时，司机接她上班，我礼节性地伸手想搀扶她下车，她躲开了，意思是‘我不用扶’。等到2006年下半年，她下车时会主动把手伸向我；时间越往后，尤其2009年12月老部长去世以后，她下车会扑向我。”

在王婉新面前，沈渔邨经常把所里的老人挂在嘴边，她很想念他们，比如侯沂教授、在加拿大的陈昌惠教授、杨晓玲教授、张维熙教授、李从培教授、吕秋云教授等。陈二乔书记去世后，张津萼调入精研所担任书记与沈渔邨配合工作，她们在新中国成立前都是很活跃的地下党，也是好朋友，沈渔邨叫她“大萼”。张津萼也是拼尽全力来辅佐沈渔邨，在幕后默默帮助她做了很多事，别人都不知道，但沈渔邨懂“大萼”的好，一直念念不忘。

在2008年以前，沈渔邨每周坚持看两次（两个半天）门诊，2008年1月起，改为一周看一次门诊，7月起不再看门诊，临床工作完全终止。但每周都会去所里，有时候一次，有时候两次。晚辈们都希望让沈渔邨多出来走走，因为哪怕是坐在车上，透过窗户就能看到街上行人和各种场景，对她的大脑也是一种正向刺激。

2017年6月，王婉新发现沈渔邨吞咽困难，由于药物和饮食不能顺利进食，生命指标明显下降，于欣去家里给老师做了检查之后，认为应该住院，从而住进医院至今。

完稿于2023年6月

跋

这本传记对我母亲，以及对我和家华意义重大。

父亲 2009 年去世，至今已有 14 年，这 14 年来，母亲的健康每况愈下。尤其从 2020 年初开始为期 3 年的新冠疫情，她也经历了新冠病毒的感染、再次感染，很幸运，近百岁的母亲两次都顺利闯关，也让我亲身感受到生命的强大，同时感谢帮助她的所有医护人员。

一直想系统记录父母的一生，但因文笔有限而无法亲自书写，加之自己本身工作忙而搁置多年。最早动念是 2011 年时的中国科协项目“老科学家学术成长资料采集工程”，当时的项目组工作人员向我采集母亲的资料，我将自己家中留存的有价值资料整理并交给项目组，他们也访问了我母亲身边的许多人，但是由于种种原因，传记未能成稿。

一放就是十余年。

2022 年是个契机——我 9 月正式退休。3 月，我收到中国工程院《关于征集中国工程院院士传记撰写和出版意向的函》时，我进入退休前准备，即将从繁重的临床工作、科室管理工作、研究生带教工作中脱身出来，我决定推进这本传记。

本书的作者戴志悦女士在 2019 年之后定居欧洲，但多年来我们一直保持着联系，我也经常关注她的文章。她曾在人民日报社《健康时报》担任编辑部主任，后来专职做医生人物专访和传记写作。我们相识于 2016 年，她是我唯一接受过深度采访的记者，她与我一起工作了好几天，门诊、查房、专访，在深度交流中给我留下了深刻的印象。那几天的相处，让我感受到她的认真、敬业、严谨，她虽然不是学医出身，但她对医生的理解、对医学的认知和思维都十分难得，她写了许多医生人物，文字中透出的人文情怀也十分令我感动。因此在我决定推进这本传记时，首先想到邀请她执笔，正好这些年她也写作出版了几本医生人物的书，包括一本院士传记，有这方面的经验。我们彼此信任，希望在我母亲有生之年完成出版，不留遗憾。

此时面临的一个现实难题是，“老科学家学术成长资料采集工程”已过去十余年，母亲因疾病导致认知功能严重退化，已经无法接受采访亲自讲述；当年原本就为数不多的母亲同辈同事已过世；2011 年收集的资料存放在档案馆中，因为疫情管控无法进入获得。作者只能重新采访和收集资料，她采访了我母亲身边的下级医生、学生、秘书、患者等，包括年逾九十的张维熙教授、陈昌惠教授（在加拿大），八十多岁的王玉凤、崔玉华教授，下一代的黄悦勤教授、于欣教授、田运华大夫、胜利大夫等，我母亲身边的秘书孙然泊老师、晨晓力老师和助理王婉新老师（在接受采访后不久便病故）等，还有我的舅舅、姐姐、表妹以及孙辈兰兰。我舅舅也已是 90 岁高龄的老人了，他还能清晰描述我母亲早年成长的经历及家庭情况，这是最大的惊喜。此外还有母亲曾医治过、痊愈的患者，听说要给沈大夫著传，也特别愿意分享自己当年生病的经历。一共有十多人，采访录音累计近 30 个小时，大家都提供了大量当年在母亲身边学习、工作、生活的故事，是极珍贵的回忆。此外，作者查找了大量的历史资料、我母亲发表的所有论文，以及从与母亲有过交集的人物的回忆录、自传等书籍中寻找“沈渔邨”的痕迹。通过方方面面的努力，最终努力真实地拼出了母亲较完整的人生版图，挖掘出母亲许多鲜为人知的故事，展示了母亲有血有肉甚至可爱的一面，也较客观地反映了母亲所处的时代中国精神病学科发展的历史截面。当然由于历史原因，有些直接的素材无法找到，只能在书中简单带过，这些遗憾总是难免的，但它能如期顺利出版，就是最美好的结果。在整个采访写作过程的沟通中，每一位参与者都尽心尽力，在此，我一并感谢所有人辛勤的付出。

由于母亲一生都忘我地工作，疏于与我和姐姐交流，所以母亲和她的原生家庭的许多故事，我也是在看到初稿后才知道。这本传记，让我零散的成长记忆连成了线，让我们再次回忆一家人住在一起时的美好往事，这本书也是我重新认识母亲的一个窗口。以前父亲总对我们说：“你们都不比你妈妈笨，但你们都没有妈妈的执着和什么都不顾的劲头，所以你们都没有她这么高的成就。”在读完这本传记时，我深深认同父亲的评价，我与母亲之间的确有巨大的差距，我爱我的母亲，也更加尊敬她。

我分别邀请了巴德年校长、院士，柯杨校长和陆林院士为这本传记作序。巴院士是中国医学科学院原院长，中国协和医科大学原校长，是我父母的老朋友，已经八十多岁高龄，他和我一起回忆了父母以前的故事。柯杨教授是北京大学原常务副校长、北京大学医学部原常务副主任，她很重视很用心，除了通读全文之外，还看原始采访资料以更完整地了解。陆林院士是现任的北医六院院长、精研所所长，他一直以来对我母亲都十分照顾和周全，并且他主编的《精神病学》第6版特别更名为《沈渔邨精神病学》。三位专家工作都十分繁忙，但对我的请求一口答应，都非常认真、饱含感情地亲自写下了真诚的文字。在此，我代表母亲向他们表示深深的谢意。

我感谢母亲曾工作和战斗一辈子的北医六院，在传记采写过程中，医院人事处、办公室等给予了很大的帮助。

感谢中国工程院院士传记编撰出版办公室的各位老师，八十多岁高龄的葛能全老师认真而细致的审读把关；感谢中国协和医科大学出版社的总编、编辑等所有参与出版的工作人员。“老科学家学术成长资料采集工程”项目组的胡颖翀等同志，曾做了大量的资料收集工作，在传记完稿时，得到该工程收集的照片，使得传记内容更为丰富，在此也一并感谢。

还要感谢我的家人们对传记出版的支持，特别要提到我的爱人，冒着酷暑在厚重的灰尘中，帮我翻找、整理久未触碰过的陈年老资料，毫无怨言。

以上提到的朋友、家人，或被遗漏的朋友，我谨代表母亲表示深深的感谢。此传记作为母亲百岁生日礼物，虽然她的感受我已经无法知道，但我相信，她一定会感到欣慰吧。

仅以此文和此书献给所有为中国精神病学科发展做出贡献的医生、学者和患者们。

钱家鸣

2023年7月

附录1　沈渔邨生平大事年表

1924年

1月6日，沈渔邨出生于位于杭州将军路的家中，排行老三，有两个姐姐和一个弟弟。父亲沈锦椿生于光绪十六年（1890年），字绮士，曾担任杭州市官巷口邮务一支局局长，是洋员主政时代中国邮政系统里少数高级华员之一。母亲张春如，是杭州一家丝绸厂老板的四小姐，家境殷实。

1931年

9月，沈渔邨入读杭州盐务小学，“九一八”事变后，杭州成为中日空军交锋的主要地域之一，沈渔邨童年里充满了战机的轰鸣。

1937年

1937年6月，沈渔邨考入杭州市立中学。“七七事变”后，浙江成为沦陷时间最早、沦陷范围最广、战争创伤最深的省份之一。

11月浙江省邮政机关疏散撤离杭州，沈渔邨随父母前往上海法租界躲避战火，失学期间只能每天清早在租界的公园角落里读书。

1938年

2月，沈渔邨进入上海中西女中念初二，住校。这是一所外国教会学校改制而来的私立学校，课本是英文版，教师绝大多数是美国人，为沈渔邨打下了良好的英文基础。沈渔邨读到了居里夫人的故事，并把她奉为终生学习的偶像。

1940年

6月，沈渔邨考入“江南四大名中”之一的江苏省立扬州中学，在上海法租界中的“泰校”就读高中，受教于一大批学识渊博、品德高尚的老师，进而影响了她的一生。此校尤以“理科”著称，令酷爱数理化的沈渔邨如鱼得水。

1942 年

1941 年太平洋战争爆发后，租界沦陷，省立扬州中学泰校于 1942 年 11 月宣布停办。正读高三的沈渔邨又一次失学，决定前往大后方昆明继续求学。

1943 年

1 月，沈渔邨和父亲历经两个多月，两千多公里长途跋涉抵达昆明，一路除了艰辛，所到之处的满目疮痍更让她刻骨铭心。

4 月，沈渔邨在云南中茶公司做办事员，一边自学准备考试，一边找工作打工挣生活费。

11 月，沈渔邨考入西南联大先修班理工组。

1944 年

6 月，沈渔邨以第一名的成绩完成先修班结业考试，同年 9 月如愿被保送进入了西南联大物理系就读大学一年级。联大大学一年级的“通才教育”，让沈渔邨得以亲聆自己慕名已久的大师教诲。

1945 年

9 月，联大生物系开设了一个新专业——医预科。沈渔邨提交了转系申请，并如愿进入了生物系的医预科，从此立志学医。

12 月 1 日，“一二・一”惨案，沈渔邨目睹生命与鲜血的流逝受到极大震动，沈渔邨的世界观、人生观、价值观被建造。从此，一个埋头读书的青年，进入了青年民主运动的行列，承担起争取民主、民族解放的神圣使命。

1946 年

2 月，沈渔邨加入民主青年同盟（简称“民青”）。

5月4日，西南联大师生举办了校史上最后一次结业典礼，志愿填报时，沈渔邨选择了北京大学医学院。

10月10日，沈渔邨参加北京大学复校后“最简单”的第一次开学典礼，以1945级医学生的身份，进入北医二年级学习。

1948年

2月，经由耿晓、陈果敢同志介绍，沈渔邨秘密加入中国共产党。

9月至11月，沈渔邨等30余名北医同学被安全撤往解放区，在华北局城工部学习解放区新政策，为平津解放后接管古城做准备。

1949年

2月1日，沈渔邨等负责接管工作的几千名干部随人民解放军进入北平市区，从此地下党员可以走出黑暗，亮出身份。沈渔邨被分配到军事革命委员会卫生部，主要参与接管北平卫生系统的工作。

5月，接管工作结束后，沈渔邨回到北医继续学业。

10月1日开国大典，沈渔邨在青年学生的游行队伍中接受毛主席的检阅。

1951年

6月，沈渔邨从北京大学医学院医疗系毕业。

8月13日，启程前往莫斯科，是新中国成立后第一批派遣苏联的留学生375人之一。沈渔邨遇上钱信忠，两人都被分配到莫斯科第一医学院学习。

1952年

根据组织要求，沈渔邨由攻读药理学改为精神病学。

1955年

6月，沈渔邨与钱信忠结婚。

8月，沈渔邨从苏联莫斯科第一医学院毕业，获副博士学位后回国，被分配到北京大学第一医院精神科工作。钱信忠接到新任务，前往列宁格勒军事医学科院进修半年。

9月，沈渔邨荣获斯坦汉诺夫突击手奖，照片登上苏联《火箭》杂志封面。

1956年

3月，钱信忠回国，任总后勤部卫生部副部长兼军事医学科学院院长，全家人搬进了外交部街59号院5号楼居住。

3月18日，大女儿出生，取名钱家华。

1957年

沈渔邨等人翻译的苏联专著《精神病学》出版，成为当时年轻精神科医生的工作指南和依据。

钱信忠担任卫生部副部长。

9月19日，二女儿出生，取名钱家鸣。

1958年

沈渔邨等骨干医生提出精神病院管理改革，提倡打开病房，解放精神病人。

7月，沈渔邨带领治疗小组进行降温人工冬眠治疗精神病的临床研究，几个月后获得成功，为打开病房奠定了技术基础。

1959年

10月26日，沈渔邨参加在人民大会堂举办的“全国群英会”。

1961年

沈渔邨率先在北医精神科成立了我国首个精神（神经）生化研究室，开展精神分裂症、抑郁症、儿童多动症和电针治疗等对中枢神经递质（5-羟色胺、去甲肾上腺素和多巴胺）代谢研究。

1964年

沈渔邨带领研究生在全球范围内率先开始研究5-羟色胺代谢与精神分裂症间的关系，两篇重要文章在《中华神经精神科杂志》上发表，比1972年Murphy与Wyatty在世界顶尖生物期刊《自然》（*Nature*）发表的相关研究报道早了8年。

1965年

1月，钱信忠出任卫生部部长，年底全家搬到北太平庄4号院。

6月6日，沈渔邨主导并参与规划和设计的新院区投入使用，精神科搬至海淀区花园北路，成为北医三院精神科。

1966—1972年

“文化大革命”期间，沈渔邨“下放”天津茶淀农场。钱信忠被关押送至江西永修“五七干校”。

1972年2月底，沈渔邨“平反”并恢复工作，半年后，钱信忠“平反”并恢复工作。

1973年

北医三院恢复了精神科的建制，沈渔邨被推选为精神科主任，开始全面整顿医疗和科研工作，重建精神科。

1974年6月至1976年2月

6月19日，沈渔邨带领精神科开始进行海淀区农村精神病三级（区、乡、村）防治网试点，至1976年2月结束，之后进行长达10年的随访。该“郊区模式”不仅在国内是一个创举，在世界也是先例。1984年获卫生部科技成果进步奖二等奖。

1979年

3月，沈渔邨获得WHO半年奖学金，远赴WHO总部以及欧洲参观学习。

5 月，沈渔邨在内的首批中国精神病学专家访美代表团参加美国精神医学学会（APA）年会，开启了中美两国精神科医生交往的大门。

1980 年

3 月，北医三院精神科改为北京医学院精神卫生研究所，一个集医教研于一体的独立机构，沈渔邨任所长兼党委书记，开始全面推动精神病学科建设和国际交流。

6 月 2 ~ 14 日，沈渔邨组织召开“WHO/ 北京精神疾病流行病学学术讨论会”，这是 WHO 在中国精神卫生学科举办的第一次学术活动，之后的 20 多年，在沈渔邨主导下，精神病学国际交流如火如荼。

10 月，沈渔邨主编《精神病学》第 1 版出版，填补了国内空白，并获得当年卫生部全国优秀教材奖。之后她又主编了《精神病学》第 2、3、4、5 版，成为精神病学领域最经典的参考书，30 年来陪伴并指导了我国一代代精神科医生的成长。陆林院士主编的《精神病学》第 6 版，更名为《沈渔邨精神病学》，于 2017 年正式出版。2023 年 10 月，《沈渔邨精神病学》被评为人民卫生出版社 70 年“精品力作”。

1981 年

沈渔邨带领各个研究室，同时与日本、美国、瑞士、意大利等国精神卫生研究机构广泛开展双边科研协作，并与 WHO、联合国儿童基金会建立协作关系，接受国际研究任务，对精研所的实验室、专业布局、人才培养等硬软件进行升级，全面推动精神病学发展。

6 月，沈渔邨派遣第一名年轻医生出国进修，之后将精研所讲师以上的专业人员几乎全部都送出去进行了短期或长期的培训。

1982 年

在北京和上海两地建立 WHO 精神卫生研究和培训中心。

在沈渔邨的领导下，全国六大行政区 12 个地区大规模精神疾病流行病学调查，自 1980 年 6 月启动，至 1982 年完成。这次在中国是史无前例的研究第一次采用先进的国际标准化调查技术，使用同一工具、统一标准、同一时点、统一流程的协作调查，成为其后十多年我国精神疾病的人群研究的模板。

1983 年

在沈渔邨的领导下，制定了精神残疾的定义，确定了精神残疾的分级标准 1 ~ 4 级。

1985 年

美国精神医学学会（APA）第 138 届年会，沈渔邨成为首位以国际学者身份登上这个讲台的亚洲血统的精神病学家，同时被邀请做特约学术报告的还有 3 位诺贝尔奖获得者。

推动成立“全国精神卫生咨询委员会”，沈渔邨担任第一届主任委员，带领起草了首个国家层面的精神卫生计划，即“七五”计划。

沈渔邨成为中国精神病学界的第一位博士研究生导师，她培养的我国精神卫生领域自主培养的首位博士于 1988 年毕业。

1986 年

1 ~ 6 月，沈渔邨带领研究小组进行了痴呆综合征的流行病学调查，这是我国首次老年期痴呆患病率的流调报告。她主持下的“老年期痴呆的患病率、发病率调查及阿尔茨海默病性痴呆危险因素的研究”，于 1993 年获卫生部科技成果进步奖三等奖。

被聘请为 WHO 精神卫生专家顾问组成员、《美国生物精神病学杂志》编委。

1987 年

2 月，《中国心理卫生杂志》正式创刊出版发行。在创刊和初期的摸索阶段，沈渔邨倾注了大量的热情与精力，如今杂志成为国内外同行均认可的重要专业学术刊物，年发行量已达到约 10 万册。

1988年

被授予挪威科学和文学院国外院士的学衔。

1989年

在沈渔邨的领导下，由北医大精研所牵头，与国内9个兄弟单位协作，在9个城市4种不同职业人群中进行了国内第一次酒依赖患病率和有关问题的协作调查。

北京医科大学成立了精神卫生学系，并在当年9月招收第一届五年制本科生，首届系主任由沈渔邨教授担任。1995年精神卫生学系停止招生。

1990年

4月，沈渔邨被授予美国精神医学学会通讯研究员，成为中国大陆第一位获得此项殊荣的精神病学专家。

1991年

沈渔邨获得我国精神卫生领域首个博士后导师资格。

1992年

10月，精研所乔迁新址，新所落成的同时增加了“北京医科大学第六医院”，这是沈渔邨自1980年起持续努力的成果。

20世纪90年代初

沈渔邨教授率先指导博士研究生，对我国4个民族酒依赖病人以及酒中毒高发家系进行了一系列分子遗传学研究，在国际上第一个发现我国蒙古族为ADH多态的不同类型，并在酒瘾遗传生化机理上提出了新观点，研究工作分别获得4项科技成果三等奖。

1993年

精研所的生化研究室以及电生理研究室等共同被卫生部指定为开放的

卫生部精神卫生学重点实验室，沈渔邨教授任重点实验室主任。

沈渔邨牵头全国 7 地区第二次精神疾病流行病学调查。

1995 年

4 月 26 ~ 28 日，在沈渔邨的领导下，精研所成功主办了第三届国际森田疗法大会及首届亚洲心理治疗国际科学研讨会，为精研所首次举办大型国际会议。

我国精神病学专业的第一名博士后研究人员何鸣入站工作，在沈渔邨指导下 1997 年完成研究论文出站。

1997 年

6 月，沈渔邨卸任北医精研所所长职务，担任名誉所长，继续主持全所的国际交流工作。

10 月 7 ~ 11 日，世界精神病学协会地区会议在北京召开，是截至当时北医系统规模最大的一次国际会议，是精研所十几年外事工作的一个重要里程碑。

11 月，沈渔邨当选为中国工程院院士，是我国两院院士中首位精神病学家。

1999 年

4 月 12 ~ 14 日，在沈渔邨的亲自主持下，国际老年精神病学协会（IPA）北京地区会议首次在中国举办。

2004 年

3 月 25 ~ 28 日，国际神经精神药理学会（CINP）亚太地区会议在北京举办，是沈渔邨职业生涯最后一次亲自主持的国际会议。

2007 年

3 月，《北京大学精神卫生研究所所史（1942—2001）》正式出版。

2009 年

12 月 31 日，钱信忠部长与世长辞，享年 98 岁，此后沈渔邨阿尔茨海默病病情加重，渐渐淡出公众视野。

2013 年

沈渔邨获得北京大学蔡元培奖暨国华杰出学者奖，并将此份荣誉的 70 万元奖金全部捐赠给北大六院（精研所）作为科研基金。

附录 2　沈渔邨院士部分论文著作目录

主要学术著作目录

[1] 基里亚罗夫斯基. 精神病学（苏联高等医学院校教科书）[M]. 北京医学院精神病学教研组，译. 北京：人民卫生出版社，1957.

[2] 北京医学院. 精神病学 [M]. 北京：人民卫生出版社，1980.

[3] 沈渔邨. 精神病学. 2 版 [M]. 北京：人民卫生出版社，1988.

[4] 沈渔邨. 精神病学. 3 版 [M]. 北京：人民卫生出版社，1994.

[5] 沈渔邨. 精神病学. 4 版 [M]. 北京：人民卫生出版社，2002.

[6] 沈渔邨. 精神疾病流行学调查手册 [M]. 北京：人民卫生出版社，1984.

[7] 沈渔邨，王昌华. 精神疾病流行学调查手册 [M]. 北京：人民卫生出版社，1985.

[8] The Mental Health Home Care Program: Beijing's Rural Haidian district. Shen Yucun, IN: Chinese Culture and Mental Health by Tseng Wen-Shing[M]. London: Academic Press, Inc. 1985.

[9] 儿童精神病学临床讲义第一册. 沈渔邨，译 [M]. 北京：人民卫生出版社，1958.

[10] 沈渔邨. 精神病学：高等医药院校教材 [M]. 北京：人民卫生出版社，1989.

[11] 沈渔邨. 精神病学. 3 版 [M]. 北京：人民卫生出版社，1995.

[12] 医学小百科－精神卫生. 沈渔邨. 主审 [M]. 天津：天津科技出版社，1985.

[13] 沈渔邨. 中国医学百科全书－精神病学 [M]. 上海：上海科学技术出版社，1982.

[14] 沈渔邨. 中国现代科学全书医学－精神病学 [M]. 长春：长春出版社，2000.

[15] 沈渔邨. 精神病防治与康复 [M]. 北京：华夏出版社，1993.

[16] 沈渔邨. 精神病防治与康复. 2 版 [M]. 北京：华夏出版社，2002.

主要学术论文目录

中文文献

[1] 张伯全，朱日升，韩永华，方明昭，阎俊，崔玉华，沈渔邨. 强迫症患者探究性眼球运动异常及其临床相关性 [J]. 中国临床康复，2005，9（20）：8–9.

[2] 王阳，胜利，于欣，沈渔邨. 烧伤幸存者的心理障碍、相关因素及干预措施 [J]. 中国心理卫生杂志，2005，19（7）：450–452.

[3] 张伯全，崔玉华，韩永华，来日升，方明昭，沈渔邨. 强迫症患者眼球运动异常研究 [J]. 中国心理卫生杂志，2005，19（12）：825–828.

[4] 田玲，李冬梅，梁晓捷，王迺珠，高润霖，甄永苏，刘耀，林东昕，沈渔邨. 影响高层次临床医师成长因素调查分析 [J]. 中国科技论坛，2006，（3）：124–131.

[5] 孙新宇，于欣，沈渔邨. 早晚发精神分裂症患者临床和神经心理特征比较 [J]. 中国心理卫生杂志，2007，21（4）：263–266.

[6] 吕红，钱家鸣，金光亮，周东丰，沈渔邨. 肠易激综合征慢急性联合应激动物模型的建立及其感觉、动力和心理行为的评价 [J]. 中华内科杂志，2009，48（12）：1035–1039.

[7] 郭万军，曾卓谦，胡赤怡，刘肇瑞，黄悦勤，何燕玲，张明园，沈渔邨，李诚. 世界精神卫生调查行动及其对中国精神障碍流行病学研究的提示 [J]. 中国神经精神疾病杂志，2010，36（7）：385–387.

[8] 沈渔邨. 苏联精神病学界关于精神分裂症学说的探讨和研究 [J]. 中华神经精神科杂志，1957，3（2）：156–161.

[9] 沈渔邨. 国外精神分裂症发病机制生化代谢研究的动向 [J]. 中华内科杂志，1962，5：321–325.

[10] 沈渔邨，张文和，孙丽丽，等. 慢性精神分裂症患者的中枢多巴胺和 5- 羟

色胺更新率研究 [J]. 中华神经精神科杂志，1979，12（3）：158–160.

[11] 周儒伦，周朝凤，王玉凤，沈渔邨，范建华，有波忠雄，融通男. 多巴胺D2受体基因多态性与精神分裂症的关系 [J]. 北京医科大学学报，1996，28（1）：23–25.

[12] 丛中，沈渔邨，舒良，刘家良，于欣，周东丰，孙丽，管振全. 偏执型精神分裂症血浆高香草酸与氟哌啶醇临床疗效的关系 [J]. 中华精神科杂志，1996，29（3）：135–138.

[13] 于欣，沈渔邨，刘家良，舒良，丛中，周东丰，孙丽丽. 氟哌啶醇血浆浓度与治疗精神分裂症疗效的相关分析 [J]. 中华精神科杂志，1996，29（4）：212–215.

[14] 于欣，沈渔邨，舒良，刘家良，丛中，周东丰，孙丽丽. 影响氟哌啶醇治疗精神分裂症疗效因素的分析 [J]. 中华精神科杂志，1997，30（1）：38–41.

[15] 韦丰，周儒伦，沈渔邨，田成华，郑晓华，赵惠丽，李延知，彭华，范建华，周朝凤. 多巴胺D2受体基因的一种短串联重复多态性与汉族酒依赖相关的家系对照研究 [J]. 中国神经科学，1999，15（1）：13–16.

[16] 范建华，沈渔邨，周朝凤，等. 汉族酒依赖高发家系单胺氧化酶A基因多态性的对照研究 [J]. 中华精神科杂志，1999，32（3）：160–163.

[17] 韦丰，范建华，沈渔邨，等. 汉族酒依赖高发家系醇醛脱氢酶基因多态性的对照研究 [J]. 中华精神科杂志，1999，32（3）：164–166.

[18] 沈渔邨，张维熙，席廷铭，等. 京郊海淀区精神疾病家庭社会防治试点研究 [J]. 中华神经精神科杂志，1985，18（2）：65–68.

[19] 沈渔邨. 近年来国内有关酒依赖和慢性酒中毒的流行病学调查资料 [J]. 中国心理卫生杂志，1987，1（6）：251–256.

[20] 沈渔邨，张维熙，黄悦勤，等. 中国9个城市4种职业人群酒精依赖协作研究（一）：方法学及患病率 [J]. 中国心理卫生杂志，1992，6（3）：113–115.

[21] 沈渔邨，张维熙，吕秋云. 中国9个城市4种职业人群酒精依赖协作研究

（二）：酒精依赖对精神、躯体和社会功能的危害 [J]. 中国心理卫生杂志，1992，6（3）：116–117，136.
[22] 沈渔邨，李格，李淑然，等. 北京市城区老年期痴呆三年随访研究 [J]. 中国心理卫生杂志，1994，8（4）：165–166.
[23] 沈渔邨，李永彤，李格，等. Alzheimer 性痴呆危险因素的病例对照研究 [J]. 中华神经精神科杂志，1992，25（5）：284–287.
[24] 沈渔邨. 开展精神疾病流行病学调查的重要意义（述评）[J]. 中华精神科杂志，1998，31（2）：67–68.
[25] 沈渔邨，张维熙，李淑然，等. 1993 年中国 7 地区精神疾病、精神卫生服务和精神与智力残疾流行病学调查 [J]. 医学研究通讯，2000，29（6）：14–15.
[26] 沈渔邨. 人工冬眠疗法在精神病临床上的应用 [J]. 中华神经精神科杂志，1959（5）：297–303.
[27] 王淑馨，沈渔邨. 儿童神经官能症的临床类型和特点 72 例分析 [J]. 中华神经精神科杂志，1965，9（2）：157–159.
[28] 沈渔邨，侯沂. 迟发性运动障碍的临床和治疗 [J]. 中华神经精神科杂志，1979，12（1）：11–13.
[29] 沈渔邨，张苗花. 镇静安眠药及弱安定剂成瘾的临床和治疗 [J]. 中华神经精神科杂志，1980，13（4）：6–7.
[30] 沈渔邨，王玉凤，杨晓玲. 轻微脑功能失调的临床特点和致病因素 [J]. 中国神经精神疾病杂志，1985，11（1）：29–31.
[31] 任桂英，王玉凤，顾伯美，朱日升，沈渔邨. 感觉统合治疗方法的临床疗效观察 [J]. 中国心理卫生杂志，1995，9（2）：74–76.
[32] 季军，王玉凤，沈渔邨. 阅读困难儿童脑功能侧化的研究：汉语双耳分听测试 [J]. 中国心理卫生杂志，1995，9（5）：193–195.
[33] 邹义壮，舒良，沈渔邨，等. CIDI 对神经症诊断的现场测试. 中国心理卫生杂志，1995，9（5）：206–208.
[34] 季军，王玉凤，沈渔邨. 汉语阅读困难儿童脑电功率分析 [J]. 北京医科大

学学报，1996，28（3）：186-188.

[35] 季军，王玉凤，沈渔邨. 儿童阅读困难与汉字识别缺陷 [J]. 北京医科大学学报，1996，28（4）：268-270.

[36] 沈渔邨. 精神卫生工作七五计划草案的几点说明 [J]. 中国心理卫生杂志，1987，1（2）：59-62，58.

[37] 沈渔邨. 西太区各国酒中毒有关问题发展趋势 [J]. 中国心理卫生杂志，1987，1（5）：193-196.

[38] 沈渔邨. 继续加强与 WHO 的协作，进一步发展我国精神卫生事业 [J]. 中国心理卫生杂志，1988，2（3）：97-99.

[39] 沈渔邨，张维熙，陈昌惠. 家庭社会防治与精神病人的社会康复 [J]. 上海精神医学，1990（3）：108-111.

[40] 沈渔邨. 对制定精神卫生八五规划的几点考虑 [J]. 中国心理卫生杂志，1990，4（5）：193-196.

[41] 沈渔邨. 世界卫生组织和世界精神病学会 21 世纪精神病学教育会议纪要 [J]. 中华神经精神科杂志，1990，23（4）：245-248.

[42] 于欣，沈渔邨. 酒精依赖药物治疗的新进展（综述）[J]. 中国心理卫生杂志，1995，9（5）：237-238.

[43] 沈渔邨. 21 世纪中国面临的精神卫生挑战（述评）[J]. 中华精神科杂志，1996，29（1）：6-8.

[44] 沈渔邨. 心理、情绪与心身健康 [J]. 中华医学杂志，1999，79（2）：155-156.

[45] 孙新宇，于欣，沈渔邨. 早晚发精神分裂症患者临床和神经心理特征比较 [J]. 中国心理卫生杂志，2007，21（4）：263-266.

[46] 田玲，李冬梅，梁晓捷，沈渔邨. 影响高层次临床医师成长因素调查分析 [J]. 中国科技论坛，2006（3）：124-127，131.

[47] Ronald C，Kessler，郭万军，曾卓谦，沈渔邨. 世界精神卫生调查行动及其对中国精神障碍流行病学研究的提示 [J]. 中国神经精神疾病杂志，2010，36（7）：385-388.

[48] 王阳，胜利，于欣，沈渔邨. 烧伤幸存者的心理障碍、相关因素及干预措施（综述）[J]. 中国心理卫生杂志，2005，19（7）：450–452.

[49] 沈渔邨. 强迫症患者眼球运动异常研究 [J]. 中国心理卫生杂志，2005，19（12）：.

[50] 张伯全，朱日升，韩永华，沈渔邨. 强迫症患者探究性眼球运动异常及其临床相关性 [J]. 中国临床康复，2005，9（20）：8–9.

英文文献

[1] Zhang XY, Zhou DF, Cao LY, Wu GY, Shen YC. Cortisol and cytokines in chronic and treatment-resistant patients with schizophrenia: association with psychopathology and response to antipsychotics[J]. Neuropsychopharmacol, 2005, 30(8): 1532-1538.

[2] Zhang XY, Zhou DF, Cao LY, Zhang PY, Wu GY, Shen YC. Prolactin levels in male schizophrenic patients treated with risperidone and haloperidol: a double-blind and randomized study[J]. Psychopharmacol(Berl), 2005, 178(1): 35-40.

[3] Zhang XY, Zhou DF, Cao LY, Wu GY, Shen YC. The interaction between superoxide dismutase and prolactin is involved in response to haloperidol and risperidone treatment in schizophrenia: a double-blind and randomized study[J]. J Clin Psychopharmacol, 2006, 26(1): 103-105.

[4] Shen YC, Zhang MY, Huang YQ, He YL, Liu ZR, Cheng H, Tsang A, Lee S, Kessler RC. Twelve-month prevalence, severity, and unmet need for treatment of mental disorders in metropolitan China[J]. Psychol Med, 2006, 36(2): 257-267.

[5] Lee S, Tsang A, Zhang MY, Huang YQ, He YL, Liu ZR, Shen YC, Kessler RC. Lifetime prevalence and inter-cohort variation in DSM-Ⅳ disorders in metropolitan China[J]. Psychol Med, 2007, 37(1): 61-71.

[6] Takahashi S, Cui YH, Han YH, Fagerness JA, Galloway B, Shen YC, Kojima T, Uchiyama M, Faraone SV, Tsuang MT. Association of SNPs and haplotypes

in APOL1, 2 and 4 with schizophrenia[J]. Schizophr Res, 2008, 104(1-3): 153-164.

[7] Lee S, Guo WJ, Tsang A, He YL, Huang YQ, Zhang MY, Liu ZR, Shen YC, Kessler RC. Associations of cohort and socio-demographic correlates with transitions from alcohol use to disorders and remission in metropolitan China[J]. Addiction, 2009, 104(8): 1313-1323.

[8] Lee S, Guo WJ, Tsang A, He YL, Huang YQ, Liu ZR, Zhang MY, Shen YC, Kessler RC. Impaired role functioning and treatment rates for mental disorders and chronic physical disorders in metropolitan China[J]. Psychosom Med, 2009, 71(8): 886-893.

[9] Lee S, Tsang A, Huang YQ, He YL, Liu ZR, Zhang MY, Shen YC, Kessler RC. Individual and societal impact on earnings associated with serious mental illness in metropolitan China[J]. Psychiatry Res, 2010, 180(2-3): 132-136.

[10] Lee S, Guo WJ, Tsang A, He YL, Huang YQ, Liu ZR, Zhang MY, Shen YC, Kessler RC. Perceived barriers to mental health treatment in metropolitan China[J]. Psychiatr Serv, 2010, 61(12): 1260-1262.

[11] Zhang XY, Zhou DF, Shen YC, Zhang PY, Zhang WF, Liang J, Chen da C, Xiu MH, Kosten TA, Kosten TR. Effects of risperidone and haloperidol on superoxide dismutase and nitric oxide in schizophrenia[J]. Neuropharmacol, 2012, 62(5-6): 1928-1934.

[12] Steven G. Potkin, Yucun Shen, Hebert Pardes, et al. Haloperidol Concentrations Elevated in Chinese Patients[J]. Psychiatry Res, 1984, 12(2): 167-172.

[13] Steven G. Potkin, Yucun Shen, Dongfeng Zhou, et al. Does a Therapeutic Window for Plasma Haloperidol Exist? Preliminary Chinese Data[J]. Psychopharmacol Bull, 1985, 21(1): 59-62.

[14] Dongfeng Zhou, Yucun Shen, Liang Shu, et al. Dexamethasone Suppression Test and Urinary MHPG·SO4 Determinationin Depressive Disorders[J]. Biol Psychiatry, 1987, 22: 883-891.

[15] Yucun Shen. Recent Biological Research Trends in the Institute of Mental Health of BMU[J]. Biol Psychiatry, 1996, 39: 563.

[16] Yucun Shen, Jianhua Fan, Howard J.Edenberg. Polymorphism of ADH and ALDH Genes among Four Ethnic Groups in China and Effects upon the Risk for Alcoholism[J]. Alcoholism: Clin Experimental Res, 1997, 21(7): 1272-1277.

[17] J. Fan, R. Zhou, S. Yucun, et al. A Control Study on the Polymorphism of the ADH, ALDH, MAO-A and DRD2 Genesin High Risk Alcoholic Families of Han Ethnic Population[J]. Biological Psychiatry, 1999, 45(s-147s): 16s.

[18] S. Yucun, J. Fan, F. Wei, et al. Polymorphisms of ADH, ALDH, Mao-A Genes in Alcoholic Families of Han Ethnic Population[J]. Biological Psychiatry, 1999, 4545(s-147s): 65s.

[19] Xiang Yang Zhang, Dong Feng Zhou, Shen Yucun. Decreased Production of Interleukin-2(IL-2), IL-2 Secreting Cells and CD4+ Cells in Medication-free Patients with Schizophrenia[J]. J Psychiatric Res, 2002, 36(5): 331-336.

[20] Xiang Yang Zhang, Dong Feng Zhou, Cao Lian Yuan, Shen Yucun, et al. Risperidone-induced Increase in Serum Prolactin is Correlated with Positive Symptom Improvement in Chronic Schizophrenia[J]. Psychiatry Res, 2002, 109(3): 297-302.

[21] Shen Yucun, Zhang Weixi, Shu Liang, et al. Investigation of Mental Disorders in Beijing Suburban District[J].Chin Med J (Engl), 1981, 94(3): 153-156.

[22] Shen Yucun, Zhang Weixi. Psychiatric Service in the People's Republic of China[J]. Chin Med J (Engl), 1982, 95(6): 443-448.

[23] Shen Yucun. How China Ended Drug Abuse[J]. China Reconstructions(in English), 1984, 33(3): 27.

[24] Shen Yucun.Community Mental Health Care within Primary Care in The People's Republic of China: the Home Care Program in the Beijing Countryside[J]. Int J Ment Health, 1984, 12(3): 123-131.

[25] Shen Yuncun, Wang Yufeng, Wang Xiaoling. An Epidemiological Investigation

of Minimal Brain Dysfunction in Six Elementary Schools[J]. J Child Psychol Psychiat, 1985, 26(5): 777-787.

[26] Shen Yucun. Mental Health Care in China: a time of Transition[J]. World Health Forum, 1987, 8: 379-382.

[27] G. Li, Y. C. Shen, C. H. Chen, et al. An Epidemiological Survey of Age-related Dementia in an Urban Area of Beijing[J]. Acta Psychiatr Scand, 1989, 79: 557-563.

[28] Wang Yufeng, Shen Yucun, Gu Bomei, et al. An Epidemiological Study of Behaviour Problems in School Children in Urban Areas of Beijing[J]. J Child Psychol Psychiatry, 1989, 30(6): 907-912.

[29] Shen Yucun, Chen Changhui, Zhang Weixin, et al. An Example of a Community Based Mental Health/Home-Care Programme: Haidian District in the Suburbs of Beijing, China[J]. Psychosocial Rehabil J, 1990, 14(1): 29-34.

[30] Li G, Shen YC, Chen CH, et al. A Three-year Follow-up Study of Age-related Dementia in an Urban Area of Beijing[J]. Acta Psychiatr Scand, 1991, 83: 99-104.

[31] G Li, YC Shen, YT Li, et al. A Case-Control Study of Alzheimer's Disease in China[J]. Neurology, 1992, 42: 1481-1488.

[32] Shen Yucun, Li Ge, Li Yongtong, et al. Epidemiology of Age-Related Dementia in China[J]. Chin Med J, 1994, 107(1): 60-64.

[33] Shen Yucun, Li Shuran, Chen Changhui, et al. Mental Health Profile in the Process of Modernization in China[J]. Chin Med J, 1999, 112(10): 947-949.

[34] Shen Yucun, Yu Xin. Epidemiology of Vascular Dementia in China.

[35] Shen Yucun.The Mental Health Home Care Program: Beijing's Rural Haidian District[J]. BMC Health Serv Res, 2021, 21(1): 569.

[36] Wang X, Gao L, Shen Y, et al. Longitudinal Study of Earthquake-related PTSD in a Randomly Selected Community Sample in North China[J]. Am J Psychiatry, 2000, 157(8): 1260-1266.

[37] Shen Yucun, Wang Yufeng. Urinary 3-Methoxy-4-Hydroxyphenylglycol Sulfate Excretion in Seventy-Three Schoolchildren with Minimal Brain Dysfunction Syndrome[J]. Biol Psychiatry, 1984, 19(6): 861-870.

[38] Yizhuang Zou, Yucun Shen, Liang Shu, et al. Artificial Neural Network to Assist Psychiatric Diagnosis[J]. Br J Psychiatry, 1996, 169： 64-67.

[39] Y. C.Shen, G. Li, Y. T. Li, et al. An Overview of Research into Age-Related Dementia in China[J]. IPA Bulletin, 1996: 14-15.

[40] Sakae Takahashi, Yuhu Cui, Yonghua Han, Yucun Shen, et al. Association of SNPs and Haplotypes in APOL1, 2 and 4 with Schizophrenia[J]. SchizophrRes, 2008, 104(1-3): 153-164.

[41] Sing Lee, Wanjun Guo, Adley Tsang, Yucun Shen, et al. Associations of Cohort and Socio-Demographic Correlates with Transitions from Alcohol Use to Disorders and Remission in Metropolitan China[J]. Addiction, 2009(104): 1313-1323.

[42] Xiang Yang Zhang, Dong Feng Zhou, Lian Yuan Cao, Yu Cun Shen, et al. Cortisol and Cytokines in Chronic and Treatment-Resistant Patients with Schizophrenia: Association with Psychopathology and Response to Antipsychotics[J]. Neuropsychopharmacology, 2005, 30(8): 1532-1538.

[43] Xiang Yang Zhang, Dong Feng Zhou, Yu Cu Shen, et al. Effects of Risperidone and Haloperidol on Superoxide Dismutase and Nitric Oxide in Schizophrenia[J]. Neuropharmacology, 2012, 62(5-6): 1928-1934.

[44] Sing Lee, Frcpsych, Wangjun Guo, Adley Tsang, Yucun Shen, et al. Impaired Role Functioning and Treatment Rates for Mental Disorders and Chronic Physical Disorders in Metropolitan China[J]. Psychosom Med, 2009, 71(8): 886-893.

[45] Sing Lee, Adley Tsang, Yueqin Huang, Yucun Shen, et al. Individual and Societal Impact on Earnings Associated with Serious Mental Illness in Metropolitan China[J]. Psychiatry Res, 2010, 180(2-3): 132-136.

[46] Sing Lee, Adley Tsang, Mingyuan Zhang, Yucun Shen, et al. Lifetime Prevalence and Inter-Cohort Variation in DSM-Ⅳ Disorders in Metropolitan China[J]. Psychol Med, 2007, 37(1): 61-73.

[47] Sing Lee, AdleyTsang, Mingyuan Zhang, Yucun Shen, et al. Perceived Barriers to Mental Health Treatment in Metropolitan China[J]. Psychiatr Serv, 2010, 61(12): 1260-1262.

[48] Xiang Yang Zhang, Dong Feng Zhou, Lian Yuan Cao, Yucun Shen, et al. Prolactin Levels in Male Schizophrenic Patients Treated with Risperidone and Haloperidol: A Double-Blind and Randomized Study[J]. Psychopharmacology(Berl), 2005, 178(1): 35-40.

[49] Xiang Yang Zhang, Dong Feng Zhou, Lian Yuan Cao, Yucun Shen, et al. The Interaction Between Superoxide Dismutase and Prolactin is Involved in Response to Haloperidol and Risperidone Treatment in Schizophrenia A Double-Blind and Randomized Study[J]. J Clin Psychopharmacol, 2006, 26(1): 103-105.

[50] Yucun Shen, Mingyuan Zhang, Yueqin Huang, et al. Twelve-Month Prevalence, Severity, and Unmet Need for Treatment of Mental Disorders in Metropolitan China[J]. Psychol Med, 2006, 36(2): 257-267.

作者简介

戴志悦，现为医学人文独立记者、旅欧作家。1999年毕业于华中科技大学，先后就职于杭州《青年时报》《北京娱乐信报》《法制晚报》担任编辑记者，涉足社会、时政、教育、体育、财经等领域。2006年进入医疗领域，曾任人民日报社《健康时报》编辑部副主任，腾讯网《健康频道》副主编，以及担任北京人民广播电台新闻评论员，《南方周末》《中国卫生人才》《生命时报》等媒体特约作者。

2014年起专注于医学人物写作，个人写作完成泌尿外科、心脏外科、神经科、儿科、男科、血液科、肿瘤、消化内科、鼻科、呼吸科、皮肤科等领域学科带头人约100人，发表作品超100万字。

2015年起承担中国科协“老科学家资料采集工程”项目，完成《郭应禄院士学术研究报告》。著有《遇见肿瘤名医》(2017年出版)《郭应禄传》(2019年第一版，2020年第二版)《在人间：肿瘤科女医生亲历记录》(2021年出版)。